HISTOIRE

DE LA

RÉVOLUTION

FRANÇAISE

PARIS — IMP. SIMON RAÇON ET COMP., RUE D'ERFURTH, 1.

HISTOIRE

DE LA

RÉVOLUTION

FRANÇAISE

PAR M. LOUIS BLANC

TOME DIXIÈME

PARIS

L. LANGLOIS
RUE DES MATHURINS-SAINT-JACQUES 10

FURNE ET Cⁱᵉ
RUE SAINT-ANDRÉ-DES-ARTS. 45

PAGNERRE
RUE DE SEINE, 14

PERROTIN
RUE FONTAINE-MOLIÈRE, 41

1858

HISTOIRE

DE LA RÉVOLUTION

FRANÇAIS E

CHAPITRE PREMIER.

RÉGIME DE LA TERREUR.

La Terreur ne fut pas un système. — Elle naquit de la situation même. — Ce furent les assemblées primaires qui prirent l'initiative de la Terreur. — Les terroristes, les modérantistes, les hommes de la fermeté sans fureur. — Comité de sûreté générale : les *gens d'expédition*, les *écouteurs*, les *gens de contre-poids*. — Jagot, Amar, Vadier, Vouland, Louis (du Bas-Rhin), tous terroristes et ennemis de Robespierre. — Le Comité de sûreté générale opposé tout entier à Robespierre, à l'exception de David et de Lebas. — Guerre sourde du Comité de sûreté générale contre Robespierre. — Héron, bras de Vadier. — Comités révolutionnaires. — Chaumette essaye vainement de s'en emparer. — Physionomie du Tribunal révolutionnaire; son personnel. — Herman; il n'était pas « l'homme de Robespierre. » — Dumas et Coffinhal. — Fouquier-Tinville; sa cruauté, son éloignement pour Robespierre; ses rapports avec le Comité de Salut public. — Jurés farouches. — Jurés humains. — Caractère atroce de Vilate. — Le menuisier Duplay. — La buvette du Tribunal révolutionnaire. — Calomnies réfutées. — Indemnité assurée aux accusés qu'on acquittait. — Scènes d'audiences caractéristiques. — Série de condamnations. — Exécutions de Manuel, des généraux Brunet, Houchard et Lamarlière, de Girey-Dupré, de Barnave, de

2   HISTOIRE DE LA RÉVOLUTION (1793).

Duport-Dutertre, de Kersaint, de Rabaud-Saint-Étienne, de madame du Barry. — Le *Rougiff*. — Les plus violents terroristes opposés à Robespierre. — Politique sévère, mais juste, recommandée par ce dernier. — Différence entre son langage et celui soit de Collot-d'Herbois, soit de Barère. — Mots de Chamfort, à propos du régime de la Terreur. — Hommages à l'innocence, une fois reconnue. — La Révolution inexorable, mais sincère.

On lit dans les *Considérations sur la Révolution française*, par madame de Staël :

« Pendant les quatorze années de l'histoire d'Angleterre, qu'on peut assimiler à celle de France sous tant de rapports, il n'est point de période comparable aux quatorze mois de la Terreur. Qu'en faut-il conclure ? Qu'aucun peuple n'avait été aussi malheureux depuis cent ans que le peuple français. Si les nègres à Saint-Domingue ont commis bien plus d'atrocités encore, c'est parce qu'ils avaient été plus opprimés [1]. »

De son côté, Charles Nodier a écrit :

« En vérité, j'ai compris, depuis, que les événements sont bien plus forts que les caractères, et que si certains hommes ont brisé les peuples dans leur passage, c'est qu'ils ont été poussés par une puissance non moins irrésistible que celle qui déchire les volcans et précipite les cataractes [2]. »

Reportons-nous en effet aux circonstances d'où sortirent les plus terribles journées de la Révolution.

Au mois de juillet 1792, l'ennemi s'avance à pas pressés. Jarry, créature de Lafayette, a fait incendier, sous un vain prétexte, les faubourgs de Courtray; et, laissant pour adieux aux Belges, nos frères, un monceau de ruines fumantes, l'armée française a repassé la frontière, sur l'ordre exprès de Luckner. De son côté, La-

[1] Madame de Staël, *Considérations*, etc., troisième partie, chap. xvi.
[2] Charles Nodier, *Souvenirs de la Révolution et de l'Empire*, p. 15, édition Charpentier.

fayette, quittant ses troupes, est venu montrer, en pleine assemblée, aux représentants du peuple, la pointe de son épée et les menacer d'un autre Monk. Dumouriez, dans une lettre où il annonce l'occupation d'Orchies par l'ennemi, se plaint de manquer de vivres, d'argent, d'instructions. Vers le Rhin, quarante mille hommes vont avoir à soutenir le choc de deux cent mille Autrichiens, Prussiens et Hongrois, sans compter vingt-deux mille émigrés. A l'intérieur, la révolte court secouer ses torches de ville en ville. Sur quatre-vingt-trois directoires de département, la contre-révolution en possède trente-trois. C'est l'époque où, le sourire du triomphe sur les lèvres, Marie-Antoinette dit à madame Campan : « Dans un mois, le roi sera libre, les princes seront à Verdun tel jour, tel autre jour le siége de Lille commencera. » Mais ils ont retenti, les mots effrayants, les mots sauveurs : *La patrie est en danger*, et voilà la France entière debout. Paraît un manifeste de Brunswick, déclarant que « les habitants qui oseraient *se défendre* seront punis *comme rebelles* ; » ah ! on prétend imposer un roi à la France ! Le soleil du 10 août 1792 se lève, et la royauté tombe renversée sur une montagne de morts [1].

Au mois de septembre de la même année, les périls n'ont fait que se multiplier, ils sont immenses; Dumouriez, montrant sur la carte la forêt de l'Argonne, dit à Thouvenot : « Voici les Thermopyles de la France. » A Paris, Roland, dans un conseil rassemblé à la hâte, déclare qu'il faut partir, et Kersaint, qui arrive de Sédan, s'écrie : « Oui, oui; car il est aussi impossible que dans quinze jours Brunswick ne soit pas ici, qu'il l'est que le coin n'entre pas dans la bûche quand on frappe dessus. » Aussi a-t-on vu des royalistes, le compas à la main, me-

---

[1] Voy., dans le tome VII de cet ouvrage, le chapitre qui le termine, et, dans le volume suivant, le chapitre qui le commence.

surer la distance qui sépare Verdun de la capitale. Or,
pendant que les ministres agitent des projets de fuite ;
pendant que, du haut de la guillotine, des condamnés
s'annoncent comme allant être vengés par le soulèvement des prisons, l'égorgement des sentinelles et l'incendie de Paris; pendant que les cachots se transforment
en fabriques de faux assignats ; pendant que des procla-
mations ministérielles d'un vague effroyable font passer
devant les yeux du peuple, à la fois épouvanté et furieux,
le fantôme de la trahison; pendant que Gorsas, révélant
le plan des forces coalisées, et sonnant pour ainsi dire
la trompette du jugement dernier, crie aux Parisiens :
« Vous serez conduits en rase campagne, et là on fera
le triage : les révolutionnaires seront suppliciés, les
autres (voile jeté sur leur sort); » un grand cri s'élève :
L'ennemi est à Verdun. Alors, saisis de cette idée fatale
que la liberté entre dans son agonie; que le flambeau
porté par la France pour illuminer la terre, va lui être
arraché et va s'éteindre sous les pieds des chevaux prussiens; que la Révolution n'a plus de quartier à attendre;
que la justice se meurt, que la justice est morte, les esprits tombent dans un noir délire, qui se formule, ô
deuil éternel ! par ces trois mots pleins de sang : « Cou-
rons aux prisons [1] !... »

Et maintenant, tournez un petit nombre de feuillets :
quels événements déterminèrent les mesures formidables qui marquent le mois d'août et les premiers jours
du mois de septembre 1793? Des événements dont le
concours forme la situation la plus inouïe et la plus affreuse que l'histoire ait jamais léguée à la mémoire des
hommes. Le midi de la France en feu, la Bretagne et la
Normandie soulevées par les Girondins, la Lozère au

---

[1] Voy., dans le septième volume de cet ouvrage, le chapitre intitulé : *Souviens-toi de la Saint-Barthélemy.*

pouvoir des royalistes, la Corse appelant les Anglais, Toulon à la veille de les recevoir, Lyon s'armant contre Paris et lui jetant comme gage de bataille la tête de Chalier, les Vendéens victorieux, les Autrichiens maîtres de Condé, les Prussiens maîtres de Mayence, le duc d'York maître de Valenciennes, la coalition partout, et la Révolution se tordant à demi étouffée entre la guerre civile et la guerre étrangère, voilà ce qui amena, non pas tel ou tel homme, mais les huit mille députés des assemblées primaires à venir dire à la Convention : « Il n'est plus temps de délibérer, il faut agir; nous demandons que tous les suspects soient mis en arrestation. » A quoi le président répondit : « Que les mots que vous venez de proférer retentissent dans tout l'empire comme le tonnerre de la vengeance et de la destruction! » Danton ne fit donc que constater un fait impossible à nier, lorsqu'il s'écria dans cette même séance [1] : « Les députés des assemblées primaires viennent d'exercer parmi vous l'initiative de la Terreur [2] ».

Non, non, le gouvernement de la Terreur ne fut point le produit d'un *système;* il sortit, tout armé et fatalement, des entrailles de la situation : les injustices du passé l'avaient conçu, les luttes prodigieuses et les périls sans exemple du présent l'engendrèrent.

Et voici ce qui arriva.

Ceux dont la Terreur servait les passions ou flattait le caractère farouche y cherchèrent un abominable point d'appui. Ainsi firent Hébert, Ronsin, Fouché, Collot-d'Herbois, Carrier.

Ceux en qui un penchant naturel à la clémence s'as-

[1] 12 août 1793.
[2] Ces circonstances furent rappelées par Barère dans la *défense* qu'il présenta, le 5 germinal, au nom des trois membres des anciens comités, qu'on venait de dénoncer. Voy. *Bibliothèque historique de la Révolution,* 1097. 8, 9. (*British Museum.*)

sociait à des convictions fatiguées reculèrent, pour fuir la vue de l'échafaud, jusqu'à la contre-révolution. Ainsi firent Danton et Camille Desmoulins.

Enfin, il y eut ceux qui, voulant que la Révolution divorçât avec la fureur sans rien perdre de son énergie, se prononcèrent à la fois, et contre « le modérantisme, qui est à la modération ce que l'impuissance est à la chasteté, et contre l'excès, qui ressemble à l'énergie comme l'hydropisie à la santé [1]. » J'ai nommé Robespierre, Saint-Just et Couthon.

Les faits vont mettre en lumière ces points, qu'on s'est trop plu à obscurcir.

Au premier rang des grandes agences de la Terreur se place le Comité de sûreté générale, qui avait la direction de la police et le redoutable maniement de la loi des suspects.

Ses membres étaient Moyse Bayle, Élie Lacoste, la Vicomterie, Dubarran, Jagot, Amar, Vadier, Vouland, David, Lebas, Louis (du Bas-Rhin).

Selon Senar, qui fut admis au Comité de sûreté générale en qualité de secrétaire-rédacteur, ce Comité se divisait en trois parties :

Celui des *gens d'expédition*, composé de Vadier, Vouland, Amar, Jagot, Louis (du Bas-Rhin);

Celui des *écouteurs*, composé de David et Lebas;

Celui des *gens de contre-poids*, composé de Moyse Bayle, la Vicomterie, Élie Lacoste et Dubarran [2].

Or le premier de ces trois partis appartenait sans réserve au génie de la Terreur.

---

[1] Rapport de Robespierre sur les principes du gouvernement révolutionnaire, *Hist. parlem.*, t. XXX, p. 459.

[2] *Mémoires de Senar*, chap. XIV, p. 149 et 150, publiés par Alexis Dumesnil, en 1824.

La *Biographie universelle* fait observer, à l'article Senar, qu'il faut écrire Senar et non Sénart, comme on l'a imprimé dans le titre de ses *Mémoires*.

Jagot, homme d'une brutalité effrayante, appelait la prison un *habit de pierres de taille*. C'était, dit Senar, « un fagot d'épines qui se délie[1]. »

Amar, sous un extérieur faux et un langage insidieux, cachait une âme cruelle. Il avait à ses ordres la voiture du comité, son principal soin était d'aiguillonner l'ardeur du tribunal révolutionnaire. Dans son salon, transformé en sérail, se réunissait chaque matin un groupe de jolies femmes, dont l'une lui présentait un placet, une autre des fleurs, et devant lesquelles il se montrait tour à tour grave, sensible et badin[2].

Un odieux mélange d'orgueil, de barbarie et de lâcheté caractérisait Vadier. Il plaidait contre l'admission des moyens justificatifs comme une partie intéressée, avait baptisé la guillotine le *vasistas*, et prenait plaisir à y entendre *éternuer dans le sac*[3].

Quand la colère, à laquelle il était sujet, prenait Vouland, on le voyait frapper du poing sur la table, sauter en l'air; on eût dit un pantin furieux. Le mot qui, sur ses lèvres, exprimait un vote de sang était : *tête rasée, tête grippée*[4]. Le jour d'une exécution, apercevant le convoi, il dit à ses voisins : « Partons, allons voir célébrer la messe rouge[5]. »

Louis (du Bas-Rhin) était implacable et hypocrite[6].

Tels furent peints de la main de Senar, rédacteur-secrétaire du Comité, les hommes en qui la Terreur eut ses suppôts les plus actifs, et Robespierre ses plus dangereux ennemis.

La faiblesse est presque toujours complice de la vio-

---

[1] *Mémoires de Senar*, p. 138.

[2] *Ibid.*

[3] *Ibid.*, p. 141.

[4] *Ibid.*, p. 142.

[5] *Ibid.*, chap. XIII, p. 107.

[6] *Ibid.*, passim.

lence. Les Vadier, les Amar, les Vouland, les Jagot, n'eurent donc pas de peine à dominer Moyse Bayle, la Vicomterie, Élie Lacoste, Dubarran, de sorte que, dans ses efforts pour faire prévaloir une politique également exempte de pusillanimité et de violence, Robespierre se trouva avoir contre lui tout le Comité de sûreté générale, à l'exception de deux membres, le peintre David et Lebas.

Encore Lebas était-il le seul par qui la pensée de Robespierre pût être représentée d'une manière sérieuse. Car David, nature volcanique, se laissait volontiers emporter aux extrêmes; quel que fût son respect pour le grave génie du premier des Jacobins, le grand et véritable objet de son admiration avait toujours été l'*ami du peuple;* et lorsqu'il s'écriait : « Broyons, broyons du rouge [1], » c'était évidemment le souvenir de Marat qui l'obsédait.

Un fait montre jusqu'où allait l'animosité du Comité de sûreté générale contre Robespierre. Senar se plaignant un jour de ce qu'on n'avait pas fait arrêter Tallien, Moyse Bayle lui répondit : « Tallien a commis tant de crimes, que de cinq cent mille têtes, s'il les avait, il n'en conserverait pas une; mais il suffit qu'il ait été attaqué par Robespierre, pour que nous gardions le silence [2]. »

La guerre continua ainsi jusqu'au 9 thermidor, guerre sourde et pleine d'hypocrisie, mais d'autant plus dangereuse. Robespierre ne pouvait s'y méprendre ; il sentit que le Comité de sûreté générale travaillait ardemment à le renverser, et il essaya de conjurer le péril en opposant au pouvoir de ses ennemis un « Bureau de police générale; » mais lorsqu'il eut recours à cette me-

---

[1] *Mémoires de Senar,* p. 145.
[2] *Ibid.,* p. 152.

sure, il était trop tard; déjà s'entr'ouvrait sous ses pieds l'abîme où lui et la Révolution, qu'il tenait étroitement embrassée, disparurent engloutis.

L'assassin privilégié du Comité de sûreté générale était Héron. Chargé des arrestations et toujours accompagné de sbires qu'on désignait sous le nom de *héronistes*, cet homme était l'effroi des familles. Il se souilla, s'il en faut croire Senar, de toutes sortes de cruautés et de rapines. Il portait un couteau de chasse que maintenait un ceinturon blanc et qu'il cachait quelquefois sous son habit; une rangée de petits pistolets brillait à sa ceinture; des espingoles portatives sortaient de ses poches de côté; lorsqu'il marchait, c'était une artillerie complète. On l'appelait *le chef*[1]. Fils d'un fourrier des écuries de la mère de Louis XVI, lui-même avait été fourrier des écuries du comte d'Artois[2]. La Révolution, qui fit tant de héros et de martyrs, fit aussi des tyrans : Héron fut du nombre des tyrans subalternes. En lui s'incarna, sous sa forme la plus brutale et la plus grossière, l'esprit qui animait les meneurs du Comité de sûreté générale. Héron fut le bras de Vadier.

Loin d'être, comme Senar le dit quelque part, le *bouledogue* de Robespierre, Héron n'eut jamais aucune espèce de relation ni avec Robespierre ni avec ses amis. Lorsque le 20 mars 1794, Bourdon (de l'Oise) attaqua Héron, dans le but de rendre les Comités odieux, ses défenseurs furent Vadier et Moyse Bayle. Couthon s'exprima en ces termes : « Je ne connais point Héron, je ne l'ai jamais vu ; mais le Comité de sûreté générale, instruit de l'arrestation que vous aviez décrétée, est venu en faire part au Comité de salut public, et nous a déclaré que la République devait à Héron d'avoir découvert

---

[1] *Mémoires de Senar*, p. 112.
[2] Voy. la *Biographie universelle*, art. Héron.

et atteint de grands conspirateurs [1]. » A son tour, après
avoir annoncé qu'il ne parlerait pas de Héron *personnellement*, Robespierre déclara qu'il ne résultait rien contre lui des informations qu'on avait prises auprès de
l'accusateur public [2]. Si donc Héron échappa, cette fois,
à un décret d'arrestation, ce fut à la suite d'une démarche spéciale du Comité de sûreté générale, et précisément parce que Robespierre et Couthon furent trompés
sur le compte de cet homme, qu'ils ne connaissaient
pas, son despotisme s'exerçant dans les bas-fonds de la
police [3].

[1] Voy. l'*Hist. parlem.*, tome XXXII, p. 41.

[2] *Ibid.*, p. 42 et 43.

[3] On peut voir, dans la *Biographie universelle*, à l'article Héron,
comment, à l'aide d'omissions calculées, tout ceci a été défiguré par
l'esprit de parti.

En général, le système historique adopté par les ennemis de Robespierre a été celui-ci : désespérant de pouvoir le noircir, au gré de
leur animosité, en citant ses propres actes, ils se sont étudiés à le
rendre responsable des actes d'autrui, et, pour cela, l'ont représenté
faussement comme l'instigateur de misérables qu'il ne connut pas, ou
qu'il détestait, ou même qu'il combattit. Cet abominable système, au
piége duquel, il faut bien le dire, s'est laissée prendre la bonne foi de
M. Michelet, est celui qu'on rencontre à chaque page du livre de
Senar, livre qui, à côté de détails vrais, contient une infinité de mensonges. Nous n'avons pas hésité à nous appuyer du témoignage de
l'auteur, en ce qui touche les meneurs du Comité de sûreté générale,
parce qu'il n'y a pas de raison pour ne le pas croire, quand, amené à
parler de choses qu'il a vues ou entendues, et d'hommes au milieu
desquels il a vécu, *il se trouve n'avoir aucun intérêt à mentir*. Mais
tel n'est pas le cas lorsqu'il parle de Robespierre ou de Saint-Just.
Grand terroriste, oppresseur de Tours, Senar fut emprisonné après le
9 thermidor ; et ce fut au plus fort de la réaction contre Robespierre,
avec l'échafaud en perspective, quand ceux dont la tête était menacée
n'avaient pas de meilleur moyen de la sauver que de déclamer contre
le *tyran*, ce fut alors que Senar rédigea ses prétendues « révélations
puisées dans les cartons des Comités de salut public et de sûreté générale. »

Au reste, il est bien remarquable que Senar, si prodigue de *faits*, et
de *faits précis*, concernant les Vadier, les Vouland. etc..., *n'a rien à
articuler* de semblable contre Robespierre. Il affecte à son égard une

Au-dessous du Comité de sûreté générale et soumis à sa surveillance, fonctionnaient les Comités révolutionnaires.

Créés par la Convention, le 21 mars 1793, sur la motion de Jean Debry et investis, le 17 septembre de la même année, du droit de faire arrêter les suspects, ils étaient nommés par le peuple dans les sections[1]. Le nombre de ces comités dans toute la France devait s'élever, d'après la loi, jusqu'à quarante-cinq mille : le nombre de ceux qui furent en activité atteignit le chiffre

haine violente; il ne manque pas de l'appeler *tyran*, selon la mode du jour; il lance à sa mémoire toutes sortes d'injures vagues; mais voilà tout. Quelle preuve, par exemple, donne-t-il que Héron fut le « bouledogue » de Robespierre? Aucune. Cette injure, sans un seul fait à l'appui, figure comme ornement d'une tirade déclamatoire. Et Senar sent si bien lui-même ce qu'on a le droit de lui demander et de lui reprocher, que, dans un endroit de son livre, il s'écrie soudain : « C'était bien inutile de chercher dans les papiers de Robespierre *la preuve* de ce grand système de DÉPOPULATION. Dans l'intervalle qui a précédé sa mort, n'avait-il pas pris ses précautions? » (p. 117). Il avait si peu pris ses précautions, que Courtois a pu faire un gros volume des papiers trouvés chez lui après sa mort. Et, quant à l'intervalle qui la précéda, on verra, quand nous raconterons sa chute, s'il put avoir l'idée ou le temps de « prendre ses précautions. »

Comme ce livre de Senar est un arsenal où les ennemis systématiques de la Révolution ont beaucoup puisé, et qui est de nature à égarer ceux qui n'ont pas soin d'éclairer l'histoire par la critique, je donnerai ici quelques exemples des énormités qu'il contient. Senar prétend avoir entendu dire à un évêque, à propos de Louis XVI : *Ce cochon-là ne peut plus nous servir*, et il en tire la conclusion qu'il y avait projet arrêté de la part du duc d'Orléans d'assassiner le roi (ch. i, p. 7). Il dit de Santerre qu'il fut à la fois le distributeur des sommes de Pitt et de celles du duc d'Orléans (*ibid.*, p. 11). Il parle d'écrits de Santerre, où celui-ci aurait traité le peuple de scélérate canaille (ch. vi, p. 35). Il attribue l'insurrection de la Vendée aux machinations de Marat (ch. viii, p. 58 et suiv.). De la même plume avec laquelle il trace ces mots : l'*adultère Marceau* (ch. vii, p. 51), il écrit que « le féroce Saint-Just fit arrêter la Sainte-Amaranthe par ressentiment de n'avoir pu jouir d'elle, » (ch. xiii, p, 104). Est-ce assez de calomnies bêtes?

[1] Partie de la défense des trois membres des anciens Comités dénoncés, présentée par Barère dans la séance du 5 germinal. *Bibliot. hist. de la Révolution.* 1097. 8, 9. (*British Museum.*)

déjà bien assez considérable, de vingt et un mille cinq cents [1]... Vingt et un mille bras donnés au gouvernement de la Terreur !

Mais telle était la fatalité de la situation, que Barère put dire : « Il n'y a pas eu de décret plus franchement voté, plus unanimement consenti, que celui par lequel la Convention ordonna, le 17 septembre, aux comités révolutionnaires de faire arrêter les gens suspects [2]. »

Un pareil pouvoir était un levier trop puissant pour que les divers partis qui divisaient la République ne cherchassent point à s'en emparer. Les hébertistes, qui dominaient la commune de Paris, tentèrent à cet égard un effort désespéré. Le 1er décembre, sous prétexte que Paris ne pouvait se *sectionniser* sans inconvénient, et qu'il fallait mettre un frein aux excès de l'arbitraire local, Chaumette, dans un véhément réquisitoire, demanda qu'il fût enjoint aux comités révolutionnaires de communiquer avec le conseil de l'Hôtel de Ville en tout ce qui tenait aux mesures de police et de sûreté [3]. C'était demander que la direction des coups à frapper passât du Comité de sûreté générale à la commune, et qu'on mît aux mains de celle-ci un pouvoir qui, en fait, lui eût subordonné, non-seulement la Convention, mais le Comité de salut public. C'est ce que chacun comprit. Vainement Chaumette s'était-il étudié à masquer son but en exaltant la Montagne, en protestant de son respect pour elle, et en s'écriant : « Rallions-nous autour de la Convention ! » L'habile humilité de ces hommages ne fit que provoquer, de la part du gouvernement, un acte de vigueur qui coupa court à toute entreprise ultérieure.

---

[1] Relevé fait au Comité des finances. *Bibliot. hist. de la Révolution.* 1097. 8, 9. (*British Museum*.)

[2] *Ibid.*, p. 6.

[3] Voy. le réquisitoire de Chaumette, dans le tome XXX de l'*Hist. parl.*, p. 506.

Donnant suite au réquisitoire de Chaumette, le conseil de la commune avait convoqué pour le 4 décembre (14 frimaire) tous les membres des comités révolutionnaires : ce jour-là, Billaud-Varenne paraît à la tribune de la Convention, y fait ironiquement l'éloge de la sensibilité qui a inspiré à Chaumette son réquisitoire, et conclut à l'annulation d'un arrêté qu'il déclare à la fois pernicieux et contraire au décret du 17 septembre. Ses conclusions sont adoptées. Puis, sur la proposition de Barère, l'assemblée prononce défense expresse à toute autorité constituée de convoquer les comités révolutionnaires, et, sur la proposition de Charlier, décrète dix ans de fers contre les délits de cette espèce[1]. Pendant ce temps, les comités révolutionnaires se réunissaient à l'Hôtel de Ville. Le décret que la Convention vient de rendre y est apporté; et aussitôt, prenant la parole, Chaumette invite les membres convoqués à se retirer par obéissance à la loi[2]. Tout fut dit, et les comités révolutionnaires continuèrent de correspondre avec le Comité de sûreté générale.

Une autre agence de la Terreur, c'était le Tribunal révolutionnaire.

Divisé en quatre sections, il se composait de seize juges, y compris les présidents et vice-présidents, et de soixante jurés, auxquels une indemnité de dix-huit livres par jour était allouée[3]. Le président fut Herman, et le vice-président Dumas. Fouquier-Tinville, on l'a vu, remplissait les formidables fonctions d'accusateur public. Parmi les juges figuraient Coffinhal, Foucault, Dobsen, Sellier, Harny, Maire; et, parmi les jurés, Vilate, l'auteur des *Causes secrètes de la Révolution au 9 thermidor*; Brochet, un des séides de Marat; le limonadier Chres-

---

[1] *Hist. parlem.*, t. XXX, p. 507-509.
[2] Voy. son discours, *ibid.*, p. 509.
[3] Voy. l'*Hist. parlem.*, t. XXIX, p. 48.

tien; Nicolas, imprimeur; Gérard, orfévre; Trinchard, menuisier; Topino-Lebrun et Prieur, peintres; Renaudin, luthier; Leroy, surnommé Dix-Août; le chirurgien Souberbielle; Duplay, l'hôte de Robespierre [1].

Quelques mots sur le personnel de ce Tribunal fameux.

Herman était fils d'un homme de probité et de savoir, qui avait été greffier en chef des États d'Artois. Compatriote de Robespierre, Herman, après être entré dans la congrégation de l'Oratoire, où il resta peu de temps, avait acheté, jeune encore, la charge de substitut de l'avocat général du conseil supérieur d'Artois. Il l'occupa jusqu'en 1789, et y montra autant d'intégrité que de talent [2]. Il avait tous les dehors de la sensibilité, et beaucoup de ses actes répondirent à ces apparences [3]. Nommé, plus tard, commissaire des administrations

[1] Voy., pour la liste complète, l'*Hist. parl.*, t. XXV, p. 506 et 507.

Il importe ici de prémunir le lecteur contre une misérable rapsodie publiée en 1815 par Roussel, sous le pseudonyme de Proussinalle, et intitulée *Histoire secrète du Tribunal révolutionnaire*. Cette prétendue histoire secrète ne contient rien de *secret*, rien de nouveau. C'est un ramassis de tous les mensonges épars çà et là dans les libelles contre-révolutionnaires. L'auteur n'a pas le mérite d'une seule calomnie originale. On peut suivre page par page la trace de ses plagiats, tant il se met peu en peine de les dissimuler ! Par exemple, tout ce qu'il dit, soit d'un repas de quelques membres du Comité de salut public chez Venua, soit de la condamnation des Girondins, est copié *mot pour mot* dans Vilate, qu'il ne cite pas. On sait, par les *Mémoires* de Charlotte Robespierre, quelle tendre affection régnait entre elle et son frère. Eh bien, l'auteur n'hésite pas, sur ouï dire, à accuser Robespierre d'avoir envoyé sa sœur à Joseph Le Bon pour qu'il la fît guillotiner! Voilà pourtant à quelles *sources* ont puisé, sans les indiquer, cela va sans dire, des écrivains qui se piquent d'être des hommes graves!

[2] *Biographie universelle*, article Herman.

[3] Dans le procès de Fouquier-Tinville, qui fut le champ de bataille où tous les dantonistes accoururent pour venger la mort de leur chef, Thirriet-Grand-Pré, dantoniste exalté et ennemi mortel d'Herman, qui avait présidé à la condamnation de Danton et de Camille, Thirriet-Grand-Pré ne peut s'empêcher, malgré sa haine, de parler de la confiance que lui avaient d'abord inspirée « la sensibilité apparente et les

civiles, il signala son entrée en fonctions « par une conduite et une correspondance où respiraient les principes d'une philanthropie si aimable et d'une justice si exacte, » que, ne pouvant à cet égard qu'obscurcir la vérité, ses ennemis, devenus vainqueurs, furent réduits à le taxer d'hypocrisie [1]. Les crimes qu'à une époque de réaction furieuse ils lui reprochèrent, par l'organe du dantoniste Thirriet-Grand-Pré, étaient : d'avoir établi des inspecteurs pour s'assurer de la ponctualité des employés [2]; d'avoir diminué les traitements [3]; d'avoir interdit l'entrée des bureaux aux femmes qui, par leur mise et leurs manières, n'annonceraient pas être de la classe respectable du peuple [4]; en d'autres termes, d'avoir éloigné les *jolies solliciteuses !* Quant à sa part de responsabilité dans les actes qui se rattachent à l'affaire de la « conspiration des prisons, » nous verrons à quoi elle se borne quand nous en serons là. Ce qu'il importe de constater, pour le moment, c'est qu'il est faux, en tout cas, qu'Herman fût, comme on l'a tant dit, « l'homme de Robespierre [5]. »

Que ce dernier regardât Herman comme un homme probe et éclairé, c'est certain [6]; qu'il l'ait indiqué à la

---

actes extérieurs d'humanité qu'affectait Herman. » Voy. le procès de Fouquier-Tinville, t. XXXIV de l'*Hist. parlem.*, p. 434.

[1] C'est ce que fit, dans sa déposition, Thirriet Grand-Pré. Voy. le *Procès de Fouquier-Tinville*, t. XXXV de l'*Hist. parlem.*, p. 47. Et M. Michelet a suivi, sans plus ample examen !

[2] Déposition de Thirriet-Grand-Pré, *ubi supra*, p. 47 et 48.

[3] Thirriet-Grand-Pré : « Plusieurs chefs, du nombre desquels j'étais, avaient 5,000 liv. Herman nous réduisit à 4,000. » *Ibid.*, p. 48. Quel crime !

[4] *Ibid.*, p. 49.

[5] C'est ainsi que M. Michelet le présente dans tout le cours de son livre sans fournir une seule *preuve* à l'appui de cette prétendue intimité.

[6] Cela résulte d'une note écrite de la main de Robespierre et trouvée parmi ses papiers. (Voy. les pièces à la suite du rapport de Courtois.)

Convention pour le poste de président du Tribunal révolutionnaire, c'est possible, probable même, quoique non démontré. Mais en cela Robespierre avait si peu l'idée de se donner un instrument, qu'Herman ignora toujours à qui il était redevable de sa nomination. Voici ce qu'il a écrit lui-même à ce sujet, dans un temps et un milieu où il eût été bien facile de le confondre, s'il eût trahi la vérité. « J'ignore qui m'a indiqué pour le Tribunal révolutionnaire. Je le jure dans toute la sincérité de mon âme, et je ne voudrais pas racheter ma vie par un mensonge. » Il a écrit encore : « J'affirme que, durant huit mois que j'ai été au Tribunal révolutionnaire, je ne suis allé que deux fois chez Robespierre, quoiqu'il fût de la même ville que moi, et que je l'eusse quelquefois rencontré à Arras, sans avoir été jamais lié avec lui. » Et plus loin : « Durant les quatre mois que j'ai été commissaire des administrations civiles, quoique voisin de la maison qu'habitait Robespierre, je suis allé trois fois chez lui seulement, par occasion, parce qu'on m'y a mené; et je jure que jamais un mot confidentiel ne m'a été dit [1]. » Il est à remarquer que, dans le procès où Herman fut impliqué par la contre-révolution victorieuse, ses ennemis n'eurent pas un seul fait à opposer aux déclarations qu'on vient de lire [2].

---

[1] Mémoire justificatif pour le citoyen Herman, dans la *Bibl. hist. de la Révolution*, 947. 8. (*British Museum.*)

[2] Qu'on parcoure en effet tout le procès, on n'y trouvera rien qui justifie historiquement ces paroles de l'acte d'accusation, à la suite d'une phrase où le nom de Robespierre est prononcé : « Herman obtint la place de commissaire des administrations civiles, pour que, dans ce nouveau poste, il fût plus à la portée de servir *leur* vengeance et *leurs* passions. » Ce sont ces paroles que citent, comme une démonstration décisive, dans la biographie d'Herman, Lamoureux et Michaud jeune. Encore ne citent-ils pas exactement; car ils substituent les mots « *ses* vengeances et *ses* passions » aux mots : *leur* vengeance et *leurs* passions. (Voy. la *Biographie universelle*, supplément, et rapprochez l'article *Herman* de l'acte d'accusation dressé par

Le vice-président Dumas, un de ceux qu'emporta la tempête de thermidor, a eu le sort qui attend tous les vaincus dont l'histoire n'est écrite que par les vainqueurs : il a été beaucoup attaqué sans avoir été en position, soit d'être défendu, soit de se défendre. Ce qui est certain, c'est que, dans un moment où les plus fermes pouvaient pâlir, il déploya un courage qui, s'il ne dément pas la violence attribuée à son caractère, témoigne au moins de la sincérité de ses convictions et de la force de ses attachements personnels.

Même justice est due à Coffinhal, esprit fougueux et entreprenant, âme intrépide dans un corps d'Hercule. Ancien procureur au Châtelet, Coffinhal ressemblait moins à un juge qu'à un soldat. Il avait une haute stature, un teint jaune, des yeux noirs couverts d'épais sourcils[1]. Sa place eût été sur les champs de bataille, si les champs de bataille alors n'eussent été partout.

Pour connaître Fouquier-Tinville, il suffisait de le voir. Tête ronde, cheveux noirs et unis, front blême, petits yeux chatoyants, visage plein et grêlé, taille moyenne, jambe assez forte, regard tantôt fixe, tantôt oblique, tel était l'homme extérieur[2]. Quand il allait parler, il fronçait le sourcil. Sa voix rude passait soudain de l'aigu au grave; elle avait, pour les accusés, le son de la hache sur le billot. Fouquier-Tinville était fils d'un cultivateur d'Hérouelles, village situé près de Saint-Quentin. Procureur au Châtelet comme Coffinhal, il avait, en 1784, composé des vers à la louange de Louis XVI[3]. D'abord juré du Tribunal révolutionnaire, puis accusateur public, il fut, à Paris, le représentant de ce génie exterminateur

Antoine Judicis, tel qu'on le lit dans l'*Histoire parlementaire*, t. XXXV, p. 51.

[1] *Biographie universelle*, art. Coffinhal.
[2] Voy. Mercier, le *Nouveau Paris*, t. IV, chap. CLVII.
[3] *Biographie universelle*, art. Fouquier-Tinville.

qui allait se personnifier dans Collot-d'Herbois et Fouché
à Lyon, et dans Carrier à Nantes. Son opinion était presque toujours *la mort*. Il avait de tels accès d'impatience
sanguinaire, qu'il faisait préparer à l'avance les jugements, la guillotine et les charrettes [1]. Un détenu ayant
réclamé sa liberté, Fouquier-Tinville le fit mettre en jugement, sur ce qu'il fallait le satisfaire, puisqu'il était
si pressé [2]. En certaines circonstances, il résulta de ses
hâtives fureurs qu'il y eut substitution de personnes [3].
Quelquefois, il laissait sans les ouvrir des paquets que
lui avaient adressés les détenus et qui contenaient des
pièces à décharge : on trouva de ces paquets chez lui,
après son arrestation [4]. Un jour, un huissier ayant reçu
l'ordre d'aller chercher au Luxembourg une citoyenne
Biron, et lui étant venu dire qu'il avait trouvé deux femmes de ce nom : « Eh bien, s'écria-t-il, amène-les toutes
les deux; elles y passeront [5]. » Il se plaignait souvent de
ce que les huissiers n'allaient pas assez vite en besogne :
« Vous n'êtes point au pas, » leur disait-il; et il ajoutait,
en parlant des accusés : « Il m'en faut deux à trois cents
par décade [6]. » On l'entendit rugir, à certains acquittements [7]. De là le cri que, plus tard, poussa Fréron, qui
lui-même avait bu tant de sang : « Je demande que Fouquier-Tinville aille cuver dans les enfers tout le sang

[1] Voy., dans les tomes XXXIV et XXXV de l'*Hist. parlem.*, le procès
de Fouquier-Tinville. On ne cite ici contre lui, cela va sans dire, que
les faits auxquels il n'a pas répondu d'une manière satisfaisante.

[2] Pièces originales du procès de Fouquier-Tinville. *Bibl. hist. de la
Révolution*, 947-8. (*British Museum.*)

[3] *Ibid.*

[4] *Ibid.*

[5] *Hist. parlem.*, t. XXXIV, p. 450. — Déposition de Wolf, commis-
greffier du Tribunal depuis son établissement.

[6] *Ibid.*, t. XXXV, p. 12 et 14-15. — Dépositions de Boucher et de
Tavernier, huissiers du Tribunal.

[7] Pièces originales, etc..., dans la *Bibl. hist. de la Révolution*, 947-8.
British Museum.)

dont il s'est enivré [1]. » Désigné enfin à son tour pour être la proie de cette guillotine dont il avait été le pourvoyeur, Fouquier-Tinville attendit son sort avec un front d'airain. Pendant le résumé de l'accusateur, il feignit de s'endormir, ou s'endormit [2].

Et toutefois, cet implacable ministre de la Terreur ne fut pas sans ouvrir quelquefois son cœur à la pitié, tant la nature de l'homme est complexe ! Lui qui poussa la barbarie jusqu'à ordonner qu'on lui amenât des prisonniers, malades, sur des brancards, on le vit recevoir avec beaucoup d'humanité des pères de famille éplorés qui venaient réclamer leurs enfants mis en prison [3]. Il lui arriva de soulager les malheureux détenus [4]. Il lui échappa de dire qu'il aimerait mieux labourer la terre que d'être accusateur public [5]. Directeur du jury au tribunal du 17 août, il s'était conduit « avec franchise, intégrité et humanité [6]. » Au mois d'avril 1793, les généraux Harville, Boucher et Froissac ayant été décrétés d'accusation par la Convention, Fouquier-Tinville, après un examen attentif du dossier, reconnut qu'il n'y avait pas lieu à les poursuivre, décida qu'en dépit du décret il s'abstiendrait, et eut le courage de le déclarer dans une lettre publique [7]. On a prétendu qu'il avait coutume d'entrer dans la chambre des jurés pour les influencer : mensonge de la haine [8]! Il n'est pas vrai non plus qu'il eût

[1] *Biographie universelle*, art. Fouquier-Tinville.

[2] *Ibid.*

[3] Voy. *Hist. parl.*, t. XXXIV, p. 444-446, une déposition remarquablement impartiale de Duchâteau, secrétaire du parquet de Fouquier.

[4] Déposition de la femme de Morizan, buvetier du tribunal. — *Hist. parlem.*, t. XXXV, p. 19.

[5] Déposition de la fille de Morizan. — *Ibid.*, p. 20.

[6] Déposition de Réal. — *Ibid.*, t. XXXIV, p. 397.

[7] *Ibid.*, p. 398. — Réal, qui déposa de ce fait au procès de Fouquier, était le défenseur des généraux qu'on avait décrétés d'accusation.

[8] Voy. les dépositions de Leclercq, huissier du tribunal, et de la fille de Morizan. — *Ibid.*, t. XXXIV, p. 419, et t. XXXV, p. 20.

coutume de se livrer à des orgies avec les membres du Tribunal, au sortir des audiences [1]. On lui imputa des malversations : autre calomnie ! A la veille de monter sur l'échafaud, il put écrire : « J'avais cinquante mille livres de patrimoine avant la Révolution : aujourd'hui, j'ai pour tout patrimoine une femme et cinq enfants [2]. »

Fouquier-Tinville n'eut jamais de relations qu'avec les Comités de salut public et de sûreté générale, et cela dans le lieu de leurs séances. Il s'y rendait chaque soir entre dix et onze heures, remettait la liste des jugements prononcés dans le jour, faisait part des actes du tribunal aux membres présents, et recevait leurs instructions [3]. Il n'avait de rapports particuliers ni avec Robespierre, qu'il n'aimait pas, ni avec Saint-Just. Pour ce qui est de Couthon, c'est à peine s'il le connaissait personnellement, attendu que Couthon ne paraissait jamais le soir au Comité [4]. Un fait curieux et qui montre jusqu'à quel point Fouquier-Tinville était étranger au parti que représentaient Robespierre, Couthon et Saint-Just, c'est que, lorsque Robespierre fit établir le « Bureau de police générale, » Fouquier-Tinville n'en fut pas informé autrement que le public. « Aujourd'hui encore, écrivait-il lors de son procès, j'ignore dans quel lieu du Comité ce bureau était situé [5]. »

Les membres ▓▓▓▓▓ farouches du tribunal révolutionnaire, après l'a▓▓▓▓▓▓▓, étaient Trinchard, Leroy, surnommé *Di*▓▓▓▓▓ット, Chrestien, Renaudin, Gérard, Prieur, ▓▓▓▓▓ient là les jurés *solides*, ceux

---

[1] Voy. la déposition de ▓▓ ▓le du buvetier du tribunal. — *Hist. parlem.*, t. XXXV, p. 20.

[2] Réponse d'Antoine-Quentin Fouquier aux différents chefs d'accusation portés contre lui, etc. — *Bibliothèque historique de la Révolution*, 947-8. (British Museum.)

[3] *Biblioth. hist. de la Révolution*, p. 28 et 29.

[4] *Ibid.*, p. 29.

[5] *Ibid.*

dont on se servait pour ces condamnations collectives que, dans son affreux langage, Fouquier-Tinville appelait des *feux de file*[1].

Leroy était un marquis, le marquis de Montflabert[2]. Il avait l'oreille un peu dure ; mais il tenait à siéger!

Brochet était l'auteur de la prière : « O sacré cœur de Jésus! O sacré cœur de Marat[3] ! »

Renaudin se considérait comme l'instrument aveugle de la loi. Lorsque la contre-révolution, triomphante, le conduisit à la Conciergerie, il dit : « Je n'étais que la hache dont on se servait ; on ne peut pas faire le procès à la hache[4]. »

Chrestien tenait un café où se réunissaient les plus violents d'entre les Jacobins, Excellent patriote, courageux et franc[5], mais exalté jusqu'au délire, il gouvernait despotiquement la section Lepelletier[6].

Prieur passait le temps des débats à faire en caricature le portrait des accusés dont la physionomie l'avait frappé. En les regardant, il disait : « Celui-ci est de l'anisette de Bordeaux ; celui-là est de la liqueur de M. Amphoux[7]. »

Vilate était un prêtre[8].

La Terreur n'eut pas d'agent comparable à cet homme, auteur d'un livre où il anathématise la Révolution, au

---

[1] Voy. dans le procès de Fouquier-Tinville, *Hist. parlem.*, t. XXXV, p. 74, la déposition de Sézille; et p. 15, celle de Tavernier, huissier du tribunal.

[2] Déposition de Sézille, *ubi supra*.

[3] Nous l'avons mentionnée déjà.

[4] Déposition de Carentan, dans le procès de Fouquier. *Hist. parlem.*, t. XXXV, p. 102.

[5] Déposition d'Antonelle, ex-maire d'Arles. *Ibid.*, p. 106.

[6] Déposition du cinquante-sixième témoin. *Ibid.*, t. XXXIV, p. 465.

[7] Dépositions de Wolf, commis-greffier du Tribunal, et de Tavernier, huissier du Tribunal. *Ibid.*, t. XXXIV, p. 458, et t. XXXV, p. 15.

[8] Voy. le procès de Fouquier. *Hist. parlem.*, t. XXXIV, p. 378.

nom de l'humanité. Il avait pris le nom de Sempronius
Gracchus. Quand Robespierre le vit pour la première fois,
c'était dans la compagnie de Barère. « Quel est ce jeune
homme? » demanda-t-il. Barère ayant répondu : « Il est
des nôtres; c'est Sempronius Gracchus, » Robespierre
répliqua vivement : « Sempronius Gracchus, un des
nôtres! Vous n'avez donc pas lu le *Traité des offices?*
L'aristocrate Cicéron, afin de rendre odieux le projet des
deux Gracques, exalte les vertus du père, et traite les
enfants de séditieux [1]. »

La sagacité de Robespierre, en cette occasion, ne
s'était point démentie : Vilate fut un double apostat;
et il n'est pas sans intérêt de constater ici quels sont
ses titres à la confiance de ceux qui le considèrent
comme une autorité historique irrécusable! Son acharnement contre les accusés était tel, que, lorsque les
débats lui paraissaient durer trop longtemps, il mar-
quait son impatience par des postures indécentes ou
des propos atroces. Il se promenait dans la salle des témoins pendant que ses collègues étaient en délibération,
assurant qu'il était toujours convaincu. Un jour, il eut
l'impudeur de dire à Dumas, qui présidait l'audience :
« Voici l'heure du dîner; les accusés sont doublement
convaincus, car en ce moment ils conspirent contre mon
ventre [2]. » Brochet, Leroy, Trinchard, Chrestien, Prieur,
furent des terroristes impitoyables, mais sincères; et leur
attitude, à deux pas de la mort, prouva l'énergie de
leurs convictions : Vilate fut un sceptique sans entrailles.
Quand vint le moment suprême, on ne l'entendit point
dire, comme Prieur : « J'ai jugé selon mon opinion; je

[1] C'est le récit de Vilate lui-même, dans les *Causes secrètes de la Révolution du 9 au 10 thermidor*, p. 178. — Collection des *Mémoires sur
la Révolution.*
[2] Voy. la déposition d'Anne Ducret, conseil public, et celle de Mas-
son, greffier. *Hist. parlem.*, t. XXXIV, p. 484, et t. XXXV, p. 89.

n'en dois compte à personne; » ou, comme Trinchard :
« Si l'on appelle *solides* ceux qui ont servi la patrie, je
suis solide; » ou, comme Leroy : « J'ai jugé en mon âme
et conscience; ma tête est prête; » ou, comme Chrestien : « Nous sommes prêts[1]. » Vilate, devant l'échafaud,
joua le remords, pour sauver sa tête[2], que cette lâche
comédie n'a point sauvée.

Si, parmi les membres du Tribunal révolutionnaire,
il y en eut d'inflexibles, il y en eut d'autres en qui le
culte de l'humanité s'associa toujours au sentiment de
la justice.

Sur la sensibilité de Naulin, de Sellier, de Maire, de
Harny, les témoignages abondent[3].

Naulin mettait la plus grande fermeté à heurter de
front ceux de ses collègues dont les opinions, trop dures,
auraient pu nuire à la défense des accusés[4].

Maire et Harny, lorsque l'évidence des preuves les
amenait à voter la mort, furent quelquefois aperçus versant des larmes[5].

Villam d'Aubigny, appelé à déposer sur Chatelet, s'exprima en ces termes : « Je connais Chatelet depuis longtemps; il n'est personne qui, le connaissant, ne rende
comme moi justice à sa bonté, à son patriotisme, surtout aux sacrifices qu'il n'a cessé de faire, depuis les
premiers instants de la Révolution, pour obliger ses
frères et secourir l'infortune[6]. »

---

[1] Voy. le procès de Fouquier. *Hist. parlem.*, t. XXXV, p. 75 et 76.
[2] Il écrivit son livre dans la prison.
[3] Voy. dans le procès de Fouquier, t. XXXIV de l'*Histoire parlem.*,
p. 354, 398, 411, 458, et t. XXXV, p. 5, 6 et 13, les dépositions de
Pépin, de Réal, de d'Aubigny, de Wolf, de Tavernier, de Boucher.
[4] Déposition de Réal. *Hist. parlem.*, t. XXXIV, p. 399. — Déposition
de Boucher. *Ibid.*, t. XXXV, p. 13.
[5] Déposition de Wolf. *Hist. parlem.*, t. XXXIV, p. 458. — Déposition
de Tavernier. *Ibid.*, t. XXXV, p. 6.
[6] *Hist. parlem.*, t. XXXIV, p. 411 et 412.

Nous avons déjà eu occasion de parler du menuisier Duplay. Quand la Révolution éclata, Duplay, un des protégés de madame Geoffrin, possédait une fortune d'environ quinze mille livres de rente en maisons[1]. On ne saurait donc le soupçonner d'avoir cherché dans les troubles de son pays un moyen de s'enrichir. Voici son portrait, tracé par un des plus violents adversaires du parti auquel il se dévoua : « J'ai toujours vu Duplay bon père, bon mari, d'une probité sûre, d'un caractère doux et indulgent, incapable de ployer sa probité aux caprices de quelques ambitieux[2]. » A quelles qualités Robespierre dut-il l'attachement de Duplay et de toute sa famille ? Un homme qui, mieux que personne, fut dans le secret de cet attachement, a répondu : « A la douceur de son caractère, à la facilité de son commerce et à la bonté de son cœur[3]. » Duplay recevait chez lui Camille Desmoulins, Buonarotti, Lebas. Ce dernier, amateur passionné de la musique italienne, se faisait souvent entendre dans ces réunions intimes, où Buonarotti tenait le piano. Lorsque la soirée n'était point consacrée à la musique, elle l'était à la lecture des plus belles tragédies de Racine, que Lebas et Robespierre déclamaient avec beaucoup d'âme[4].

Duplay n'avait accepté qu'avec répugnance les fonctions de juré au Tribunal révolutionnaire. Il les exerça rarement, et n'assista ni au jugement de Marie-Antoinette ni à celui de Madame Élisabeth. Un jour qu'il avait siégé comme juré, son hôte lui demanda vaguement ce qu'il avait fait au Tribunal. « Maximilien, lui

---

[1] Lebas, de l'Institut. *Dictionnaire de la Conversation.*

[2] Déposition de d'Aubigny, dantoniste exalté, dans le procès de Fouquier-Tinville, t. XXXIV de l'*Hist. parlem.*, p. 412.

[3] Lebas, de l'Institut. *Dictionnaire de la Conversation*, au mot *Duplay.*

[4] *Ibid.*

répondit-il, jamais je n'ai cherché à connaître ce que vous faites au Comité de salut public. » Robespierre, sans répliquer, lui serra affectueusement la main [1]. De tous les jurés qui figurèrent dans le procès intenté à Fouquier-Tinville, il n'y en eut qu'un d'acquitté, à la fois sur le fait et sur l'intention : ce fut l'hôte, l'ami, l'admirateur passionné de Robespierre; ce fut Duplay [2] !

Nous compléterons ce tableau du Tribunal révolutionnaire par une citation qui répond à deux calomnies :

« Prieur ne buvait pas de vin; Vilate ne prenait que du lait; Trinchard prenait du café ou du chocolat; les autres jurés ne buvaient le matin qu'un carafon; le soir, ils avaient une bouteille de vin. Lorsque le garçon portait un bouillon dans la chambre des jurés, il sortait aussitôt. Je n'ai pas connaissance qu'il soit entré des étrangers dans cette chambre pendant les délibérations. Ganney, pour qu'on n'entendît pas, ôtait la clef de la porte qui est dans l'escalier [3]. »

Voilà à quoi se réduit l'histoire des orgies dont la buvette du tribunal était le théâtre, et des influences étrangères qui pesaient sur les délibérations de ses membres !

Une chose bien digne de remarque, c'est que les hommes de la Révolution sont les seuls qui aient compris qu'un dédommagement est dû aux victimes de poursuites injustes. Un décret spécial assurait aux accusés qu'on acquittait une indemnité proportionnée à la durée de leur détention [4].

---

[1] Lebas, de l'Institut. *Dictionnaire de la Conversation*, au mot *Duplay*.

[2] Voy. le jugement, dans l'*Hist. parlem.*, t. XXXV, p. 147.

[3] Déposition de la femme de Morizan, buvetier du Tribunal révolutionnaire. *Hist. parlem.*, t. XXXV, p. 19 et 20.

[4] Déposition de Wolf, dans le procès de Fouquier-Tinville, t. XXXIV de l'*Hist. parlem.*, p. 452.

Il est juste aussi de reconnaître que, souvent, le Tribunal révolutionnaire fut le théâtre de scènes où la justice et la vérité reçurent de solennels hommages. Un jour, un vieillard, nommé Delhorre, et sa femme sont traduits devant le sombre aréopage pour propos tendant au rétablissement de la royauté et à l'avilissement des pouvoirs constitués. Le fait ne fut pas prouvé : verdict d'acquittement. Mais voilà qu'à leur tour les témoins sont accusés de faux témoignages. Tous les assistants frémissent d'horreur. Le Tribunal ordonne sur-le-champ que les témoins soient arrêtés pour être jugés sans délai. La femme de Delhorre, saisie d'un mouvement de compassion généreuse, implore la grâce de ses calomniateurs. L'auditoire est ému, les larmes coulent; mais le peuple demande justice et applaudit à la sentence du Tribunal en criant : *Vive la République*[1]*!*

Du 24 brumaire (14 novembre) au 11 nivôse (31 décembre), les principaux personnages que condamna le Tribunal révolutionnaire furent Manuel, les généraux Brunet et Houchard, Girey-Dupré, le général Lamarlière, Barnave, Duport-Dutertre, Kersaint, Rabaud Saint-Étienne, la du Barry, Biron.

La condamnation de Manuel fut motivée sur ce qu'il avait facilité l'évasion du prince de Poix, sur ce qu'il s'était opposé à l'incarcération de la famille royale au Temple, sur ce qu'il avait hautement gémi de la sentence rendue contre Louis XVI, et, chose remarquable! sur ce qu'il avait trempé dans les massacres de septembre[2]. Il mourut sans courage[3].

Tout autre se montra devant l'échafaud le général

---

[1] Audience du 25 brumaire an II. (Voy. le *Moniteur*, 1793, an II, n° 55.)

[2] *Moniteur*, 1793, an II, n° 56.

[3] *Bulletin du Tribunal révolutionnaire* cité dans l'*Histoire parlem.*, t. XXXI, p. 136.

Brunet. Mais ce n'était pas le sentiment de son innocence qui pouvait fortifier son cœur, car des pièces produites et de ses propres lettres résulta la preuve que, non content de refuser d'envoyer cinq bataillons contre les rebelles de Toulon et de Marseille, il avait entretenu avec eux une correspondance suivie[1].

Contre Houchard, il pouvait y avoir des apparences, il n'y avait pas de preuves. Esprit timide, âme intrépide, ses hésitations à Hondschoote ne démontrent nullement qu'il y fut vainqueur malgré lui, et les autorités militaires ne s'accordent pas sur le point de savoir s'il lui eût été possible, après la victoire, de jeter les Anglais dans la mer[2]. En tout cas, une faute n'est pas un crime; et, quant aux trois millions que le duc d'York aurait promis à Houchard si ce dernier lui laissait prendre Dunkerque, il faudrait, pour établir historiquement un fait de cette importance, autre chose qu'un propos de table tenu devant Levasseur[3]. La défense de l'infortuné général fut d'une simplicité touchante et forte : « J'ai toujours été attaché aux succès de la Révolution française. De simple lieutenant, devenu général en chef, quel intérêt avais-je à trahir la nation, à passer à l'ennemi? Il m'aurait haché par morceaux pour tout le mal que je lui avais fait. J'ai pu commettre des fautes; quel général n'en commet pas? Mais je ne suis point un traître. Les jurés me jugeront selon leur conscience : la mienne est pure et tranquille[4]. » Malheureusement pour l'accusé, l'idée alors dominante était que la Révolution périrait le jour où la hache aurait cessé de faire contre-poids à l'épée; et cette crainte, qui conduisait si facilement au soupçon, rendait le soupçon

[1] *Moniteur*, 1793, an II, n° 56.
[2] Nous avons cité à ce sujet l'opinion de Jomini. Voyez dans le tome IX de cette histoire le chapitre intitulé : *La Coalition repoussée.*
[3] Voy. ce que nous avons cité des *Mémoires de Levasseur*, dans le chapitre ci-dessus du tome IX de cette histoire.
[4] *Bulletin du Tribunal révolutionnaire*, deuxième partie, n° 95.

impitoyable. Houchard avait été transféré à la Conciergerie le 9 novembre; le 15, il comparaissait devant le
Tribunal; le 16, il était mort.

Ici, un rapprochement se présente. Dans la séance du
7 août, c'est-à-dire un peu plus de trois mois auparavant,
le général Aubert Dubayet avait été appelé à la barre
de la Convention pour y raconter le siége de Mayence.
On l'annonce, il entre, et sa présence est le signal des
plus vifs transports. Plusieurs députés, courant à
lui, le serrent dans leurs bras. Maure demande que
le président lui donne le baiser fraternel, au nom
de la République, et c'est ce que Danton, qui présidait,
s'empresse de faire, au milieu d'un attendrissement
universel [1].

Ainsi, les grandes défiances de la Révolution à l'égard
des hommes d'épée ne l'empêchaient pas d'offrir les plus
belles de ses couronnes civiques à ceux d'entre eux dont
la fidélité était sans nuage; et si, en poursuivant la trahison, il lui arriva de s'égarer, que de fois sa lourde
main ne s'abaissa-t-elle pas sur des coupables? Un écrivain
royaliste assure que le général Lamarlière, dont la condamnation suivit de près celle du général Houchard, fut
traduit au Tribunal révolutionnaire sur un chef d'accusation ridicule, savoir : la lettre d'un *émigré* adressée à
une inconnue [2]. Rien de plus inexact : les charges, au
contraire, étaient accablantes. On l'accusait d'avoir voulu
livrer Lille à l'ennemi, et d'avoir préparé le succès de
cette horrible trahison : en faisant ouvrir les portes à
toutes les heures de la nuit, sans égard aux représentations du commandant de la place, que Custine lui avait
irrégulièrement subordonné; en accumulant un grand
nombre de prisonniers dans la citadelle, malgré la fai-

[1] *Moniteur*, 1793, n° 221.
[2] Michaud jeune, *Biographie universelle*, art. Lamarlière.

blesse de la garnison et la rareté des vivres; en souffrant que des parlementaires ennemis fussent introduits sans avoir les yeux bandés; en logeant dans la citadelle, avec liberté de la parcourir, un aide de camp et un trompette ennemis, soupçonnés d'être des espions; en s'abstenant de transmettre au commandant de la place la série des mots d'ordre; en parlant de faire sortir de la ville une portion considérable de l'artillerie, au moment même où il s'apprêtait à fortifier les trois faubourgs de Lille et à distribuer ainsi sur trois points une garnison que son exiguïté y eût livré à une destruction certaine. Ce n'étaient certes pas là de légers griefs; et leur réalité fut établie par la correspondance de l'accusé, par les témoignages écrits des généraux Favart et Dufrêne, par celui de l'adjudant général Merlin-Lejeune, enfin par les témoignages oraux des représentants du peuple Duchêne et Lesage-Sénault, qui l'un et l'autre avaient été en mission auprès de Lamarlière [1].

Pour ce qui est de Girey-Dupré, de Barnave, de Kersaint, de Rabaud-Saint-Étienne, qui furent frappés successivement par le Tribunal révolutionnaire, dans les derniers jours de novembre et au commencement de décembre, c'étaient de généreux esprits, et leur sort a droit à la pitié; mais comment taxer la Révolution de cruauté froide et d'iniquité, lorsqu'on rapproche les causes de leur condamnation des circonstances où elle fut prononcée?

De tous les Girondins, pas un n'avait fait d'aussi brûlants appels à la guerre civile que Girey-Dupré, pas un n'avait sonné la charge contre la Montagne avec plus de fureur [2]. C'était lui qui, transformant Danton en complice de Cobourg, tonnant contre un triumvirat qui

[1] Voy. l'*Histoire parlementaire*, t XXXI, p. 159 et 140.
[2] Voyez, dans le précédent volume de cet ouvrage, le chapitre intitulé : *Le Comité des douze*.

n'exista jamais, et, jetant en Bretagne une torche allumée, avait en ces termes pressé la province de marcher
sur Paris :

> Quoi! sur cette place fameuse
> Qui fume encor du sang breton,
> On verrait la troupe hideuse
> Et de Cobourg et de Danton!
> Brisons les sceptres sanguinaires
> D'un triumvirat criminel.
> Au rendez-vous du Carrousel,
> Nous allons embrasser nos frères [1].

On sait quel fut le résultat de ces excitations néfastes.
Arrêté à Bordeaux, où il était allé attiser la révolte départementale, Girey-Dupré fut conduit à Paris, et comparut devant le Tribunal révolutionnaire, le 1er frimaire
(21 novembre). Sa défense ayant consisté à désavouer
toute participation à l'insurrection girondine, il est permis de mettre en doute cette réponse que lui prête, au
sujet de Brissot, Riouffe, qui était alors en prison :
« Brissot a vécu comme Socrate; il est mort comme Sidney [2]. » Quoi qu'il en soit, Girey-Dupré, à ses derniers
moments, déploya le même courage et la même violence de caractère qu'il avait apportés dans sa lutte contre
la Montagne. La charrette qui le conduisait à la guillotine ayant passé devant la maison de Duplay, et le hasard
ayant voulu qu'en cet instant les filles du menuisier se
trouvassent à la fenêtre, il se mit à crier : « A bas les
tyrans! à bas les dictateurs! » et répéta cette exclamation jusqu'à ce qu'il eût perdu la maison de vue [3].

[1] *Hymne des Bretons*, par Girey-Dupré. Voy. le livre de Louis du
Bois sur Charlotte Corday, n° v des *Pièces justificatives*.
[2] La remarque n'est pas de nous, elle est des auteurs de l'*Histoire
parlementaire*; mais elle nous a paru juste. Voy. l'*Histoire parlementaire*, t. XXXI, p. 139.
[3] Lamoureux, *Biographie universelle*. Supplément.

Huit jours après, le 9 frimaire (29 novembre), Barnave
fut appelé, à son tour... Nul n'avait été plus avant que
lui dans la faveur populaire; nul n'avait travaillé plus
ardemment que lui à saper les fondements de l'ancienne
monarchie. Mais il n'était pas encore à mi-chemin que
la lassitude le prit. « Il n'y a point de divinité en toi, »
lui disait un jour Mirabeau. Ce mot qui, appliqué à l'é-
loquence de Barnave, était très-juste, l'était aussi appliqué à son caractère. C'était un homme naturellement
froid, et qui faisait consister, comme il l'a écrit lui-
même, l'élévation d'esprit dans la *mesure* [1]. Quand il vit
de quel impétueux élan la Révolution courait vers des
régions inexplorées, un grand trouble s'empara de lui;
et le retour de Varenne, en lui donnant Marie-Antoinette
à protéger, acheva de changer la direction de ses sentiments. C'est alors qu'on le trouve désertant peu à peu le
parti dont il était un des chefs, puis s'engageant dans
une voie tortueuse, se faisant avec Duport et Lameth le
mystérieux conseiller de la reine, lui écrivant, et, lorsqu'il eut à quitter Paris, recevant d'elle, pour récompense, l'honneur de lui baiser la main [2] : dangereux
honneur, qu'il lui fallut cruellement expier !

Le 15 août 1792, Larivière, qui avait été envoyé aux
Tuileries en qualité de commissaire de l'Assemblée, communiquait à ses collègues une pièce qu'il venait de découvrir dans le secrétaire de Louis XVI. Le titre, qui,
écrit en marge de l'original, paraissait être de la propre
main du roi, portait : *Projet du comité des ministres concerté avec MM. Alexandre Lameth et Barnave.*

---

[1] Voy., dans les *Causeries du lundi*, de M. Sainte-Beuve, son étude
sur Barnave.

[2] Tous ces faits sont affirmés par madame Campan, et racontés avec
de tels détails, qu'il est impossible de supposer qu'elle les ait inventés. Dans quel intérêt, d'ailleurs, une pareille série de mensonges? —
Voy. les *Mémoires de madame Campan*, t. II, chap. x et xix.

Quant au document, qui était de la main du ministre de Lessart, voici quelle en était la teneur :

« 1° Refuser la sanction (du décret relatif aux prêtres et aux émigrés);

« 2° Écrire une nouvelle lettre aux princes d'un ton fraternel et royal;

« 3° Nouvelle proclamation sur les émigrants, d'un style ferme, et marquant bien l'intention de maintenir la Constitution;

« 4° Réquisition motivée aux puissances de ne souffrir sur leur territoire aucuns rassemblements, armements ou préparatifs hostiles;

« 5° Établir trois cours martiales, et faire, s'il est nécessaire, de nouvelles dispositions relativement aux démissions, désertions, remplacements, etc. »

Suivaient des conseils sur le langage que devaient tenir à l'Assemblée les ministres de la justice, des affaires étrangères, de la guerre, de l'intérieur; et, comme conclusion : « On estime que le roi ferait une chose extrêmement utile, en demandant à chaque département un certain nombre d'hommes pour être placés dans sa garde [1]. »

Un semblable document ne contenait rien que Barnave n'eût été en droit de soutenir à la tribune; mais il prouvait que Barnave entretenait avec la cour des intelligences *secrètes* que lui interdisait sa qualité de représentant du peuple, et cela dans un moment où la cour conspirait contre la Révolution. Aussi, quoiqu'on ne connût pas encore l'existence de l'armoire de fer, il n'y eut qu'un cri dans l'Assemblée sur le caractère criminel de la pièce lue par Larivière. « Cette pièce, dit Cambon, convaincra les plus incrédules de la réalité du foyer de conjuration qu'on vous a dénoncé sous le nom de Comité

---

[1] *Moniteur*, 1792, n° 250.

autrichien. » Et il demanda que les deux ex-constituants fussent décrétés d'accusation, ce que l'Assemblée vota *unanimement* [1].

Barnave fut donc arrêté dans sa maison de campagne à Saint-Robert, et conduit à Grenoble, d'où, après six mois de captivité, il fut transféré au fort de Barreaux. Ses amis s'adressèrent, pour le sauver, à Danton et à Bazire. Mais Danton se contenta de faire conseiller au prisonnier d'écrire une lettre à la Convention, humble démarche à laquelle celui-ci se refusa noblement; et Bazire répondit avec tristesse à Boissy-d'Anglas, qui sollicitait son intervention : « J'ai moins d'influence que vous, et vous ne tarderez pas à le voir. » De sorte qu'à la fin de novembre l'infortuné Barnave était à Paris ! Pendant le trajet, il avait écrit à sa sœur. « J'ai quitté hier ma mère et Julie... et je vais peut-être m'éloigner pour toujours de toi. Ce moment est cruel, mais ne nous l'exagérons pas... Je suis jeune encore, et cependant j'ai déjà éprouvé tous les biens et tous les maux dont se forme la vie humaine. Doué d'une imagination vive, j'ai cru longtemps aux chimères; mais j'en suis désabusé, et, au moment où je me vois prêt à quitter la vie, les seuls biens que je regrette sont l'amitié (personne plus que moi ne pouvait se flatter d'en goûter les douceurs) et la culture de l'esprit, dont l'habitude a souvent rempli mes journées d'une manière délicieuse [2]. »

Si, même avant que la preuve complète des complots de la cour eût été acquise, la conduite de Barnave avait paru coupable à tous les membres de l'Assemblée législative, combien ne dut-elle pas paraître plus coupable

---

[1] *Moniteur*, 1792, n° 230.

[2] Le *fac-simile* de cette lettre, dont nous n'avons cité que le passage qui se rapporte aux sentiments politiques de Barnave à la fin de sa carrière, se trouve à la suite des *OEuvres de Barnave*, mises en ordre par M. Bérenger (de la Drôme).

encore, en novembre 1793, aux juges du Tribunal révolutionnaire? Il fut condamné, en compagnie de Duport-
Dutertre. Sur l'échafaud, après avoir harangué le peuple, il jeta les yeux sur le couteau, et ses dernières paroles furent : « Voilà donc le prix de ce que j'ai fait
pour la liberté[1] ! »

Dans sa défense, il lui était échappé de dire : « J'atteste sur ma tête que jamais, absolument jamais, je n'ai
eu avec le château la plus légère correspondance; que
jamais, absolument jamais, je n'ai mis les pieds au château. » Que penser de cette dénégation si formelle, mais
intéressée, quand on la rapproche, et du récit, parfaitement désintéressé, de madame Campan, et du document
qui motiva le décret d'accusation[2]?

[1] *Nouvelle Biographie universelle.*
[2] A la suite du travail de M. Sainte-Beuve sur Barnave, dans les
Causeries du lundi, nous lisons : « Je dois à la bienveillance de M. le
marquis de Jaucourt, lequel a beaucoup connu Barnave, quelques explications qui répondent à la question que je me suis posée au sujet
des rapports du célèbre orateur avec la reine. Voici ce que M. de Jaucourt et les personnes les mieux informées de sa société croyaient à
cet égard (je ne fais que reproduire exactement ce qui m'est transmis) :
« Barnave ne vit jamais la reine. C'est Duport qui la voyait, au nom
« de Barnave; mais l'intermédiaire habituel était le chevalier de Jar-
« jayes, dont la femme était de la maison de la reine. Quand la reine
« voulait faire à Barnave une communication quelconque, elle mettait
« un écrit cacheté dans la poche de Jarjayes, et celui-ci le transmet-
« tait à Barnave, lequel, après en avoir pris connaissance, le replaçait,
« cacheté, dans la poche du messager, de façon que la reine pût le
« reprendre et le détruire. Le même procédé servait aux avis que Bar-
« nave voulait donner à la princesse : même passage par ladite poche
« et même retour aux mains de Barnave. Il en résulte que Barnave
« pouvait dire, à la rigueur ou *à peu près*, devant le Tribunal révolu-
« tionnaire, qu'il n'avait jamais eu avec la reine de relations directes,
« qu'il ne l'avait jamais vue... Il reste, sans doute (à examiner les
« choses avec une précision mathématique), une certaine restriction,
« une certaine interprétation à donner au mot de Barnave devant le
« Tribunal révolutionnaire : « Je n'ai jamais eu de correspondance
« avec le château. » Mais tel tribunal, telle déposition. »
M. Sainte-Beuve ajoute, et avec raison : « Voilà l'explication la plus

L'exécution de Kersaint, le 15 frimaire (5 décembre);
celle de Rabaud-Saint-Etienne, qui eut lieu le même jour,
et la mort de Clavière, qui, le 9, se frappa d'un coup de
couteau, dans la chambre où il était détenu [1], furent la
suite trop facile à prévoir, hélas! du grand drame de la
Gironde vaincue.

La guillotine attendait une moins noble victime : le
27 frimaire (17 décembre), madame du Barry expia sous
la main du bourreau les avilissantes splendeurs de sa
fortune passée. Au mois de juillet 1792, elle était partie
pour l'Angleterre, voulant, dit-on, faire de ses diamants
un usage que lui avaient conseillé les inspirations d'un
cœur resté fidèle à la famille de Louis XV [2]. Cette générosité de sentiment, qui jette quelque honneur sur sa
mémoire, lui fut fatale. La crainte d'encourir la rigueur

plausible, dans les termes mêmes où je la reçois; et, malgré tout, le
sentiment moral persiste à souffrir d'une dénégation si formelle de la
part de Barnave. »

D'un autre côté, quand M. de Jaucourt dit que « Barnave ne vit jamais la reine, » il dit ce qu'il *croit* et ce qu'il pouvait bien ignorer,
puisque la condition d'entrevues de ce genre était, de la part de Barnave, le secret le plus absolu ; de sorte que l'affirmation de madame
Campan reste entière.

Il est surprenant, puisque M. Sainte-Beuve tenait à approfondir la
question des rapports de Barnave avec la cour, qu'il n'y ait pas un
seul mot, dans son travail, qui fasse allusion à la pièce lue par Larivière.

M. de Barante, dans son *Histoire de la Convention*, t. III, p. 515,
édition Méline, ne se borne pas à des réticences, il s'écrie : « Il est certain que, depuis les premiers jours de 1792, Barnave ne fut pour rien
dans les relations d'Adrien Duport et de Lameth avec la cour. » Depuis
les premiers jours de 1792! Soit. Mais avant?

Au moins devait-on s'attendre à voir le point en question abordé et
discuté par M. Bérenger (de la Drôme), dans la notice historique qu'il
a placée en tête des *Œuvres de Barnave*. Mais non. Si les détracteurs
systématiques de la Révolution ne disaient que la vérité ou disaient
toute la vérité, leur tâche deviendrait trop difficile. On se tait sur certaines choses, et l'on triomphe de la lacune!

[1] Voy. l'*Histoire parlementaire*, t. XXXI, p. 140-142.

[2] *Biographie universelle*.

des lois portées contre les émigrés l'ayant ramenée en
France, elle fut dénoncée « pour avoir dissipé les tré-
sors de l'État, conspiré contre la République et porté,
à Londres, le deuil du tyran. » Devenue maîtresse du
duc de Brissac, elle habitait Luciennes; c'est là qu'elle
fut arrêtée dans la nuit du 30 au 31 août 1792. Elle
avait caché dans sa maison Montsabré, ancien page :
il fut trouvé blotti au fond d'une chambre qu'on avait
longtemps refusé d'ouvrir, sous prétexte qu'elle était condamnée [1]. Déclarée coupable par le Tribunal révolutionnaire, elle ne put affronter l'idée de la mort sans tomber dans une sorte de délire, annonça des révélations,
se fit conduire à l'Hôtel de Ville et y accusa au hasard
deux cent quarante personnes. Sur le chemin du supplice, elle criait d'un air égaré à la foule qui la poursuivait de ses injures : « Bon peuple, délivrez-moi. Je
suis innocente ! » Elle se débattit contre l'exécuteur
d'une manière lamentable : « Monsieur le bourreau, lui
disait-elle, ayez pitié de moi! Un moment encore! plus
rien qu'un moment [2]! »

Et à ce bruit de la hache qui chaque jour se levait et
retombait, d'affreux émules du *Père Duchesne* répondirent trop souvent par des déclamations forcenées. Au
31 mai, Guffroy, avocat du Pas-de-Calais, s'était fait
l'éditeur d'un journal qu'il avait intitulé *Rougiff*, anagramme de son nom. Les extraits suivants montreront à
quel langage certains écrivains ne rougissaient pas de
descendre.

« Les complices de cette guenon (Charlotte Corday)
n'ont pas été tous rasés comme elle. Ils le seront; pas
vrai, Charlot [3]! — C'est en ce moment qu'il faut dans
chaque maison, dans chaque rue, des argus patriotes...

[1] *Moniteur*, 1792, n° 246.
[2] *Biographie universelle.*
[3] *Le Rougiff*, n° 7.

Allons! vite, allons! que la guillotine soit en permanence dans toute la République. Tribunaux, à l'ouvrage[1]!
— Le fluide du corps politique était vicié; on ne le purge
pas, on le fait couler[2]. — La Tour-du-Pin est pris;
Altier, ci-devant prieur, est pris; vingt-huit mille Marseillais, républicains à la Barbaroux, sont pris. Eh bien,
vite, ma recette. Allons, dame guillotine, rasez de près
tous ces ennemis de la patrie. Allons, allons! pas tant de
contes! Tête au sac[3]! »

Notons d'avance que le rédacteur de ce journal atroce
figura plus tard au premier rang des sanglants comédiens
du 9 thermidor, au premier rang des terroristes qui
prétendirent vouloir tuer la Terreur dans la personne
de Robespierre!

Lui, cependant, il combattait ces encouragements au
meurtre par l'exposé d'une politique sévère, mais juste:
« Comme on est tendre pour les oppresseurs, s'écriait-
il, et inexorable pour les opprimés! grâce pour les scélérats? non, grâce pour l'innocence! grâce pour les
faibles! grâce pour les malheureux! grâce pour l'humanité[4]! » —«Malheur à celui qui, confondant les erreurs
inévitables du civisme avec les erreurs calculées de la
perfidie ou avec les attentats des conspirateurs, abandonne l'intrigant dangereux pour poursuivre le citoyen
paisible! N'existât-il dans toute la République qu'un
seul homme vertueux persécuté par les ennemis de la
liberté, le devoir du gouvernement serait de le rechercher avec inquiétude et de le venger avec éclat[5]. »

Il y avait loin de là au langage de Barère, lorsqu'il

---

[1] Le *Rougiff*, n° 7.

[2] *Ibid.*, n° 8.

[3] *Ibid.*, n° 14.

[4] Rapport de Robespierre sur les principes de morale politique qui
doivent guider la Convention nationale. Séance du 18 pluviôse (6 février 1794).

[5] *Ibid.*

énonçait ce prétendu axiome : « Il n'y a que les morts qui ne reviennent pas [1]; « ou à celui de Collot-d'Herbois, lorsque, trouvant trop douce la déportation dans les déserts de la Guyane française, il disait : « Il ne faut rien déporter; il faut détruire et ensevelir dans la terre de la liberté tous les conspirateurs [2]. »

Au reste, si le lecteur veut être équitable, qu'il ne perde pas un seul instant de vue les circonstances, et avec quel empire elles s'imposèrent aux âmes les moins orageuses. À ceux qui se plaignaient de trop de rigueur, Chamfort répondait : « Vous voudriez qu'on nettoyât les écuries d'Augias avec un plumeau ! » Et à qui lui reprochait de prêcher le désordre : « Quand Dieu créa le monde, le mouvement du chaos dut faire trouver le chaos plus désordonné que lorsqu'il reposait dans un désordre auguste [3]. »

Aussi bien, le déchaînement des plus terribles colères ne fut pas sans laisser place aux inspirations de l'humanité, témoin tant de mesures bienfaisantes prises par le Comité de salut public, et, pour n'en citer que quelques-unes, celle qui ordonnait de pourvoir aux besoins des otages détenus à l'Abbaye [4]; celle qui enjoignait aux administrations de police de veiller à ce qu'aucune exaction ne fût commise en ce qui touchait l'approvisionnement des prisonniers [5]; celle qui concernait l'assainissement de la Conciergerie [6]; celle qui avait pour objet de parer à l'inconvénient de la tuerie des bestiaux à l'Archevêché, où il y avait des malades [7]; celle qui fai-

---

[1] Rapport de Saladin, au nom de la Commission des 21. — *Biblioth. histor. de la Révolution*, n° 1097-8-9.

[2] *Ibid.*

[3] *Chamfort*, par P. J. Stahl (Hetzel); préface, p. XLV.

[4] Arrêté du 26 vendémiaire.

[5] Arrêté du 25 brumaire.

[6] Arrêté du 8 ventôse.

[7] Arrêté du 12 floréal.

sait passer à Mayence trois cent mille livres destinées au soulagement des Français captifs[1]; celle qui chargeait le Conseil exécutif de s'occuper du sort des prisonniers ennemis[2]; celle qui ouvrait le Val-de-Grâce aux femmes en couche et aux enfants trouvés[3].

Il importe aussi de rappeler quels transports excita toujours le triomphe de l'innocence reconnue.

Un député, nommé Robert, avait été dénoncé comme violateur de la loi contre les accapareurs des objets de première nécessité, à cause de plusieurs pièces de rhum trouvées chez lui. Le châtiment, c'était la mort. Joseph le Bon paraît à la tribune; il dit qu'une loi obscure est comme si elle n'existait pas; il demande qu'on renvoie au Comité de salut public la question de savoir si le rhum est compris parmi les objets de première nécessité. On applaudit de toutes parts, et le renvoi est décrété à l'instant même[4].

Le fils d'un marchand avait écrit sur la porte du magasin de son père, pendant l'absence de ce dernier. *Magasin de vin en gros*, sans détailler, conformément aux prescriptions de la loi, la quantité et la qualité de ces vins. Le scandale des accaparements, à cette époque de disette et de souffrance, avait provoqué une répression impitoyable : le marchand est traduit au Tribunal révolutionnaire, et, dans les questions posées au jury, celle qui était la plus favorable à l'accusé ayant été omise, on le condamne. Une lettre de Gohier en informe aussitôt l'Assemblée, qui, au milieu des applaudissements et à l'unanimité, décrète que la condamnation sera suspendue. Danton se lève, et d'une voix pleine d'émotion : « L'on s'honore, dit-il, quand on sauve un

[1] Arrêté du 25 nivôse.
[2] Arrêté du 14 pluviôse.
[3] Arrêté du 15 pluviôse.
[4] *Moniteur*, 1793, an II, n° 19.

innocent. » Les applaudissements recommencent. « Je vole, continue-t-il, signifier moi-même le décret que la Convention vient de rendre. » Il sort, et plusieurs de ses collègues se précipitent sur ses pas pour aller arrêter l'exécution du jugement[1].

Oui, si l'on étudie avec bonne foi la Révolution, dans la marche des hommes qui véritablement représentèrent son génie, on verra qu'elle fut aussi sincère qu'inexorable. Enveloppée par l'intrigue et la trahison comme par une nuit épaisse, et forcée de combattre des ennemis qu'elle n'aperçut le plus souvent qu'à la lueur des éclairs, il lui arriva sans nul doute d'égarer ses coups sur des innocents; mais ceux-là mêmes, elle ne les frappa que parce qu'elle eut le malheur de les croire coupables.

[1] *Moniteur*, 1793, n° 95 (25 décembre).

CHAPITRE DEUXIÈME.

AGONIE ET MORT DE L'ARMÉE CATHOLIQUE.

Émigration militante des Vendéens. — La Rochejaquelein général en chef. — Westermann les attaque à Laval; il est repoussé. — La faction des Mayençais. — Kléber âme du parti frondeur. — Défaite d'Entrames. — Ses véritables causes. — Accusations injustes dirigées contre l'Échelle. — Il est consolé et approuvé par le Comité de salut public; il se retire à Nantes et y meurt de chagrin. — Dissolution du corps des Mayençais. — Mort de Lescure. — Madame de la Rochejaquelein fait passer son cheval sur les corps des républicains égorgés. — Les Anglais appellent les Vendéens à Granville. — Étrange message envoyé au prince de Talmont. — Les Vendéens sont repoussés de Granville. — Découragement des soldats vendéens; ils ne croient plus ni à leurs chefs ni à leurs prêtres; marche rétrograde vers la Loire. — Rossignol nommé au commandement en chef des deux armées réunies de l'Ouest et de Brest. — Son autorité minée par la faction militaire des Mayençais. — Politique profonde du Comité de salut public dans le choix des généraux. — Revers dus à des mésintelligences d'état-major. — Double désastre à Dol, né du défaut d'ensemble dans les mouvements et du défaut d'harmonie dans les vues. — Cruautés commises à Fougères; trait d'humanité. — Courage de Rossignol, sa modestie magnanime. — Mort remarquable de Prieur. — Marceau élevé au commandement intérimaire de l'armée de l'Ouest. — Les Vendéens marchent sur Angers ; siége de cette ville ; les Vendéens sont repoussés. — Maîtres du Mans, ils en sont chassés : horrible carnage. — L'armée vendéenne, errante et décimée, arrive à Ancenis. — Impossibilité pour elle de repasser la Loire. — La Rochejaquelein et Stofflet la traversent seuls dans une barque, et se trouvent pour jamais séparés des leurs. — Le prince de Talmont quitte l'armée

vendéenne. — Déplorable situation de cette armée, sa démoralisation. — Elle est anéantie à Savenay. — Conclusion philosophique.

Pendant que Paris voyait se dresser le spectre de la
Terreur, la Révolution se montrait partout l'épée à la
main, et partout elle écrasait ses ennemis.

La grande armée catholique, rejetée violemment sur
la rive droite de la Loire, était vaincue, elle fuyait, mais
on la voulait anéantie. Qu'importait en effet que la Vendée apparût « fumante de sang, jonchée de cadavres,
livrée aux flammes [1], » si la guerre civile n'abandonnait
le haut Poitou que pour aller remplir de ses fureurs le
Maine, la Bretagne, la Normandie, et si dans le Marais,
si du côté de Challans, de Machecoult, de la Roche-sur-
Yon et des Sables, Charette continuait à tuer, au nom
de Dieu et du roi?

D'ailleurs, tous les vaincus de Chollet n'avaient point
passé le fleuve. La rive gauche gardait ceux d'entre
eux que consumait l'amour du sol natal, inextinguible
passion du Poitevin [2]. Les têtes de l'hydre, à peine coupées, menaçaient de renaître.

Suivons, d'abord, l'émigration militante des Vendéens
jusqu'au jour qui en dévora les débris.

Avant la bataille de Chollet, le prince de Talmont et
d'Autichamp avaient été chargés de courir, avec quatre
mille Bretons et Angevins, surprendre Varades sur la
rive droite de la Loire, afin qu'on pût, sans être inquiété,
passer le fleuve, en cas de défaite [3]. Le poste de Varades,
malgré la faiblesse de la garnison, n'était pas, selon Kléber, impossible à défendre; mais nul ordre n'avait été
donné par le général en chef, nulle précaution prise :

[1] Lettre de l'Échelle au ministre de la guerre. *Correspondance inédite du Comité de salut public avec les généraux et les représentants du
peuple*, t. I, p. 532.

[2] Voy. les *Mémoires du général Turreau*, liv. III, p. 122.

[3] *Mémoires de madame de la Rochejaquelein*, chap. VIII, p. 255 et 256.

on avait même négligé de faire descendre sur Nantes les bateaux de la rive droite qui pouvaient servir à transporter des troupes fugitives [1]. Varades fut emporté, et c'est ce qui permit aux Vendéens, battus à Chollet, d'effectuer le célèbre passage dont nous avons déjà tracé le tableau [2]. Il eut lieu, à Varades, le 18 octobre, et, le 19, un corps de l'armée de Lyrot ayant pris possession d'Ancenis, un gué fut assuré à l'artillerie vendéenne [3]. Ce fut seulement dans la nuit du 19 au 20 que Choudieu sut, par des espions envoyés à la découverte, qu'une colonne de brigands traversait le fleuve devant Ancenis. Il en informe aussitôt le général Beaupuy, qui, à la pointe du jour, lance de ce côté un parti de cavalerie. Merlin (de Thionville), toujours avide de combats, part, à la tête d'un second détachement, pour soutenir le premier. On s'empara de onze pièces de canon; mais, si les soldats de l'armée de Brest qui défendaient Varades et Ancenis eussent fait résistance, l'armée catholique était noyée dans la Loire [4].

Pendant ce temps, il se tenait à Beaupréau, où se trouvait réunie l'armée des républicains, victorieuse, un conseil de guerre dont la décision fut que l'avant-garde harcellerait l'ennemi, soit en passant la Loire à Saint-Florent, soit en se portant sur Angers par la rive gauche, dans le cas où cette ville serait menacée. Quant au corps d'armée, fallait-il le faire marcher sur Nantes, alors sans défense, ou bien se mettre à la poursuite des fugitifs avec l'armée tout entière? Cette dernière opinion était celle du général en chef, l'Échelle; mais la majorité du conseil opina que le passage de la Loire présen-

[1] Récit de Kléber, dans le livre de Savary, t. II, chap viii, p. 292.
[2] Voy., dans le volume précédent, le chapitre: La Vendée vaincue.
[3] Mémoires de madame de la Rochejaquelein, chap. ix, p. 244.
[4] Rapport de Choudieu sur la Vendée, en réponse à l'acte d'accusation de Philippeaux, Moniteur du 21 pluviôse (9 février 1794).

terait des difficultés, entraînerait des lenteurs, et que, dans l'intervalle, Nantes et Angers risquaient de tomber au pouvoir des brigands : l'Échelle céda.

En conséquence, le 19 octobre, le corps d'armée partit pour Nantes, où il arriva le 20, et qu'il quitta, le lendemain même, sur deux colonnes, dont l'une fut dirigée vers Rennes, l'autre, aux ordres de l'Échelle, sur Ancenis[1]. On ne savait pas bien encore quelle direction les Vendéens avaient prise; mais on ne tarda pas à être informé qu'ils marchaient sur Condé, Château-Gonthier et Laval.

Leur nombre ne s'élevait pas à moins de soixante mille[2] combattants, dont trente mille armés[3], sans compter un cortége innombrable et désordonné de femmes, d'enfants, de vieillards, de prêtres, de moines, de religieuses[4]. Ils avaient de douze à quinze cents chevaux, six cents voitures[5], vingt-deux caissons pleins, trente pièces de canon[6], et une grande quantité de balles; car, de l'aveu d'un des leurs[7], ils ne s'étaient pas contentés, pour avoir du plomb, de faire découvrir les châteaux, dépouillant sans scrupule jusqu'aux églises, et ne se croyant en cela coupables ni de vandalisme ni d'impiété.

Arrivés sur la rive droite de la Loire, leur premier

---

[1] *Moniteur* du 21 pluviôse (9 février 1794).

[2] C'est l'évaluation de Kléber. Voy. les *Guerres des Vendéens et des Chouans*, par Savary, t. II, p. 292 et 293.

[3] Rapport d'un agent du Comité de salut public, en date du 14 novembre 1793.

[4] *Ibid.*

[5] *Ibid.*

[6] Déclaration du chef de division vendéen Laugrenière, lorsqu'il passa du côté des républicains, au moment de la bataille de Savenay. Documents inédits communiqués par M. Benjamin Fillon. — La pièce dont il s'agit est écrite et signée de la main de Laugrenière. Elle est très-curieuse, et nous aurons plus d'une fois occasion de la citer.

[7] *Ibid.*

soin avait été de se donner un chef. D'Elbée, blessé, avait été transporté à Noirmoutiers; Bonchamps était mort; Lescure était mourant. Ce fut la Rochejaquelein qui, malgré son extrême jeunesse, fixa les suffrages. Il était moins l'homme du conseil que l'homme de la bataille; il le sentait, et n'accepta qu'en pleurant[1]. Mais à des soldats découragés il fallait un chef plein d'audace; et, quoique la Rochejaquelein, depuis le combat de Martigné, portât toujours le bras droit en écharpe[2], nul n'était plus propre que lui à pousser les siens droit au péril.

Lamentable et tragique fut cette marche des paysans vendéens, que chaque pas éloignait des tombeaux de leurs pères et de leurs chers villages. Une partie des gens armés, traînant après eux quelques canons, formait l'avant-garde. Puis venaient, sans aucun ordre et remplissant tout le chemin, les bagages, les prêtres, les blessés, les femmes portant leurs enfants, un tumultueux pêle-mêle d'hommes moitié pèlerins, moitié soldats[3]. La confusion était immense, irréparable. « Souvent, écrit madame de la Rochejaquelein, traversant cette foule la nuit à cheval, j'ai été obligée, pour me frayer un passage, de nager en quelque sorte entre les baïonnettes, les écartant de chaque main, et ne pouvant me faire entendre pour prier que l'on me fît place[4]. » A l'arrière-garde, dans un vieux fauteuil surmonté de cerceaux que recouvraient des draps bien ou mal ajustés, on portait Lescure, à qui sa plaie arrachait, de loin en loin, des gémissements douloureux[5].

Un trait donnera une idée de l'insuffisance des vivres. « Nous arrivâmes tard à Château-Gonthier, raconte ma-

---

[1] *Mémoires de madame de la Rochejaquelein*, t. I, p. 248.
[2] *Ibid.*, p. 257.
[3] *Ibid.*
[4] *Ibid.*, p. 254.
[5] *Ibid.*, p. 250-251.

dame de la Rochejaquelein. En route, j'avais donné mon pain à des blessés; dans tout le jour, jusqu'à minuit, je n'avais mangé que deux pommes. Bien des fois, pendant ce voyage, j'ai souffert de la faim [1]. »

De Château-Gonthier, qu'on avait trouvé sans défense, on se rendit à Laval, qui n'était pas en état de résister davantage [2]. Là, vinrent se joindre aux Vendéens, en criant : *Vive le roi!* et en agitant un mouchoir blanc au bout d'un bâton, beaucoup de paysans bretons, sortis de diverses paroisses, et dont le rassemblement fut désigné sous le nom de *Petite-Vendée*. On les distinguait à leurs longs cheveux et à leurs vêtements, la plupart de peaux de chèvre garnies de leur poil [3].

L'armée catholique, qui avait grand besoin de repos, comptait passer quelque temps à Laval. Mais, dès le soir du second jour, le bruit se répandit que les Mayençais arrivaient.

Et en effet, des deux colonnes parties de Nantes le 21 octobre, la première, commandée par Westermann et Beaupuy, atteignait Château-Gonthier le 24. De faux rapports annonçant que les Vendéens évacuaient Laval [4], l'impétueux Westermann veut attaquer sur-le-champ. Beaupuy est d'une opinion contraire. Il y avait six lieues à faire, et l'on ne pouvait arriver à Laval qu'au milieu de la nuit : était-il prudent de conduire au combat des soldats harassés? Westermann insista. Il avait le commandement par ancienneté : l'ordre d'aller en avant est donné aux troupes [5]; il faut obéir. Malheureusement, il arriva que le capitaine Hauteville, envoyé pour faire une

---

[1] *Mémoires de madame de la Rochejaquelein*, p. 255.
[2] Rapport de Choudieu.
[3] *Ibid.*, p. 259.
[4] *Ibid.*, ubi supra.
[5] Récit de Kléber. Voy. *Guerres des Vendéens et des Chouans*, par Savary, t. II, p. 296 et 297.

simple reconnaissance, fit une charge. Les Vendéens, avertis par leurs premiers postes, qui se replient, sortent de Laval et marchent à la rencontre de Westermann. Le choc fut terrible. La nuit était si noire, que les Vendéens prenaient des cartouches dans les caissons des bleus, et ceux-ci dans les caissons des Vendéens [1]. Keller, chef des Allemands au service de la Vendée, venait de donner la main à un républicain pour l'aider à sortir d'un fossé : soudain, à la lueur du canon, il reconnaît l'uniforme, et tue l'homme [2]. Cette mêlée nocturne ayant tourné à l'avantage des Vendéens, les républicains reculèrent, mais en bon ordre, sans avoir perdu ni canons ni caissons [3]. Le lendemain, le corps d'armée était à Château-Gonthier, et l'on s'y préparait à reprendre l'offensive.

Le pays qui séparait les républicains de l'ennemi se présentait borné, à leur gauche, par la rivière la Mayenne, et coupé de ravins, de ruisseaux, de bois fourré ; de sorte que, s'il en faut croire un rapport ultérieur de l'Échelle, le terrain n'offrait de débouché militairement praticable que par la grande route, très-belle du reste et très-spacieuse [4].

Selon le récit de Kléber, au contraire, la position des Vendéens pouvait être assaillie de divers côtés, si l'on portait une partie de l'armée sur l'autre rive de la Mayenne ; et l'Échelle aurait dû, après avoir laissé aux troupes le temps de se reposer, attaquer sur tous

---

[1] *Mémoires de madame de la Rochejaquelein*, chap. xv, p. 260.

[2] *Ibid.*

[3] L'assertion de Philippeaux que l'avant-garde des républicains fut, en cette occasion, taillée en pièces, est une des trop nombreuses erreurs ou exagérations qu'eut à relever Choudieu, dont le témoignage, sur le fait en question, est confirmé par le récit de Kléber. Voy. *Guerres des Vendéens et des Chouans*, par Savary, t. II, p. 297.

[4] Lettre de l'Échelle au ministre de la guerre, en date du 28 octobre 1793.

les points à la fois, au lieu de faire filer vingt mille
hommes sur une colonne pour forcer un poste accessible
par plusieurs grandes routes, et cela sans tenter ni diversion ni fausse attaque. Ainsi pensaient les généraux
mayençais, et Savary, qui connaissait Laval[1].

Mais elle existait toujours, et plus envenimée que jamais, au sein de l'armée républicaine, cette lutte que
nous avons précédemment décrite : la lutte qui avait
mis aux prises Canclaux et Rossignol, Choudieu et Philippeaux, le parti de Nantes et le parti de Saumur, l'esprit purement militaire et l'esprit démocratique.

Kléber était sans nul doute un homme éminent et un
grand capitaine. Mais en lui le soldat dominait tout. Inté-
rieurement, il se tenait pour offensé du pouvoir que le
Comité de salut public prétendait exercer sur les gens
d'épée. L'exécution de Custine, en faveur duquel il témoigna, lui avait laissé une irritation profonde. Ce qu'il
avait vu dans ce coup de hache frappé sur un général,
c'était l'humiliation de l'armée, c'était l'affirmation sanglante d'une suprématie devant laquelle il frémissait
d'avoir à s'incliner. Peu propre, d'ailleurs, à mesurer la
portée des élans révolutionnaires ; il suffisait, pour qu'il
les condamnât, que la symétrie de ses calculs militaires
en fût dérangée. Esprit naturellement frondeur, on juge
quel fonds d'aigreur se vint ajouter à ces motifs d'hosti-
lité, lorsqu'on lui préféra des hommes dont le principal
mérite était un dévouement passionné à la Révolution[2].
Ainsi s'explique cette opposition sous les armes dont il
fut l'âme, et dans laquelle Marceau, quoique soumis à
l'ascendant de son amitié, ne le suivit que d'un pas ti-

[1] *Guerres des Vendéens et des Chouans*, par Savary, t. II. p. 300
à 305.

[2]. Dans le récit de Kléber, tel que le donne Savary, il n'est pas une
page, presque pas une ligne qui ne respire l'esprit que nous venons
de signaler.

mide. Nous avons assisté à la naissance de cette opposition, qui eut dans l'armée de Mayence son point d'appui et son foyer : les conséquences ne devaient pas se faire attendre. Quiconque, parmi les officiers, refusa de passer sous les drapeaux de cette opposition, fut traité d'incapable, et, à la grande joie des royalistes, attaqué sourdement comme *sans-culotte* : témoin les généraux Canuel et Muller que poursuivent toutes sortes d'accusations injustes [1].

Quoique l'Échelle ne fût pas un nouveau venu sur les champs de bataille, quoiqu'il eût quatorze ans de service comme soldat et comme officier [2], les meneurs mayençais ne lui pouvaient pardonner d'appartenir au parti dont le but avoué était de soumettre au pouvoir civil la puissance de l'épée. Leur orgueil blessé se révoltait contre le crédit que lui valait auprès du Comité de salut public son patriotisme exalté, et, de même qu'ils avaient frémi de voir Rossignol opposé à Canclaux, de même ils frémissaient de voir que l'Échelle, à eux inconnu, l'eût emporté sur Aubert Dubayet [3]. Ces dispositions, propagées parmi les soldats qui leur obéissaient directement, avaient eu d'autant moins de peine à se répandre, qu'elles cadraient à merveille avec le sentiment de rivalité qui animait les soldats de Mayence contre le reste des troupes. On en aura bientôt la preuve.

De son côté, furieux de la guerre sourde qui l'enve-

---

[1] Voy. dans Savary, t. II, chap. x, p. 415, la lettre que Rossignol écrivit au ministre après le siége d'Angers.

[2] Voy. *Correspondance inédite du Comité de salut public avec les généraux et les représentants du peuple*, t. I, p. 555.

[3] C'est là le sentiment qui perce à chaque ligne du livre de Savary, que les historiens, et surtout les historiens royalistes, ont suivi pas à pas, aveuglément, sans peser les appréciations, sans discuter les faits, sans prendre garde enfin que Savary, tenant la plume du parti de Nantes dont il était un des chefs, se trouve être, dans ce grand procès historique, à la fois juge et partie.

loppait, l'Échelle y cherchait volontiers des symptômes de trahison[1]; et plus d'une fois, lui qui traitait familiè-rement les soldats venus de Niort, d'Orléans et de Luçon, il affecta d'apostropher les Mayençais d'une manière mortifiante et dure[2].

Souvent mieux que toutes les raisons stratégiques, ces faiblesses du cœur humain expliquent le sort des ba-tailles !

Celle qui se livra sur la route qui mène de Château-Gonthier à Laval commença vers onze heures du matin. L'avant-garde républicaine, commandée par Beaupuy, était soutenue par la division de Kléber. Venait ensuite la division de Chalbos. L'avant-garde, composée de quatre mille hommes d'élite, s'empare d'abord d'une hauteur qui dominait la position de l'ennemi[3], et le combat ne tarde pas à s'engager vivement. L'Échelle fait avancer à pas pressés les troupes, dont la tête n'était distante que d'un quart de lieue, et ordonne qu'on se déploie à droite et à gauche de la route[4], Dans cet état de choses, les ré-publicains avaient l'avantage de la position, puisqu'ils occupaient les crêtes du terrain, et que l'ennemi ne pou-vait avancer, sans être foudroyé en flanc et de front[5]. Aussi les Vendéens réunirent-ils leurs efforts contre la batterie placée sur la hauteur dont l'avant-garde répu-blicaine s'était emparée. Cette batterie fut prise et sur-le-champ retournée contre les républicains. Elle était jugée si importante, que la Rochejaquelein, Royrand et

[1] Voy. la lettre qu'il écrivit d'Angers au ministre de la guerre, t. I de la *Correspondance inédite du Comité de salut public*, p. 356.

[2] Notes de Kléber, dans le livre de Savary, t. II, p. 307.

[3] Rapport de l'Échelle au ministre de la guerre, en date du 28 oc-tobre. — Ce détail est confirmé par les *Mémoires de madame de la Rochejaquelein*, chap. XV, p. 261.

[4] Ce mouvement, que M. Thiers attribue à Kléber, fut ordonné par l'Échelle. Voy. le rapport précité.

[5] Rapport de l'Échelle.

d'Autichamp s'y tinrent presque continuellement avec Beaugé, poussant les pièces en face des républicains qui reculaient, et faisant marcher à coups de fouet, tant le feu était vif, les conducteurs épouvantés[1].

Selon le récit de madame de la Rochejaquelein, le succès aurait été dû à la ténacité et au courage de cette attaque[2].

Selon le récit de Kléber, la déroute se serait mise, sans que l'auteur explique comment, non dans sa division qui se battait, mais dans celle de Chalbos, qui ne se battait pas, et comme le *soldat a toujours un œil dans le dos*, la fuite de la seconde division aurait entraîné celle de la première[3].

De ces deux versions, peu conciliables, il faut avouer que la version vendéenne est la seule qui présente une explication naturelle ou, même, compréhensible. Comment, en effet, la déroute put-elle se mettre dans la division de Chalbos, « qui ne se battait pas? » Et d'où vient que ces guerriers de Mayence, si braves, si accoutumés au feu, si pleins du sentiment de leur supériorité militaire, lâchèrent pied aussitôt que, derrière eux, des troupes qu'ils affectaient de mépriser se débandèrent? C'est ce qui aurait mérité de recevoir une plus satisfaisante explication que celle-ci : *le soldat a toujours un œil dans le dos;* et, si l'affaire s'est passée comme Kléber la décrit, on conçoit que l'Échelle ait été amené à voir dans sa défaite le fruit de cet esprit de désorganisation qui, suivant lui, travaillait l'armée[4]; d'autant qu'au plus fort de la déroute il entendit pousser le cri, étrange en pareille circonstance, de *Vive Dubayet*[5] !

[1] *Mémoires de madame de la Rochejaquelein*, chap. xv, p. 262.
[2] *Ibid.*
[3] Ce sont les expressions mêmes dont se sert Kléber.
[4] Voy. sa lettre du 28 octobre au ministre de la guerre, dans la *Correspondance inédite du Comité de salut public*, t. I, p. 356.
[5] *Ibid.* — Dans le livre de Savary, les cris : « A bas l'Échelle ! Vive Dubayet! » sont mentionnés comme ayant été poussés dans une revue

Maintenant, qu'il ait donné lui-même l'exemple de la fuite, Kléber le dit, et les historiens royalistes l'ont répété en chœur, heureux d'une aussi belle occasion de décrier les choix du Comité de salut public. Le mal est que Kléber a fourni dans son propre récit, sans y prendre garde, la réfutation de ce fait si terriblement accusateur. Car il raconte qu'en se retirant à Château-Gonthier l'Échelle s'écriait : « Qu'ai-je donc fait pour commander à de pareils lâches? » à quoi un soldat mayençais, blessé, aurait répondu : « Qu'avons-nous fait pour être commandés par un pareil J. F.? » Or la réponse du soldat mayençais, soit qu'elle lui ait été arrachée par une apostrophe injurieuse, soit que des préventions ultérieures et dont on a déjà la clef l'aient dictée, ne change rien à la signification de ce cri de reproche, d'indignation et de désespoir : « Qu'ai-je donc fait pour commander à de pareils lâches? » Est-ce là le cri d'un homme qui s'enfuit à la tête de son armée et donne à tous l'exemple de la lâcheté? N'est-ce pas plutôt l'exclamation désolée d'un général luttant en vain contre le torrent de la défaite, qui l'enveloppe et l'emporte? A qui persuader que l'Échelle, fuyant à bride abattue, eût osé crier à ceux qui n'auraient fait que l'imiter et le suivre : « Vous êtes des lâches! » Il écrivait quelques jours après, au ministre de la guerre, dans une lettre empreinte de la tristesse qui le conduisit au tombeau : « Je m'estimerais le plus heureux des républicains si j'avais le talent de faire battre des soldats malgré eux, et soufflés sans doute par des désorganisateurs et des envieux, qui existent encore dans cette armée, puisqu'au plus fort de la déroute on entendait les cris de *vive Dubayet* [1] ! »

Ce qui est certain, c'est que le désordre était tel, que

passée par le général en chef après la bataille. Les deux assertions ne sont pas inconciliables et peuvent être vraies l'une et l'autre.

[1] *Correspondance inédite du Comité de salut public*, t. 1, p. 356.

rien ne fut capable de l'arrêter. Merlin (de Thionville) et Turreau y firent d'incroyables et inutiles efforts. Bloss, le brave des braves, avait reçu l'ordre de se porter à Villiers et sortait de Château-Gonthier pour s'y rendre : les fuyards arrivent, et Bloss lui-même avec ses grenadiers est entraîné par le torrent au delà de la ville[1]. Si vive fut la poursuite, que les républicains avaient à peine passé le pont de Château-Gonthier, que déjà l'ennemi était dans la ville, tirant des coups de fusil par les fenêtres. Tout à coup se présente pour défendre le pont, avec cinq ou six chasseurs qui l'accompagnent, un homme sans chapeau et la tête ceinte d'un mouchoir imbibé de sang. C'est l'héroïque Bloss, qui a reçu un coup de feu, mais qui veut combattre encore, parce qu'il veut mourir. Savary court à lui : « Viens, et tâchons de rétablir quelque ordre dans la retraite. » Lui : « Non, il n'est pas permis de survivre à la honte d'une pareille journée. » Il fait quelques pas sur le pont et tombe mort[2]. Plus loin, on transportait dans une cabane, à peu de distance de Château-Gonthier, Beaupuy, dont le corps avait été traversé d'une balle. « Qu'on me laisse ici, dit-il, et qu'on porte ma chemise sanglante à mes grenadiers[3]. » Il fut conduit à Angers. De la hauteur qui dominait la route, l'ennemi ne cessait de tirer à boulets et à mitraille. La nuit était très-obscure; une effroyable confusion régnait parmi les fuyards, qui ne s'arrêtèrent que là où ils n'entendirent plus le canon[4].

A la suite de ce désastre d'Entrames, qui ne fut point dû aux mauvaises dispositions de l'Échelle, s'il est vrai,

[1] Récit de Kléber dans le livre de Savary, t. II, p. 300-305. — Et pourquoi donc ce qui arriva à l'intrépide Bloss n'aurait-il pas pu arriver à l'Échelle?

[2] *Ibid.*

[3] *Ibid.*

[4] *Ibid.*

comme cela résulte du récit de Kléber, qu'il fut causé par une inconcevable panique, l'armée républicaine prit, au delà du Lion d'Angers, une position avantageuse, couverte par la rivière d'Oudon. Mais on avait perdu dix-neuf pièces de canon, autant de caissons, plusieurs chariots d'eau-de-vie et de pain; plus de mille hommes de la division de Kléber étaient restés sur le carreau, et le soldat était nu, sans souliers, livré à un découragement amer[1].

Les ennemis du général en chef n'épargnèrent rien pour le rendre responsable de tout, aux yeux du soldat; et Westermann, toujours insubordonné, toujours jaloux de ses supérieurs, toujours prêt à verser sur leur conduite le mépris à pleines mains et à se rendre l'écho des accusations lancées contre eux[2]; Westermann s'en allait disant bien haut qu'il n'obéirait plus à un lâche[3]. L'Échelle écrivit au ministre, en parlant des généraux qui avaient succombé: « Ils sont morts pour la République; qui ne porterait envie à leur destin?... S'il m'était possible de vous peindre tous mes chagrins, vous verriez combien ils doivent être cuisants[4],... » L'inexorable Comité de salut public, si prompt à sacrifier les généraux qu'il croyait coupables, n'hésita pas à répondre à l'Échelle par l'organe du ministre: « Nous avons toujours la même confiance en vous[5]. » Mais sa santé était profondément atteinte, et il sentait bien qu'une partie de l'armée lui échappait: il obtint des représentants l'autorisation de céder pour quelque temps le commande-

---

[1] Récit de Kléber dans le livre de Savary, t. II, p. 500-305.

[2] Tel est le portrait que, dans ses *Mémoires*, liv. II, p. 81, Turreau fait de Westermann, et ce portrait, il l'annonce en ces termes : « Ce que je vais dire de cet officier général n'est que le résultat de l'opinion de quarante officiers qui ont servi avec lui, même de plusieurs officiers de sa légion. »

[3] *Guerres des Vendéens et des Chouans*, par Savary, t. II, p. 307.

[4] *Correspondance inédite du Comité de salut public avec les généraux et les représentants du peuple*, t. I, p. 555.

[5] Savary, t. II, p. 312.

ment au général divisionnaire Chalbos, le plus ancien
de l'armée[1], et il se rendit à Nantes, où il mourut, non
point comme Philippeaux le prétendit, du poison qu'il
prit pour échapper au supplice, mais, comme Choudieu
l'assura, du chagrin de se voir imputer les revers de la
République[2].

Ce fut à l'occasion de ces événements que le Comité
de salut public ordonna l'amalgame du corps des
Mayençais avec les autres corps : mesure très-sage et au
sujet de laquelle Kléber fait cet aveu, aussi important
que loyal : « La mesure était utile, sous le rapport de la
jalousie et de la haine qui s'introduisaient dans les
différentes divisions[3]. »

Tandis que l'armée républicaine reculait jusqu'à Angers, où la retint quelque temps le manque presque
absolu de souliers[4], l'armée catholique, ayant la route
libre devant elle, hésitait sur la direction à prendre. Le
prince de Talmont aurait voulu qu'on marchât sur Paris,
à quoi la Rochejaquelein objectait l'impossibilité d'une

---

[1] D'après sa lettre, ce fut lui-même qui spontanément demanda son
congé. Suivant Kléber (voy. Savary, p. 308), ce furent les représentants qui l'engagèrent à le demander.

[2] La lettre encourageante et flatteuse que l'Échelle reçut du ministre après le désastre de Laval, prouve assez qu'il n'avait pas à redouter
le supplice, ainsi que Philippeaux le supposa avec sa légèreté ordinaire.

Ceux qui voudront avoir une idée de la manière dont on peut défigurer l'histoire par voie de simple suppression des circonstances favorables à ceux qu'on n'aime pas, ceux-là n'ont qu'à lire le récit que
fait en dix lignes de la déroute d'Entrames M. de Barante, *Hist. de la
Convention*, t. III, p. 397; édition Méline.

M. Thiers a fait comme M. de Barante. Se bornant à abréger le récit
que donne Savary, il n'a puisé qu'à une source, là où la justice demandait qu'on mît en balance les témoignages contradictoires, et, en
tout état de cause, qu'on les fît connaître.

[3] Voy. le livre de Savary, t. II, p. 312.

[4] Rapport de Choudieu, en réponse à l'acte d'accusation de Philippeaux, *ubi supra*.

pareille marche, quand on avait à traîner après soi tant
de femmes, d'enfants et de blessés[1]. On aurait dû chercher à pénétrer dans la basse Bretagne, très-fanatique-
ment royaliste, et où l'on aurait eu, pour recevoir les
Anglais, une grande étendue de côtes et beaucoup de
havres. Mais l'opinion générale était qu'il eût fallu, dans
ce cas, s'emparer de Rennes; or on croyait cette ville sur
un pied de formidable défense, ce qui n'était pas, puisque le nombre des forces disponibles n'y dépassait point
cinq mille hommes[2], assez mal organisés et formant,
sous les ordres de Rossignol, ce qu'on appelait l'armée
de Brest. Quelques-uns parlèrent de pénétrer en Normandie et d'aller assiéger Granville[3]. De la prise de Granville dépendait le succès de l'expédition de lord Moira,
chargé de porter secours aux royalistes en passant par
Jersey, et qui était à la veille de mettre à la voile, des
ports de l'Angleterre[4]. Le débat fut d'autant plus vif,
qu'il fournissait un aliment aux jalousies et aux cabales
qui divisaient les chefs royalistes[5]. Enfin, l'on prit le
parti de se rendre à Fougères, d'où l'on pouvait également se porter à Rennes ou vers la côte[6].

Ce fut entre Ernée et Fougères que Lescure expira.
Près de la voiture où il agonisait, madame de la Rochejaquelein s'avançait à cheval, et fit une partie de la route
sans savoir que la voiture escortée par elle ne contenait

---

[1] *Mémoires de madame de la Rochejaquelein*, chap. xv, p. 266.

[2] Récit de l'officier du génie Obenheim, dans le livre de Savary,
t. II, chap. ix, p. 347.

[3] Madame de la Rochejaquelein dit, dans ses *Mémoires*, que la proposition en fut faite par Obenheim, qui, après avoir pris part à la
révolte de Wimpfen, était venu tout récemment se joindre à l'armée
catholique; mais il résulte du récit d'Obenheim lui-même que, sur ce
point, madame de la Rochejaquelein s'est trompée. Voy. la relation
de cet officier dans Savary, t. II, chap. ix, p. 347.

[4] Beauchamp, *Biographie universelle*, art. Talmont.

[5] *Mémoires de madame de la Rochejaquelein*, chap. xv, p. 264.

[6] *Ibid.*

plus que le cadavre de son mari [1]. C'est elle-même qui a écrit : « J'avouerai que ce jour-là, trouvant sur la route les corps de plusieurs républicains, une sorte de rage secrète et involontaire me faisait, sans rien dire, pousser mon cheval de manière à fouler aux pieds ceux qui avaient tué M. de Lescure [2]. » — Du côté des républicains aussi il y avait des veuves !

Madame de la Rochejaquelein raconte avec de grands détails ce qui se passa pendant le séjour de l'armée catholique à Fougères : qu'on y composa le conseil de guerre de vingt-cinq personnes ; que Donissan y fut nommé gouverneur des *pays conquis*; qu'on y fit une nouvelle distribution des grades; qu'on y désigna, comme marque distinctive des officiers admis au conseil, une ceinture blanche avec un nœud de couleur propre à indiquer la différence des grades : un nœud noir pour la Rochejaquelein, un nœud rouge pour Stofflet, etc... [3]; mais ce que madame de la Rochejaquelein oublie de raconter, c'est que, « à Fougères, les Vendéens se conduisirent avec une barbarie capable de leur faire conserver le nom de *brigands* jusque dans les siècles les plus reculés. » Car telles sont littéralement les expressions dont se sert un témoin oculaire et irrécusable : l'officier du génie Obenheim, un des leurs [4].

---

[1] *Mémoires de madame de la Rochejaquelein*, p. 275. — Madame de la Rochejaquelein avait épousé Lescure en premières noces.

[2] *Ibid.*, p. 272 et 273.

[3] *Ibid.*, p. 280.

[4] Voy. Savary, *Guerres des Vendéens et des Chouans*, t. II, chap. IX, p. 538.

Inutile d'ajouter que ce sont là choses invariablement omises par les historiens royalistes. M. de Barante, par exemple, qui a Savary sous les yeux, quoiqu'il ne le cite pas, et qui a soin de mettre en relief le moindre détail, le moindre mot même, de nature à accuser les républicains, M. de Barante supprime, de parti pris, *toutes* les circonstances qui montrent à quels odieux excès s'emporta la cruauté vendéenne. Est-ce là écrire l'histoire ?

Où aller en quittant Fougères? à Rennes ou à Granville?
Les chefs hésitaient; une circonstance les décida. Deux
émigrés, déguisés en paysans, arrivèrent d'Angleterre,
portant des dépêches cachées dans un bâton creux. Ces
dépêches consistaient dans une lettre encourageante du
monarque anglais et dans une missive où Dundas, son
ministre, annonçait des secours, et comme point de réunion nommait Granville. Ce qu'il y a de curieux, c'est
que Dundas, tout en offrant l'aide de l'Angleterre aux
Vendéens, leur demandait : « Quelle est votre opinion
politique? quel est votre but [1] ? » Si l'Angleterre ignorait le
but des Vendéens, son but, à elle, en appuyant la rébellion,
ne pouvait donc être que de pousser de plus en plus la
France à se déchirer de ses propres mains! De sorte
qu'accepter cet ignominieux appui, c'était commettre le
crime de lèse-patrie. Les Vendéens reculèrent-ils devant
une semblable extrémité? Non : il ne leur vint même pas
à l'idée que l'alliance avec l'étranger, au milieu de tant
de périls qui enveloppaient la France, fût un crime.
Une seule chose les préoccupa : devaient-ils compter sur
la bonne foi, du moins sur l'activité de l'Angleterre à les
servir? Le langage des deux émigrés porteurs des dépêches donnait des doutes à cet égard, et l'on douta
bien plus encore, lorsqu'en cassant le bâton creux dont
ils étaient munis on y trouva une lettre d'un des principaux émigrés bretons, lequel recommandait la défiance [2]... Mais la position de l'armée catholique était
bien grave; et puis la tentation était forte d'obtenir, à
l'aide des Anglais, un port où l'on pût déposer l'encom-
brante multitude des femmes, des enfants, des blessés :
le siége de Granville fut résolu. La ville prise, un dra-

[1] Voy. les *Mémoires de madame de la Rochejaquelein*, chap. XVI,
p. 281.
[2] Tout ceci raconté naïvement par madame de la Rochejaquelein
elle-même, chap. XVI, p. 281-285.

peau blanc, hissé entre deux drapeaux noirs, devait avertir les Anglais [1].

Le 20 brumaire (10 novembre), les Vendéens entraient à Dol, sans résistance, et le surlendemain ils gagnaient Avranches, qu'ils quittèrent pour marcher sur Granville, en laissant derrière eux, avec une forte garde, les bouches inutiles et les bagages [2].

On était à la veille de l'attaque, lorsque, vers dix heures du soir, deux marins se présentent, demandant à parler au prince de Talmont. Introduits, ils lui remettent une lettre écrite par une personne qui lui était chère, et, comme preuve de la réalité du message, un bijou de prix. Il était supplié de se confier aux deux marins qui, ayant une barque prête, avaient charge de le transporter à Jersey et de l'y mettre en sûreté. Il s'y refusa noblement [3]...., alors.

A la nouvelle de l'approche des Vendéens, une partie de la garnison de Granville avait été envoyée sur la route en observation. Elle rencontre les Vendéens, qui la repoussent, la poursuivent, et la refoulent dans la ville, dont ils occupent les faubourgs. Ils n'avaient pas une hache, pas une fascine, pas une échelle, pas un pétard; mais, ne trouvant devant eux que des palissades, ils auraient pu en avoir raison : ils se bornèrent à engager une fusillade inutile et perdirent beaucoup de monde, les assiégés répondant à des coups de fusil par des coups de canon. La nuit venue, quatre cents Vendéens environ restèrent dans le faubourg, où ils s'enivrèrent. Le reste s'éparpilla, pour chercher des vivres, du feu et un gîte. Le lendemain, les assiégeants placent quelques pièces de

---

[1] *Mémoires de madame de la Rochejaquelein*, ch. XVI, p. 282 et 285.
[2] Récit d'Obenheim, dans Savary, t. II, chap. IX, p. 548.
[3] Récit de Rostaing, officier vendéen, présent à l'entrevue. Voy. la biographie du prince de Talmont, par Beauchamp, dans la *Biographie universelle*.

campagne sur les hauteurs environnantes, et préparent une attaque hardie le long d'une plage que la marée laissait découverte. Deux petits bâtiments, arrivés de Saint-Mâlo, couvrirent ce point de leur feu et firent avorter la tentative. D'un autre côté, on espérait que les Anglais, qui, de Jersey, pouvaient entendre le canon, enverraient quelques secours; mais non. Tout-à-coup, par ordre du représentant Lecarpentier, le feu est mis au faubourg, et cela d'un élan si téméraire, qu'on craignit un instan tde voir la flamme portée sur la ville même par le vent, qui s'était élevé tout à coup et soufflait avec violence. Se maintenir dans le faubourg devenait impossible : ceux des Vendéens qui l'occupaient en sortent à pas pressés. Alors, sans consulter les chefs, chacun reprend la route d'Avranches. Ce fut un étrange spectacle que celui de tous ces hommes épars courant à travers champs pour regagner la même route. En un moment, elle se trouva couverte de près de vingt mille fuyards; et c'est à peine si, pour le siége, les chefs avaient pu réunir autour d'eux mille combattants. Un trajet de six lieues fut fait en moins de quatre heures. Les républicains de Granville, qui avaient perdu environ cent cinquante des leurs et avaient tué au moins quinze cents hommes à l'ennemi, ramassèrent sur la route qu'il avait suivie une ceinture de général et une ceinture d'évêque, toutes les deux teintes de sang[1].

De nouveau réunis à Avranches, quelle direction allaient prendre les Vendéens? La Rochejaquelein essaye de les entraîner en Normandie. Suivi de Stofflet et des plus braves, il pousse droit à Ville-Dieu et s'en empare, malgré la résistance très-courageuse et très-vive des ha-

[1] Voy., sur le siége de Granville, le récit d'Obenheim, dans Savary, t. II, p. 348-351; les *Mémoires de madame de la Rochejaquelein*, chap. XVI, p. 286-288; le rapport du représentant Lecarpentier, imprimé à Coutances.

bitants, dont il livre les maisons au pillage[1]. Mais il est rappelé presque aussitôt à Avranches par une sédition qui se déclare dans l'armée. Les soldats refusaient d'aller plus avant, ils voulaient qu'on les ramenât vers la Loire, ils redemandaient leur pays.

Là, du moins, ils avaient tout en abondance. « J'ai vu, racontait l'officier vendéen Langrenière aux républicains, lorsqu'il passa de leur côté, j'ai vu cinquante métayers venir à la fois supplier les chefs de prendre leurs bœufs, dont les moindres étaient de cent pistoles et douze cents francs. Il s'en est vendu plus de deux cents paires sur le pied de quinze et seize cents francs. Il n'est rien que le paysan n'eût donné contre des bons payables à la paix, tant il y avait dans les cœurs d'enthousiasme et de confiance ! Blés, vins, eau-de-vie, fourrages, arrivaient de toutes parts. J'ai connaissance que, pour les bœufs seulement, il a été payé plus de quinze cent mille livres remboursables à la paix. J'ai vu des métayers pleurer, parce qu'on n'acceptait pas leurs bœufs, dont on n'avait pas besoin[2]. » En Vendée, d'ailleurs, les Vendéens n'avaient pas sous les yeux le navrant tableau de leurs enfants et de leurs femmes misérablement traînés le long de routes inconnues hantées par la mort. Ils combattaient avec la pensée toujours présente de s'en aller revoir, la bataille finie, leurs champs, leurs villages, leurs clochers.

Aujourd'hui, quelle différence ! Le pillage même ne nourrissait pas cette multitude errante. Elle affamait tout sur son passage et restait affamée. Des vêtements en lambeaux. Pas de chaussures. Les moins intrépides ou ceux qui avaient les pieds en sang, s'attardaient, et par là ralentissaient la marche des autres. Les cavaliers étaient

---

[1] *Mémoires de madame de la Rochejaquelein*, chap. XVI, p. 289.

[2] Déclaration de Langrenière, dans les documents inédits qui m'ont été communiqués par M. Benjamin Fillon.

si mal équipés, qu'on les appelait dérisoirement *marchands de cerises*[1]. Le malheur avait amené la défiance. L'idée s'étant répandue parmi les soldats que les chefs ne cherchaient plus qu'un port de mer pour s'enfuir et abandonner l'armée à son sort, comment aurait-on obéi de bon cœur ? Le prince de Talmont ne jouissait d'aucun crédit. Le seul qui eût une autorité réelle, c'était, non pas un des généraux-gentilshommes, mais le garde-chasse Stofflet. Pour qu'on se décidât à courir à l'ennemi, il fallait que la Rochejaquelein donnât l'exemple et que Stofflet s'avançât en tête de l'infanterie, avec les drapeaux[2]. Donissan, le père de madame de la Rochejaquelein, ne jouait pas de rôle. Seulement, comme il était fort riche, c'était lui qui, de son propre argent, soldait le corps des étrangers, suisses ou allemands, que commandait Keller, corps indiscipliné, quoique très-brave[3]. Quant au conseil supérieur, il était universellement décrié. A Fougères, un bref du pape, adressé aux généraux, et qu'on soupçonna l'abbé Bernier d'avoir provoqué sous main, par jalousie[4], était venu leur dénoncer le faux évêque d'Agra comme un imposteur sacrilège, et faire craindre qu'un secret si important à garder ne s'éventât. Mais quoi ! la disposition des esprits était déjà changée à ce point, que les dévots paysans de la Vendée commençaient à murmurer même contre les prêtres, trouvant mauvais qu'ils s'ingérassent dans le gouvernement de l'armée, au lieu « de se mêler de leur état[5]! »

Il ne fut donc pas au pouvoir des chefs d'empêcher l'armée catholique de rebrousser chemin, et elle reprit la

[1] Récit d'Obenheim, dans Savary, t. II, p. 339.
[2] *Ibid.*
[3] Déclaration de Langrenière, *ubi supra*.
[4] *Mémoires de madame de la Rochejaquelein*, chap. XVI, p. 284 et 285.
[5] Déclaration de Langrenière, *ubi supra*.

route de Pontorson, semblable désormais, selon l'expression d'Obenheim à un sanglier blessé qui n'a plus qu'à froisser, avant de périr, les chasseurs amenés sur son passage[1].

Nous avons laissé les troupes républicaines se réorganisant à Angers. Chalbos étant tombé malade, et le commandement en chef des deux armées de l'Ouest et de Brest ayant été conféré à Rossignol, qui était alors à Rennes, ce fut dans cette dernière ville que, le 24 brumaire (14 novembre), les deux armées opérèrent leur jonction. Elles formaient ensemble vingt mille hommes. Depuis longtemps Rossignol était, de la part de la faction aristocratique et militaire en Vendée, l'objet de dédains calculés, que ne purent désarmer ni sa modestie, ni son courage, ni cette rare générosité de caractère dont il donna de si frappantes preuves[2]. On se plaisait à rappeler qu'il avait été garçon orfèvre à Niort; on nommait le maître chez lequel il avait travaillé, et les compagnons qu'il avait eus dans son apprentissage[3]; on suivait enfin contre lui le même système qui venait de réussir contre l'Échelle. C'est ce qu'on trouve constaté dans une lettre où l'adjudant général Rouyer se plaint du « mauvais esprit qui règne parmi les Mayençais et du mépris qu'on cherche à leur inculquer pour les généraux sans-culottes[4]. »

Que Rossignol ne fût pas un grand capitaine, sans doute; et il en convenait le premier avec beaucoup de franchise et de noblesse. Mais on reconnaîtra que cela n'était pas absolument nécessaire, si l'on réfléchit que

---

[1] Savary, t. II, p. 351.
[2] On en a vu un exemple dans le conseil de guerre tenu le 2 septembre à Saumur. (Voy. le t. IX de cet ouvrage, p. 359.)
[3] *Mémoires inédits de Mercier du Rocher*.
[4] Cette lettre est mentionnée dans Savary, t. II, p. 359, mais avec un sentiment qu'on devine.

c'était, après tout, sur les instructions envoyées par le
Comité de salut public que se réglèrent, au nord de la
Loire, la plupart de ces opérations militaires dont les détracteurs de la Révolution se sont étudiés à rapporter le
mérite exclusif aux généraux mayençais[1]. Il y a plus : ce
fut de la part du Comité un trait de politique profonde
d'écarter du commandement suprême des armées, à l'intérieur, des hommes en qui le soldat dominait le citoyen
et dont le génie militaire eût pu, servi par la victoire,
devenir fatal à la liberté. Décidés à vaincre, mais au profit de la Révolution seule, ce que les chefs jacobins voulaient à la tête d'une armée employée au cœur de la
France, c'était un général que n'eût point envahi l'esprit
des camps, qui n'eût pas assez de génie pour concevoir
de dangereux desseins, et qui, bien conseillé, eût à la
fois assez de bon sens, de modestie et de patriotisme
pour suivre les bons conseils. Cette politique était une
vraie politique d'hommes d'État, et elle ne pouvait rencontrer un meilleur instrument que Rossignol[2]. Elle
conduisit au succès en définitive, et ce succès aurait coûté
moins cher, si ceux qu'on subordonnait à Rossignol et
qui se jugeaient supérieurs à lui se fussent élevés à tout
le désintéressement de leur rôle.

La nouvelle de l'attaque sur Granville parvint à Rennes
le 26 brumaire (16 novembre). Aussitôt il est décidé que
les deux armées de l'Ouest et de Brest, réunies, se por-
teront à Antrain. La générale bat, et les soldats, se traînant sans souliers par des chemins affreux, où ils avaient
de la boue jusqu'à mi-jambe, arrivent, le 27 brumaire

----

[1] Les arrêtés du Comité de salut public qui témoignent de son initiative militaire sont cités tout au long dans le rapport que Barrère fit
sur la Vendée, le 1er octobre 1793. Ainsi point de doute possible à
cet égard.

[2] Voilà ce que n'a pas su voir M. Thiers, qui aime la Révolution, et
ce que n'a pas voulu voir M. de Barante, qui la déteste.

(17 novembre), à la position indiquée. On comptait que le général Sépher, avec les six mille hommes de la division de Cherbourg, suivrait par derrière les Vendéens, et qu'ils seraient arrêtés à Pontorson par le général Tribout, qui, avec quatre mille hommes et dix pièces de canon, avait à défendre un défilé de dix-huit pieds de largeur, impossible à tourner[1]. Ainsi enfermés entre le poste de Pontorson, la division de Cherbourg, l'armée d'Antrain et la mer, les Vendéens semblaient voués à une destruction inévitable. Mais le plan manqua, beaucoup moins par l'impéritie de quelques généraux que par la mésintelligence qui existait entre eux tous.

Sépher avait atteint Coutances le lendemain du siége de Granville : au lieu d'aller en avant, il rétrograda jusqu'à Saint-Lô. Et pourquoi? Parce qu'il lui déplaisait d'être subordonné à Rossignol[2].

De son côté, Tribout, après avoir commis, par excès d'ardeur, l'énorme faute de se porter au delà du défilé dont l'infériorité de ses forces lui défendait de sortir, Tribout envoya demander à Antrain un renfort qui l'eût sauvé peut-être des suites de son imprudence et qui ne lui fut pas envoyé[3]. Le motif, mystère. Mais ce qui est sûr, c'est que le général Vergnes, auquel le secours avait été demandé, commandait l'état-major de Canclaux et appartenait au *parti de Nantes*, tandis que Tribout appartenait au *parti de Saumur*, et était coupable, aux yeux de la faction purement militaire, du crime de jacobinisme. Il se conduisit néanmoins de telle sorte, qu'ayant

---

[1] Savary, t. II, chap. IX, p. 561 et 562.

[2] Beauchamp, *Histoire de la Vendée et des Chouans*, t. II, liv. XI, p. 66.

[3] Ce fait, dénoncé avec véhémence par Tribout et qui fut cause de l'emprisonnement du général Vergnes, mis, du reste, en liberté après les succès du Mans et de Savenay, ce fait se trouve affirmé de la manière la plus péremptoire dans les *Mémoires inédits de Mercier du Rocher*.

à peine quatre mille hommes à opposer à l'effort de toute l'armée catholique, il lui tint tête pendant trois heures, et ne battit en retraite vers Dinan que lorsqu'au désavantage résultant de l'extrême disproportion des forces se fut venu joindre l'épuisement des munitions [1].

Où dominait l'influence des Mayençais, la mauvaise volonté à l'égard des soldats de Tribout était si grande, que deux cents hommes de ceux qui avaient combattu à Pontorson, s'étant présentés à Antrain vers minuit, on les traita de lâches; on alla même jusqu'à leur refuser des vivres : conduite dont on dut être bien honteux le lendemain, quand on apprit avec quel courage ils s'étaient comportés [2].

Tribout, furieux d'un échec dû principalement à ses fautes, mais où il ne voulut voir que l'effet de l'abandon où on l'avait laissé, se plaignit amèrement du général Vergnes, qui, par suite de cette dénonciation, fut emprisonné; et les amis de celui-ci le vengèrent, en criant plus haut que jamais que « la réputation de sans-culottisme tenait lieu de talents militaires, et que l'ignorance, l'impéritie, l'emportaient sur le talent et la justice [3] ».

Maîtres de Pontorson, les Vendéens n'y demeurèrent qu'un jour, et ce jour fut marqué par un événement bien inattendu. Le prince de Talmont, Beauvolliers l'aîné et le curé de Saint-Laud ayant subitement disparu, le bruit

[1] C'est ce que constate le récit d'un officier du génie, témoin oculaire, lequel récit est cité par Kléber lui-même. Voy. Savary, t. II, chap. IX.

[2] *Mémoires inédits de Mercier du Rocher.* — Pas un mot de tout cela ni dans Savary, ni dans les historiens qui, comme M. Thiers et M. de Barante, l'ont suivi pas à pas, sans se mettre en peine ni des témoignages ni des documents contraires.

[3] Ce sont les propres expressions dont Kléber se sert en parlant de cette affaire. On peut juger jusqu'à quel point cette accusation était fondée!

se répand qu'ils ont déserté l'armée pour s'embarquer sur un bateau pêcheur et se faire conduire à Jersey. A cette nouvelle, l'indignation éclate partout. Le rude, l'inexorable Stofflet, quoique personnellement dévoué jusqu'alors au prince de Talmont, se lance avec un piquet de cavalerie à la poursuite des fugitifs, les atteint au moment où ils allaient quitter le rivage et ordonne qu'on les arrête. Les cavaliers hésitaient à porter la main sur le prince : Stofflet, l'œil en feu et la pointe du sabre basse, les y force. Talmont est désarmé et ramené au camp, ainsi que ses compagnons. Ils dirent, pour leur justification, que, s'ils avaient effectivement frété un bateau pêcheur, c'était afin d'aller presser les secours de l'Angleterre et accompagner quelques dames, qui, désirant passer à Jersey, s'étaient adressées à eux. Cette justification, à laquelle les uns crurent et que les autres regardèrent comme mensongère, fit tomber le scandale, mais non les soupçons. Ceux-là surtout durent se montrer difficiles à persuader, qui connaissaient l'histoire de la lettre et du bijou remis au prince de Talmont, la veille du siége de Granville [1] !

De Pontorson, l'armée vendéenne se rendit à Dol. Westermann, placé à l'avant-garde de l'armée républicaine d'Antrain, n'est pas plutôt informé de la marche de l'ennemi, qu'il propose à Marigny [2] de le poursuivre jusque dans la ville de Dol. Les voilà partis avec trois mille

[1] Madame de la Rochejaquelein, dans ses *Mémoires*, p. 291, s'étudie évidemment à présenter ce fait sous le jour le moins défavorable possible. Elle dit que Stofflet envoya à la poursuite du prince, au lieu de dire qu'il y alla lui-même; elle ne parle pas du fait de l'arrestation, encore moins de celui du désarmement : « Ils arrivèrent, après trois heures d'absence, sans avoir été rencontrés par M. Martin, etc... » Mais la version que nous avons suivie, outre qu'elle est conforme au récit de Beauchamp (t. II, liv. X, p. 57 et 58), s'appuie sur le témoignage, non-seulement de Mercier du Rocher, mais de Langrenière.

[2] On sait qu'il y avait un général du même nom parmi les Vendéens.

hommes d'infanterie, deux cents chevaux, un obusier, trois pièces de canon [1].

Ils prennent la route de Pontorson, qu'ils ne font que traverser et marchent sur Dol. Les Vendéens y étaient fort tranquilles; l'ombre du soir couvrait les rues, et un sentiment profond de sécurité avait endormi jusqu'à la vigilance des sentinelles. Tout à coup on entend des cris, un grand tumulte. C'était Marigny qui, à la tête d'une poignée de chasseurs francs, avait pénétré dans le faubourg, renversant tout sur son passage. Malheureusement, il s'était avancé avec trop de précipitation, suivi des seuls cavaliers; et l'infanterie était encore à trois lieues derrière lui, sous les ordres de Westermann. L'ennemi ne tarda pas à revenir de sa surprise, et Marigny, n'étant pas soutenu, dut battre en retraite [2].

Ceci avait lieu entre six et sept heures du soir, le 30 brumaire (20 novembre) [3].

Or, en ce moment même, généraux et représentants tenaient conseil à Antrain.

Selon Kléber, — et il avait gagné les généraux à son opinion, — il fallait se borner à un système activement défensif ayant pour objet de bloquer l'ennemi, sauf à charger Westermann et Marigny de le harceler [4]. Mais ce plan ne répondait pas à l'ardeur des représentants, surtout à celle de Prieur de la Marne, que ses collègues du Comité de salut public avaient dépêché à l'armée de l'Ouest, en le chargeant d'avoir l'œil sur les chefs militaires. On délibérait encore, lorsqu'une lettre est apportée. Elle vient de Westermann. Il annonce que la

---

[1] Récit de Kléber, dans Savary, t. II, p. 366.

[2] Savary, t. II, p. 367. — *Mémoires de madame de la Rochejaquelein*, chap. XVII, p. 296.

[3] Rapport de l'adjudant général Rouyer, cité dans celui de Choudieu.

[4] Récit de Kléber, dans Savary, t. II, p. 368.

situation des Vendéens à Dol est déplorable; qu'il se dispose à les attaquer au commencement de la nuit, par la route de Pontorson, et que, si l'on veut faire marcher une colonne par la route d'Antrain, Dol va être le tombeau de l'armée catholique. A la lecture de cette lettre, les représentants prennent feu; le plan de Kléber est abandonné, et l'on décide qu'on appuyera l'attaque de Westermann [1].

Une rue fort large, qui est la grande route de Dinan, voilà Dol. Du côté opposé, presque à l'entrée de la ville, la route se divise en deux branches, dont l'une mène à Pontorson, l'autre à Antrain [2].

Une double attaque par ces deux branches, si elle eût été conduite avec ensemble et vivement exécutée, eût sans doute réalisé la prophétie de Westermann. Mais, tandis que lui, à Pontorson, ne songeait qu'à pousser en avant, Kléber, à Antrain, parlait de se tenir sur la défensive, de ne rien donner au hasard; et cette divergence d'opinions eut pour résultat un défaut d'harmonie dans les mouvements, qui ne pouvait qu'être fatal.

Westermann, en effet, attaqua, de son côté, à minuit, sans être soutenu. Et cependant, telle était la confusion qui régnait à Dol, que les Vendéens s'y crurent à deux doigts de leur perte. Femmes, blessés, tout ce qui ne combattait pas, se précipite hors des maisons et se range le long des murs. Au milieu de la rue, les bagages, les chariots, l'artillerie de rechange. De chaque côté, entre les canons et les femmes, les cavaliers, attendant, sabre en main, le moment de s'engager dans l'action, entamée par l'infanterie. Moment terrible! La nuit était obscure; le canon grondait; le feu des obus jetait sur les maisons, d'intervalle en intervalle, une clarté plus sinistre que les ténèbres. Les femmes n'osaient donner cours à leurs

---

[1] Récit de Kléber, dans Savary, t. II, p. 569.
[2] *Mémoires de madame de la Rochejaquelein*, chap. xvii, p. 297.

lamentations, et se pressaient l'une contre l'autre en
silence, comme il arrive dans les grandes terreurs. Pour
animer les soldats, on avait fait parcourir la ville par
vingt tambours qui battaient la charge. La parole n'était
qu'à la mort. Au bout d'une demi-heure, un cri s'élève
à l'entrée de la ville : « En avant la cavalerie ! Vive le
roi ! » — « Vive le roi ! » répondent les cavaliers avec un
sombre enthousiasme, et ils partent au galop, en agitant
leurs sabres, que la lueur du combat faisait étinceler
dans l'ombre [1].

Les républicains soutinrent pendant quatre heures
une lutte que l'obscurité de la nuit rendait affreuse.
L'acharnement des deux partis était si furieux, que les
combattants, se saisissant corps à corps, se déchiraient
l'un l'autre avec les mains. On prenait des cartouches
aux mêmes caissons. On tuait et on était tué au hasard.
Enfin, la diversion sur laquelle il avait compté lui man-
quant, Westermann se vit forcé de reculer sur la route
de Pontorson, jusqu'à deux lieues et demie de Dol [2].

Dans ce moment même, c'est-à-dire trop tard, Marceau arrivait à une lieue de Dol, par la route d'Antrain,
où une partie de l'armée vendéenne s'était portée dans
la prévision d'une double attaque. La rencontre eut lieu
à quatre heures du matin. Bientôt un brouillard épais
se lève, et une panique effroyable se déclare parmi les
Vendéens. Fut-elle causée par le bruit que firent les artilleurs de la tête, en se précipitant sur une voiture
chargée de pain [3], ou bien par le mouvement d'un groupe
de cavaliers envoyés à Dol pour en rapporter de la pou-
dre et qu'on crut en pleine fuite [4] ? Toujours est-il que
l'épouvante fut générale, immense. Une multitude de sol-

---

[1] *Mémoires de madame de la Rochejaquelein*, p. 297-298.
[2] *Ibid.*, p. 304.
[3] *Récit d'Obenheim*, dans Savary, t. II, p. 577.
[4] *Mémoires de madame de la Rochejaquelein*, chap. XVII, p. 505.

dats effarés reflue vers la ville, qu'ils remplissent d'effroi. En un instant, la route de Dinan, à l'autre extrémité de Dol, est encombrée de fuyards. Jamais déroute n'offrit un plus lamentable aspect. Les blessés renversés par les chevaux, qui leur passaient sur le corps; les enfants en larmes, les femmes poussant des cris, les officiers frappant en vain de leurs sabres les fuyards et entraînés par eux; Stofflet lui-même, l'intrépide Stofflet, emporté dans le torrent, tout semblait annoncer que, pour l'armée catholique, l'heure suprême était venue[1]. Et nul doute qu'elle n'eût sonné alors, si le prince de Talmont, à la tête de quatre cents hommes, n'eût déployé un courage et une constance qui, favorisés par le brouillard, masquèrent le désordre aux yeux des républicains, et donnèrent le temps à Stofflet, à Marigny, à d'Autichamp, de rallier les fuyards et de les ramener au combat[2]. Parmi les officiers, quelques-uns criaient d'une voix lugubre : « Allons, les braves, à la mort! » D'autres : « Que les femmes empêchent les hommes de fuir! » Un second mouvement se fit en sens inverse, et non moins impétueux que le premier. Les prêtres étaient intervenus; le curé de Sainte-Marie-de-Ré, monté sur un tertre et élevant un grand crucifix, avait menacé de l'enfer quiconque lâcherait pied[3]. Les femmes s'arrêtent, elles reviennent; quelques-unes, passant de la frayeur à l'exaltation, barrent le passage aux fuyards. La femme de chambre de madame de la Chevalerie prend un fusil et met son cheval au galop en criant : « En avant! au feu les Poitevines[4]! »

[1] Il est à remarquer que le récit de Kléber ne fait nulle mention de ces circonstances qui prouvent d'une manière si péremptoire que les Vendéens, attaqués plus vivement du côté d'Antrain, eussent succombé.

[2] Voy. les Mémoires de madame de la Rochejaquelein, chap. XVII.

[3] Ibid., p. 305.

[4] Ibid., p. 302.

Pendant ce temps, du chemin de Pontorson, où il avait repoussé Westermann, la Rochejaquelein était accouru sur celui d'Antrain, où le premier spectacle qui le frappa fut celui de la déroute. Désespéré, il se croise les bras en face d'une batterie républicaine et veut mourir. Il ignorait qu'à l'extrémité de la droite le prince de Talmont tenait encore. Il en est informé, renaît à l'espoir, et va rejoindre les combattants. Peu après, Stofflet arrive, avec le reste des troupes qu'il a ralliées, et Marceau, si supérieur en force à l'ennemi un moment auparavant, se trouve avoir sur les bras toute l'armée vendéenne, réunie. Pour comble de malheur, une colonne républicaine, de retour de Fougères, où elle avait été précédemment envoyée, vient se jeter dans les rangs et n'y apporte que confusion. Marceau, désolé, dépêche un messager à Rossignol et à Kléber, qui arrivent en toute hâte. Mais remettre l'ordre en présence de l'ennemi était dangereux. Kleber propose une position rétrograde en avant de Trans, en attendant qu'on retourne à Antrain, ce qui, selon lui, doit être fait le jour suivant. Cet avis, adopté d'abord, fut bien vite abandonné. Le général en chef Rossignol et les représentants jugèrent que se retrancher en avant de Trans était tout ce qu'exigeait la prudence[1].

Les soldats vendéens rentrèrent à Dol en triomphe. La

---

[1] Le récit de Kléber, en ce qui touche cette journée, outre qu'il est très-incomplet, ne concorde, il faut bien le dire, ni avec le rapport de Westermann, ni avec la relation de madame de la Rochejaquelein, ni avec les *Mémoires de Mercier du Rocher*, que nous avons sous les yeux. Ce récit, tant par ses réticences que par le tour donné aux choses, est évidemment calculé de manière à écarter du parti auquel Kléber appartenait toute la responsabilité du mal, en la rejetant le plus possible sur le parti adverse. Ainsi la confusion que produisit dans la colonne de Marceau le retour de celle qu'on avait envoyée à Fougères est présentée, dans le récit adopté par Savary, comme le résultat de ce fait que Muller était ivre. Or il ne faut pas oublier ce que Rossignol, dans la lettre qu'il écrivit, d'Angers, au ministre de la

joie était au comble. On se félicitait et on s'embrassait mutuellement. On remerciait les femmes de leur intervention courageuse. Le curé de Sainte-Marie reparut, toujours le crucifix à la main. Il chantait le *Vexilla regis*, et chacun de tomber à genoux sur son passage[1].

Faut-il le dire? Oui, puisque la vérité l'exige : des soldats appartenant à la colonne républicaine envoyée à Fougères y avaient commis des crimes qui égalèrent en atrocité ceux dont les Vendéens s'étaient souillés en cet endroit même. Là, des blessés furent égorgés dans leurs lits; là, des Vendéennes reçurent la mort, après des outrages pires que la mort. C'est ce que constate une lettre écrite à un chirurgien pour qu'il la mît sous les yeux de Robespierre. Mais n'oublions rien. Le signataire ajoute : « Parmi ces horreurs, j'ai vu un beau trait. Une femme, à qui l'on avait pris ses jupes — elle pouvait avoir vingt ans et était assez jolie — pria un capitaine de canonniers de la tuer. Lui, plein de générosité et d'humanité, ôta sa redingote, la lui mit sur le corps, la fit sortir de l'hôpital, et, le sabre à la main, lui sauva la vie[2]. »

Le 2 frimaire (22 novembre), les causes qui avaient produit la défaite de la veille en amenèrent une seconde. Tandis que Kléber, à Trans, ne parlait que de faire rétrograder les troupes jusqu'à Antrain[3], l'idée fixe de Westermann, à Pontorson, était de recommencer l'attaque. C'est le parti auquel il se résolut, le 2 frimaire, sans s'assurer s'il serait soutenu à temps. Dès sept heures du matin, il pousse droit à Dol. La Rochejaquelein s'avance de nouveau à sa rencontre, et le combat s'engage. On lutta de part et d'autre avec un courage qui tenait de la

guerre, dit des horreurs que le parti de Mayence s'étudiait à répandre contre les généraux patriotes, entre autres Muller et Canuel.

[1] *Mémoires de madame de la Rochejaquelein*, chap. XVII, p. 304.

[2] Rapport de Courtois sur les papiers trouvés à la mort de Robespierre, nº LXV des *Pièces justificatives*.

[3] Récit de Kléber, dans Savary, t. II, p. 370.

fureur. A neuf heures, voyant les républicains reculer, Marigny, l'émule de Westermann, s'efforce de ramener la fortune en mettant pied à terre avec ses chasseurs, et en faisant, à leur tête, une charge désespérée. Un biscaïen lui casse son sabre dans la main, et lui n'échappe à la mort que par miracle[1]. Quant à Westermann, il était tombé dans un tel accès de rage, en sentant la victoire lui échapper, qu'il frappait à droite et à gauche ses propres soldats, et qu'il tua d'un coup de sabre à la figure un officier de gendarmerie, au moment même où celui-ci cherchait à rallier les fuyards[2].

Il fallut battre en retraite, cependant; et la route de Pontorson était libre depuis une heure déjà[3], lorsque les Vendéens virent s'avancer, sur celle d'Antrain, le gros de l'armée républicaine, établie à Trans. Stofflet commandait, de ce côté; mais la Rochejaquelein, victorieux, l'étant venu rejoindre, les républicains eurent à soutenir, une fois encore, tout l'effort de l'armée vendéenne, réunie. De cette circonstance[4], et non point de la démoralisation des troupes républicaines[5], dépendit le sort de la journée. Les troupes étaient si peu démoralisées, que la bataille dura plusieurs heures[6]. La seconde colonne fit bonne contenance; la troisième soutint le feu jusqu'à ce que les munitions furent épuisées, et alors on en vint à

[1] Récit de Kléber, dans Savary, t. II, p. 374.

[2] Lettre de Rossignol au ministre de la guerre, en date du 11 frimaire (1er décembre) 1793. — Savary dit, à ce sujet, t. II, p. 404, que c'était la coutume de Westermann, caractère bouillant et dangereux, de distribuer des coups de sabre aux officiers et aux soldats.

[3] La déroute de Westermann eut lieu à neuf heures, et ce fut à dix heures seulement que l'autre partie de l'armée attaqua. Voy. la lettre de Gainon, à la suite du Rapport de Courtois sur les papiers trouvés à la mort de Robespierre, n° LXV.

[4] Voy. le récit d'Obenheim, dans Savary, t. II, p. 379.

[5] Comme Kléber le dit, t. II, de Savary, p. 373, pour prouver que son système de défensive était le meilleur.

[6] *Mémoires de madame de la Rochejaquelein*, chap. XVII, p. 307.

l'arme blanche[1]. Enfin, pris par leur droite[2], les républicains plièrent. Vainement Rossignol, qui s'était constamment tenu à la tête de la bataille, fit-il tout ce qu'il put, avec Bourbotte et Prieur, pour enchaîner à son drapeau la victoire, employant tour à tour auprès des soldats la prière, la menace, l'insulte, et leur criant : « Vous allez dire que vos généraux vous trahissent, mais non. C'est votre lâcheté qui perd la bataille[3]... » La retraite, une fois commencée, devint si précipitée, et dégénéra si bien en déroute, qu'elle entraîna les républicains au delà même d'Antrain, dont l'armée vendéenne inonda les rues et les maisons, dans le plus épouvantable désordre. « Un corps de mille hommes qui eût attaqué les Vendéens en ce moment, écrit Obenheim, les eût détruits[4]. »

Mais l'armée républicaine, loin de songer à revenir sur ses pas, poussa jusqu'à Rennes. Là, Rossignol eut un de ces mouvements qui ne sauraient naître que dans une âme vraiment grande. Prenant sur lui, avec une modestie injuste à force d'abnégation, la responsabilité d'un revers que sa qualité seule de général en chef permettait de lui imputer, et qui avait sa source réelle dans les divisions intestines auxquelles l'armée était en proie, il parut au conseil de guerre, un papier à la main, et, s'adressant aux représentants : « Citoyens, leur dit-il, j'ai

---

[1] Rapport de l'adjudant général Rouyer, cité dans celui de Choudieu.

[2] Récit d'Obenheim. Savary, t. II, p. 579.

[3] Voy. la lettre de Gainon, n° LXV des *Pièces justificatives*, à la suite du Rapport de Courtois.

Kléber ne dit pas un mot dans son récit de l'intrépidité déployée par Rossignol; et il va sans dire que les historiens royalistes n'ont eu garde de remplir la lacune. Si M. de Barante, par exemple, eût cru de son devoir de ne rien taire, il n'aurait pu se donner le plaisir de dire, t. III de son *Histoire de la Convention*, p. 598, édition Méline, que les généraux protégés par les Jacobins manquaient pour la plupart de talent et de *courage*.

[4] Voy. dans Savary, t. II, p. 580.

juré la République ou la mort : je tiendrai mon serment.
Mais je ne suis pas fait pour commander une armée.
Qu'on me donne un bataillon, et je ferai mon devoir.
Voici ma démission : si on la refuse, je croirai qu'on veut
perdre la République[1]. » Mais Prieur : « Tu es le fils
aîné du Comité de salut public, Rossignol. Point de démission. La responsabilité ne pèsera pas sur toi, mais sur
ceux qui t'environnent et doivent te seconder de leurs
conseils et de leurs talents militaires[2]. »

La politique du Comité de salut public à l'égard des
hommes d'épée était tout entière dans ces mots; et Prieur
n'attachait certainement pas un sens frivole à la définition qu'il avait coutume de donner de lui-même, lorsqu'avec une intention sans doute ironique il disait aux
généraux mayençais : « Je suis, moi, le romancier de la
Révolution[3]. »

Le généralat fut donc conservé à Rossignol. Seulement, Kléber obtint des représentants que Marceau serait nommé commandant des troupes, Westermann commandant de la cavalerie, et qu'à la tête de l'artillerie on
mettrait Debilly. « Ami de Marceau, écrit Kléber, j'étais
sûr qu'il n'entreprendrait rien sans s'être concerté avec
moi[4]. » Bien que ces dispositions eussent pour but manifeste d'ajouter à l'influence de la faction mayençaise sur
l'armée, elles furent acceptées par les représentants, le
point essentiel, pour Prieur et ses collègues, étant que
l'autorité militaire suprême, l'autorité en dernier ressort,
restât aux mains d'un homme dévoué corps et âme à la
Révolution, telle que le Comité de salut public la comprenait et la personnifiait en cet homme. S'il arrivait aux
généraux qui devaient l'aider de leurs conseils de ne lui

---

[1] Voy. Savary, t. II, chap. IX, p. 376.
[2] *Ibid.*
[3] Ce mot est cité sans commentaire dans Savary, t. II, p. 591.
[4] *Ibid.*, p. 589.

prêter qu'une assistance propre à l'égarer, oh! alors, — Prieur s'en était expliqué nettement, — malheur à eux[1] !

Le 8 frimaire (28 novembre), il fut décidé que l'armée se porterait sur Chateaubriand, où la première colonne, commandée par Marceau, arriva le 10 frimaire (30 novembre), et où l'on apprit que l'ennemi menaçait Angers[2].

C'était effectivement de ce côté que les Vendéens, en quittant la ville d'Antrain, avaient pris le parti de se diriger. De nouveau ils traversèrent Fougères, Ernée, Laval; mais quel spectacle que celui qui maintenant s'offrait à leurs yeux, là même où ils avaient triomphé ! Partout le deuil, partout l'image de leur destruction prochaine, partout la trace des vengeances exercées sur quiconque les avait accueillis. Ils se traînaient, foule immense et misérable, teignant les routes de leur sang, les jonchant de leurs cadavres et, à chacun de ces relais funèbres, laissant derrière eux ceux que leur venaient enlever ou le froid ou la faim. Car le froid était d'une rigueur si excessive, et la rareté des vivres telle, qu'à Antrain madame de la Rochejaquelein « vécut de quelques oignons arrachés dans un jardin[3]. » C'est ainsi que les Vendéens gagnèrent Angers.

Averti de leur approche, Marceau, qui était à Chateaubriand, avait envoyé aussitôt prévenir Rossignol, demeuré à Rennes. Rossignol ayant répondu qu'il arriverait de sa personne le lendemain, Marceau pensa qu'il devait l'attendre; et cette interprétation assez naturelle devint, par le danger où elle semblait mettre Angers, le sujet d'une explication très-vive entre Rossignol et Marceau d'abord, puis entre Marceau et Prieur. Celui-ci, convaincu enfin que Marceau n'avait aucun tort en cette

[1] Savary, t. II, p. 591.
[2] *Ibid.*
[3] *Mémoires de madame de la Rochejaquelein*, chap. xvii, p. 309.

affaire, rejeta tout sur Kléber et alla jusqu'à parler de guillotine. Heureusement, l'évidence des faits et la fermeté de Kléber, en ramenant Prieur, calmèrent l'orage [1].

D'ailleurs, les généraux Danican et Boucret étaient entrés à Angers deux jours avant le siége; et, quoique trois mille hommes armés fussent insuffisants pour un développement de douze cents toises [2], l'ardeur des habitants était si grande, que les Vendéens vinrent se briser contre cette barrière. Maîtres des faubourgs, ils eurent à y soutenir, pendant toute la journée du 13 frimaire (3 décembre), le feu de vingt pièces d'artillerie. Beaupuy, à peine remis de sa blessure, était l'âme de la défense. Il fut admirablement secondé. Vieillards, jeunes filles, femmes, enfants, couraient à l'envi porter sur les remparts vivres et munitions [3]. Parmi les Vendéens, au contraire, tout n'était que découragement. Pour les décider à un assaut général, les chefs leur promirent le pillage de la ville, et ce fut en vain [4].

Le siége durait depuis trente heures quand parut la colonne qui venait de Châteaubriand. A son approche, les Vendéens se déterminent à la retraite. Marigny, qui marchait sur les derrières par la route de la Flèche, les ayant chargés à la tête de cent cinquante hommes, fut renversé par un boulet de canon. « Chasseurs, achevez-moi, » dit-il, et il expire. Sa destitution lui devait être notifiée à Angers : une mort glorieuse la prévint [5].

Kléber ne manque pas, en rappelant cette circon-

---

[1] Voy. Savary, t. II, chap. ix, p. 292 et suiv.
[2] Récit de Ménard, commandant de la place d'Angers, dans Savary, t. II, chap. x, p. 409.
[3] *Ibid.*
[4] Madame de la Rochejaquelein, dans ses *Mémoires*, p. 310, dit, tout en convenant du fait, que cette promesse scandalisa beaucoup. On en peut douter quand on se rappelle qu'au Mans, comme on le verra plus bas, aristocrates et patriotes furent pillés indistinctement.
[5] Récit de Kléber. *Ibid.*, p. 411.

stance, de murmurer « contre l'injustice des gouver-
nants. » Mais ce qu'il ne dit pas, c'est que Marigny,
très-brave soldat, appartenait à cette opposition armée
contre laquelle il était commandé au Comité de salut
public de se tenir en garde, sous peine de mort. Et la
preuve que, dans Marigny, ce n'était pas le soldat qu'on
entendait frapper, c'est le beau décret qui fut rendu,
le 25 décembre, sur la proposition de Merlin (de Thionville) : « La Convention décrète que le père de Marigny
conservera le cheval que montait son fils, au moment où
il fut blessé [1]. »

Kléber, lui aussi, fut menacé. Mais la même main qui
écrivait son nom sur une liste de destitutions, liste presque
aussitôt suspendue que dressée, signait sans hésiter le
brevet par lequel Marceau était élevé au commandement
en chef intérimaire de l'armée de l'Ouest, chargée seule
de poursuivre les Vendéens, jusqu'à l'arrivée du général
Turreau [2]. Il était dans le caractère de Kléber de dire à
Marceau : « Nous serons guillotinés ensemble. » La vérité
est cependant qu'ils ne le furent ni l'un ni l'autre, et
qu'ils ne durent leur élévation qu'à la République. Si
elle fut terrible aux généraux qui, comme Custine, osè-
rent la braver, elle prépara d'éclatants triomphes à ceux
qui, comme Aubert-Dubayet à Mayence, l'avaient bien
servie [3]; et, à l'égard de ceux qui, comme Kléber, joignaient à un rare mérite un esprit difficile à satisfaire

[1] Voilà ce que, dans son *Histoire de la Convention*, t. III, p. 405,
édition Méline, M. de Barante oublie de mentionner; mais ce qu'il
n'oublie pas, c'est que « la destitution de Marigny arriva du ministère
de la guerre le jour même où il se faisait tuer!... »

[2] Ce sont là des rapprochements de la plus haute importance, et les
faits sur lesquels ils reposent se trouvent dans Savary lui-même. Voy.
t. II, chap. x, p. 414.

[3] Nous avons raconté, dans le premier chapitre de ce volume, la
réception enthousiaste et touchante qui fut faite par la Convention à
Aubert-Dubayet, lors de son retour de Mayence. (Voy. le *Moniteur*, 1795,
n° 221.)

et frondeur, elle se contenta d'une surveillance qui, après tout, n'enleva point à la patrie le bienfait de leurs services.

Le siége d'Angers montre combien cette vigilance de la Révolution, concernant les hommes d'épée, était nécessaire. Parmi les généraux qui s'unissaient aux Mayençais pour dénoncer ce qu'ils appelaient « l'impéritie des généraux sans-culottes, » figurait Danican. Or quelle fut sa conduite à Angers? « Une chute de cheval, simulée ou réelle, dit Beauchamp, avait servi de prétexte à Danican pour remettre le commandement. Au moment du plus grand péril, on avait vu filer sa voiture et ses bagages du côté de la porte Saint-Nicolas. Sa cavalerie, éclairée par des torches, ayant pris la même direction, fit soupçonner qu'elle cherchait à indiquer le point le plus faible [1]. » Danican était en outre accusé d'avoir déserté le poste d'Entrames avant l'affaire de Château-Gonthier [2]. Dans le sentiment qui porta les représentants à le destituer y eut-il défiance injuste? Sa vie ultérieure a répondu. Danican était un royaliste déguisé [3]. Ce fut lui qui, plus tard, commanda les sections insurgées contre la Convention; et il mourut pensionné par les Anglais pour les services qu'il avait rendus à la cause contre-révolutionnaire [4].

Les Vendéens, chassés d'Angers, avaient pris la route du Mans, en passant par la Flèche. A leur approche, trois ou quatre mille républicains, gardes nationaux pour la plupart [5], sortent du Mans et vont résolûment à l'ennemi. La fusillade s'engage. Distingué à son écharpe de général par un hussard qui le défie, Talmont lui crie : Je t'at-

[1] Beauchamp, t. II, liv. X, p. 89 et 90.
[2] Savary, t. II, chap. x, p. 415.
[3] Biographie des contemporains.
[4] Ibid.
[5] Adresse des administrateurs de la Sarthe à leurs concitoyens.

tends, » l'attend, et lui partage la tête d'un coup de sabre[1]. Les républicains avaient des munitions insuffisantes : quand elles vinrent à manquer, la déroute commença, et ni le général Chabot, ni le représentant Garnier, ne purent l'arrêter. Le soir, les Vendéens avaient envahi la ville de toutes parts ; et, le lendemain, les meilleurs citoyens fusillés, les édifices publics dévastés, les aristocrates et les patriotes pillés indistinctement[2], témoignaient de ce dernier triomphe de l'armée catholique.

Le 22 frimaire (12 décembre), Westermann, qui, lancé avec l'avant-garde à la poursuite de l'ennemi, l'avait harcelé sans relâche, l'infatigable Westermann paraît sous les murs du Mans.

Un sentiment d'inexprimable fatigue, un découragement mortel, la résignation morne qui précède une catastrophe depuis longtemps prévue, régnaient parmi les Vendéens. Chez les soldats plus de respect pour les chefs, et entre les chefs plus de lien. Le malheur avait aigri les esprits, la haine et la jalousie rongeaient les cœurs. Tous ils se sentaient sous le couteau, et, en attendant qu'il s'abattît sur eux, d'une main furieuse ils se déchiraient les uns les autres[3]. A la Flèche, la Rochejaquelein, irrité contre les officiers qui l'avaient laissé combattre presque seul, avait été amené à leur dire : « Ce n'est donc pas assez de me contredire au conseil, vous m'abandonnez au feu[4]. »

Un suprême effort fut tenté cependant, et le succès y répondit, d'abord. L'avant-garde républicaine est repoussée, retombe sur la division la plus rapprochée et y jette

---

[1] *Mémoires de madame de la Rochejaquelein*, chap. XVIII, p. 319.

[2] Adresse des administrateurs du département de la Sarthe à leurs concitoyens.

[3] Voy. les *Mémoires de madame de la Rochejaquelein*, chap. XVIII, p. 319.

[4] *Ibid.*, p. 318.

le désordre. Mais une colonne appelée de Cherbourg et
que commandait Tilly arrête l'ennemi victorieux, le
charge à la baïonnette, le met en fuite, et, d'un irrésistible élan, traverse le pont du Mans à la suite des fuyards,
pénètre dans la ville, pousse jusqu'au milieu de la grande
place[1]. La nuit venait. Les plus braves d'entre les Vendéens, répandus dans les maisons, faisaient feu de toutes
les fenêtres. Il est vrai que le reste de l'armée catholique
n'était plus qu'un mélange confus de femmes effarées, de
blessés gémissants, de soldats devenus rebelles à leurs
officiers et qui avaient perdu la force de regarder la mort
en face. Au moment de sa rentrée au Mans, on avait vu
la Rochejaquelein, saisi de rage, mettre son cheval au
galop et culbuter ces mêmes Vendéens, naguère encore
si fidèles à sa fortune, et qui maintenant méconnaissaient
sa voix[2]. Situation épouvantable! Mais les républicains
n'en soupçonnaient pas toute l'horreur. Marceau, crai-
gnant d'être enveloppé, fait couper à sa droite et à sa
gauche les rues qui aboutissent à la place, et envoie dire
à Kléber, dont la division était encore loin, d'accourir
en hâte[3]. Mais, en ce moment, les Vendéens ne songeaient
qu'à profiter des ténèbres pour évacuer la ville. Stofflet
s'en allant avec les porte-drapeaux; la foule s'entassant
dans les issues demeurées libres; des chariots renversés;
des bœufs couchés par terre, et frappant à coups de pied
ceux que le mouvement de la fuite précipitait sur eux;
l'effroi ajoutant au désordre; mille clameurs désespérées:
voilà quel spectacle s'offrit à madame de la Rochejaquelein, serrée et à demi étouffée entre deux chevaux que
les fuyards repoussaient sans cesse sur elle et un mur le

---

[1] Rapport des représentants Turreau, Prieur (de la Marne) et Bourbotte, en date du 23 frimaire, sept heures du soir.

[2] *Mémoires de madame de la Rochejaquelein*, chap. xviii, p. 525.

[3] Lettre de Marceau au ministre de la guerre, dans Savary, t. II,
chap. x, p. 430.

long duquel elle cherchait à se glisser. « Je vis passer, raconte-t-elle, un jeune homme à cheval, d'une figure douce; je lui pris la main : « Monsieur, ayez pitié d'une « pauvre femme grosse et malade ; je ne puis avancer. » Le jeune homme se mit à pleurer et me répondit : « Je suis une femme aussi[1]. »

A une heure du matin, la division de Kléber arriva. Elle avait fait dix lieues en un jour, et fournit néanmoins à Marceau le moyen de relever les postes, la colonne de Tilly étant fatiguée par un long combat. Au jour, les soldats demandent à Marceau la permission de charger à la baïonnette. Il y consent. D'abord, silence terrible ; puis, des cris de triomphe. Une arrière-garde que les Vendéens avaient laissée dans la ville pour masquer leur retraite, venait d'être exterminée. « On ne saurait se figurer, écrit Kléber, l'horrible massacre qui se fit ce jour-là[2]. »

On a raconté qu'à la prise du Mans Marceau, ayant rencontré une belle jeune fille éplorée qui invoquait la mort, la recueillit dans sa voiture, la respecta et la déposa dans un lieu sûr[3]. Mais Savary dit formellement que ce fut lui qui sauva la jeune personne dont il s'agit, et dont il donne le nom : mademoiselle Desmesliers. Elle avait perdu ses parents et refusait de leur survivre : Savary la consola, la fit monter dans un cabriolet qui appartenait à Marceau et qui était la seule voiture de l'état-major dont personne ne se servit, chargea l'adjoint Nicole d'accompagner la voiture dans la ville, et de conduire l'orpheline au logement où l'on devait arriver dans la soirée, en ayant soin de garder le secret. Ce fut le soir seulement que Kléber et Marceau, informés de la circon-

[1] *Mémoires de madame de la Rochejaquelein*, chap. xviii, p. 324.
[2] Savary, t. II, chap. x, p. 430.
[3] Voilà ce qu'ont écrit plusieurs historiens, entre autres M. Thiers. Voy. son *Histoire de la Révolution*, t. III, chap. viii, p. 350; édition Méline.

stance, virent pour la première fois mademoiselle Desmesliers, au sort de laquelle ils s'intéressèrent vivement.
Elle fut menée à Laval, où Marceau l'alla visiter. Mais, le
lendemain du départ des troupes, découverte par suite de
perquisitions que l'autorité locale ordonna, l'infortunée
périt. Il paraît même qu'on instruisit une procédure
contre les généraux, « et elle eût pu leur devenir fatale, dit
Savary, si elle n'eût été communiquée au représentant
Bourbotte, qu'une indisposition retint quelques jours à
Laval et qui s'empara des procès-verbaux[1]. »

Les Vendéens, poursuivis sans relâche par les hussards
de Westermann, qui « de chaque ferme, de chaque maison, sur son passage, faisait un tombeau[2], » avaient successivement traversé Laval, Craon, Saint-Marc. Ils n'a-
vaient plus qu'une préoccupation, qu'un espoir : repasser
la Loire. Mais le passage serait-il possible? Les républicains n'auraient-ils pas emmené les bateaux qui pouvaient
servir à l'effectuer? C'est ce que la Rochejaquelein craignit, et c'est pourquoi il fit prendre, à Saint-Marc, une
petite barque qu'on trouva dans un étang et qui fut chargée sur une charrette[3]. Et en effet, lorsque, le 26 frimaire (16 décembre), les Vendéens arrivèrent à Ancenis,
ils n'y trouvèrent qu'un petit bateau. Seulement, sur le
bord opposé étaient quatre grandes barques chargées de
foin. Impatient de s'en emparer, la Rochejaquelein se
jette avec Stofflet dans le batelet apporté de Saint-Marc.
Dix-huit soldats entrent dans celui qu'on avait trouvé à
Ancenis. Mais à peine ont-ils atteint la rive droite, qu'un
détachement républicain paraît et les force à se disperser.
Quelques radeaux venaient d'être construits à la hâte :
ils furent submergés par une chaloupe canonnière qui

---

[1] Récit de Savary, t. II, de la *Guerre des Vendéens et des Chouans*,
p. 435-439.

[2] *Campagne de Westermann*, p. 52.

[3] *Mémoires de madame de la Rochejaquelein*, chap. XIX, p. 331-332.

vint tout à coup se placer en face d'Ancenis; de sorte que, séparée de son chef, l'armée vendéenne se vit réduite à descendre la Loire, toujours harcelée et ne sachant plus où fuir[1].

Ce fut alors qu'à la tête d'une vingtaine des meilleurs cavaliers le prince de Talmont partit pour rejoindre le rassemblement de trois ou quatre mille hommes qui, en Bretagne, s'était formé sous la direction de Jean Chouan et qui fut le foyer du brigandage connu sous le. nom de chouannerie[2]. Fleuriot avait été élu en remplacement de la Rochejaquelein, et Talmont ne put se résigner à ce qu'il considéra comme une préférence injuste[3].

Il laissait l'armée dans un état de détresse dont les lignes suivantes de madame de la Rochejaquelein donnent une vive image : « J'étais vêtue en paysanne; j'avais sur la tête un capuchon de laine violet; j'étais enveloppée d'une vieille couverture de laine et d'un grand morceau de drap bleu rattaché à mon cou par des ficelles; mon cheval avait une selle à la hussarde, avec une schabraque de peau de mouton. M. Roger Mouliniers avait un turban et un dolman qu'il avait pris au théâtre de la Flèche. Le chevalier de Beauvolliers s'était enveloppé d'une robe de procureur, et avait un chapeau de femme par-dessus un bonnet de laine[4], » etc. La démoralisation était au comble; les nobles sentiments semblaient désormais éteints. Un trait le prouve : des officiers eurent l'infamie de se partager la caisse de l'armée[5].

En cet état, impossible que les Vendéens échappassent longtemps au coup mortel : ils le reçurent, le 5 nivôse

---

[1] *Mémoires de madame de la Rochejaquelein*, chap. xix, p. 331-333.

[2] Déclaration de Langrenière. Nous l'avons sous les yeux, écrite de sa main.

[3] Voy. les *Mémoires de madame de la Rochejaquelein*, chap. xix, p. 335 et 356.

[4] *Ibid.*, p. 356 et 357.

[5] Ceci avoué par madame de la Rochejaquelein elle-même, p. 33o.

(23 décembre), à Savenay, où, atteints et cernés par Marceau, ils furent, non pas vaincus, mais exterminés. « Partout, écrivit Westermann, on n'apercevait que monceaux de morts. Dans la seule banlieue de Savenay, plus de six mille corps ont été enterrés[1]. »

Tel fut le dénoûment de ce qu'on appela la grande guerre de la Vendée. Tout ce que l'ivresse des discordes civiles peut produire d'héroïque et de barbare s'y déploya dans les deux camps, sur une échelle vraiment gigantesque. La Convention avait rendu un décret portant : « Toute ville de la République qui recevra dans son sein des brigands ou qui leur donnera des secours sera rasée[2]. » Et, pour exécuter d'aussi terribles sentences, les agents ne manquaient pas. Quels mots affreux que ces mots de Rossignol, écrivant au Comité de salut public : « Il y a encore des hommes humains, et, en révolution, c'est un défaut, selon moi[3]! » Mais c'était un défaut, aussi, en contre-révolution, selon les Vendéens ; et nous n'aurons que trop tôt à retracer le tableau des horreurs dont ils se souillèrent[4]. Oui, l'enthousiasme, la foi, le courage, le dévouement, une ambition sans repos, une cruauté sans frein, des jalousies misérables à côté d'une exaltation magnanime, voilà ce qui apparaît pêle-mêle et dans le camp des républicains et dans celui de leurs ennemis. Tant l'âme humaine contient d'abîmes !

---

[1] *Campagne de Westermann*, p. 41.

[2] Nous avons sous les yeux le décret imprimé, tel qu'on le placarda partout en Vendée.

[3] Savary, t. II, chap. IX, p. 331.

[4] Voy. ci-après le chapitre intitulé : *Les Proconsuls*.

CHAPITRE TROISIÈME.

L'ENNEMI REPOUSSÉ DU TERRITOIRE.

et Pichegru. — Conduite hautaine de Hoche à l'égard du Comité de salut public et de Saint-Just. — Ses formes de langage peu en rapport, à cette époque, avec la grandeur de son âme; reproduction du style de Hébert. — Préventions du Comité contre Hoche. — Il offense Carnot par l'indépendance de ses allures. — Son arrestation, par arrêté signé seulement de Carnot et de Collot-d'Herbois. — L'armée du Nord en quartier d'hiver. — Jourdan rappelé. — Événements militaires à la frontière des Pyrénées orientales.

La Révolution triomphait aussi aux frontières, et, au moment même où elle éteignait le principal foyer de la grande révolte vendéenne, elle arrachait Toulon aux Anglais.

Par acte du 28 août 1793, lord Hood avait déclaré solennellement que l'*Angleterre tenait Toulon en dépôt pour Louis XVII;* et c'est ce que rappelèrent, dans une protestation où l'honneur de la nation anglaise était mis au-dessus de ses intérêts, les lords Norfolk, Grafton, Albemarle, Derby, Lauderdale, Lansdowne et Thanet[1]. Si les royalistes qui avaient livré la ville aux ennemis de la France crurent à la sincérité du cabinet de Saint-James, le crime de leur trahison n'eut d'égal que leur folie, et l'on ne tarda pas à le leur faire comprendre. A une députation des sections demandant le retour des émigrés, l'ancien évêque, une administration royale et MONSIEUR pour régent, les commissaires plénipotentiaires anglais répondirent : « Nous ne sommes point autorisés à compromettre Sa Majesté britannique sur la question de la Régence. Encore moins pouvons-nous consentir à la proposition qui a été faite d'appeler M. le comte de Provence à Toulon pour y exercer les fonctions de régent, car ce serait destituer Sa Majesté Britannique, avant l'époque stipulée, de l'autorité qui lui a été confiée à Toulon[2]. »

---

[1] *Protest against the declaration of the object of war.* Voy. *Annual Register*, 1794. State papers, p. 148.
[2] *Mémoires tirés des papiers d'un homme d'État*, t. II, p. 420.

Ainsi plus de doute : les Anglais entendaient garder leur proie, et les traîtres se voyaient frustrés du prix de leur perfidie.

Aux sentiments de fureur qu'une pareille conduite devait naturellement éveiller parmi les révolutionnaires se joignait l'effet des insultes que ne cessaient d'adresser à la nation, dans la personne de ses élus, les agents diplomatiques du cabinet de Saint-James. Quelle âme française n'eût frémi à la lecture du Mémoire présenté aux États généraux par l'ambassadeur anglais à la Haye, le 25 janvier 1793 : « Quatre ans se sont à peine écoulés depuis que des *misérables*, prenant le nom de philosophes, se sont jugés capables d'établir un nouveau système de société civile, et ont cru nécessaire, pour réaliser ce rêve de la vanité, de renverser tous les fondements de la hiérarchie, de la morale et de la religion[1]. »

Des misérables! voilà de quel nom le gouvernement anglais se plaisait à flétrir les représentants élus d'un grand peuple, et le crime dont on prétendait le châtier, ce peuple, consistait à ne pas emprunter à ses ennemis leurs règles de politique, de religion et de morale!

Aussi, de quelle haine les membres du Comité de salut public et ceux de la Convention n'étaient-ils pas animés contre les alliés que Pitt comptait au cœur de la France! Au seul nom de Toulon, pas un visage qui ne pâlît de colère; d'autant que les vengeances de parti s'étaient déployées dans la ville rebelle avec un sauvage délire. Après avoir été promenés dans les rues, au milieu des injures et des huées, les deux représentants du peuple,

---

[1] Le texte vaut la peine qu'on le cite en Anglais : « It is not quite four years since certain *miscreants* assuming the name of philosophers, have presumed themselves capable of establishing a new system of civil society ; in order to realize this dream, the offspring of vanity, it became necessary for them to overturn and destroy all established notions of subordination, morals, and religion. » V. *Annual Register*, 1894. State papers, p. 148 et 149.

Beauvais et Pierre Bayle, avaient été jetés dans un cachot fétide, où ils furent soumis à un traitement si cruel, que le premier tomba dans une sorte d'apathie voisine de la folie et que le second s'étrangla de désespoir[1]. Une persécution impitoyable pesa sur tout ce qui était républicain, sur tout ce qui préférait la France à la monarchie appuyée par l'étranger. Pour punir la guillotine d'avoir servi au supplice de Louis XVI, les royalistes de Toulon l'avaient brûlée en place publique; mais leur rage n'y perdit rien : ils se défaisaient des patriotes en les accrochant, jusqu'à ce que mort s'ensuivît, aux crocs où les bouchers étalent leurs quartiers de viande[2] ! »

C'est ce qui explique la lettre suivante que Couthon, tout modéré qu'il s'était montré à Lyon et qu'il était effectivement, écrivait, le 20 octobre, à Saint-Just :

« Le froid qui commence à se faire sentir ici augmente beaucoup mes douleurs. J'aurais envie d'aller respirer un peu l'air du Midi. Peut-être rendrais-je quelques services à Toulon; mais je désire que ce soit un arrêté du Comité qui m'y envoie. Fais-moi passer cet arrêté, et aussitôt le général ingambe se met en route... Toulon brûlé, car il faut absolument que cette ville infâme disparaisse du sol de la liberté[3], je reviens auprès de vous et y prends racine jusqu'à la fin. Ma femme, Hippolyte et moi t'embrassons du fond du cœur[4]. »

La conduite de Couthon partout où il fut envoyé permet

---

[1] Voy. les *Mémoires du maréchal duc de Bellune*, t. I, liv. II, p. 121, et le *Moniteur*, an 1er, 1793, n° 271.

[2] *Réponse de Fréron aux diffamations de Moyse Bayle*, p. 17. *Bibliothèque historique de la Révolution*, 995, 6, 7. *British Museum*.

[3] Au moment où j'écris ces lignes, il n'est question, d'un bout à l'autre de l'Angleterre, que de brûler, quand elle sera prise, la ville, non pas anglaise, mais indienne, de Delhi, et de punir par une extermination en masse des cipayes en révolte les atrocités qu'un certain nombre d'entre eux ont commises.

[4] N° LXII des pièces à la suite du rapport de Courtois sur les papiers trouvés à la mort de Robespierre.

de penser que ce n'étaient là de sa part que des exagérations de langage ; mais ces exagérations reflètent le
sentiment qu'inspirait aux patriotes la trahison des royalistes toulonnais.

Le général qui fut d'abord chargé de reprendre Toulon
était Carteaux. Après avoir réduit Marseille, il alla s'établir, à la tête de sept ou huit mille hommes, au débouché des gorges d'Ollioules, en vue de Toulon. Sous lui
servait le général Lapoype, qui, détaché de l'armée d'Italie, avec quatre mille hommes, campait, à une distance
considérable, vers Solliès et Lavalette. Beau-frère de
Fréron et soldat-gentilhomme, Lapoype s'indignait d'a-
voir à obéir à Carteaux, qui, lui rendant mépris pour
mépris, l'appelait *général de toilette*[1]. Auprès du commandant en chef se trouvait le représentant Salicetti,
homme à la fois souple et hardi, énergique et fin, lequel
avait retenu devant Toulon un officier de vingt-quatre
ans, son compatriote, en route pour l'armée d'Italie. Petite taille, figure maigre, apparence chétive, constitution
nerveuse et robuste néanmoins, pâle visage éclairé par
un œil perçant, tel était Napoléon Bonaparte. Simple capitaine d'artillerie, on le remarqua tout d'abord à son air
pensif et à sa jeunesse imposante[2].

L'entreprise à accomplir était d'une difficulté extrême.
La grande rade de Toulon, rade immense où les escadres
les plus nombreuses peuvent trouver abri, était protégée
par des batteries redoutables, par le fort Lamalgue, surtout, avec ses hauts remparts, ses chambres et casemates
à l'épreuve de la bombe et ses deux cents bouches à feu.
La petite rade, bassin plus sûr, se trouvait défendue par
la grosse tour gothique de Louis XII d'une part, et, d'un
autre côté, par les forts de Balagnier et de l'Éguillette.
Sur le promontoire de l'Éguillette, les Anglais avaient

---

[1] *Mémoires du maréchal duc de Bellune*, t. I, liv. II, p. 152.
[2] *Ibid.*, p. 148-149.

construit avec beaucoup d'art une vaste redoute qu'ils appelèrent le *fort Mulgrave* et à laquelle les Français donnèrent le nom de *redoute anglaise*. C'était une vaste citadelle qui pouvait contenir trois ou quatre mille hommes de garnison[1].

L'armée coalisée se composait, à Toulon, d'Anglais, d'Espagnols, de Piémontais, de Napolitains, le tout formant environ vingt mille hommes, plus sept ou huit cents Français organisés en bataillons, sous les noms de *Royal-Louis* et de *chasseurs royaux*[2]. Les assiégeants, même après avoir reçu des renforts, ne s'élevèrent jamais au-dessus de trente-cinq mille hommes, dont quinze mille sans expérience et sans armes[3].

Les commencements du siége ne furent pas heureux. La montagne de Faron, que l'ennemi occupait, fut emportée par le général Lapoype, puis reprise[4]. Ce revers aigrit la mésintelligence qui existait entre lui et Carteaux, homme de guerre plus brave que capable, et qui ne parlait que d'enlever les retranchements à l'arme blanche.

Peu après la malheureuse tentative sur Faron, O'Hara ayant amené des troupes de Gibraltar à Toulon, où il venait prendre le commandement en chef des coalisés, le bruit courut que le comte d'Artois était dans la ville, et Carteaux de s'écrier : « Maintenant je ne céderais pas ma place au Père éternel[5]. » Mais déjà le Comité de salut public en avait décidé autrement, et Doppet accourait pour le remplacer.

Le nouveau général arriva au quartier général d'Ollioules entre le 19 et le 20 brumaire (9-10 novembre), et

---

[1] *Mémoires du maréchal duc de Bellune*, t. I, liv. II, p. 144-146.

[2] *Ibid.*, p. 159-160.

[3] *Ibid.*, p. 177.

[4] Victor, depuis maréchal duc de Bellune, se signala à cette attaque. Voy. les *Mémoires*, t. I, liv. II, p. 153.

[5] *Ibid*, p. 159.

il raconte qu'en visitant les postes il trouva le jeune Bonaparte couché dans son manteau, auprès de ses batteries[1]. Au reste, Doppet ne fit en quelque sorte que traverser le camp. La responsabilité d'un siège aussi chanceux l'effrayait, il s'en était ouvert au ministre, et à peine avait-il paru devant Toulon, qu'il recevait une dépêche contenant un décret, en vertu duquel il devenait général en chef de l'armée des Pyrénées-Orientales, et était remplacé, dans la direction du siège de Toulon, par Dugommier[2].

Cependant les royalistes ne négligeaient rien pour semer le découragement autour d'eux; ils allèrent jusqu'à supposer une lettre qu'ils attribuaient à Barras et à Fréron, et où ceux-ci étaient représentés se plaignant du défaut absolu de vivres, désespérant du succès, et proposant d'abandonner aux Anglais tout le terrain compris depuis les bords de la mer jusqu'à la Durance[3]. Croire cela possible, c'était peu connaître les hommes de ce temps, hommes d'airain. A qui lui aurait osé faire une proposition semblable, il est probable que la Convention aurait répondu par un coup de hache. Il FAUT prendre Toulon, tel fut le résumé de ses instructions aux commissaires qu'elle y envoya : Barras, Fréron, Salicetti, Robespierre jeune et Ricord.

Robespierre jeune s'était laissé accompagner par sa sœur Charlotte, et Ricord par sa femme, fort jolie personne qui, dit-on, réussit à plaire à Augustin Robespierre, et aussi à Napoléon Bonaparte, ce qui n'empêcha point ces deux derniers de se prendre d'amitié. « Bonaparte, raconte Charlotte, avait une très-haute estime pour

---

[1] *Mémoires du général Doppet*, liv. III, chap, IV, p. 207.
[2] *Ibid.*, p. 205.
[3] Beaulieu, dans la *Biographie universelle*, à l'article Fréron, parle de cette lettre comme si elle avait été écrite réellement. Il ne dit pas que Barras et Fréron la désavouèrent de la manière la plus formelle.

mes deux frères, et surtout pour l'aîné... Une chose qui n'a été rapportée que je sache par aucun historien de la Révolution c'est qu'après le 9 thermidor Bonaparte proposa aux représentants du peuple en mission à l'armée d'Italie de marcher sur Paris pour châtier les auteurs du mouvement contre-révolutionnaire qui avait fait périr mes deux frères[1]. » Bonaparte, à cette époque, était ou se disait républicain.

Ce qui est sûr, c'est qu'à Toulon ce fut Augustin Robespierre qui, de concert avec son jeune protégé et Ricord, dirigea toutes les opérations du siége[2].

On a prétendu que Robespierre jeune, dans ses missions, aimait à se montrer entouré d'une espèce de pompe dynastique[3]. C'est précisément le contraire qui est vrai ; et la preuve, c'est que la brouille de Charlotte Robespierre avec madame Ricord d'abord, puis avec son frère, eut son origine dans la défense expresse que lui fit Augustin et qu'elle transgressa, d'aller fastueusement en voiture, et de se plaire à de folles parties de cheval, que condamnait la gravité des mœurs républicaines[4].

Le 5 frimaire (25 novembre), un conseil de guerre se tint devant Salicetti, Ricord, Robespierre jeune, Barras et Fréron. Voici quel fut le plan adopté. — Le Comité de salut public en avait dessiné les lignes principales, d'après les indications de Bonaparte : Diriger

[1] *Mémoires de Charlotte Robespierre sur ses deux frères*, chap. v.

[2] Voy. ce que dit à cet égard Michaud jeune, dans la *Biographie universelle*, à l'art. Ricord.

[3] Il est regrettable qu'un historien de la valeur de M. Michelet ne se soit pas tenu en garde contre une accusation dont la fausseté était si facile à vérifier.

[4] Voy. les détails, qui sont très-curieux et très-caractéristiques, dans les *Mémoires de Charlotte Robespierre*, chap. v. — C'est à Augustin, et non pas à Maximilien, comme on a feint perfidement de le croire, que s'adresse la lettre de Charlotte qu'on trouve au n° XLII des pièces à la suite du rapport de Courtois et qui commence en ces termes: « Votre aversion pour moi, mon frère, » etc.

toutes les attaques sur la redoute anglaise; établir des batteries à l'extrémité des promontoires de Balagnier et de l'Éguillette, pour obliger l'escadre ennemie à évacuer la rade, ou, si un vent contraire l'en empêchait, la brûler; battre le fort de Malbousquet avec les batteries appelées de la *Convention* et de la *Poudrière*, de façon à masquer à l'ennemi le vrai point d'attaque, et enfin s'emparer de la montagne de Faron[1].

En exécution de ce plan, les batteries indiquées sont démasquées le 8 frimaire (28 novembre) et tonnent contre le fort de Malbousquet. Les soldats ennemis, ne s'attendant à rien, se tenaient tranquillement assis sur les embrasures : dès la première volée, les fossés sont comblés de cadavres[2].

Le surlendemain[3], deux mille trois cents hommes, Anglais, Sardes, Napolitains, Espagnols et Français, s'avancent, sous la conduite de David Dundas, résolus à se rendre maîtres de la hauteur des Arènes. Ils chassent nos avant-postes, gravissent la hauteur taillée en terrasse de vignes, et, au bout d'une heure de combat, mettent en fuite ceux qu'ils avaient en tête, tous soldats de nouvelle levée. Les vainqueurs auraient dû s'arrêter; mais l'élan de la bataille les pousse à la poursuite des fuyards. O'Hara, effrayé de cette imprudence, arrive en hâte; mais il est trop tard. Dugommier, accouru avec Cervoni, Aréna et Bonaparte, rallie les volontaires, et, renforcé de deux bataillons, repousse les coalisés, qu'écrase, en croyant les protéger, le feu ouvert tout à coup sur les Arènes par les forts Saint-Antoine, Malbousquet et les Pommets. O'Hara est blessé, fait prisonnier; et l'ennemi se retire ayant

---

[1] *Mémoires du maréchal duc de Bellune*, t. I, liv. II, p. 171.
[2] *Ibid.*, p. 173.
[3] C'est-à-dire le 30, — ce détail est important, on va voir pourquoi, — et la date est précisée par le récit de Victor qui était là.

perdu cinq cent dix-neuf hommes tués, cent vingt-sept
blessés et deux cent cinquante prisonniers[1].

Le 26 frimaire (16 décembre), à cinq heures du matin, l'ordre de marcher à la *redoute anglaise* fut donné.
Défendue par plus de trois mille hommes, vingt pièces
de canon et plusieurs mortiers, elle passait pour inexpu-
gnable. Mais la Convention entendait être obéie : une
chose était possible, en tout cas : mourir. Au moment
où l'on se mettait en marche, Dugommier, s'approchant
de Victor, lui dit à voix basse : « IL FAUT prendre la redoute, sinon... » Et il se passa la main sur le cou[2]. La
pluie tombait à torrents; mais le chant marseillais, entonné d'une voix terrible par les soldats, domina le bruit
de l'orage. A la lueur des canons, l'on distinguait Dugommier avec sa belle figure et ses cheveux blancs; il souriait à ses troupes, et l'espoir du triomphe illuminait
son front[3]. Ricord s'avançait à la tête d'une colonne. Salicetti et Robespierre jeune, le sabre à la main, semblaient courir au-devant du péril. Les premiers, ils montent à l'assaut. Là s'engage un combat furieux, un combat
corps à corps. Mais, en moins d'une heure, tandis que,
de son côté, Lapoype emporte les retranchements de Faron,

---

[1] M. de Barante, dans son *Histoire de la Convention*, t. III, p. 346,
édit. Méline, prétend que la batterie destinée à tirer contre le fort de Malbousquet fut démasquée trop tôt, grâce à la « présomptueuse ignorance
des représentants qui ordonnèrent aux canonniers de faire feu. » Et c'est
en effet de la sorte que Napoléon présente les choses dans ses *Mémoires*.
Mais la version du duc de Bellune, seule conforme aux relations officielles, dément le récit de Bonaparte avec une précision qui lève tous
les doutes. Non-seulement il n'est pas question dans le récit du duc
de Bellune de la prétendue faute née de la prétendue ignorance des
représentants; mais l'affaire des Arènes y est présentée comme n'ayant
eu lieu que le surlendemain du jour où la batterie fut démasquée,
tandis que, dans la version adoptée par M. de Barante, trop heureux
d'avoir à dénoncer la *présomptueuse ignorance des représentants*, ces
deux faits, si distincts, n'en font qu'un seul.

[2] *Mémoires du duc de Bellune*, t. I, liv. II, p. 187.

[3] *Ibid.*, p. 183.

l'ennemi est chassé de la *redoute anglaise* où il laisse huit cents hommes couchés dans le sang[1].

Jamais la bravoure républicaine n'avait brillé d'un plus vif éclat. Telle était l'ardeur enthousiaste des Français, que des blessés, après quelques instants de repos, se firent ramener dans les rangs. Un soldat voulait avoir, avant d'aller au feu, de l'argent qu'il attendait de ses parents. On lui demande ce qu'il compte en faire. « Le manger pendant que je suis encore en vie. — Il n'est pas arrivé à la poste. — Eh bien, en ce cas, donnez-le aux pauvres, si je meurs[2]. »

Du quartier général d'Ollioulles, Ricord, Fréron et Robespierre jeune écrivirent à la Convention, en parlant

[1] Voy. la lettre des représentants Ricord, Fréron et Robespierre jeune dans le *Moniteur*, an II, n° 95; — le rapport de Barère, *ibid.*; — les *Mémoires du duc de Bellune*, t. I, liv. II, p. 185-185. Quant à la bravoure déployée par Ricord, Salicetti et Robespierre jeune, — Fréron ne fut pas nommé, non plus que Barras, — les relations du temps et le rapport de Barère ne laissent à cet égard aucun doute : ce qui n'empêche pas M. de Barante d'écrire: « Le fort était pris depuis trois heures lorsque les représentants du peuple y arrivèrent le sabre à la main, assez inutilement, puisqu'ils n'avaient pas assisté au combat. Sur ce point, Napoléon dément le témoignage des relations officielles. » A ceci, il y a à répondre : 1° que Napoléon ne dit nullement que les représentants *n'assistèrent point au combat;* 2° que les représentants n'auraient pu se tenir en arrière qu'au risque de la guillotine, et que le fait de leur apparition dans le fort trois heures après l'engagement est non-seulement invraisemblable, mais, lorsqu'on se reporte à l'époque, impossible ; 3° qu'il existe un récit tracé par un des combattants, récit peu suspect de partialité révolutionnaire, et que M. de Barante n'a eu garde de mentionner, quoiqu'il l'eût sous les yeux, lequel est en conformité parfaite, et avec les relations du temps, et avec le rapport de Barère. Ce récit, qui est celui de Victor, duc de Bellune, dit en propres termes, t. I, liv. II, p. 185 : « Les représentants du peuple, tantôt à la tête, tantôt sur les flancs des colonnes, prodiguent aux soldats des encouragements dont ils n'ont pas besoin. » Et M. de Barante, avec la relation du duc de Bellune sous les yeux, affirme que les *représentants n'assistèrent point au combat !*

[2] Compte rendu de Robespierre jeune aux Jacobins, séance du 9 nivôse.

7

de ce qui suivit la prise de la *redoute anglaise* : « Les
forts de l'Éguillette et de Balagnier ont été emportés de
vive force. L'ennemi a abandonné pendant la nuit les forts
de Malbousquet et des Pommets ; il a fait sauter ce dernier, de désespoir. Les Anglais prennent leurs mesures
pour mettre leur flotte à l'abri de nos canons et de nos
bombes. Des troupes ont été laissées au fort Lamalgue,
que nous espérons prendre dans la nuit. Il est resté en
notre pouvoir cent soixante pièces de gros calibre, quantité de provisions, de tentes, d'équipages, et nombre de
bœufs, de moutons, de cochons, seules troupes que le
pape ait envoyées avec quelques moines. Notre première
lettre sera datée des ruines de Toulon[1]. »

Voici, pendant ce temps, ce qui se passait dans la ville.
De grand matin, les Anglais avaient envoyé à bord malades, blessés, artillerie de campagne. Dans la journée on
fit filer sur le fort Lamalgue les garnisons des postes conservés et on les embarqua. Du reste, le service dans Toulon avait lieu avec la régularité habituelle. Les remparts
étaient garnis de soldats. Les sentinelles se promenaient
d'un pas mesuré. Le gouverneur se montrait avec un visage riant. Nul signe d'inquiétude, nuls préparatifs visi-
bles de retraite. Seulement on eût pu remarquer que les
approches du chantier et celles de l'arsenal étaient gar-
dées avec une sollicitude inaccoutumée[2]. »

Tout à coup, vers les trois heures de l'après-midi, la
goëlette l'*Hirondelle* se détache de la flotte, et, suivie
de quelques chaloupes canonnières, se dirige vers l'arsenal. C'est Sidney Smith qui commande. Les officiers et
une partie de l'équipage sautent à terre, ordonnant qu'on
ouvre les portes de l'arsenal, du chantier, des magasins,
où l'on entasse une immense quantité de matières com-

---

[1] *Moniteur*, an II, n° 95.
[2] *Mémoires du duc de Bellune*, t. I, liv. II, p. 188.

bustibles... O saint amour de la France ! A la vue de ces
apprêts sinistres, les forçats des galères non enchaînés
sur leurs bancs tressaillent et se mettent à rugir. Aussitôt
le commodore anglais fait pointer sur eux les canons de
l'*Hirondelle* et de l'une des chaloupes. Malheur à qui
remue ! Cependant voici la nuit. Avertis du voisinage de
l'armée française par un échange de coups de feu, non
loin du mur du chantier et de la boulangerie, les forçats,
que le culte de la patrie vient de transformer en héros,
sont décidés à l'attaque. Ils se lèvent sur leurs bancs et
poussent des cris furieux. Nouvelles chaloupes traînant
à leur remorque le brûlot le *Vulcain*. La résistance est
impossible : il faut que les forçats rentrent au fond de
leurs galères. C'en est fait : l'horloge de l'arsenal a marqué dix heures, une fusée part, et des tourbillons de
flamme et de fumée montent dans les airs, au milieu des
hurlements de joie des Anglais[1] ! Laissons, pour un moment, la parole à un des leurs : « Sir Sidney Smith à
l'*active intrépidité* duquel avait été confié le soin d'incendier les magasins, le chantier, l'arsenal et les vaisseaux
français dans le port, s'est acquitté de ce *devoir hasar-
deux et extraordinaire* d'une façon qui justifie le choix
qu'on a fait de lui[2]... »

Voilà comment les Anglais gardaient Toulon en dépôt
pour Louis XVII ! Il n'y a pas à insister sur un pareil acte,
il est jugé. Mais que ceux en qui ce souvenir éveillerait
de trop amères pensées n'oublient pas que le pays qui
a produit Pitt a aussi donné le jour à Fox, un des plus
nobles défenseurs qu'aient rencontrés l'humanité et la
France !

[1] *Mémoires du duc de Bellune*, t. I, liv. II, p. 189-190.
[2] « Sir Sidney Smith to whose active intrepidity was entrusted the
conflagration of the magazines, store-houses and arsenals, with the
ships in the harbour, performed that hazardous and extraordinary
duty, in a manner that justified his appointment to it!... »

Autre circonstance qu'on ne saurait omettre : « L'évacuation successive, opérée d'après les ordres de l'amiral Hood, faillit, par un trait que l'histoire qualifiera comme elle voudra, — c'est Jomini qui parle, — devenir funeste à deux mille soldats espagnols qui formaient l'arrière-garde. Toutes les portes de Toulon ayant été barricadées au fur et à mesure de la rentrée des alliés, ce corps devait se retirer par une poterne qui fut désignée vers le fort de Lamalgue; mais, quand l'ordre lui en fut remis, il la trouva déjà fortement barricadée au dehors, et ne parvint à échapper au danger qu'en usant de diligence pour s'ouvrir une issue[1]. »

Toulon se réveilla dans le désespoir. Hommes, femmes, enfants, couraient éperdus par la ville abandonnée. A la clarté des flammes qui dévoraient arsenaux et navires, ils se précipitent vers la plage, remplissant l'air de cris lamentables et les bras tendus vers la flotte alliée qui les livre en s'éloignant à la furie des vainqueurs. Les dernières chaloupes venaient de quitter le rivage. Ce fut un spectacle déchirant. Les uns se jettent à genoux sur la grève, suppliant du geste et de la voix les embarcations de revenir les prendre; les autres se précipitent à la mer et disparaissent engloutis. Il y en eut, assure-t-on, qui se poignardèrent et moururent en se roulant sur le sable[2]. « Nous ne retracerons pas, écrit Jomini, les horreurs qui signalèrent cette opération, de crainte d'être accusé de passion ou de haine : les Mémoires de Fonvielle et d'Imbert, principaux négociateurs de la trahison, les légueront à la postérité, comme un exemple du sort qui frappe tôt ou tard les hommes assez imprudents pour remettre les destinées de leur patrie à ses ennemis implacables[3]. »

---

[1] Jomini, *Histoire des guerres de la Révolution*, cité dans l'*Histoire parlementaire*, t. XXX, p. 456.

[2] *Mémoires du duc de Bellune*, t. I, liv. II, p. 193.

[3] Cité dans l'*Hist. parlem.*, t. XXX, p. 456 et 457.

Toutefois une partie des fugitifs avaient trouvé asile sur les vaisseaux espagnols et napolitains, où ils furent traités avec une sympathie généreuse. Les Anglais eux-mêmes, quoique moins empressés, en recueillirent un certain nombre, et le gouvernement anglais leur alloua des secours [1].

Salicetti, Ricord, Robespierre jeune, Fréron et Barras écrivirent à la Convention : « L'armée est entrée à Toulon le 29 frimaire à sept heures du matin, après cinq jours et cinq nuits de combats et de fatigues. Elle brûlait d'impatience de donner l'assaut. Quatre mille échelles étaient prêtes. La lâcheté des ennemis a rendu l'escalade inutile. Ils avaient évacué la place après avoir encloué leurs canons. Les scélérats ont fait sauter en l'air le *Thémistocle*, qui servait de prison aux patriotes. Heureusement ceux-ci, à l'exception de six, ont pu se sauver pendant l'incendie. Ils nous ont brûlé neuf vaisseaux, en ont emmené trois. Quinze sont conservés à la République, parmi lesquels le superbe *Sans-Culotte* de cent trente pièces de canon. Déjà quatre frégates brûlaient, lorsque les galériens, qui sont les plus honnêtes gens qu'il y ait à Toulon, ont coupé les câbles et éteint le feu. On fusille à force. Tous les officiers de marine sont exterminés. — Beauvais a été délivré de son cachot; il était méconnaissable. Le père de Pierre Bayle est aussi délivré [2]. »

Dans une autre lettre à l'Assemblée, les représentants disaient : « La ville infâme présente un spectacle affreux. L'arsenal est embrasé, la ville presque déserte. On n'y rencontre que des forçats qui ont brisé leurs fers dans le bouleversement du royaume de Louis XVII. — On a trouvé deux cents chevaux espagnols, sellés et bridés, qui n'ont pu être embarqués. L'embarquement s'est fait en

[1] L'amiral espagnol Langara déploya, en cette circonstance, des sentiments d'humanité qui méritent qu'on en fasse mention.

[2] *Moniteur*, 1793, an II, n° 98.

désordre. Deux chaloupes remplies de fuyards ont été coulées à fond par nos batteries. Les bâtiments de l'ennemi sont remplis de femmes, et il y a à bord cinq mille malades au moins[1]. »

S'il est vrai que les commissaires de la Convention firent leur entrée dans la ville, « la face illuminée d'une joie effroyable, l'œil étincelant et les narines gonflées[2], » l'historien philosophe peut en gémir ; mais comment nier que jamais châtiment exemplaire ne fut provoqué par une plus criminelle et plus abominable révolte? Car, ne l'oublions pas, lorsque Toulon appela les Anglais, la France semblait à l'agonie, et, pour elle, cette trahison risquait d'être la mort. Et puis, les deux représentants de la nation, bafoués, traînés dans les rues un cierge à la main, jetés dans un fétide cachot, où l'un devint presque fou et où l'autre s'étrangla ; tous les patriotes traqués comme des bêtes fauves ; des cadavres de républicains accrochés pêle-mêle avec des quartiers de viande devant les étaux des bouchers[3], en fallait-il davantage, surtout dans l'ivresse d'une lutte universelle et désespérée, pour porter l'indignation des vainqueurs jusqu'au délire[4]? Ce-

---

[1] *Moniteur*, 1793, an II, n° 95.

[2] *Mémoires du duc de Bellune*, t. I, p. 195.

[3] Réponse de Fréron aux diffamations de Moyse Bayle, p. 17. — *Bibl. hist. de la Révol.*, 995-6-7. (*British Museum*.)

[4] Au moment où j'écris ceci, il n'y a qu'un cri en Angleterre sur la nécessité et la justice d'une extermination en masse des cipayes, révoltés dans les Indes ; et l'on applaudit de toutes parts à l'énergie des généraux anglais faisant attacher les prisonniers à la gueule des canons, en présence des natifs épouvantés, puis donnant le signal... Je n'achève pas. Ce sont récits à faire dresser les cheveux sur la tête. Il est vrai que, du côté des cipayes, des horreurs sans nom se trouvent avoir été commises ; mais *tous* n'y ont pas trempé, même parmi les rebelles ; et l'on ne dira pas, j'espère, que les cipayes, se battant pour ce qui, après tout, est leur pays, soient plus coupables que ne le furent, en 1793, les Français qui se joignirent à l'ennemi, et l'appelèrent, pour mieux le mettre en état d'égorger la France, au sein de la France même.

pendant quelles en furent les suites? Voici la vérité,
dégagée de toutes les exagérations et de tous les mensonges de l'esprit de parti.

La population fut convoquée au Champ de Mars et rangée sur plusieurs lignes. L'armée formait un bataillon
carré. Les représentants du peuple se rendirent au lieu
désigné, précédés de trois cents patriotes, dont chacun
portait une grande perche, avec cette inscription en gros
caractères : *Prisonniers du Thémistocle*. Ils devaient former, en cette circonstance terrible, une espèce de *grand
jury*. Aussitôt qu'ils parurent, un cri de sinistre augure
est poussé : *Périssent les traîtres!* Alors ceux des habitants qui ont exercé des places au nom de Louis XVII ou
ont été salariés par les Anglais sont sommés de sortir de
la foule. Ils obéissent au nombre d'environ six cents, et
on les aligne devant les prisonniers du *Thémistocle*. Ces
derniers sont exhortés par les représentants du peuple à
oublier les maux qu'ils ont soufferts et à ne point perdre
un seul instant de vue les devoirs sacrés qui se lient à la
fonction dont la confiance nationale les investit. « Jurez-
vous, leur demandent les commissaires, de n'avoir égard
à rien de ce qui vous est personnel? » Ils répondirent
d'un air solennel : « Nous le jurons! » Pour plus de précaution, il fut décidé que les trois cents nommeraient
douze d'entre eux, ceux qu'ils regarderaient comme les
plus probes, et que ces derniers seuls prononceraient.
Les juges improvisés de la sorte parcoururent la ligne,
interrogeant un à un les rebelles, et faisant sortir des
rangs quiconque était déclaré coupable. Deux enfants de
treize à quatorze ans avaient été pris les armes à la main :
on pardonna à leur âge, et on les fit rentrer dans la foule.
La plupart des condamnés, au nombre d'environ cent
cinquante, étaient des officiers de marine, des administrateurs civils ou militaires, des fonctionnaires publics
enfin, désignés comme ayant concouru à livrer la place

aux Anglais. Ces malheureux furent placés devant une batterie de canons et mitraillés[1].

Ce fut une chose horrible, sans nul doute, qu'une exécution en masse de cette nature ; et il est évident que faire juger les royalistes par les hommes mêmes qu'ils avaient persécutés, c'était s'exposer, en dépit de tous les serments, à voir la justice remplacée par la vengeance[2]. Mais il y a encore loin de là aux récits où s'est complue la calomnie, transformée en histoire. Il n'est pas vrai, par exemple, que le nombre des individus mitraillés fut de huit cents ; ni qu'on les mitrailla sans information préalable, au hasard ; ni que le massacre eut lieu, sans préjudice de la guillotine[3] ; ni que Fréron, après une

---

[1] Voy. le récit de Fréron, dans la *Bibliothèque historique de la Révolution*, n° 995-6-7. (*British Museum*.)

Il est vrai que Fréron avait intérêt à présenter les choses sous le jour le moins défavorable ; mais, de leur côté, Isnard et Durand de Maillane, qui, eux, ne parlaient que sur ouï-dire, et qui sont les seules sources où jusqu'ici les historiens aient puisé, avaient le plus vif intérêt à charger, autant que possible, les couleurs du tableau, accusés qu'ils étaient par Fréron d'avoir eu les bras jusqu'aux coudes dans le sang dont la réaction thermidorienne inonda le Midi.

Il est vrai encore que la moralité de Fréron est une faible garantie de sa véracité. Mais il faut remarquer qu'il s'agit ici de faits matériels connus d'une ville entière, et au sujet desquels Fréron n'eût pu mentir impunément. Au reste, qu'on lise, à la suite du *Mémoire historique sur la réaction royale et sur les massacres du Midi*, le récit qu'Isnard met dans la bouche d'un vieillard, qu'il *ne nomme pas*; et l'on démêlera sans peine, à travers la boursouflure sauvage du style et la violence déclamatoire du langage, la confirmation de ce que Fréron raconte de la formation d'un jury chargé de trier les plus coupables.

[2] Isnard (voy. *ubi supra*, Éclaircissements historiques, n° *b*) ne met pas en doute, cela va sans dire, que ce qui *put arriver* arriva, et que les condamnés furent tous des créanciers voués à la mort par leurs débiteurs, des maris désignés par les amants de leurs femmes, etc..... le tout, sur la foi « d'un vieillard que, longtemps après, il rencontra un jour, en se promenant, dans le Champ de Mars! »

[3] Comme l'avance Durand de Maillane. (Voy. son récit dans la *Biblioth. hist. de la Révol.*, 999-1000.) (*British Museum*.)

première décharge, cria, pour qu'on pût achever ceux qu'elle n'avait pas atteints et qui feignaient d'être morts : « Que ceux qui ne sont pas atteints se lèvent! la République leur fait grâce[1]! » Le nombre des victimes ne dépassa point cent cinquante[2]. Il y eut examen, interrogatoire et triage préalables par des hommes auxquels on fit jurer d'être justes[3]. La guillotine ne put faire concurrence au canon, puisque les royalistes l'avaient brûlée, pour la punir d'avoir servi au supplice d'un roi[4]. Enfin, Fréron ne commit point l'acte d'hypocrisie sanguinaire qu'on lui attribue, puisque, avant l'exécution, et afin de n'en être pas témoins, Barras et lui se retirèrent au galop[5].

Assez de faits accusateurs et incontestables se dressent contre la mémoire de Fréron, sans qu'on la charge de crimes imaginaires. Ce qui est vrai, c'est que ce fut lui qui, dans ce drame lugubre, joua le rôle principal. Les autres commissaires étaient-ils présents? Fréron a écrit que oui[6]; mais l'assertion ne paraît pas être exacte en ce qui touche Robespierre jeune. Car l'armée entra dans Toulon le 29 frimaire (19 décembre); l'exécution n'eut pas lieu immédiatement — deux ou trois jours après, dit Durand de Maillane[7]; — et nous trouvons Robespierre jeune parlant à la séance des Jacobins, à Paris, le 9 nivôse (29 décembre). Il est à remarquer, en outre, que, dans son discours aux Jacobins de Paris, compte rendu de ce qu'il a vu à Toulon, Robespierre jeune ne dit

---

[1] Voy. la biographie de Fréron, par Beaulieu.
[2] Récit de Fréron. *Biblioth. hist. de la Révol.*, 995-6-7. (*British Museum.*)
[3] *Ibid.*
[4] *Ibid.*
[5] *Ibid.*
[6] *Ibid.*
[7] *Ibid.*, 999-1000. (*British Museum.*)

pas un mot de la scène qui vient d'être décrite, ce qu'il n'eût point manqué de faire s'il y eût pris part[1].

La nouvelle de la prise de Toulon fut le sujet d'une joie immense. Barère fit, sur cet événement sauveur, un rapport où il disait : « La République possède dans la Méditerranée plus de trente bâtiments, frégates, corvettes et avisos, sans compter le *Duquesne* de soixante-quatorze canons, qui est à la mer. — Une partie de notre escadre a été brûlée par le crime de nos ennemis ; elle sera remplacée par le crime des émigrés. Leur fortune reste pour payer les constructions. Leurs forêts seront converties en navires, leurs maisons en manufactures et arsenaux. Où ils tramaient des complots, la République fera des voiles, et la patrie s'enrichira de leur fuite[2]. »

Pendant ce temps, la campagne de 1793 s'achevait, le long des frontières, au milieu des triomphes.

En Alsace et sur les bords du Rhin, la France, menacée du côté de Landau par les Prussiens, que commandait le duc de Brunswick, et du côté de Strasbourg par les Autrichiens, sous le commandement de Wurmser, leur avait opposé deux grands capitaines : Hoche et Pichegru. Le premier, général en chef de l'armée de la Moselle, tenait tête au duc de Brunswick ; le second, général en chef de l'armée du Rhin, faisait face à Wurmser.

La place de Landau, que les Prussiens tenaient bloquée, avait eu à essuyer un bombardement ; mais rien n'avait pu ébranler la constance héroïque des défenseurs de la ville et de leur chef, le général Laubadère.

Tel était l'état des choses.

Si, après la prise des lignes de Weissembourg, les troupes coalisées s'étaient entendues pour frapper sur Stras-

---

[1] Voy. la séance des Jacobins, du 9 nivôse, dans le *Moniteur*, 1793, an II, n° 98.

[2] *Moniteur*, 1794, an II, n° 105.

bourg un coup vigoureux, les suites eussent pu être terribles. Passer sur le corps à l'armée française, alors sans
chef et désorganisée, paraissait facile. Et puis la trahison
appelait l'ennemi à Strasbourg; car les notables, réunis à
plusieurs des autorités civiles et militaires, avaient envoyé deux députés au général autrichien, le pressant de
venir prendre possession de la ville, au nom de Louis XVII[1].
Les motifs qui empêchèrent Wurmser de profiter de
cette offre infâme méritent de n'être pas oubliés.
Wurmser savait que l'Autriche préférait l'occupation par
droit de conquête, son intention étant, l'Alsace une fois
prise, non de la rendre à Louis XVII, mais de la garder[2],
intention, au surplus, dont elle ne faisait pas mystère,
comme le prouve une proclamation lancée, vers cette
époque, du camp autrichien, et contenant ces mots :
« Alsaciens, jetez vos regards sur les autres peuples d'Allemagne... Il n'est pas un de vous, pas un, qui se refu-
sera au bonheur d'être Allemand. » Mais la Prusse n'a-
vait nul souci de s'épuiser d'hommes et d'argent pour
préparer une riche proie à l'ambition d'une puissance
rivale; et le duc de Brunswick, non content de disputer
pied à pied le bénéfice de son concours à Wurmser, de
plus en plus mécontent et irrité, prit avantage de l'im-
prudente déclaration du général autrichien pour redoubler d'efforts auprès de Frédéric-Guillaume en faveur de
la paix et d'une paix séparée[3].

Ces divisions ne pouvaient éclater dans un moment
plus favorable à la France. Les troupes chargées de défendre cette partie de nos frontières étaient, après la
prise des lignes de Weissembourg, mal nourries, incom-
plétement armées, à peine vêtues, composées d'une foule

[1] *Mémoires tirés des papiers d'un homme d'État*, t. II, p. 425.
[2] *Ibid.*
[3] Voy. les détails dans les *Mémoires du prince de Hardenberg*, t. II,
p. 426-431.

de jeunes volontaires, administrées par des hommes ra-
paces et commandées par des officiers novices. Heureusement, Hoche d'un côté, Pichegru de l'autre, parurent
en scène, et, ce qui fut bien autrement décisif encore,
Saint-Just arriva. Il venait, accompagné de son ami Lebas.
Robespierre, qui les aimait également tous les deux, mais
qui se défiait de la trop grande inflexibilité de Saint-Just,
lui avait donné Lebas pour modérateur, et il eût été difficile de mieux choisir, celui-ci joignant à une énergie
calme beaucoup de prudence et une âme sensible[1].

La présence de Saint-Just changea la face des choses
et ranima l'armée. Il parut au camp le 22 octobre, Pichegru était à Huningue; il lui dépêche un courrier[2], et,
sans attendre son arrivée, il appesantit tout autour de lui
sa main de fer.

Le 23, apprenant que le commandant Lacour a battu
un soldat en un moment d'ivresse, il le fait dégrader devant le front des troupes et incorporer dans un des régiments de l'avant-garde comme simple fusilier.

Le 24, il annonce par une proclamation, signée de lui
et de Lebas, que les chefs, officiers et agents quelconques
du gouvernement auront à satisfaire aux justes plaintes
des soldats, sous trois jours, et il ajoute : « S'il est des
traîtres, ou même des hommes indifférents à la cause du
peuple, nous apportons le glaive qui doit les frapper. »

Le 26, il érige le tribunal militaire près l'armée du
Rhin en une commission spéciale et révolutionnaire,
chargée d'écraser promptement et sur place les auxiliaires
ténébreux de l'ennemi, les prévaricateurs, toutes les
sangsues de l'armée[3].

---

[1] Les lettres de lui qui ont été publiées, et qui n'étaient pas destinées à voir le jour quand elles furent écrites, le peignent tout entier.
Nous en citerons plus loin quelques passages.

[2] Lettre de Saint-Just au Comité de salut public, en date du 24 octobre 1793.

[3] L'arrêté porte : « Convaincus que la mauvaise administration,

En même temps, il ordonnait la confiscation des biens
de quiconque aurait acheté des effets d'un soldat[1] ; défendait aux militaires de tout grade de sortir du camp
pour aller se promener à Strasbourg et enjoignait aux officiers de manger, de coucher sous leurs tentes, sans jamais s'éloigner de leurs troupes. Contre l'adjudant général Perdieu, qu'on avait surpris au théâtre de Strasbourg,
assistant à la comédie, il prit cet arrêté foudroyant :
« Considérant que l'avant-garde fut attaquée pendant que
Perdieu était à la comédie…, Perdieu est destitué du titre
d'adjudant général, et servira quinze jours à la garde du
camp, à peine d'être considéré et traité comme déserteur.
Le présent arrêté sera imprimé et distribué à l'armée[2]. »

Le général Eisenberg avait essuyé une série de revers
dont le dernier naquit d'une imprévoyance si grande,
qu'elle présentait les dehors de la trahison ; tranquille
dans son quartier, il avait laissé surprendre ses troupes
avancées et s'était enfui avec un gros d'officiers : Saint-
Just les envoya sur-le-champ à la Commission militaire,
qui les condamna à mort ; et ils furent tous fusillés dans
la redoute d'Hœnheim[3].

Tel se montra Saint-Just. Par une succession de mesures vigoureuses, dont le chapitre suivant, histoire de
son proconsulat à Strasbourg, donnera la liste, il nourrit
et habilla l'armée ; ses ordres du jour, empreints du génie de Sparte, firent circuler de rang en rang, comme
une flamme subtile, le patriotisme qui le consumait ; il

l'impunité des vols et les intelligences de l'ennemi, ont été une des
causes des désastres de l'armée du Rhin. »

[1] Collection des arrêtés de Saint-Just et Lebas, t. XXXI de l'*Hist.
parlem.*, p. 37.

[2] Cet arrêté porte la date : Strasbourg, huitième jour du deuxième
mois.

[3] Cette exécution a fourni à Charles Nodier le sujet d'un intéres-
sant épisode dans ses *Souvenirs de la Révolution et de l'Empire*, t. I,
p. 51-53, édit. Charpentier.

ressuscita la discipline, châtia les officiers négligents, fit trembler les concussionnaires, força la trahison à se traduire en pâleur sur le visage des traîtres, et souffla aux soldats une sauvage certitude de vaincre qui les rendit invincibles. Lebas le secondait, en le modérant, témoin le jour où l'intervention de ce dernier sauva le jeune Deschamps, que Saint-Just allait faire fusiller, parce que, démonté dans un combat et sommé de rejoindre le dépôt de son arme, l'intrépide cavalier, dans sa fureur d'être éloigné du péril, avait refusé d'obéir et mis en pièce sa feuille de route[1].

Une chose produisit une prodigieuse sensation dans l'armée : ce fut la réponse de Saint-Just à un trompette envoyé par les Autrichiens pour offrir une trêve : « La République française ne reçoit de ses ennemis et ne leur envoie que du plomb[2]. »

Du reste, aussi sage que ferme et inflexible, Saint-Just s'opposait à ce qu'on donnât rien au hasard, et il voulait qu'avant de lancer dans une action générale des soldats inexpérimentés on les formât par des exercices continuels et des engagements partiels, non interrompus. Mais l'enthousiasme dont son attitude et son langage avaient rempli les cœurs, ne pouvait déjà plus être contenu, les soldats brûlaient de jeter l'ennemi dans le Rhin, d'aller délivrer leurs frères de Landau, et tous criaient, saisis d'un patriotique délire : *Landau ou la mort*[3]!

Un combat qui fut livré près de Saverne et où l'ennemi, quoique très-supérieur en nombre, fut repoussé, montra ce qu'il fallait attendre de l'élan des troupes[4].

[1] *Hist. parlem.*, t. XXXV, p. 347.
[2] *Moniteur*, an II, 1793, n° 45.
[3] Cet enthousiasme avait quelque chose de si extraordinaire, qu'il fait dire au prince de Hardenberg, t. II, p. 437 : « Aucun obstacle, pas même ceux que suscitaient les événements, n'arrêtaient les Français. »
[4] Lettre de Saint-Just à la Convention.

D'un autre côté, le duc de Brunswick, qui s'était porté au centre des Vosges, essaya, mais en vain, d'y surprendre le château de Bitche. Le commandant avait laissé les ponts-levis baissés, six mille hommes environnaient la place, et déjà les assaillants avaient brisé les portes... L'héroïsme du bataillon du Cher sauva tout. Ne consultant que son courage, le soldat pris à l'improviste se précipite au-devant de l'ennemi, l'écrase de grenades et l'assomme à coups de bûches[1]. Ce succès, quelque éclatant qu'il fût, n'avait rien qui forçât le duc de Brunswick à exécuter un mouvement rétrograde. Mais ce prince, qui faisait la guerre avec l'amour de la paix dans le cœur, se prévalut de la circonstance pour se replier sur la ligne de l'Erbach, puis se retirer à Kaiserlautern : et cela sans en avertir Wurmser, qui n'apprit ce mouvement que le lendemain[2].

Hoche aurait dû comprendre que les Prussiens n'avaient plus d'autre lien qui les attachât à la coalition que le désir de ne pas ternir leur réputation militaire en se laissant battre. Si donc, sans s'occuper davantage du duc de Brunswick, dont la retraite découvrait le flanc droit de l'armée autrichienne, il se fût attaché dès lors à percer la ligne des Vosges, de manière à se joindre à Pichegru et à opérer avec lui en masse sur le versant oriental, Wurmser, qui avec trente-quatre mille hommes seulement avait à garder six lieues de front, courait grand risque d'être promptement écrasé. Aussi bien, la position de Brunswick à Kaiserlautern était formidable, et, pour l'y joindre, il fallait passer par des chemins peu praticables et peu connus. Sans compter que le plan indiqué ici était celui dont le Comité de salut public recommandait et pressait l'exécution[3].

---

[1] Lettre de Saint-Just au Comité de salut public, du 1er frimaire (21 novembre).

[2] Mémoires tirés des papiers d'un homme d'État, t. II, p. 433.

[3] Lettre de Carnot à Saint-Just, 15 frimaire (5 décembre).

Malheureusement, Hoche avait auprès de lui le représentant du peuple Lacoste, qui, commissaire à Strasbourg et à l'armée du Rhin, s'y était trouvé complétement éclipsé, à la première apparition de Saint-Just et de Lebas. Lacoste s'était donc rendu de l'armée de Pichegru dans celle de Hoche, auquel il souffla ses préventions contre Saint-Just et qu'il détourna d'un projet d'attaque combinée[1].

Hoche, d'ailleurs, était jeune, ayant alors vingt-six ans à peine; et à une grande confiance en lui-même il joignait une ardeur sans bornes. Il écrivait, par exemple, au général Vincent : « Je te défends de correspondre avec Kalkreuth autrement qu'à coups de canon[2]; » il mandait au ministre de la guerre : « Quand l'épée est courte, on fait un pas de plus[3]. » Il aimait à dire : « Nous pouvons vaincre l'Europe avec des baïonnettes et du pain[4]. » Un tel général était certainement fait pour s'entendre avec Saint-Just. Aussi ce dernier fut-il tout d'abord attiré vers Hoche. Il le félicitait en ces termes de son belliqueux élan : « Le Français ne peut s'arrêter sans s'abattre[5]. » Mais Saint-Just n'entendait nullement par là que les généraux pussent agir à leur guise, dans la sphère de leur activité personnelle, et contrairement aux vues du Comité de salut public. Or c'est à quoi Lacoste et Baudot, en haine de Saint-Just, poussèrent le jeune général, avec un succès dont les suites furent déplorables.

Hoche, s'étant mis à la poursuite du duc de Brunswick, ne l'atteignit que le 8 frimaire (28 novembre), à Kaiserlautern, après bien des marches et des contre-marches.

[1] Lacoste fut au nombre des plus violents thermidoriens.
[2] *Essai sur la vie de Lazare Hoche*, par E. Bergounioux, p. 28; 1852.
[3] *Ibid.*, p. 29.
[4] *Ibid.*
[5] *Ibid.*, p. 30.

Mais, lorsqu'il en était encore à chercher sa route, à la tête du centre, sa gauche, commandée par le général Ambert, se trouva engagée, et, n'étant point soutenue, dut reculer. Le lendemain, nouvelle attaque ; et, cette fois, ce fut Ambert qui s'égara dans les montagnes, pendant que Hoche avait à porter le poids de la bataille. Repoussé, mais inaccessible au découragement, Hoche se décide à une troisième tentative, et, le jour suivant, la canonnade recommence de part et d'autre avec furie. Constance inutile ! Le général prussien Kleist fut tué, le général Kalkreuth blessé grièvement à l'épaule, et treize cents Saxo-Prussiens périrent ; mais Hoche fut enfin forcé de lâcher prise, après avoir perdu trois mille hommes[1].

Quand cette nouvelle parvint à l'armée du Rhin, Saint-Just gronda ; mais le Comité de salut public, qui, quoi qu'on ait dit, ne fut inexorable qu'à l'égard des traîtres ou de ceux qui lui parurent tels, le Comité de salut public consola le général vaincu et l'encouragea. « Un revers, lui écrivait-il, n'est pas un crime... Notre confiance te reste. Rallie tes forces, marche, et dissipe les hordes royalistes[2]. » Lui, reconnaissant sa faute, n'hésita plus à faire ce à quoi il aurait dû tout d'abord se résoudre. Il charge le général Taponnier de percer, avec douze mille hommes, la ligne des Vosges, et de se jeter sur le flanc de Wurmser, tandis que Pichegru attaquera de front l'armée autrichienne. Lui-même se met en marche à travers les montagnes, et le 2 nivôse (22 décembre), arrivé à Werdt sur le versant oriental, il y attaque les troupes palatines et bavaroises, qui s'enfuient au premier coup de canon. Déjà Wurmser avait envoyé en hâte prévenir le duc de Brunswick, dont il lui fut impossible

---

[1] Récit du prince de Hardenberg, t. II, p. 435.
[2] *Essai sur la vie de Lazare Hoche*, p. 52.

d'éveiller l'ardeur; de sorte que l'armée autrichienne, attaquée et coupée sur tout son front, découragée par la division des deux généraux qui avaient eu sur le terrain même une explication très-vive, et enfin démoralisée par le navrant spectacle de vingt mille Alsaciens fuyant leurs foyers, se retira en désordre sur le Geisberg, derrière Weissembourg[1].

Les deux armées de la Moselle et du Rhin ayant opéré leur jonction et se préparant à frapper le coup décisif, restait à savoir à qui de Pichegru ou de Hoche serait accordé l'honneur du commandement en chef. Saint-Just, en partant pour Strasbourg, où l'avaient appelé d'urgentes mesures à prendre, avait désigné le premier : Lacoste et Baudot profitèrent de son absence pour nommer le second. On juge si l'orgueil de Saint-Just fut offensé, lorsqu'à son retour au quartier général l'arrêté de Lacoste et de Baudot lui fut montré! Mais, ainsi qu'il le manda au Comité de salut public, il comprit qu'en présence de l'ennemi « il fallait apaiser l'amertume, ôter le découragement et prévenir les suites des passions qui s'élèvent en pareil cas, pour ne se ressouvenir que de la patrie[2]. » Il imposa donc silence à son cœur, et ajourna sa colère.

Le 6 nivôse (26 décembre), les Prussiens et les Autrichiens, maintenant concentrés par leur mouvement de retraite, se préparaient à prendre l'offensive, lorsque Hoche, marchant sur trois colonnes, les prévint. Les soldats français, ivres d'enthousiasme, ne cessaient de crier : *Landau ou la mort!* Après un feu très-vif de part et d'autre, l'ennemi commence à abandonner les hauteurs de Geisberg, serré de près par le général Hatri, qui, à la

[1] Voy. les *Mémoires tirés des papiers d'un homme d'État*, t. II, p. 458 et 439.

[2] Lettre de Saint-Just et Lebas à leurs collègues, en date du 5 nivôse (25 décembre).

tête de ses fantassins, repoussa six charges de cavalerie
consécutives. A la gauche, un bataillon français, arrivant par le vallon de Rilsels, s'était mis à gravir la montagne sous une pluie de feu et s'arrêtait à mi-côte,
épuisé de fatigue, pour reprendre haleine; une charge
des dragons de Toscane rend leur vigueur à ces hommes
héroïques; ils repoussent les dragons, continuent de gravir la hauteur, emportent le château à la baïonnette, et
se rangent en bataille sur le plateau. Le duc de Brunswick veut au moins retarder la retraite, en prenant le
commandement de quatre bataillons autrichiens, mais
son mouvement n'est pas soutenu. Quant à Wurmser, se
mettant lui-même à la tête de la cavalerie, il essaye
deux fois de la ramener à la charge, et il est deux fois
abandonné au milieu d'un feu terrible. C'est alors que,
dans sa rage contre les Prussiens, auxquels il imputait
les désastres de la campagne, il résolut de repasser le
Rhin, sans même leur donner le temps d'évacuer le duché
des Deux-Ponts. Le passage s'effectua entre Philisbourg
et Manheim le 10 nivôse (30 décembre); et les Prussiens,
restés seuls sur la rive gauche, se replièrent vers Mayence.
L'occupation des lignes de Weissembourg, le déblocus
de Landau, l'Alsace rendue à la Convention et les Français prenant leurs quartiers d'hiver dans le Palatinat,
tels furent les résultats de cette campagne[1].

Hoche était vainqueur; mais il eut la faiblesse de se
livrer à quelques mouvements d'orgueil qui, quoique
légitimes au fond, lui nuisirent d'autant plus, dans l'esprit de Saint-Just et de Lebas, qu'ils contrastaient avec
la modestie de Pichegru[2]. Mais, aux yeux des deux pro-

[1] Voy. les *Mémoires tirés des papiers d'un homme d'État*, t. II, p. 439-
441; et le *Tableau historique des guerres de la Révolution*, t. II.
[2] M. Bergounioux, biographe enthousiaste de Hoche, dit lui-même
qu'il « céda peut-être à quelques mouvements de bien légitime orgueil. »

consuls, le jeune général avait un tort bien autrement grave, qui était, non-seulement d'avoir refusé de suivre leurs avis pour ses opérations, mais même de s'être étudié à leur en dérober le secret, ainsi que son compte rendu au Comité en contient l'aveu : « J'affectais une torpeur inconcevable; je donnais les ordres les plus singuliers[1]. » D'un autre côté, il ne cachait pas son intention de marcher dans sa voie, sans s'inquiéter ni du Comité de salut public, ni de Carnot, de qui relevait la direction de la guerre[2].

Tout cela, on le pense bien, n'était pas de nature à plaire à Saint-Just, qui n'aimait pas davantage le style que Hoche avait cru devoir adopter, soit dans ses rapports avec le soldat, soit dans ses dépêches au Comité, style, il faut bien le dire, calqué sur le langage parlé par Ronsin et Vincent dans les bureaux de la guerre et employé par Hébert dans son triste journal.

Un tambour-major, nommé Ricard, ayant adressé à Hoche une lettre de félicitation, Hoche répondit : « Tu as bien fait, f....., de me donner de tes nouvelles, non parce que j'ai battu les ennemis, mais parce que tu es un bon b..... Ah ! tonnerre de Dieu ! mon camarade, quelle vie horrible ! Le plus chétif marchand de chiffons de ton quartier est plus tranquille que moi, etc.[3] »

Il existe une lettre du général Leveneur à Hoche, où on lit ces mots remarquables : « Mon général, je crois que vous faites fausse route... Lisez les discours prononcés aujourd'hui à la Convention par les citoyens les plus écoutés, vous n'y trouverez rien qui rappelle une feuille sans doute fort républicaine, mais à laquelle aucun d'eux n'a

---

[1] *Essai sur la vie de Lazare Hoche*, p. 33.
[2] Il est à remarquer que ce sont là des faits consignés dans la biographie de Hoche par un de ses plus fervents admirateurs.
[3] *Essai sur la vie de Hoche*, p. 41.

prêté son concours ni donné son assentiment. Ce n'est
pas sur ce ton que Miltiade, du champ de bataille de Ma-
rathon, ni Scipion, des plaines de Zama, rendaient
compte à leurs concitoyens de Rome ou d'Athènes de la
défaite des ennemis[1]. »

Hoche avait l'esprit trop élevé et le cœur trop noble
pour ne pas revenir bien vite d'un entraînement auquel
son extrême jeunesse l'avait un moment livré sans défense, entraînement que combattirent avec tant d'énergie Robespierre, Saint-Just, Couthon, et tous ceux qui,
à leur exemple, voulaient conserver à la Révolution un
caractère de dignité en rapport avec la grandeur de son
but. Rien n'était certainement plus éloigné de la nature
de Hoche, et même plus directement opposé au tour
héroïque de ses tendances, que l'hébertisme : la suite de
sa carrière le prouva bien. Mais il est certain qu'à
l'époque dont nous parlons les formes de son langage
purent induire en erreur sur son compte ceux qui ne
furent pas capables de démêler ce qu'il y avait de pur et
de noble en lui ; et le plus enthousiaste de ses biographes
avoue que « la reproduction du style d'Hébert lui réussit mal dans le Comité de salut public[2]. »

Ajoutez à cela qu'il se crut autorisé par la victoire à
prendre, soit vis-à-vis du Comité de salut public, soit vis-
à-vis de Saint-Just, une attitude hautaine, qui était celle
d'un homme supérieur, mais qui lui créa des ennemis
redoutables.

Ces circonstances, jointes à la rivalité qui existait
entre lui et Pichegru, laquelle se compliquait à son tour
des divisions qui avaient éclaté entre Lacoste et Saint-
Just, envenimèrent la situation à un point extraordinaire.
Dans leurs rapports à la Convention, Lacoste et Baudot ne
se cachèrent pas pour dire que c'était à Hoche seul

---

[1] *Essai sur la vie de Lazare Hoche*, p. 41.
[2] *Ibid.*, p. 43.

qu'étaient dus les succès de la campagne, et cela en dépit des obstacles sourdement suscités par Pichegru. Appréciation injuste sans doute, mais presque moins injuste que les paroles violentes par lesquelles Saint-Just et Lebas appelaient l'attention sur « la vertu et le républicanisme d'un général parlant si peu de ce qu'il avait fait et *qui avait tout fait*[1]. »

Voilà ce qui précéda et prépara cette disgrâce de Hoche dont les ennemis de la Révolution ont su si habilement s'armer contre elle. Toutefois ce ne fut que quelques mois après que l'orage éclata. Hoche venait de recevoir le commandement de l'armée d'Italie, et il était à Nice, lorsqu'il vit entrer le général Dumerbion. Hoche faisait, en ce moment, un frugal repas : du pain, de l'eau et des olives. A l'aspect de Dumerbion, guerrier aux cheveux blancs, le jeune général se lève, offre son siége au visiteur inattendu, et l'invite avec un sourire à prendre sa part d'un festin qui, dit il, « n'a d'autre mérite que de rappeler ceux de Pythagore. » Dumerbion, fronçant le sourcil, répondit par l'exhibition d'un arrêté du Comité de salut public, ordonnant que Hoche fût saisi et envoyé sur-le-champ à Paris sous bonne garde. L'arrêté n'était signé ni de Robespierre, ni de Saint-Just, ni de Couthon : il portait les seules signatures de Carnot et de Collot-d'Herbois, et était écrit de la main de Carnot, que l'indépendance des allures de Hoche avait offensé[2]. Hoche dut obéir, et il partit pour Paris, où il resta enfermé dans la prison des Carmes d'abord, puis dans celle de la Conciergerie, pendant que Carnot instruisait l'affaire.

Au Nord, la victoire de Wattignies n'avait été suivie d'aucun résultat important. Chargé d'envahir la Flandre maritime, le général Davesnes avait exécuté cet ordre d'une manière si tardive et si décousue, que les troupes,

---

[1] *Essai sur la Vie de Lazare Hoche*, p. 44.

[2] *Ibid.*, p. 44 et suiv.

après quelques succès partiels, furent obligées de reculer sur toute la ligne et de reprendre leurs anciennes positions : échec qui, selon Jourdan, ne provenait que d'une grande incapacité, mais qui fut imputé à trahison au général Davesnes, qui paya son insuccès de sa tête[1].

Insatiable de triomphes, le Comité de salut public aurait voulu que, le lendemain de la victoire de Wattignies, Jourdan passât la Sambre, et tel était l'avis de Carnot. Mais le général en chef, jugeant cette entreprise téméraire, insista pour que l'armée se mît en quartiers d'hiver ; et deux mois se passèrent sans qu'aucun coup décisif fût ou frappé ou tenté. C'était trop de circonspection, au gré des audacieux sur qui la Révolution se reposait du soin de ses destinées. Ils avaient adopté comme règle de la conduite des gens de guerre le mot de César : *Rien n'est fait tant qu'il reste quelque chose à faire*, et ils songèrent en conséquence à donner Pichegru pour successeur à Jourdan. Les termes du rapport présenté à cet égard par Barère méritent d'être cités :

« Le passage de la Sambre exigeait de l'audace. Il fallait s'élever au-dessus des règles ordinaires ; il fallait braver les éléments et l'intempérie des saisons... L'expérience de Landau et du fort Vauban prouve assez que le soldat français ne connaît pas d'obstacle ; et la saison la plus rigoureuse n'a pas arrêté l'armée du Rhin, celle de la Moselle, celle de l'Ouest, celle de Toulon... Mais le Comité de salut public saura toujours distinguer les fautes ou le défaut d'audace, tort dont le patriotisme doit absoudre, d'avec les trahisons ou l'inertie coupable de certains généraux qui ont reçu la peine de leur défection liberticide. » Et Barère proposait que, jusqu'au moment où la patrie aurait de nouveau à réclamer ses services, « le vainqueur de Wattignies, le libérateur de Maubeuge,

---

[1] *Mémoires manuscrits du maréchal Jourdan.*

obtînt une retraite honorable, digne de sa probité et de son patriotisme. » Le rapporteur du Comité ajoutait : « Jourdan est pauvre : c'est son éloge et son titre à la reconnaissance nationale[1]. »

Du côté des Pyrénées-Orientales, la campagne de 1793 ne se termina pas aussi heureusement que sur le Rhin et au Nord. Le siége de Toulon ayant forcé le Comité de salut public à réduire à quinze mille hommes, y compris les garnisons, l'armée qui avait à défendre cette partie de nos frontières[2], il en résulta que les soldats manquèrent là où l'excès même du courage ne pouvait suppléer au nombre. L'armée des Pyrénées-Orientales avait, en effet, à occuper un terrain immense sur la côte ; elle s'étendait depuis Perpignan jusqu'à la Cerdagne espagnole inclusivement, et elle embrassait toute la frontière de l'Ariége, y compris la vallée d'Aran. Comment garder avec quinze mille hommes une pareille étendue de terrain, surtout quand il y avait péril imminent à laisser sans garnison une foule de points importants, tels que Cette, Narbonne, Agde, Perpignan, Collioures, Port-Vendres, le fort Saint-Elme, Villefranche, Mont-Libre, Puycerda et Belver[3] ?

Quand l'ordre du Comité arriva, l'armée française, dont le quartier général était à Perpignan, occupait en

---

[1] Qui croirait que, dans ses *Mémoires manuscrits*, que nous avons sous les yeux, Jourdan cite ce rapport comme une preuve de l'injustice du Comité à son égard? Jourdan pouvait avoir raison contre Carnot au point de vue militaire; ceci est une question à vider entre gens du métier. Mais depuis quand un gouvernement est-il *injuste* en mettant à la tête d'une armée les généraux qu'il juge les plus propres à servir ses vues et les intérêts du principe qu'il représente? Il y aurait eu injustice si les services déjà rendus par Jourdan avaient été méconnus ou n'avaient provoqué, de la part du Comité, aucun témoignage public et éclatant de gratitude. Or le rapport de Barère est là !

[2] Extrait des registres du Comité de salut public, du 14 frimaire (4 décembre) 1793.

[3] *Mémoires du général Doppet*, liv. IV, chap. II, p. 267.

deçà du Thec une ligne de défense que Doppet avait dû
faire fortifier par des fossés et de petites redoutes pour
suppléer de cette façon aux forces, qui étaient déjà insuffisantes [1]. La réduction soudaine de l'armée ne permettant
pas de maintenir cette position, Doppet, d'accord avec
les autres officiers généraux et les représentants du peuple, décida qu'on abandonnerait la ligne formée le long
du Thec et qu'on ramènerait les troupes au camp de
l'Union, établi dès le commencement de la guerre pour
couvrir Perpignan. Pendant cette retraite, et dans le but
de la masquer, une colonne eut ordre de traverser le
Thec et d'aller attaquer les Espagnols au poste de Villelongue. La tentative fut couronnée d'un plein succès. Le
29 frimaire (19 décembre), la division lancée au delà de
la rivière s'empara du camp de Villelongue, fit beaucoup
de prisonniers, enleva vingt pièces d'artillerie, et assura
la retraite du reste des troupes [2].

Malheureusement, une épidémie éclata, qui fit les plus
grands ravages dans l'armée et à laquelle Doppet lui-même
faillit succomber. Les Espagnols étaient nombreux, aguer-
ris, sous les ordres d'un général habile, Ricardos : ils su-
rent profiter de ce concours de circonstances funestes ;
et Collioures, Port-Vendres, Saint-Elme, tombèrent successivement en leur pouvoir. Y eut-il trahison ? Le bruit
en courut. Ce qui est certain, c'est que, dans la capitu-
lation faite avec l'Espagne, le général Dugommier, en
parlant des postes dont il s'agit, ajouta ces mots : *livrés
par la trahison* [3].

C'étaient là des revers, mais facilement réparables, et
dont la nouvelle se perdit dans le bruit des triomphes
qui, partout ailleurs, signalèrent le passage des armes de
la République.

[1] *Mémoires du général Doppet*, p. 255 et 256.
[2] *Ibid.*, p. 269.
[3] *Ibid.*, p. 275.

CHAPITRE QUATRIÈME.

LES PROCONSULS.

Saint-Just et Lebas à Strasbourg. — Leur énergie, leur désintéressement. — Caractère tout romain de leurs arrêtés. — Respect qu'ils
inspirent. — Schneider. — La *Propagande*, Monet, Edelmann, Jung.
— Lutte du parti allemand et du parti français. — Destitution
des autorités constituées. — Saint-Just délivre la contrée de l'oppression de Schneider. — C'est Robespierre qui fait juger Schneider.
— Saint-Just sauve l'Alsace sans verser une goutte de sang. — La
Terreur blanche bien plus terrible que la *Terreur rouge.* — Ysabeau
et Tallien à Bordeaux. — Tallien terroriste. — Le régime de la Terreur installé à Bordeaux sans nécessité. — Mesures d'humanité bientôt suivies d'exécutions sanglantes. — Nombre des victimes. — Ordres barbares; le refus de Brune empêche qu'il y soit donné suite.
— Faste étalé par Ysabeau et Tallien dans Bordeaux affamé. — Mépris que cette conduite leur attire de la part des révolutionnaires.
— Perrens d'Herval et le Comité de surveillance. — L'autorité des
deux commissaires bravée. — Ils destituent le Comité de surveillance, qui est maintenu par le Comité de salut public. — Amours
de Tallien et de la fille du banquier espagnol Cabarrus; leur influence sur la conduite ultérieure de Tallien. — Source de la richesse de Tallien. — L'intégrité de Robespierre lui fait peur. —
Fréron et Barras terroristes. — Lettres odieuses de Fréron à Moyse
Bayle. — Régime de sang qu'il établit à Marseille; ses dévastations.
— Fréron et Barras joignent les exactions aux barbaries. — Ils de-
viennent les ennemis de Robespierre, parce que celui-ci dénonce
leurs excès. — Belle lettre de Robespierre jeune à son frère. — Fouché et Collot-d'Herbois à Lyon. — Contraste entre leur politique et

la politique modérée de Couthon. — Ils établissent à Lyon le régime
de la Terreur. — Orgies hébertistes. — *Instruction* adressée au peuple. — Comité de séquestre. — Comité de démolition. — Commission révolutionnaire de sept juges. — La guerre aux maisons. —
Arrivée de Ronsin. — Collot-d'Herbois et Fouché méditent un
système d'extermination. — Collot cherche à conjurer d'avance l'indignation de Robespierre.—Étranges lettres qu'il lui écrit, sans obtenir de réponse. — Il s'adresse à Duplay, mais en vain. — Le
canon employé contre les condamnés. — Scènes affreuses. — Physionomie du tribunal révolutionnaire institué par Fouché et Collot-d'Herbois. — Leur tyrannie soulève contre eux Robespierre. —
Projet de mariage entre Fouché et la sœur de Robespierre manqué.
— Carrier à Nantes. — Abominables cruautés commises par les
Vendéens. — Goullin, Bachelier, Chaux, le cloutier Proust et sa
femme. — Histoire détaillée de la tyrannie de Carrier. — Noyades.
— Ce fut Robespierre qui fit rappeler Carrier. — Rapprochement
historique.

Pendant ce temps, le régime des proconsuls, représenté à Strasbourg par Saint-Just et Lebas, sauvait la
France, qu'il remplissait, au contraire, de sang et d'horreur, à Bordeaux, à Marseille, à Lyon, à Nantes, où les
représentants de ce régime, qui contient la mort quand
il ne surexcite pas la vie, étaient Tallien, Barras et Fréron, Fouché et Collot-d'Herbois, Carrier.

Lorsque Saint-Just et Lebas furent envoyés en Alsace,
avec le titre de commissaires extraordinaires, tout, de ce
côté, nous l'avons dit, semblait perdu. Découragée par
la perte des lignes de Weissembourg, et vivement poussée
par les Autrichiens, l'armée française n'était plus que
l'ombre d'une armée. Pas de vivres, pas de vêtements,
pas de chefs, nulle discipline. A Strasbourg, la contre-
révolution triomphait de la dépréciation des assignats, de
la détresse publique, et tenait à la gorge le pauvre affamé. On se passait de main en main des cocardes blanches. De mystérieux émissaires s'en allaient jeter des
couronnes empreintes sur des étoffes jusque dans les
guérites des remparts. Des émigrés avaient reparu, ils
se promenaient la tête haute. On eût dit les autorités at-

teintes de paralysie. Les réquisitions, vain mot! Aussi
manquait-on de grains, de chariots, de bois de chauf-
fage. Les administrateurs passaient des marchés de
chandelles à sept francs la livre. Les lieux de débauche
regorgeaient d'officiers, dont l'activité sans emploi était
en train de s'avilir. On voyait errer çà et là, dans la campagne, une foule de militaires vagabonds. Les soldats
blessés pourrissaient, sans secours, sur le grabat solitaire
des hôpitaux. Le désordre, en un mot, était immense, et
demandait, pour être réprimé, un mélange de sagesse et
de vigueur auquel n'avaient pu s'élever jusqu'alors les
représentants du peuple en mission, Lacoste, Baudot,
Ruamps, Milhau et Soubrany[1].

Saint-Just se montra et Strasbourg s'émut.

L'aspect du morne jeune homme, sa beauté menaçante, ses cheveux épais et poudrés à blanc sur ses noirs
sourcils, la tenue immobile et perpendiculaire de sa tête
sur sa cravate volumineuse quoique serrée, la roideur
presque automatique de ses mouvements, ne pouvaient
manquer de faire effet sur la multitude ; et l'impression
s'accrut, quand on l'entendit parler de cette voix éco-
nome de paroles et tranchante qu'accompagnait, chez
lui, le geste sec du commandement.

Une seule chose rassurait : c'était d'apercevoir à côté
de Saint-Just la douce et sympathique figure de Lebas[2].

Par une série d'arrêtés dont la gravité des circonstances explique, et dont le résultat général justifie l'âpreté,
les deux proconsuls décidèrent :

---

[1] Voy., sur la situation de Strasbourg au moment de l'arrivée de
Saint-Just et Lebas, la lettre de ces derniers à la société populaire
de la ville, en date du 24 brumaire an II. (*Moniteur*, 1793, an II,
n° 67.)

[2] Les lettres de lui qui ont été publiées et qui n'étaient pas destinées à voir le jour le peignent tout entier. Nous en citerons quelques
passages.

Que tout militaire qu'on trouverait caché dans la ville serait fusillé sur-le-champ[1] ;

Que la municipalité fournirait un certain nombre de souliers aux défenseurs de la patrie : mauvais citoyen qui ne se prêterait pas à cette mesure[2] ;

Qu'il serait créé une commission pour l'approvisionnement de la place[3] ;

Que les administrateurs rebelles aux réquisitions du gouvernement seraient renfermés jusqu'à la paix[4] ;

Que, vu la malpropreté meurtrière des hôpitaux, la municipalité tiendrait deux mille lits prêts dans vingt-quatre heures chez les riches, pour être délivrés aux soldats malades ou blessés ; et que les défenseurs de la liberté seraient soignés désormais avec le respect dû à la cause servie par eux et à la vertu[5] ;

Que les biens de quiconque aurait acheté les effets d'un soldat seraient confisqués au profit de la République[6] ;

Que, pour vêtir l'armée, demi-nue, tous les manteaux seraient mis en réquisition, et déposés, du jour au lendemain, dans les magasins de la République[7].

Mesures extrêmes, sans doute. Mais l'ennemi était là, le bras levé ; et la contre-révolution tenait la porte ouverte à l'invasion : valait-il mieux que la France pérît ? Car il s'agissait alors, non de la rendre aux Bourbons, mais de la démembrer[8].

Ceux des riches en qui vivait la patrie le sentaient si

---

[1] *Moniteur*, an II, 1793, n° 45.

[2] *Ibid.*

[3] *Ibid.*

[4] *Ibid.*

[5] *Ibid.*, n° 67.

[6] Collection des arrêtés de Saint-Just et Lebas. *Histoire parlementaire*, t. XXXI, p. 37.

[7] *Ibid.*, p. 38.

[8] Voy. à cet égard les *Mémoires du prince de Hardenberg*, passim.

bien eux-mêmes, qu'au moment de la perte des lignes
de Weissembourg ils avaient provoqué un emprunt sur
les personnes opulentes, s'offrant à donner l'exemple,
et demandant qu'on frappât ceux qui refuseraient de les
imiter. Ce fut en réponse à cette offre dont ils glorifièrent
le caractère patriotique que Saint-Just et Lebas pu-
bliaient l'arrêté suivant : « Pour soulager le peuple et
l'armée, il sera levé un emprunt de neuf millions sur les
citoyens dont la liste est ci-jointe. Les contributions seront fournies dans les vingt-quatre heures [1]. »

Des écrivains ont osé dire : « C'était joindre l'insulte
à l'oppression [2]. » L'insulte ? Elle eût été à regarder
comme un mensonge l'offre de secourir la patrie agoni-
sante ! Il était ajouté dans l'arrêté : « Deux millions seront prélevés sur cette contribution pour être employés
au besoin des patriotes indigents de Strasbourg. Un mil-
lion sera employé à fortifier la place. Six millions seront
versés dans la caisse de l'armée [3]. »

Ce n'étaient point là des exactions à la manière de
Verrès. A la France seule, au soulagement de ses douleurs, à l'œuvre sainte de sa délivrance, fut consacré l'or
que levèrent à Strasbourg les deux proconsuls qui y représentaient la politique de Robespierre. Quant à eux,
ils restèrent pauvres, en commandant à la richesse.
Tandis qu'ailleurs, Fouché, Carrier, Ronsin, et tant
d'autres tyrans sortis de l'école anarchique d'Hébert,
déshonoraient par le faste et la débauche le régime des
dictatures locales, Saint-Just et Lebas menaient une vie
austère au sein de la toute-puissance. Leur intégrité eut
un tel éclat, qu'elle imposa respect à la calomnie, même
après leur chute [4].

---

[1] Collection des arrêtés, etc., *ubi supra*, p. 35.
[2] Édouard Fleury, *Saint-Just et la Terreur*, t. II, p. 19.
[3] Collection des arrêtés de Saint-Just et Lebas, *ubi supra*, p. 35.
[4] M. Édouard Fleury, détracteur systématique de la Révolution et

Et la simplicité de leurs mœurs fut d'autant plus remarquée, qu'elle contrastait avec les habitudes de certains de leurs collègues. Dans un recueil de pièces concernant la révolution à Strasbourg, nous trouvons à cet
égard des révélations curieuses. Voici, par exemple, un
billet que Garnier, secrétaire des représentants Baudot et Lacoste, écrivait à l'administrateur des subsistances :

« Je te prie, mon cher Gr... d'envoyer tout de suite
du *vin étranger* chez le représentant Lacoste. Il faut qu'on
en ait encore pour le dîner[1]... »

Autre billet du même :

« Citoyen, envoie-nous vite du *vin étranger*. On est à
table, et l'on crie contre toi de ce que tu n'as pas fait la
commission que t'a donnée ce matin le maire[2]. »

Autre billet de Garnier au maire :

« Citoyen maire, je t'envoie l'ordre que je viens de recevoir. Tu vois qu'il nous faudrait quelques *bouteilles de
champagne et de bordeaux*, car nous n'avons plus que
quelques bouteilles de vin doux, sur lesquelles on fait la
grimace, ou qui, du moins, n'égayent pas. Bien entendu,
cependant, que tu viendras aussi souper ce soir avec le
citoyen L... (Lacoste). Tu lui feras plaisir[3]. »

---

de Saint-Just, reconnaît que « pas une plainte ne s'éleva qui permette
un doute sur son désintéressement. » (Voy. *Saint-Just et la Terreur*,
t. II, p. 23.)

[1] N° xlii du Recueil des pièces authentiques servant à l'histoire de
la Révolution à Strasbourg. *Biblioth. hist. de la Révol.*, 1317-18-19.
(*British Museum.*)

[2] *Ibid.*

[3] *Ibid.*

Dans *Saint-Just et la Terreur*, t. II, p. 49, M. Édouard Fleury cite
ce dernier billet comme une preuve que les membres de la *Propagande*,
association révolutionnaire dont nous parlerons tout à l'heure, « dissi-
paient, gâtaient, souillaient les comestibles, les vivres, les vins mis
en réquisition pour les malades et pour l'armée. » L'exemple est très-
malheureusement choisi. Le nom qui signe le billet, et que M. Fleury
ne donne pas, montre que la sommation venait, non de la *Propagande*,

Inutile d'ajouter que les noms de Saint-Just et Lebas ne figurèrent dans aucune demande de ce genre. Eux ne se montrèrent avides que pour la patrie.

Toutefois il était naturel que des réclamations s'élevassent contre l'arbitraire de la liste de répartition et de la taxe, surtout plus tard, le lendemain du 9 thermidor, alors que chacun était encouragé à jeter sa pierre aux tombeaux où dormaient les vaincus, alors que se poser en victime à indemniser était une spéculation lucrative. De là des plaintes qui, pour avoir été tardives, n'en furent que plus bruyantes, mais qui n'ont qu'une bien faible valeur historique, parce qu'elles se produisirent dans un moment où les dominateurs du jour avaient intérêt à les provoquer et à les grossir, pendant que ceux qu'elles atteignaient étaient condamnés à l'éternel silence. D'ailleurs, parmi les imposés, il y avait des contre-révolutionnaires ardents que le montant de la taxe exaspérait moins encore que son but, et c'est le droit, c'est le devoir de l'histoire de suspecter le témoignage de leur fureur. Ce qu'il est raisonnable d'admettre néanmoins, c'est que l'urgence même des mesures adoptées dut entraîner une précipitation qui, à son tour, put donner lieu à des injustices partielles. Il n'y a rien, par exemple, que de très-possible dans le fait de cet aubergiste de Strasbourg qui, imposé à quarante mille livres, alla courageusement, dit-on, présenter à Saint-Just la clef de sa maison sur une assiette, en le priant de se charger de ses dettes[1]. Mais quelle fut la réponse de Saint-Just? On

mais du secrétaire de Lacoste, ce qui est fort différent. On trouve bien dans le recueil sus-mentionné deux demandes adressées par la *Propagande* au maire de Strasbourg; mais elles présentent un tout autre caractère. On en va juger : « La *Propagande* aurait besoin que l'on mît quelqu'un en réquisition pour lui fournir *du lait, du beurre et des œufs*, qu'elle ne peut se procurer sans ce moyen. J. B. MULLER, trésorier. »

[1] *Saint-Just et la Terreur*, t. II, p. 22.

n'eût pas oublié de nous la faire connaître, si elle eût accusé la dureté de son cœur !

Non qu'il fût porté à fléchir, quand la résistance lui paraissait coupable, loin de là. Sentant bien qu'il y allait, pour la Révolution, d'une question de vie ou de mort, d'être obéie, et promptement, il brisa tout d'abord les volontés rebelles par quelques exemples très-propres à subjuguer les esprits, quoique non sanglants. Le plus riche imposé dans l'emprunt des neuf millions n'ayant point payé dans le délai prescrit, Saint-Just ordonna que, pendant trois heures, on le donnât en spectacle au peuple sur le plancher de la guillotine. L'ordre portait : « Ceux qui n'auront pas acquitté leur imposition dans la journée de demain subiront un mois de prison pour chaque jour de retard, attendu le salut impérieux de la patrie[1]. »

Par un autre arrêté, daté de Saverne, il fut enjoint au tribunal criminel de faire raser la maison de quiconque serait convaincu d'agiotage et d'avoir vendu à un prix au-dessus du *maximum*[2].

Décrier les assignats, c'était jeter la France dans un effroyable chaos. Contre ceux qui y travaillaient, l'arrêté de Saint-Just, à cette époque, n'était ni moins nécessaire ni plus rigoureux que la loi qui punit de mort les incendiaires. Un exemple, — ce fut assez d'un seul, — réalisa la menace. Un pelletier nommé Schauer ayant exigé d'un de ses locataires au delà du *maximum*, on le traduit devant le tribunal criminel. Il était connu pour ses manœuvres dans le genre de conspiration qui tendait à l'avilissement des assignats, et l'on prouva que sa fille, Suzanne Marguerite, s'en allait disant : « Un assignat de

---

[1] Collection des arrêtés, *ubi supra*, p. 37.

[2] Recueil des pièces authentiques servant à l'histoire de la Révolution à Strasbourg. *Biblioth. hist. de la Révol.*, 1317-18-19. (*British Museum.*)

cinq livres, c'est cinquante sols. » L'arrêt fut : La maison du citoyen Schauer sera rasée, et sur l'emplacement l'on dressera un poteau destiné à servir d'avertissement aux agioteurs et à quiconque serait tenté d'avilir la monnaie sociale [1].

Les représentants du peuple Baudot et Lemoine avaient adressé à leurs correspondants cette recommandation singulière : « Soyez brefs. Les longues phrases appartiennent au régime des monarchies, le laconisme est le propre d'une république. » C'est ce que pensait aussi Saint-Just. Rien de plus vif que la forme de ses arrêtés, témoin celui-ci :

« Dix-mille hommes sont nu-pieds dans l'armée. Il faut que vous déchaussiez tous les aristocrates de Strasbourg dans le jour, et que, demain, à dix heures du matin, ces dix mille paires de souliers soient en marche pour le quartier général [2]. »

Cette hauteur, ce fanatisme du devoir, que relevaient encore, dans un homme si jeune, des mœurs pures, une noble attitude et un désintéressement lacédémonien, eurent des résultats décisifs. Saint-Just, à Strasbourg, ne versa pas une goutte de sang, et fut obéi en silence. En peu de temps, la municipalité reçut 6,879 habits, vestes et pantalons ; 4,767 paires de bas ; 16,921 paires de souliers ; 863 paires de bottes ; 1,351 manteaux ; 2,673 draps de lit ; 20,528 chemises ; 4,524 chapeaux ; 323 paires de guêtres ; 29 quintaux de charpie ; 900 couvertures et un grand nombre d'autres objets, sans compter une immense quantité de vieux cuivre pour servir à a fonte des canons [3].

Il est vrai que les auteurs du mémoire d'où ces chif-

---

[1] *Biblioth. hist. de la Révol.*, 1317-18-19. (*British Museum.*)

[2] *Ibid.*

[3] *Appel de la Commune de Strasbourg à la Convention*, p. 21. — *Biblioth. hist. de la Révol.*, 1317-18-19. (*British Museum.*)

fres sont extraits — contre-révolutionnaires accusant, après le 9 thermidor, les vaincus devant les vainqueurs, les têtes coupées devant le bourreau — ajoutent : « La plupart de ces effets sont restés entassés dans des magasins; une partie y a pourri et a été mangée par les rats ; on a abandonné le reste au premier venu. Le but de la spoliation était rempli, et c'est ce qu'on voulait[1]. » Mais cette assertion, si invraisemblable en elle-même d'ailleurs, est péremptoirement démentie par le fait, incontestable et incontesté, que, comme conséquence des arrêtés de Saint-Just et Lebas, l'armée, qui manquait de vêtements et de souliers, fut vêtue et chaussée[2].

Aussi bien Saint-Just n'était pas homme à souffrir l'inexécution de ses ordres. Le seul de ses arrêtés qu'il abandonna fut celui qui prescrivait à la municipalité de faire abattre les statues de pierre qui s'élevaient autour de la belle cathédrale de Strasbourg. Quelques statues isolées, et placées à l'extérieur, disparurent; mais, quant à celles qui faisaient partie de l'architecture même, elles n'auraient pu être enlevées sans dégrader l'édifice, crime contre les arts que le décret de la Convention du 6 juin punissait de deux ans de fers. L'administrateur des travaux publics ayant objecté ce décret, et la commission municipale ayant approuvé les représentations de l'administrateur[3], Saint-Just n'insista pas. Au fond, il dut être bien aise de voir avorter une mesure, concession malheureuse à l'hébertisme, et qui répugnait si fort aux tendances que les deux amis de Robespierre représentaient.

[1] *Biblioth. hist. de la Révol.*, 1317-18-19. (*British Museum.*)

[2] Voy. à ce sujet le chapitre relatif à la mission militaire de Saint-Just et Lebas, et aussi le *Moniteur*, 1793, an II, n° 67.

[3] Extrait des arrêtés du conseil municipal de Strasbourg, dans le Recueil des pièces authentiques servant à l'histoire de la Révolution dans cette commune. *Biblioth. hist. de la Révol.*, 1317-18-19. (*British Museum.*)

Cependant une rumeur sinistre s'est répandue. On parle d'un complot qui vient d'être découvert, et ce complot devait livrer la ville à Wurmser. Une lettre saisie aux avant-postes, remise au général Michaud, et envoyée par ce dernier aux représentants du peuple Milhaud et Guyardin[1], avait causé l'alarme. Cette lettre, signée « marquis de Saint-Hilaire » était adressée à « Monsieur, Monsieur le citoyen en cD, 17. 18. place d'armes à Strasbourg. » On y lisait : «.... Tout est arrangé, mon ami. Ils danseront, suivant leur expression, la carmagnole. Strasbourg est à nous dans trois jours, au plus tard... Depuis ma dernière, nous sommes arrivés à Brumpt sans résistance. Là, ces petits crapauds bleus ont résisté. Faites-nous savoir qui les commandait. Nous sommes décidés à sacrifier cinq cent mille francs pour le gagner. Quand le diable y serait, ce n'est pas la redoute entre Steinfeld et Nieder Oterback : nous l'avons eue à meilleur compte !... Vous avez dû voir hier le marquis de la Vilette et le comte de Sône.... » Suivait l'exposition du plan. Deux cents royalistes étaient déjà parvenus à pénétrer dans Strasbourg, un à un, sous l'uniforme de garde national. A un jour et à une heure indiqués, ils devaient ouvrir les portes à deux mille de leurs camarades, habillés de même. Le nom du roi devait être le cri de ralliement. Pas d'autre signe que la cocarde blanche. Au signal convenu, le feu mis partout... Il était dit, en outre : « Vous ferez donner au porteur trente mille livres. Nous le croyons encore à bon compte. Il sacrifie sa vie pour nous. Vous le reconnaîtrez à ses lunettes. Il est bègue. Il vous dira 19. 27. 1. 32. 7. 28. 22. 34. 68. Vous savez ce que cela veut dire. » En post-scriptum : « Enveloppez, comme de coutume, vos dépêches dans des

---

[1] N° LXXXVIII du Recueil des pièces authentiques servant à l'histoire de la Révolution à Strasbourg. *Biblioth. hist. de la Révol.*, 1317-18-19. (*British Museum.*)

chiffons. » La phrase la plus inquiétante de cette missive, parce qu'elle supposait des intelligences au sein même des. autorités, était celle-ci : « Les municipaux dont nous avons les noms seront poignardés. Les autres, nos amis, seront respectés. Ils mettront leur écharpe blanche sur-le-champ[1]. »

Le seul des administrateurs qui portât des lunettes et qui fût bègue était Edelmann, celui que Charles Nodier a peint de la manière suivante : « C'était un petit homme d'une physionomie grêle et triste. Son chapeau rond rabattu, ses lunettes inamovibles, son habit d'une propreté sévère et simple, fermé de boutons de cuivre jusqu'au menton, son langage froidement posé et flegmatiquement sentencieux, composaient un ensemble peu aimable, mais qui n'avait rien d'absolument repoussant... Je me souvenais de lui avoir entendu dire avec un calme affreux. dans sa déposition contre Dietrich : « Je le pleurerai parce « que tu étais mon ami ; mais tu dois mourir, parce que « tu es un traître[2]. » Musicien-compositeur habile, mais homme d'une misanthropie farouche, Edelmann s'était fait des ennemis mortels, et parmi ses ennemis figurait un ministre protestant, au sujet duquel nous lisons dans les minutes imprimées du tribunal criminel de Strasbourg : « Jean Schweikart Metz, ci-devant ministre protestant à Griès, convaincu d'avoir fabriqué, pour perdre les patriotes, la lettre qu'il dit avoir trouvée sur un enfant dans la forêt de Lichtenberg, condamné à la peine de quatre ans de fers[3]. »

Malheureusement, ceci ne fut connu que plus tard. Parmi les administrateurs, il en était dont Saint-Just se

[1] *Biblioth. hist. de la Révol.*, 1317-18-19. (*British Museum.*)

[2] *Souvenirs de la Révolution*, t. I, p. 13.

[3] Recueil des pièces authentiques servant à l'histoire de la Révolution à Strasbourg. *Biblioth. hist. de la Révol.*, 1317-18-19. (*British Museum.*)

défiait. Il vit un « grand danger » là où il n'y avait qu'une
basse manœuvre. Sans plus tarder, il casse les autorités
constituées de Strasbourg, et somme impérieusement le
commandant de la place de se concerter avec le Comité
de surveillance pour diriger les administrateurs du département sur Metz, ceux du district sur Besançon, et
sur Châlons ceux de la municipalité. Quatre citoyens appartenant à la première de ces trois autorités et Monet,
maire de Strasbourg, étaient seuls exceptés[1].

L'étonnement dans la ville fut extrême. Le Directoire,
renouvelé depuis peu, était populaire : quel coup violent
et inattendu ! Les patriotes s'alarment, la Société des Jacobins strasbourgeois gronde, et Monet court demander
respectueusement à Saint-Just le mot de l'énigme. Les
deux proconsuls s'enveloppèrent dans un froid silence.
Le maire insistant, Saint-Just, qui était couché, se tourne
vers lui, et, de son ton bref : « Vous pouvez avoir raison,
dit-il, touchant quelques individus; mais il existe un
grand danger, et nous ne savons où frapper. *Eh bien, un
aveugle qui cherche une épingle dans un tas de poussière
saisit le tas de poussière*[2]. » Étrange justification d'un
arbitraire, cette fois, injustifiable ! Ce sont là les sophismes de l'iniquité. Et, quel plus grand danger que celui
de la justice méconnue? Une ville livrée est un moindre
mal qu'un innocent puni.

Tout ce que le maire de Strasbourg put obtenir fut la
mise en liberté de douze administrateurs. A l'égard des
autres l'arrêt eut son cours[3].

Monet avait vingt-cinq ans à peine. « Il était grand,
beau, bien fait, quoiqu'un peu voûté, plein d'aménité,

---

[1] Collection des arrêtés de Saint-Just et Lebas. *Histoire parlementaire*, t. XXXI, p. 35 et 36.

[2] Récit basé sur les éclaircissements donnés par M. Monet lui-même
aux auteurs de l'*Histoire parlementaire*. (Voy. t. XXXI, p. 36.)

[3] *Ibid.*

de politesse, et de je ne sais quelle grâce triste qui attache[1]. » Le 21 janvier 1793, date fameuse et tragique,
il avait remplacé Türkeim à la mairie de Strasbourg,
ayant été désigné aux commissaires de la Convention,
Couturier, Dentzel et Rhül comme le seul homme qui
réunît alors le patriotisme et les connaissances nécessaires. Dans un document adressé à la Convention par les
contre-révolutionnaires de Strasbourg, au plus fort de la
réaction thermidorienne, le nom de Monet se trouve as-
socié à beaucoup d'injures, mais sans aucun fait à l'appui ; ou, plutôt, ce qu'on lui impute à crime, c'est d'avoir
à deux reprises différentes refusé à des enfants la permission d'aller voir leur père prisonnier et malade. Du
reste, pas de noms cités, nulle indication des circonstances[2]. Et, d'un autre côté, que lui reprochaient les ultra-
révolutionnaires? Son penchant à s'entretenir avec les
aristocrates et à élargir les suspects[3]. Un homme qui, investi de grands pouvoirs dans un temps d'orage, n'a pas
fourni contre lui-même d'autres armes que celles-là à ses
plus implacables ennemis, a certes droit de compter sur
l'indulgence de l'Histoire! et c'est cependant cet homme
qu'un écrivain de nos jours suppose capable d'avoir fa-

---

[1] Charles Nodier, *Souvenirs de la Révolution*, t. I, p. 13.
Quoique Charles Nodier fût très-loin d'être un révolutionnaire, la
force de la vérité lui ayant arraché de nombreux témoignages en faveur de Robespierre et de Saint-Just, les écrivains royalistes ont pris
texte de quelques erreurs par lui commises pour nier son autorité en
matière d'histoire. Le fait est que ce n'est point l'*histoire de l'histo-
riographe* que Charles Nodier, comme il le disait lui-même, a prétendu écrire, et son livre n'a certainement pas le mérite d'une chro-
nologie toujours exacte; mais la *couleur* qu'il donne aux hommes et
aux choses est très-souvent celle qu'une étude attentive des documents
officiels montre avoir été la couleur vraie. Et c'est par là surtout que
les *Souvenirs* de Charles Nodier sont *historiques.*

[2] Appel de la Commune de Strasbourg à la République et à la Convention. *Biblioth. hist. de la Révol.*, 1317-18-19. (*British Museum.*)

[3] *Histoire de la Propagande*, par les sans-culottes Masse, Jung, Vogt
et Wolff. *Ibid.*)

briqué la prétendue lettre du marquis de Saint-Hilaire, pour se débarrasser, dans le conseil municipal, d'une opposition gênante! Le récit qui précède, fondé sur des documents authentiques, dit assez ce qu'il faut. penser d'une semblable supposition [1].

Quoi qu'il en soit, apprenant que la Société populaire de Strasbourg se plaignait, Saint-Just lui adressa une lettre qu'il fit signer à Lebas et où il se révèle tout entier :

« Frères et amis, nous sommes convaincus qu'il s'est tramé une conspiration pour livrer la ci-devant Alsace... vous êtes indulgents pour des hommes qui n'ont rien fait pour la patrie... Nous venons de recevoir la dénonciation qu'il existait deux millions en or entre les mains de l'administration du département. Ce fait doit vous surprendre... La pitié à l'égard du crime est faite pour ses

---

[1] M. Édouard Fleury, dans son *Étude* sur Saint-Just, t. II, p. 31 et 56, ne manque pas de donner la prétendue perfidie de Monet comme chose prouvée. La preuve sur laquelle il s'appuie est curieuse! « Après la mort de Saint-Just, dit-il, on trouva parmi ses papiers tout un cahier d'observations écrites par plusieurs des principaux révolutionnaires, par un nommé Blainé, un des agents *sans doute* de la police secrète des deux commissaires extraordinaires. Voici ce que Blainé écrivait à Saint-Just pour l'engager à se méfier du maire Monet : « A-« t-il dressé procès-verbal de la lettre qu'il a reçue du chevalier de « Saint-Hilaire? ou a-t-il voulu faire une plaisanterie de la conspi-« ration de Strasbourg? Qu'il ne pense pas nous endormir par ses pa-« roles. Quoique maire, il ne mérite pas moins notre scrupuleuse sur-« veillance. » Ainsi les *défiances* d'un nommé Blainé, voilà ce qui *prouve* que la proscription des autorités de Strasbourg fut une « hy-« pocrite comédie, » un acte dont « le prétexte avait été abominable-« ment odieux à force de fourberie et de mensonge! » Par malheur, les *défiances* d'un nommé Blainé, et l'accès d'honnête indignation auquel elles servent de point de départ, se trouvent ne cadrer nullement avec les *faits*. Monet n'avait point à dresser procès-verbal de la lettre reçue du chevalier de Saint-Hilaire, puisque, comme nous l'avons vu, cette lettre fut envoyée, non à lui, mais au général Michaud, qui, de son côté, la transmit aux représentants Milhaud et Guyardin. Quant au fabricateur, nous avons cité un document judiciaire qui tranche la question.

complices, non pour vous... Nous examinons tout avec sang-froid, et nous avons acquis le droit d'être soupçonneux. Nous vous devons de l'amitié, nous ne vous devons pas de faiblesse. Nous persistons dans notre arrêté jusqu'après le péril. Salut et fraternité[1]. »

La lettre contenait ce mot admirable : « De quels magistrats peut-on dire qu'ils sont innocents du malheur du peuple[2] ? »

Tant de décision dans la conduite et de hauteur dans le langage, cette fermeté qui ne reculait devant rien ni devant personne, produisaient une sensation qu'expriment vivement les lignes suivantes :

« Il était temps que Saint-Just vînt auprès de cette malheureuse armée... Il a tout vivifié, ranimé et régénéré... Quel maître b... que ce garçon-là ! La collection de ses arrêtés sera sans contredit un des plus beaux monuments historiques de la Révolution. Tu apprendras, sous quelques jours, que l'armée du Rhin a recouvré toute son énergie et qu'elle a écrasé les imbéciles soldats de la tyrannie... Ruamps, Nion, Milhaud et Borie se sont conduits comme des lâches, et, peut-être, quelque chose de plus[3]... »

Avec une noblesse de sentiments que le laisser aller de l'expression met d'autant mieux en relief, Gatteau dit à d'Aubigny, dans cette lettre, après avoir parlé de ses intérêts cruellement compromis : «Conviens qu'on ne saurait être plus malheureux. Mais je m'en f..., pourvu que la République triomphe et que la liberté s'affermisse[4]. » Et de la même plume, mélange de dévouement et de fé-

[1] *Moniteur*, 1795, an II, n° 67.

[2] *Ibid*.

[3] N°⁵ xxxix, xl, xli, des *Pièces justificatives*, à la suite du Rapport de Courtois sur les papiers de Robespierre. *Biblioth. hist. de la Révol.*, 856-7-8. (*British Museum*.)

[4] *Ibid*.

rocité qui peint l'époque, il écrit : « La sainte guillotine est dans la plus brillante activité, et la bienfaisante Terreur produit ici, d'une manière miraculeuse, ce qu'on ne devait espérer d'un siècle au moins par la raison et la philosophie[1]. »

La guillotine parcourait, en effet, l'Alsace dans ce moment, non point à la suite de Saint-Just et de Lebas, dont pas une goutte de sang ne tacha les mains, mais à la suite d'un misérable qu'ils appelèrent, au contraire, à rendre compte de sa sinistre puissance, et auquel ils mirent le pied sur le front.

Quand Saint-Just et Lebas étaient arrivés à Strasbourg, ils y avaient trouvé installé, sous la présidence d'un moine défroqué nommé Taffin, un tribunal révolutionnaire composé d'hommes tarés[2], du milieu desquels se détachait l'affreuse figure d'Euloge Schneider.

C'était un homme de trente-sept ans, à la taille épaisse et courte, aux cheveux ras, aux yeux fauves, ombragés de cils roux. Sa face orbiculaire, d'un gris livide, était frappée çà et là de quelques rougeurs et criblée de petite vérole[3]. Né d'une famille de paysans, à Wipfeld, village de l'évêché de Würtzbourg, il fut élevé par les Jésuites; entra à l'hôpital Saint-Jules, d'où il se fit renvoyer pour inconduite; marqua quelque repentir; prit l'habit religieux, et, après neuf ans passés dans le cloître, fut envoyé à Augsbourg comme prédicateur. Un sermon qu'il y fit sur la tolérance l'ayant désigné à la colère de ses

[1] *Biblioth. hist. de la Révol.*, 856-7-8. (*British Museum.*)
[2] *Hist. parl.*, t. XXXI, p. 29.
[3] Charles Nodier, *Souvenirs de la Révolution*, t. I, p. 12. — Michaud jeune, à l'article Nodier dans la *Biographie universelle*, paraît trouver invraisemblable que Nodier, qui n'avait alors que dix ou onze ans, ait été envoyé par son père apprendre le grec chez Schneider. Eh! qu'y a-t-il donc là d'invraisemblable? On ne se met pas au grec à vingt ans. Ah! si Charles Nodier avait dit un peu plus de mal de Saint-Just !

supérieurs, il renonce au cloître, est appelé à Stuttgard, avec le titre de professeur, par le duc Charles de Wurtemberg, s'affilie à l'association de Weishaupt, reçoit de l'électeur de Cologne une chaire de grec et d'humanités à Bonn, la perd, et, se présentant à Strasbourg, comme martyr des idées nouvelles, est imposé à l'évêque constitutionnel Brendel en qualité de vicaire général[1].

Il y avait deux partis à Strasbourg : l'un qui, conduit d'abord par Dietrich, puis par Monet, s'appelait le *parti français;* l'autre qui représentait l'esprit allemand et luttait contre l'identification absolue de l'Alsace avec la France.

Le premier de ces deux partis eut pour point d'appui, dès l'arrivée de Saint-Just et Lebas, une soixantaine de révolutionnaires fervents, appelés de divers points de la France, et dont l'association, moitié civile, moitié militaire, prit le nom de *Propagande.* Ces hommes, jeunes pour la plupart et pleins d'enthousiasme, eurent un costume particulier. On les distinguait à leur bonnet rouge, placé sur une chevelure flottante, à leur col nu, à leurs longues robes que retenait une ceinture tricolore, garnie de pistolets et de couteaux de chasse, à leurs brodequins de cuir écru[2]. On les logea au collége, et le général Dièche leur donna, outre une garde de douze hommes, des ordonnances à cheval pour porter leurs dépêches[3]. Leur mission consistait principalement à combattre les tendances fédéralistes et les préjugés locaux, à recommander l'usage de la langue française, à déraciner enfin tout ce que l'Alsace gardait encore d'allemand. Accueillis d'abord

---

[1] Schœll, *Biographie universelle,* art. Schneider.

[2] *Histoire de la Propagande,* et des miracles qu'elle a faits dans cette commune, par les sans-culottes Masse, Jung, Vogt et Wolff. — C'est un pamphlet violent contre la *Propagande.* — *Bibl. hist. de la Révol.,* 1317-18-19. (*British Museum.*) — Voy. aussi les *Souvenirs de la Révolution,* de Charles Nodier.

[3] *Ibid.*

avec froideur et défiance par la Société populaire, ils arrivèrent à la dominer à ce point qu'ils y firent abolir les
séances en langue allemande[1]. Dans leurs rangs figuraient quelques énergumènes, un Richard, de Metz; un
Dubois, de Beaune, prêtre défroqué; un Duriège, de Sédan; un certain Moreau, qui ne se faisait appeler que
Marat[2]. Mais ces hommes n'exerçaient aucune influence
sur la *Propagande*, dont les vrais meneurs regardaient
Moreau-Marat comme un fou, et Duriège comme un intrigant dont le premier subissait l'empire[3]. La vérité est
que la *Propagande* rendit des services qui, lorsqu'elle
quitta Strasbourg, furent attestés par l'envoi d'une
adresse solennelle de la Société populaire à la Convention,
adresse qui exposait « le bien fait à Strasbourg par la ci-
devant *Propagande*, et le chagrin que son départ causait
aux sans-culottes[4]. »

Mais, dans le camp même des révolutionnaires, les
propagandistes avaient à combattre un parti très-fort, le
parti démocratique-allemand, à la tête duquel marchaient
Jung, Vogt, Léorier, Wolff, Clavel[5], tous hommes tarés,
à l'exception du cordonnier Jung: Wolff et Clavel, juges
l'un et l'autre, prirent part à tous les excès que nous
allons rappeler. Léorier était un agioteur que son immo-
ralité et son faste firent exclure de la Société populaire[6].
De Vogt, Jung lui-même, disait que « son âme était l'é-
gout de tous les vices[7]. » Voilà ceux auxquels Schneider

---

[1] C'est un des plus amers reproches que leur adressent les auteurs
de l'*Histoire de la Propagande*, etc.

[2] *Ibid.*

[3] Recueil des pièces authentiques servant à l'histoire de la Révolution à Strasbourg. — Extrait de la séance du Comité de surveillance,
du 17 germinal.

[4] *Ibid.* — Séance du Conseil de surveillance, du 4 nivôse, an II.

[5] *Ibid.* — Discours de Monet à la Société populaire de Strasbourg,
en date du 21 floréal.

[6] *Ibid.*, n. CIV.

[7] *Ibid.* — Discours de Monet.

se joignit, et qu'il ne tarda pas à traîner à sa suite[1].

Il avait été porté au poste d'accusateur public et s'était rendu maître absolu du tribunal révolutionnaire par l'ascendant qu'il prit sur l'homme qui présidait ce tribunal, un ancien prêtre nommé Taflin. Bientôt lui seul dirigea les jugements; et, comme il aimait jusqu'à la frénésie le vin et les femmes[2], son pouvoir servant ses vices, l'Alsace devint sa proie. Tandis qu'à Strasbourg Clavel, un de ses complices, mettait à l'amende les femmes qui ne portaient pas la cocarde et ceux qui ne se tutoyaient pas[3], lui, suivi de la guillotine, suivi du bourreau, promenait d'un bout à l'autre de l'Alsace palpitante ses convoitises, ses amours et ses colères d'oiseau de proie, prononçant des arrêts de mort dont il n'était tenu aucun registre, frappant sur les villages épouvantés des contributions, dont la nature et le montant restaient inconnus, dépensant jusqu'à huit mille livres pour un voyage du tribunal révolutionnaire à Oberehnheim, et se faisant annoncer par une nuée de prêtres autrichiens, apostats forcenés, dans les villes qui, à son approche, s'illuminaient de peur[4]! Saint-Just exerçait la dictature du salut public; Schneider, celle de l'égoïsme tout-puissant. Ce qu'il demandait à l'effroi des mères, c'était l'honneur de leurs filles[5]. Fouquier-Tinville lui-même en frémit quand il le sut. Le moine luxurieux avait d'étranges caprices de

---

[1] Dans *Saint-Just et la Terreur*, t. II, chap. IX. M. Édouard Fleury, entre autres erreurs, en commet une singulière. Il fait de Schneider et de Jung les chefs de la *Propagande,* tandis qu'ils l'étaient du parti contraire.

[2] Résumé des interrogatoires subis par les complices de Schneider. *Biblioth. hist. de la Révol.,* 1317-18-19. (*British Museum.*)

[3] *Ibid.*

[4] *Ibid.* — Discours de Monet, en date du 21 floréal. — Lettre des administrateurs du Bas-Rhin, en réponse à un écrit intitulé : *Euloge Schneider à Robespierre l'aîné.*

[5] Mémoire imprimé de Fouquier-Tinville. *Biblioth. hist. de la Révol.,* 947-8.

générosité : un jour, arrivant dans un village au moment
où le prêtre constitutionnel se mariait, il se prend d'intérêt pour le nouveau couple, et ordonne aux habitants
de doter les époux. La quête se fit... autour de la guillotine[1]! Tunck, prêtre autrichien, désirant se marier,
Schneider mit en réquisition, pour son complice, toutes
les jeunes filles de Barr[2]. Il était sujet à des désespoirs
de tyran : on le vit, dans son impuissance à découvrir un
ennemi qu'il destinait à l'échafaud, se rouler par terre en
rugissant et s'arracher les cheveux[3].

Quand on apprit à Strasbourg le résultat des *tournées*
de Schneider, l'indignation publique enhardit ses adversaires à l'attaquer. Plusieurs patriotes appartenant au
parti français se rendent chez les représentants Baudot
et Lacoste, sollicitant d'eux la destitution du terrible
moine. Mais l'affronter n'était pas un jeu. Autour de lui
bouillonnait l'écume de la Révolution, et son écume
sanglante. Ses partisans n'étaient point parvenus à exercer le despotisme de la force sans en avoir l'audace, et
l'énergie de leurs passions en égalait le désordre. Le
parti allemand, d'ailleurs, ne pouvait qu'avoir des racines
profondes dans un pays réuni depuis si peu de temps à
la France, dans un pays où il fallut que Saint-Just établît
des écoles gratuites de langue française et publiât une
proclamation conçue en ces termes : « Les citoyennes de
Strasbourg sont invitées à quitter leurs modes alle-
mandes, puisque leurs cœurs sont français[4]. » Lacoste

---

[1] Résumé des interrogatoires subis par les complices de Schneider,
ubi supra.

[2] Lettre des administrateurs du Bas-Rhin, sus-mentionnée.

[3] « Ce fait, est-il dit dans la biographie de Schneider par Schœll, fut
recueilli, en 1795, sur la déposition de l'officier de gendarmerie qui
en avait été témoin, et il se trouve consigné dans les procès-verbaux
du Directoire. »

[4] Collection des arrêtés de Saint-Just et Lebas, t. XXXI de l'*Hist.
parlem.*, p. 40.

et Baudot hésitèrent donc. Mais Saint-Just n'hésita pas, lui. A peine informé de ce qui se passait, indigné, il se décide.

Ce jour-là même, Schneider devait rentrer à Strasbourg. Il venait d'épouser une jeune fille, non pas précisément de force, comme on l'a prétendu [1], mais après sommation péremptoire adressée au père, à une heure du matin, pour que celle que Schneider aimait eût à venir partager son lit [2]. Il fit son entrée dans la ville, ayant avec lui sa jeune femme, ses juges, sa guillotine, son bourreau. Il s'étalait triomphalement sur un grand char à quatre roues que six chevaux traînaient, et autour duquel caracolaient, portant une tête de mort peinte sur leur baudrier et leur sabretache, les hussards de son escorte. Ceci avait lieu le 23 frimaire (13 décembre); et, le surlendemain, par une pluie battante, au centre de la place d'armes, au milieu d'un immense concours de peuple qu'agitaient mille sentiments confus où dominait la stupeur, un homme, horriblement pâle, apparaissait debout sur la guillotine, entre deux valets de bourreau. C'était le chef du parti allemand, l'oppresseur de l'Alsace, c'était Schneider [3].

Après lui avoir fait subir toute l'ignominie de ce supplice moral, Saint-Just ordonna qu'il fût traîné de brigade en brigade jusqu'à Paris. Renfermé à l'Abbaye, on l'y eût oublié, peut-être, si Robespierre n'eût un jour demandé, du haut, de la tribune, « pourquoi le prêtre

---

[1] Voy., dans la *Biographie universelle*, l'art. Schneider.

[2] Lettre des administrateurs du Bas-Rhin, en réponse à un écrit intitulé : *Euloge Schneider à Robespierre l'aîné.* — *Biblioth. hist. de la Révol.*, 1317-18-19. (*British Museum.*)

[3] Voy. l'*Histoire parlementaire*, t. XXXI, p. 30 et l'article biographique de Schneider, par Schœll. — Dans ses *Souvenirs de la Révolution*, t. I, p. 25, Charles Nodier a raconté aussi cet événement, mais en y mêlant, d'après des *on dit* populaires, des circonstances romanesques.

de Strasbourg vivait encore[1]. » Il parut devant Fouquier-Tinville, qui le passa au bourreau[2].

La faction dont il était l'âme fut transportée de rage. Les plus violents parlèrent de courir poignarder Saint-Just. Jung, furieux, criait : « Allons brûler la moustache aux dictateurs[3] ! » Mais, loin de reculer, l'indomptable Saint-Just ne songea qu'à compléter son ouvrage par le renouvellement du tribunal de Schneider.

Quelques exemples donneront une idée de l'esprit qui animait ce tribunal, plus redouté encore des pauvres que des riches. Nous copions les minutes imprimées :

« Dorothée de Frantz, la Ruprechtsau, convaincue d'avoir vendu deux têtes de salades à vingt sous et avili par là la valeur des assignats, est condamnée à une amende de trois mille livres, à six mois d'emprisonnement et à être exposée au poteau pendant deux heures[4]. —Anne Wolf, de Roshcim, convaincue d'avoir demandé quarante livres d'un demi-boisseau de noix et d'avoir par là avili la monnaie nationale, est condamnée au poteau pendant deux heures, à un emprisonnement de trois mois et à une amende de trois mille livres[5]. — Joseph Wolf, de Bischheim, colporteur, *accusé* d'avoir vendu un portefeuille de papier quinze sous, et un petit morceau de savon dix sous, est condamné à être mené devant l'avant-garde de l'armée, tenant le portefeuille d'une main et le savon de l'autre, avec un écriteau attaché sur la poitrine et portant le mot *agioteur*. Il s'éloignera *avec sa famille* à vingt lieues des frontières[6], etc... etc... »

[1] Schoell.
[2] *Moniteur*, germinal, an II (1794).
[3] Discours prononcé par Monet à la Société populaire, le 21 floréal. *Biblioth. hist. de la Révol.*, 1317-18-19. (*British Museum.*)
[4] Recueil des pièces authentiques servant à l'histoire de la Révolution à Strasbourg. *Bibl. hist. de la Rév.*, 1317-18-19. (*British Museum.*)
[5] *Ibid.*
[6] *Ibid.*

Il faut tout dire : bien persuadés que le plus sûr moyen de tuer la Révolution était de tuer les assignats, les royalistes avaient porté de ce côté leurs plus ardents efforts ; et tel était l'effroi qu'ils étaient parvenus à répandre, que, pour forcer les assignats et faire respecter la loi, la peine même des galères étant devenue insuffisante, les délinquants avaient été menacés de mort, par décision du 24 brumaire, signée Taffin, président; Euloge Schneider, commissaire civil ; Wolff, Clavel, juges ; Weiss, secrétaire greffier[1]. Mais le tribunal de Schneider avait à rendre de bien autres comptes ! Comment ne pas frémir, quand on songe au vague épouvantable de condamnations formulées en ces termes : « Martin Ritter, de Geispolzheim, *accusé d'avoir corrompu par sa conduite aristocrate l'esprit de sa commune*, est condamné à la peine de mort et à la confiscation de tous ses biens au profit de la République[2] ! »

Et dans quelles mains reposait le pouvoir de faire tomber la tête d'un homme pour des crimes définis de la sorte ? Selon la déclaration du secrétaire greffier Weiss, lors de son interrogatoire, les juges, que dominait Schneider, s'assemblaient quelquefois en état d'ivresse. Un jour, sur son siège, Clavel était tellement pris de vin, qu'il fallut l'aller secouer pour le tirer de son assoupissement[3] ! Il suffit de constater que trente condamnations à mort, au moins, furent prononcées par un tribunal de cette espèce, pour faire comprendre le service qu'en le renouvelant Saint-Just rendit à l'Alsace[4].

[1] Recueil des pièces authentiques servant à l'histoire de la Révolution à Strasbourg. *Biblioth. hist. de la Révol.*, 1317-18-19. (*British Museum.*)

[2] *Ibid.*

[3] Résumé des interrogatoires subis par les complices de Schneider, *Bibliot. hist. de la Révol.*, 1317-18-19. (*British Museum.*)

[4] « Le nouveau tribunal, composé cette fois d'honnêtes gens, ne condamnait guère qu'à des amendes, et le plus souvent il acquitta. » Ainsi

Il était, pourtant, d'airain, cet homme! oui; mais ce qui l'avait rendu tel, c'était le génie de la Révolution qui le façonna pour son usage, comme tant d'autres... car, qu'il fût né sensible, enclin même à la volupté, la direction qu'il donna d'abord à ses pensées le prouve. Aussi les nécessités du rôle qu'il accepta de la destinée n'allèrent-elles pas jusqu'à déraciner entièrement dans lui le germe des vertus douces. Il s'occupait volontiers des enfants, il aimait les femmes avec respect, il honorait la vieillesse, il croyait au culte des ancêtres[1]. Quant au culte de l'amitié, si son dévouement absolu à Robespierre, son tendre attachement pour Couthon et Lebas, ne montraient pas de reste comment il sut le pratiquer, on pourrait, en tout cas, se faire une idée de la manière exaltée dont il le conçut par ce passage extraordinaire de ses *Institutions* : « Tout homme âgé de vingt et un ans est tenu de déclarer dans le temple quels sont ses amis. — Les amis sont placés les uns près des autres dans les combats. Ceux qui sont restés unis toute leur vie sont renfermés dans le même tombeau. — Celui qui dit qu'il ne croit pas à l'amitié, ou qui n'a pas d'amis, est banni[2]. » Lebas, qui avait épousé la plus jeune des filles du menuisier Duplay, écrivait à sa femme, le 8 brumaire (28 novembre) : « Saint-Just est presque aussi empressé que moi de revoir Paris. Je lui ai promis à dîner de ta main. Je suis charmé que tu ne lui en veuilles pas : c'est un excellent homme... Ce qui me le rend encore plus cher, c'est qu'il me parle souvent de toi

s'expriment, t. XXXI, p. 30, les auteurs de l'*Histoire parlementaire.* C'est vrai. Toutefois il est juste de dire que la très-rigoureuse condamnation du pelletier Schauer fut prononcée par le tribunal dont Mainoni eut la présidence.

[1] C'est ce que dit Charles Nodier, *Dictionnaire de la Conversation,* art. *Saint-Just :* et c'est ce que disent bien mieux encore les écrits de Saint-Just lui-même.

[2] *Institutions,* sixième fragment, 2, *Des affections.*

et me console autant qu'il peut. Il attache beaucoup de prix, à ce qu'il me semble, à notre amitié, et il me dit de temps en temps des choses qui sont d'un bien bon cœur[1]. »

Nous avons déjà raconté par quelle prodigieuse impulsion donnée à l'armée, Saint-Just et Lebas sauvèrent la frontière ; mais, pour être vu dans son vrai jour, le tableau de leurs services demande à être rapproché de celui du proconsulat immoral de Tallien, à Bordeaux ; des fureurs de Fréron et de Barras, soit à Toulon, soit à Marseille ; des mitraillades de Collot-d'Herbois et de Fouché, à Lyon ; des noyades de Carrier, à Nantes. Par ce rapprochement, on pourra décider quels furent les terroristes, de ceux qui firent le 9 thermidor ou de ceux qui le subirent! D'ailleurs, l'ordre des dates se trouve concorder ici avec l'ordre des idées.

C'est un récit lamentable à jamais que celui que nous allons aborder. Avant d'y entrer, reportons un instant notre pensée à l'époque de la réaction royaliste... car la justice nous crie de rappeler au lecteur :

Que la *Terreur blanche* dépassa de beaucoup la *Terreur rouge* en férocité et frappa un bien plus grand nombre de victimes ;

Que ce furent les soutiens de la *bonne cause*, monarchiens fanatiques ou girondins convertis, un Cadroy, un Chambon, un Durand-Maillane, ... un Isnard, qui déchaînèrent sur la France ces chevaleries royalistes de brigands, ces compagnies thermidoriennes d'assassins, connues sous le nom d'*Enfants du Soleil* ou de *Compagnies de Jéhu*[2] ;

Qu'il y eut à Aix un 2 septembre royaliste, avec incen-

---

[1] Correspondance privée de Lebas, communiquée par sa famille. Voy. l'*Hist parl.*, t. XXXV, p. 353.

[2] Voy. les pièces justificatives réunies par Fréron à la suite de son *Mémoire apologétique*.

die de la prison pour éclairer l'égorgement des prisonniers[1] ;

Que le fort de Tarascon fut souillé, à la distance de
moins d'un mois, par deux massacres dans lesquels
quatre-vingt-neuf républicains périrent[2] ;

Qu'en ce même lieu il arriva aux massacreurs de faire
monter les victimes, parmi lesquelles une mère et sa fille,
sur une tour très-élevée du château, pour se donner le
plaisir de les précipiter, à coups de baïonnettes, dans le
fleuve qui coule au bas[3] ;

Qu'au fort Saint-Jean, à Marseille, le 17 prairial (5 juin
1795), une *Compagnie du Soleil*, sous les ordres de Robin, fils d'un aubergiste, attaqua les cachots, allumant à
l'entrée des uns de la paille brisée mêlée de soufre, ba-
layant les autres avec du canon à mitraille, et ne cessant
de tuer, depuis midi jusqu'à dix heures du soir[4] ;

Qu'à Beaucaire, pour étouffer les détenus, suspects de
jacobinisme, on jeta un quintal et demi de soufre en-
flammé par le soupirail de leurs cachots[5] ;

Qu'à Lyon, après le 9 thermidor, la *jeunesse dorée* du
département traquait les républicains de porte en porte,
leur courait sus dans la rue, les égorgeait, et traînait les
cadavres jusqu'au Rhône où elle les jetait en disant :
« C'est un *mathevon de moins*[6] ; »

Que là aussi il y eut un égorgement en masse des pri-

---

[1] Extrait des registres de la commune d'Aix, du 23 floréal an III.

[2] Le second eut lieu dans la nuit du 20 juin (2 messidor 1795), le
premier avait eu lieu dans la nuit du 24 au 25 mai (5-6 prairial).
Procès-verbaux de la municipalité de Tarascon, communiqués par
M. David Millaud.

[3] Renseignements contenus dans une lettre particulière qui nous a
été adressée par M. David Millaud.

[4] Voy. dans le *Mémoire historique de Fréron sur la réaction royale
et les massacres du Midi*, le procès-verbal du massacre du fort Saint-
Jean, n° 4 des pièces justificatives, p. 124-131.

[5] *Ibid.* Pièces justificatives.

[6] *Hist parl.*, t. XXXVI, p. 412.

sonniers, plus un incendie, au sein duquel une femme
s'élança du haut d'une tour avec son enfant[1];

Qu'alors, pour la première fois dans le monde, le
meurtre devint la théorie des gens raffinés, la vengeance
une loi, et l'assassinat en place publique un jugement;

Qu'on fit *Charlemagne* à la bouillotte pour une partie
d'extermination;

Qu'avant d'étendre un doigt sanglant sur la bonbon-
nière d'une dame, tel beau jeune homme n'aurait eu
garde de se laver les mains; et qu'à la place des mégères
qui avaient porté la guillotine en boucles d'oreille, on eut
d'*adorables furies* qui portèrent le poignard en épingle[2].

C'est une montagne de forfaits à soulever que cette
histoire de la réaction thermidorienne. « Qu'on se représente une de ces longues charrettes à ridelles sur lesquelles on entasse les veaux pour la boucherie, et là,
pressés confusément, les pieds et les mains noués de
cordes, la tête pendante et battue par les cahots... des
hommes dont le plus grand crime était presque toujours
une folle exaltation dissipée en paroles menaçantes. Oh !
ne pensez pas qu'on leur eût ménagé... la vaine consola-
tion d'opposer un moment une résistance impossible à
une attaque sans péril, comme aux arènes de Constance
et de Galère ! Le massacre les surprenait immobiles; on
les tuait dans leurs liens et l'assommoir rouge de sang
retentissait encore longtemps sur des corps qui ne sentaient plus... Dans la bouche des tueurs, c'était le *Réveil
du peuple*, qui allait toujours augmentant d'éclat et de
sauvage expression; c'était le refrain de la *Marseillaise*
qui expirait de mort en mort dans la bouche des mourants. Seulement, on ne les mangeait pas[3]. »

[1] *Hist. parlem.*, t. XXXVI, p. 413.
[2] *Souvenirs de la Révolution et de l'Empire*, par Charles Nodier,
t. I, p. 124.
[3] *Ibid.*, p. 140 et 141.

Et sur les ravages de la *Terreur blanche*, l'histoire est à peu près restée muette, tandis que, pour dénoncer à l'univers ceux de la *Terreur rouge*, sa voix semble avoir emprunté le retentissement du tonnerre! Cependant ce qu'on aperçoit, invinciblement uni au souvenir de la seconde, c'est l'image de la patrie arrachée à l'invasion; mais dans quels périls écartés, dans quelles nécessités inouïes et fatales trouvera-t-on l'explication de la première?...

Reprenons notre récit.

Pendant que Saint-Just et Lebas sauvaient l'Alsace, Bordeaux subissait le proconsulat d'Ysabeau et de Tallien[1].

Ysabeau, ancien prêtre, homme instruit, nullement sanguinaire, mais insouciant, ami de la table et paresseux[2], avait eu d'abord pour collègues, dans le département de la Gironde, Chaudron-Rousseau et Baudot. Le premier séjour des commissaires de la Convention à Bordeaux ne fut que de quarante-huit heures, et ils se retirèrent à la Réole, petite ville située à douze lieues de distance. Baudot ne tarda pas à être envoyé en Alsace ; mais déjà Tallien était arrivé.

Fils d'un maître d'hôtel du marquis de Bercy, auquel il dut de recevoir de l'éducation, Tallien avait commencé par être élève de notaire, puis prote dans l'imprimerie du *Moniteur*[3]. L'exaltation révolutionnaire qu'il affichait

---

[1] Prudhomme, *Histoire générale et impartiale des erreurs, des fautes et des crimes commis pendant la Révolution française*, an V, t. II, p. 445.

[2] Voy. l'*Histoire de Bordeaux pendant dix-huit mois, par Sainte-Luce Oudaille*, dans la *Bib. Hist. de la Révol.*, 1528-9-30-1. (*British Museum*.)

Cette histoire prétendue n'est qu'un pamphlet déclamatoire, écrit en pleine réaction thermidorienne, avec l'intention manifeste d'écarter la responsabilité des excès commis à Bordeaux de la tête de Tallien, devenu alors le favori des contre-révolutionnaires.

[3] Michaud jeune. *Biographie universelle.*

lui ayant successivement ouvert les portes du club des Jacobins, celles de la Commune et enfin celles de la Convention, il marqua sa place parmi les plus violents. Il y a des hommes chez qui la violence n'est que l'agitation accidentelle d'un cœur corrompu ou le calcul d'un esprit sceptique, et qui peuvent, selon l'intérêt du moment, sous la pression des circonstances, faire acte de miséricorde sans être humains et commettre des cruautés sans être cruels. Tel fut Tallien. Il appartenait par essence à la classe des égoïstes et des voluptueux. Senar l'accuse, — mais Senar n'est point une autorité, — d'avoir dirigé, sous les ordres de Danton, le massacre des prisonniers d'Orléans. Ce qui est moins douteux, c'est que, complice des fureurs du 2 septembre, il leur déroba néanmoins quelques personnes, parmi lesquelles Hue, valet de chambre de Louis XVI[1]. Nous avons déjà cité ce mot de lui, qui scandalisa tant la Convention : « Eh ! que m'importent quelques pillages particuliers[2] ? »

Sa politique, à Bordeaux, s'annonça d'abord comme modérée. Il mit sa signature à côté de celle d'Ysabeau, son collègue, au bas d'un arrêté destiné à prévenir l'abus des mesures extraordinaires commandées par les circonstances. Il était enjoint au comité révolutionnaire de surveillance de visiter les prisons pour y recevoir les réclamations des détenus, et à la municipalité d'indiquer aux représentants le moyen de rendre les prisons plus salubres et plus commodes[3].

De fait, rien ne nécessitait, à Bordeaux, l'emploi des rigueurs. Cette ville n'était pas, comme Strasbourg, sous la main de l'ennemi. Elle n'avait ni soutenu un siége

---

[1] Michaud jeune, *Biographie universelle.*

[2] Séance de la Convention, du 26 août 1793.

[3] *Collot mitraillé par Tallien.* — *Biblioth. hist. de la Révol.* — Comités de salut public et de sûreté générale, 2, 1795, n° 4 des pièces justificatives. (*British Museum.*)

exterminateur, comme Lyon, ni, comme Toulon, appelé
les Anglais. Même aux yeux des Montagnards, son crime
ne pouvait être que d'avoir penché un moment du côté des
Girondins... un moment! car elle les avait abandonnés
bien vite[1]; et lorsque, suppliés de quitter la Réole, Tallien
et Ysabeau, Chaudron-Rousseau et Baudot, s'y étaient décidés, les Bordelais, sortis en foule au-devant d'eux, des
branches de laurier à la main, leur avaient fait un
triomphe où l'on n'entendait d'autre cri que ceux de *Vive
la République! vive la Montagne*[2]!

Cependant quelle fut la ligne suivie par Tallien et
Ysabeau, devenus, par le départ de leurs deux autres
collègues, seuls dépositaires du pouvoir? Leur correspondance raconte l'histoire de leur mission. Laissons-
les parler :

« Le désarmement s'exécute aujourd'hui. Il donnera
des armes superbes à nos chers sans-culottes. Il y a des
fusils garnis en or. L'or ira à la Monnaie, les fusils iront
aux volontaires et les fédéralistes à la guillotine[3]. —Nous
demandons que le nom du département soit changé en
celui du Bec-d'Ambès[4]. — La punition des coupables a
commencé et ne finira que lorsque tous les chefs de la
conspiration auront subi la peine due au plus grand des
crimes. Le club national, composé de patriotes dignes
d'avoir été persécutés pour la cause du peuple, sera installé ce soir dans la salle magnifique du club des muscadins et des riches, que nous avons supprimé. Quelques
muscadins ont mieux aimé briser leurs armes et les jeter dans la rivière que de les apporter au dépôt. Nous

---

[1] Meillan et Louvet le constatent amèrement dans leurs Mémoires.
[2] Voy. la lettre des quatre commissaires, dans le *Moniteur* (an II
1793), n° du 7 du deuxième mois.
[3] *Moniteur*, etc.
[4] *Ibid.*

aurons soin de corriger ce dépit enfantin[1]. — Nous nous attachons à faire tomber la tête des meneurs et à saigner fortement la bourse des riches égoïstes[2]. — Nous avons supprimé ici les assemblées de sections[3]. — Nous ne sommes pas aussi avancés en philosophie qu'à Paris ; cependant nous espérons aussi célébrer bientôt la fête de la Raison, etc[4]... » Plus tard, Tallien, de retour à Paris, lisait à la Convention la lettre suivante de son collègue, en s'associant sans réserve à la politique qu'elle indiquait : « J'ai pris le parti de ne plus relâcher aucun ci-devant noble, même avec les preuves de patriotisme mentionnées dans la loi du 17 septembre, parce qu'on peut être aisément trompé sur ces preuves. La guillotine a fait justice avant-hier d'un prêtre assermenté : hier, une religieuse y a passé. Voilà la réponse à nos modérés qui avaient semé le bruit que la peine de mort était abolie[5]. »

En réalité, pendant le séjour d'Ysabeau et de Tallien dans une ville où la Terreur ne pouvait être qu'une affaire de luxe, il y eut cent huit individus guillotinés. C'est le chiffre qui, après le 9 thermidor, fut donné par Tallien lui-même. Il trouvait que c'était peu, et faisait le compte de ces cent huit têtes abattues, pour prouver son extrême modération[6].

Un arrêté affreux fut celui qui confiait le soin d'approvisionner Bordeaux à... l'incendie. Il était dit dans cet arrêté que, voulant réprimer par tous les moyens possibles les manœuvres contre-révolutionnaires et pourvoir

---

[1] Lettre d'Ysabeau et Tallien à la Convention nationale. *Moniteur*, 1793, an II, n° 38.

[2] Lettre d'Ysabeau et Tallien aux Jacobins, *Moniteur*, an II (1793), n° 72.

[3] *Ibid.*

[4] *Ibid.*

[5] *Moniteur*, an II (1793), n° 174.

[6] *Collot mitraillé par Tallien*, ubi supra, p. 9.

à l'approvisionnement de Bordeaux, les représentants enjoignaient au général de l'armée révolutionnaire de faire marcher des détachements de cette armée partout où il serait nécessaire, et de faire juger, comme accapareurs, tous ceux qui auraient refusé grains, légumes, fruits, lait, beurre, œufs, bestiaux, volailles. Malheur aux communes qui auraient « manifesté de la résistance ! » L'ordre était d'en « détruire toutes les habitations par le feu [1]. » Seulement, il était prescrit au général de l'armée révolutionnaire de rendre compte jour par jour des opérations aux représentants du peuple, et deux officiers municipaux devaient accompagner chaque détachement pour dresser procès-verbal de sa conduite [2]. Brune, chargé de l'exécution de cette mesure barbare, réclama énergiquement et empêcha qu'il y fût donné suite [3].

Encore si, dans Ysabeau et Tallien, la dignité d'une conduite austère s'était associée, comme dans Saint-Just et Lebas, à l'orgueil du commandement ! Mais non : tandis qu'à Bordeaux la pénurie des subsistances était extrême, et que chaque citoyen y était réduit à une ration de quatre onces de mauvais pain, qui souvent même manqua et dut être suppléé par des marrons ou du riz [4], les deux proconsuls mettaient en réquisition, pour leurs repas, les meilleurs vins, les denrées les plus exquises des îles [5]. Logés dans le bâtiment de l'ancien séminaire,

---

[1] *Collot mitraillé par Tallien*, n° 1 des pièces justificatives.

[2] *Ibid.*

[3] *Ibid.*, p. 4. — Rien de plus pitoyable que la manière dont Tallien cherche à écarter de lui la responsabilité de cet arrêté, dans sa réponse à Collot-d'Herbois. Il dit que les *dispositions convenues* furent dénaturées par le rédacteur ; que l'arrêté demeura plusieurs jours dans son secrétaire à lui, Tallien, sans qu'il en connût l'existence ; que le manuscrit fut envoyé à l'impression, *d'après ce qu'il apprit*, par un Perrens d'Herval, etc....

[4] *Collot mitraillé par Tallien*, ubi supra, p. 4.

[5] Prudhomme, *Histoire générale et impartiale*, etc , t. I, p. 456.

ils y affectaient un faste insolent. Une garde menaçante veillait à leur porte, et l'on ne pouvait parvenir jusqu'à eux qu'à travers une artillerie formidable [1].

Vain étalage ! On a vu avec quelle facilité et quel air Saint-Just, à Strasbourg, avait cassé les autorités révolutionnaires, imposé silence au mécontentement des Jacobins de l'Alsace, châtié Schneider et contenu les énergumènes. Ysabeau et Tallien, au contraire, eurent beau donner aux plus emportés des révolutionnaires bordelais des gages sanglants ; ils eurent beau s'environner de tout l'appareil de la puissance, ils ne purent jamais obtenir que leur propre parti les respectât. C'était un ex-secrétaire de Couthon, l'Auvergnat Perrens d'Herval, ancien moine charitain, selon Prudhomme [2], ancien souffleur de comédie, selon Tallien [3], qui, à Bordeaux, tenait le haut du pavé. Dans les rues, les jeunes gens qui formaient à cheval le cortége des représentants les abandonnaient aussitôt qu'ils apercevaient Perrens d'Herval [4]. Pour ce qui est du Comité de surveillance de Bordeaux, il tenait Tallien et son collègue en si petite estime, qu'il ne communiquait jamais avec eux, ne faisait aucune attention aux pétitions recommandées par eux, et méconnaissait quelquefois leurs arrêtés ; il alla jusqu'à interdire à ses membres toute visite aux deux proconsuls [5]. Eux dévorèrent pendant quelque temps ces outrages en silence ; mais enfin, éclatant, ils destituent le Comité par un arrêté où ils s'étudiaient à couvrir leurs griefs personnels,

[1] *Histoire générale et impartiale*, etc., t. I, p. 456.
[2] *Ibid.*, p. 444.
[3] *Collot mitraillé par Tallien*, ubi supra.
[4] Prudhomme, *Histoire générale et impartiale*, etc., p. 444.
[5] Tout ceci se trouve constaté dans la lettre même par laquelle Tallien et Ysabeau cherchèrent à justifier, aux yeux du Comité de salut public, la destitution du Comité de surveillance de Bordeaux. Voy. *Collot mitraillé par Tallien*, ubi supra.

dont au surplus ils ne faisaient pas mystère, sous des raisons d'humanité et de justice[1].

Le Comité de salut public attribua-t-il leur conduite à des ressentiments mal déguisés? Ou bien, comme il le leur écrivit, fut-il d'opinion que des considérants empreints d'un esprit de modération inattendu étaient dangereux « dans une ville où l'aristocratie mercantile avait machiné le fédéralisme ? » Toujours est-il qu'à leur arrêté il en opposa un autre qui le suspendait, et au bas duquel on lit les signatures de tous les membres du Comité de salut public, à l'exception, chose remarquable de celles de Robespierre, de Couthon et de Saint-Just[2].

Il est certain, du reste, que le proconsulat de Tallien se divise en deux périodes dont la seconde fut dominée par une influence qui tua insensiblement en lui le septembriseur d'abord et ensuite le révolutionnaire. Madame de Fontenay, fille du banquier espagnol Cabarus, étant venue à Bordeaux, Tallien la vit, il l'aima, et devint bientôt l'espoir des royalistes[3].

Aussi bien, il était naturel que la contre-révolution attirât tôt ou tard ceux à qui elle n'était apparue que comme un moyen d'avancement ou une occasion de rapines. Lorsque, plus tard, on vit Tallien, qui était né sans fortune, et à qui son mariage avec l'épouse divorcée de M. de Fontenay n'apporta qu'une dot de quarante mille livres, jouir de biens immenses et posséder en Normandie des herbages qui lui valaient jusqu'à quinze mille

---

[1] Voy. aux pièces justificatives de la brochure de Tallien, intitulée : *Collot mitraillé par Tallien.*

[2] *Ibid.*

[3] Prudhomme dit, dans son *Histoire générale et impartiale*, etc., p. 443, que « madame de Fontenay apprivoisa Tallien à peu près comme l'on apprivoise un jeune tigre. » C'est faire Tallien plus cruel qu'il ne l'était, quoiqu'il ait commis des cruautés. C'était un homme corrompu, voilà tout, et c'est bien assez.

livres de rentes[1], on chercha la source de cette richesse ; et cette source, « quelques personnes, dit Prudhomme, la trouvèrent dans l'inspection qu'à Bordeaux Tallien avait exercée sur l'argenterie enlevée aux églises et aux particuliers[2]. » Ce qui est sûr, c'est qu'il était l'ami du maire de la ville, successeur de Saige ; c'est qu'il prononça, en une certaine occasion, un pompeux éloge de cet homme, lequel, depuis, fut convaincu de s'être approprié une partie de l'argenterie saisie au nom de la République, et fut condamné, pour ce fait, à vingt ans de fers[3] !

Cette justice est due à Ysabeau, que lui du moins ne s'enrichit pas ; mais son pouvoir servit de voile à la cupidité d'un nommé Vallete, son secrétaire, qui le gouvernait et le trompait[4].

Tallien ne pouvait incliner vers la contre-révolution et faire fortune, sans avoir à redouter l'intégrité de Robespierre, aussi fut-il un des artisans les plus actifs du 9 thermidor.

Et quel fut son principal complice dans cette œuvre d'hypocrisie et d'iniquité ? Ce fut Fréron, qui ne s'y associa, lui aussi, que parce que Robespierre l'accusa d'avoir commis des excès dans sa mission de Marseille[5]. »

Après la prise de Toulon, en effet, et les exécutions qui ensanglantèrent cette ville, Barras et Fréron s'étaient rendus à Marseille, qui ne les connaissait que trop par un premier séjour, dont Fréron annonçait d'avance les

---

[1] *Histoire générale et impartiale*, p. 449.

[2] *Ibid.*

[3] *Ibid.*

[4] *Ibid.*, p. 445.

[5] Ce que dit formellement Barère dans ses *Mémoires*, t. IV, p. 14. Et certes, le témoignage de Barère en faveur de Robespierre n'est pas suspect.

résultats à Moyse Bayle, en ces termes : « Nous allons prendre des mesures extraordinairement terribles[1]. » Une de ces mesures avait été la création d'un tribunal révolutionnaire. Mais, au gré de Fréron, ce tribunal, « quoiqu'il allât bien, n'allait pas assez vite[2]. » Il le remplaça donc, à peine de retour à Marseille, par « une commission de six membres, jugeant à trois, sans accusateur public ni jurés. Après avoir demandé aux accusés leur nom, leur profession et quelle était leur fortune, on les faisait descendre pour les placer sur une charrette qui stationnait devant le Palais de Justice. Les juges paraissaient ensuite sur le balcon, d'où ils prononçaient la sentence de mort. Telle était la méthode expéditive imaginée par Fréron[3]. Un jeune homme de vingt ans figurait à la tête de cet horrible tribunal, qui, en dix jours, fit périr cent soixante personnes[4], et dont les exploits inspiraient à Fréron un enthousiasme exprimé dans cette lettre de lui à Moyse Bayle : « La commission militaire va un train épouvantable contre les conspirateurs. Quatorze ont déjà payé de leur tête leurs infâmes trahisons; ils tombent comme grêle sous le glaive de la loi. Demain, seize doivent être encore guillotinés, presque tous les chefs de légion, notaires, sectionnaires, membres du tribunal populaire, ou ayant servi dans l'armée départementale. En huit jours, la Commission militaire fera plus de besogne que le tribunal n'en a fait en quatre mois. Demain, trois

---

[1] Lettre de Fréron, en date du 23 brumaire an II. Voy. les éclaircissements historiques, à la suite du *Mémoire de Fréron sur la réaction royale et les massacres du Midi*, p. 350. Collection des Mémoires sur la Révolution française.

[2] Lettre de Fréron à Moyse Bayle, en date du 22 frimaire, an II, dans la brochure intitulée : *Moyse Bayle au peuple souverain et à la Convention nationale*, p. 3. *Biblioth. hist. de la Révol.*, 995-6-7. (*British Museum.*)

[3] Note de Moyse Bayle.

[4] Voy. l'article Barras dans la *Biographie des Contemporains*.

négociants dansent aussi la Carmagnole ; c'est à eux que nous nous attachons[1]. »

Fréron écrivait encore : « Je crois Marseille incurable, à moins d'une déportation de tous les habitants et d'une transfusion des hommes du Nord[2] ; » et, dans une lettre qu'il adressait au Comité de salut public, on lit cette phrase : « Toute ville rebelle doit disparaître de dessus le globe[3]. »

Voici en quels termes Isnard trace le tableau de la guerre que Fréron, non content de frapper les hommes, déclara aux monuments :

« J'entre à Marseille : je visite l'ancien édifice des Accoules ; je trouve ses tours abattues ; je demande si le feu du ciel les a frappées ; on me dit : Non, c'est Fréron.

« Je porte mes pas vers le quartier Ferréol ; je veux revoir ce temple qui embellissait la ville, et, ne trouvant plus que des décombres, je demande qui a renversé ces colonnes ; on me dit : C'est Fréron.

« Je me suis rendu à la salle des concerts, et, ne la trouvant plus, j'ai demandé quel vandale avait fait disparaître cet asile des arts ; on m'a dit : C'est Fréron.

« Arrivé sur la place de la Bourse, mes yeux veulent admirer les chefs-d'œuvre de l'immortel Puget ; un artiste me dit : Fréron les a détruits[4]. »

Dans Barras, autre thermidorien futur, Fréron avait un digne collègue. Ils ôtèrent à la ville des Phocéens son nom antique pour l'appeler la *Ville sans nom*, oubliant de quelle cité étaient partis les héros du 10 août, et par

---

[1] Voy. les éclaircissements historiques, p. 350 et 351, à la suite du *Mémoire de Fréron sur la réaction royale*, etc.

[2] Lettre à Moyse Bayle. Voy. *Moyse Bayle au peuple souverain et à la Convention nationale*, p. 4. *Biblioth. hist. de la Révol.*, 995-6-7. (*British Museum.*)

[3] *Ibid.*

[4] Voy. les éclaircissements historiques, à la suite du *Mémoire de Fréron*. Note *b*.

quelle cité avait été baptisé l'hymne sublime de la Révolution ; ils ajoutèrent les exactions aux barbaries, et, « lors de leur rappel, ne portèrent au trésor public, à la place des huit cent mille francs qu'ils étaient chargés d'y déposer, qu'un procès-verbal de leur voiture renversée dans un fossé[1]. »

Ici, un rapprochement se présente.

Aussitôt après la prise de Toulon, où Robespierre jeune avait donné l'exemple du courage, il avait quitté Fréron. Ce fut un grand malheur pour Marseille. On vient de lire les lettres du second ; qu'on les compare à celle-ci, que le premier adressait à son frère, dans le secret de l'intimité et avec « tout l'abandon qui résulte d'une parfaite simultanéité de sentiments[2] : » « ... Rien n'est plus facile que de conserver une réputation révolutionnaire, aux dépens de l'innocence. Les hommes médiocres trouvent dans ce moyen le voile qui couvre toutes leurs noirceurs ; mais l'homme probe sauve l'innocence, aux dépens de sa réputation. Je n'ai amassé de réputation que pour faire le bien, et je veux la dépenser en défendant l'innocence. Ne crains point que je me laisse affaiblir par des considérations particulières ni par des sentiments étrangers au bien public. Le salut de mon pays, voilà mon guide ; la morale, voilà mon moyen. C'est cette morale que j'ai nourrie, échauffée et fait naître dans tous les cœurs. On crie sincèrement *Vive la Montagne !* dans les pays que j'ai parcourus. Sois sûr que j'ai fait adorer la Montagne, et qu'il est des contrées qui ne font encore que la craindre, qui ne la connaissent pas, et auxquelles il ne manque qu'un représentant digne de sa mission,

---

[1] « Je tiens ce fait, dit Barère dans ses *Mémoires*, t. IV, p. 14, de Cambon, représentant de la trésorerie. »

[2] C'est l'expression dont se sert Charles Nodier, en parlant de cette lettre. Voy. *Souvenirs de la Révolution et de l'Empire*, t. I, p. 338; édition Charpentier.

qui élève le peuple au lieu de le démoraliser. Il existe un système d'amener le peuple à niveler tout ; si l'on n'y prend garde, tout se désorganisera. Robespierre jeune[1]. »

Si l'on songe que cette lettre n'était point destinée à voir le jour ; qu'elle appartient à une correspondance toute confidentielle, dont les « assassins des deux frères devaient seuls violer le secret[2], » et si, en outre, on remarque que la forme même de cette communication intime implique un accord absolu de sentiments et de pensées entre celui qui écrit et celui auquel on écrit : « Ne crains point que je me laisse affaiblir par des considérations particulières, etc., » on aura une preuve de plus, et bien frappante, à ajouter à toutes celles qui nous montrent dans Robespierre l'homme le plus calomnié qui ait jamais paru sur la scène du monde !

Et, certes, son frère ne le trompait pas en lui mandant qu'il avait fait adorer la Montagne. « C'est lui, écrivait la société populaire de Manosque, c'est lui qui, avec Ricord, a sauvé Manosque de l'injustice et de la tyrannie du Midi. Il s'y est immortalisé par sa *générosité et sa clémence*[3]. »

Pendant ce temps, que se passait-il à Lyon ?

Le 8 brumaire (29 octobre), Collot-d'Herbois, à Paris, s'était écrié : « Je pars demain, et je proteste que je re-

---

[1] N° LXXXIX des pièces à la suite du Rapport de Courtois sur les papiers trouvés après la mort de Robespierre. *Biblioth. hist. de la Révol.*, 806-7-8. (*British Museum.*)

On sait que les papiers trouvés chez Robespierre après sa mort ne furent publiés par Courtois qu'après un TRIAGE auquel présida la haine et où les ennemis du vaincu de thermidor cherchèrent un moyen de justifier l'assassinat qu'ils avaient commis. Il faut s'applaudir de l'heureuse inadvertance qui a fait échapper le document qui précède au sort de tant d'autres pièces qui, par la plus grande de toutes les iniquités, ont été soustraites à la connaissance de l'histoire.

[2] Ces mots sont de Charles Nodier. Voy. *Souvenirs de la Révolution et de l'Empire*, t. I, p. 338.

[3] N° I des pièces justificatives, à la suite du Rapport de Courtois.

viendrai vous apprendre que le Midi est *purifié*[1]. » Le
13 brumaire (3 novembre), l'homme que Lyon avait connu
comédien y entrait en maître.

On a prétendu qu'il y avait été sifflé autrefois et que
le désir de venger cette injure embrasait son sang : invention de la haine ! Un écrivain royaliste, qui n'a pas
contre Collot-d'Herbois assez d'anathèmes, dit à ce sujet :
« Quoique j'habitasse Lyon au temps où l'on prétend que
Collot y fut sifflé, et quoique les événements de ce genre
fussent racontés dans toutes les sociétés..., je n'ai jamais
ouï dire que Collot eût reçu une pareille mortification
dans notre ville, où son espèce de talent plaisait beaucoup[2]. » Ses mœurs d'ailleurs et son attitude n'étaient
nullement d'un homme vulgaire, à l'époque dont on parle.
Littérateur autant qu'acteur, il se conduisait avec dignité[3], était reçu dans le monde, et figura même dans
les fêtes données par le fameux et infortuné Flesselles,
alors intendant du roi à Lyon[4]. Les excès auxquels il s'emporta furent donc l'effet d'une organisation viciée et d'une
exaltation d'esprit que déprava la Toute-Puissance. Encore est-il douteux qu'il eût marché d'un pas assuré dans
la voie du meurtre, s'il avait été seul; malheureusement,
le 7 brumaire au soir, Fouché parut.

De ces deux natures de tyran, la plus calme était la
plus redoutable. Collot-d'Herbois avait des transports furieux; mais chez lui, du moins, l'ivresse du sang avait
besoin d'être soutenue par celle du vin : la cruauté de
son collègue était froide comme l'acier. Collot-d'Herbois
cherchait des sophismes, pour s'encourager à être impitoyable; il disait : « C'est faire un grand sacrifice que

[1] *Moniteur*, an II (1793), n° 41.
[2] *Mémoires de l'abbé Guillon de Montléon*, t. II, chap. xvi, p. 332
et 333.
[3] *Ibid.*
[4] *Ibid.*, t. II. p. 333.

d'oublier la *sensibilité physique*, afin de ne songer qu'à son pays[1]. » Fouché écrasait les hommes en marchant, par pur mépris de l'âme humaine ; il écrivait, lui qui devait devenir le fléau des républicains : « Il faut que tout ce qui fut opposé à la République ne présente aux yeux des républicains que des cendres et des décombres[2]. »

On a vu combien la politique de Couthon, à Lyon, avait été modérée. Fidèle à la doctrine professée par Robespierre sur la nécessité de ne jamais confondre la faiblesse avec le crime, les grands coupables avec ceux qu'ils égarent[3], Couthon avait institué deux Commissions strictement soumises à l'observation des formes, et tenues « de distinguer entre le conspirateur et les malheureux qu'avaient entraînés l'aveuglement, l'ignorance, surtout la pauvreté[4]. » Une lettre adressée à Robespierre et trouvée, après sa mort, parmi ses papiers, exprime vivement l'impression qu'avait laissée dans l'esprit des Lyonnais la conduite de Couthon, comparée à celle de ses successeurs : « Ah ! si le vertueux Couthon fût resté à Commune-affranchie, que d'injustices de moins !... Le coupable seul eût péri. Mais Collot[5] !... »

Aussi le premier acte du nouveau proconsul fut-il de décrier à mots couverts la politique de son prédécesseur.

---

[1] Séance des Jacobins du 6 ventôse. Voy. le *Moniteur*, an II (1794), n° 161.

[2] Lettre de Fouché, n° xxv des pièces justificatives, à la suite du Rapport de Courtois sur les papiers trouvés après la mort de Robespierre. *Biblioth. hist. de la Révol.*, 806-7-8. (*British Museum.*)

[3] Voy., dans le volume précédent, le discours qu'il prononça pour sauver les soixante-treize Girondins.

[4] Ce sont les propres termes de la pétition que des Lyonnais présentèrent à la Convention, le 20 décembre, contre Collot-d'Herbois.

[5] Lettre de Cadillot à Robespierre, n° cvi, des pièces justificatives, à la suite du Rapport de Courtois. *Biblioth. hist. de la Révol.*, 806-7-8. (*British Museum.*)

Il manda au Comité de salut public que bien des embarras naissaient de l'insuffisance des premières mesures prises[1] ; que les démolitions avaient été jusqu'alors conduites lentement ; que la Commission militaire avait trop souvent employé à juger ceux contre qui elle n'avait pas de preuves, et qu'elle avait élargis, des moments dont chacun eût dû être un jugement terrible prononcé contre les coupables ; que, quant au Tribunal, son action, quoique plus ferme, était encore trop languissante, et qu'il avait peu opéré[2]. » Il ajoutait, pour adoucir ce que cette attaque à la politique robespierriste avait de personnel et pouvait avoir d'irritant : « Il est convenu que Laporte ira se reposer une décade à la campagne. Les fatigues qu'il a eues sont infinies. Les miennes disparaissent, lorsque je songe que Couthon en a supporté de plus grandes[3]. »

Il convient de dire, pour être juste envers tous, que le mal, à Lyon, semblait appeler l'emploi de remèdes énergiques. La modération extrême de Couthon, loin de gagner les contre-révolutionnaires, les avait enhardis. Les lieux publics retentissaient de bravades. Plusieurs s'en allaient disant : « Nous avons perdu la partie, mais nous aurons notre revanche[4]. » D'autres attachaient hautement leur espoir à l'apparition d'un nouveau Précy[5]. Pour jeter l'indécision parmi les membres du Tribunal

[1] Lettre de Collot-d'Herbois au Comité de salut public, en date du 19 brumaire (9 novembre), n° LXXXVIII des pièces justificatives, à la suite du Rapport de Courtois. *Ibid.*

[2] Lettre de Collot-d'Herbois au Comité de salut public, en date du 17 brumaire (7 novembre). *Ibid.*

[3] *Ibid.*

[4] Rapport de Collot-d'Herbois sur la situation de Lyon. Séance du 1er nivôse (21 décembre). Voy. le *Moniteur*, an II (1794), n°° 113, 114.

Il est à observer que ce Rapport de Collot-d'Herbois fut confirmé par la Société populaire de Lyon. Voy. la séance du 8 pluviôse, dans le *Moniteur*, an II (1794), n° 150.

[5] *Ibid.*

populaire, on parlait d'une amnistie prochaine. Les détenus s'évadaient. Les riches, auxquels le pauvre était asservi *par la féodalité des besoins*[1], poussaient en secret à des attroupements séditieux. L'accusateur public, qui avait fait condamner Chalier, se promenait en levant la tête. Enfin, les femmes étaient employées à ébranler par d'artificieuses caresses, quelques-unes par la prostitution, l'attachement du soldat au drapeau[2].

Nul doute qu'un semblable état de choses ne réclamât l'action d'un pouvoir ferme. Mais le remède consistait-il donc, comme l'affirme Collot-d'Herbois, « à imprimer à la faux de la mort un tel mouvement qu'elle moissonnât à la fois tous les coupables[3]? » L'imbécillité sauvage de cette théorie d'extermination, Collot-d'Herbois la dénonçait lui-même, à son insu, lorsqu'il écrivait, le 17 brumaire, au Comité de salut public : « La prolongation du siége et les périls que chacun a courus ont inspiré une sorte d'indifférence pour la vie, si ce n'est tout à fait le mépris de la mort. Hier, un spectateur, revenant d'une exécution, disait : « Cela n'est pas trop dur : que ferai-je pour être guillotiné[4]? » La fusillade effrayerait-elle ceux que n'effrayait point la guillotine? Plus tard, Collot-d'Herbois fut amené à déclarer lui-même que l'attente d'une exécution militaire produisait moins d'effet sur les condamnés que la perspective de l'échafaud!

Trois jours après l'arrivée de Fouché à Lyon, le 20 brumaire (10 novembre), les proconsuls donnèrent au peuple le spectacle d'une fête en l'honneur de Chalier. Le buste de cet ami des pauvres fut placé, couronné de fleurs, sur un palanquin que recouvrait un tapis tricolore. A

---

[1] Le mot est de Collot-d'Herbois. *Ibid.*
[2] *Ibid*
[3] *Ibid.*
[4] N° LXXXVIII des pièces justificatives, à la suite du Rapport de Courtois, *ubi supra.*

côté de l'urne où avaient été déposées ses cendres, on voyait, non sans attendrissement, la colombe qui consola le prisonnier. Au milieu de la place des Terreaux, où son sang avait coulé, s'élevait un autel de gazon. Ce fut vers ce lieu consacré, qu'au bruit d'une musique funéraire, interrompue de temps en temps par des cris de vengeance, le cortége se dirigea [1]... Commémoration touchante et terrible à la fois, s'il n'y avait eu là, pour la rendre scandaleusement burlesque, deux des grands prêtres de l'Hébertisme : Collot-d'Herbois et Fouché! C'était le moment où l'orgie hébertiste étourdissait Paris de ses éclats; et Robespierre n'avait pas encore invoqué la raison contre cette déesse de la Raison qu'on promenait ornée des grelots de la folie. On fit donc à « l'ombre de Chalier » l'injure d'encadrer dans la cérémonie, qui devait la « satisfaire [2], » de véritables scènes de mascarade; et Baigne put écrire aux Jacobins de Paris : « Le plus beau personnage de la fête était un âne décoré des harnais pontificaux, et portant la mitre sur la tête [3]. »

Ce jour-là même fut formée, sous le titre de *Commission temporaire de surveillance républicaine*, une Commission de vingt membres, divisée en deux sections, dont l'une devait rester en permanence à Lyon, et l'autre parcourir le département. Aux termes de l'arrêté qui la créa et de celui qui la définit, elle était appelée à former un *supplément révolutionnaire* à toutes les autorités constituées, avec mission d'accélérer leur mouvement et de leur communiquer plus d'énergie [4].

A peine installée, cette Commission adressa à toutes

---

[1] Lettre de Collot d'Herbois, Fouché et Laporte. Séance de la Convention du 25 brumaire. *Moniteur*, an II (1793), n° 57.

[2] Ce sont les expressions dont les trois représentants du peuple se servirent dans leur Rapport. *Ibid.*

[3] *Hist. parlem.*, t. XXX, p. 268.

[4] Arrêtés du 20 brumaire, an II, et du 15 brumaire, même année.

les municipalités des villes et des campagnes, et à tous
les comités révolutionnaires, une *Instruction* où l'on
trouve, associées à des hyperboles haineuses et aux élans
d'un enthousiasme farouche, des vérités que met vivement en relief un langage empreint de toute l'exaltation
de l'époque, mais quelquefois plein d'éloquence et de
force.

Les signataires de ce document, que nous regrettons
de ne pouvoir reproduire intégralement à cause de sa
longueur, étaient Duhamel, Perrottin, Guyon, Sadet,
Boissière, Agar, Marcillat, Théret, Fusil, Vauquois, Richard, Lafaye, Verd[1].

Ils commençaient par poser ce hardi principe : « Tant
qu'il y aura un être malheureux sur la terre, il y aura
encore des pas à faire dans la carrière de la liberté. »

Sans aller jusqu'à affirmer qu'une égalité parfaite de
bonheur fût possible entre les hommes, ils admettaient
la possibilité de rapprocher de plus en plus les intervalles
et proclamaient le devoir d'y travailler.

Ils assignaient pour but suprême à la Révolution d'empêcher que ceux qui produisent la richesse manquassent
de pain, et que la misère restât fiancée au travail.

Ils montraient l'aristocratie bourgeoise, si on en laissait une s'établir, produisant bientôt une aristocratie
financière; celle-ci conduisant à une noblesse; cette noblesse ayant besoin d'un trône qui lui fût un centre et
un appui; ce trône ramenant par degrés le régime des
roues, des cachots, des mainmortes, des dîmes, des
tailles, et donnant ainsi à parcourir de nouveau à la société, affaiblie par des efforts sanglants, toutes les étapes
de l'ancienne oppression.

Ils ne motivaient l'arrestation des suspects sur le désir

[1] Voy. ce document, reproduit *in extenso* dans les *Mémoires de
l'abbé Guillon de Montléon*, t. II, ch. xvii.

d'une vengeance légitime, que parce que ce désir était devenu une affaire de salut public.

Ils recommandaient aux républicains de ne jamais oublier la devise : *Paix aux chaumières, guerre aux châteaux*, s'ils ne voulaient pas que la foudre s'égarât dans leurs mains.

Partant de ce point de vue que la taxe à imposer aux riches était une mesure extraordinaire qui devait porter le caractère des circonstances, ils conseillaient aux membres des municipalités et comités révolutionnaires d'examiner, dans la sincérité de leur âme, et après s'être dépouillés de tout esprit de faveur, de partialité et de haine, quels étaient les besoins réels de chaque famille; de les déterminer eu égard au nombre des enfants et des employés nécessaires; de peser les gains et les profits; et de regarder l'excédant comme un tribut de justice dû à la Révolution militante, à la patrie menacée.

La patrie! voici comment ils demandaient qu'on la servît :

« Il faut que chaque citoyen éprouve et opère en lui-même une révolution égale à celle qui a changé la face de la France. Il n'y a rien, absolument rien de commun entre l'esclave et l'habitant d'un État libre : les habitudes de celui-ci, ses principes, ses sentiments, ses actions, tout doit être nouveau. Vous étiez opprimés; il faut que vous écrasiez vos oppresseurs. Vous étiez esclaves de la superstition; vous ne devez plus avoir d'autre culte que celui de la liberté, d'autre morale que celle de la nature. Vous étiez étrangers aux fonctions militaires; tous les Français sont désormais soldats. Vous viviez dans l'ignorance; il faut vous instruire. Vous ne connaissiez pas de patrie; aujourd'hui, vous ne devez plus connaître qu'elle, vous devez la voir, l'entendre et l'adorer partout... *Vive la République! vive le peuple!* Voilà le cri de ralliement du citoyen, l'expression de sa joie, le dédommagement de ses douleurs. Tout homme à qui cet enthousiasme est étranger, qui connaît d'autres plaisirs et d'autres soins que le bonheur du peuple; tout homme qui ouvre son âme aux froides spéculations de l'intérêt; tout homme qui calcule ce que lui vaut une terre, une place, un talent, et peut un instant séparer cette idée de celle de l'utilité générale; tout homme qui ne sent pas son sang bouillonner au seul nom de tyrannie, d'esclavage, d'opulence; tout homme qui a des larmes à donner aux ennemis du peuple, et ne réserve pas sa sensibilité pour les martyrs de la liberté... tous les hommes ainsi faits, et qui osent se dire républicains, mentent à la nature et à leur cœur : qu'ils fuient le sol de la liberté; ils ne tarderont pas à être reconnus et à l'arroser de leur sang impur. La République ne veut plus dans son sein que des hommes libres; elle est déterminée à exterminer tous les autres, et à ne reconnaître ses enfants que dans ceux qui pour elle seule sauront vivre, combattre et mourir [1]. »

La question religieuse était abordée en ces termes :

« Les rapports de Dieu à l'homme sont des rapports purement intérieurs, et qui n'ont pas besoin, pour être sincères, du faste du culte et des monuments apparents de la superstition. Citoyens, vous enverrez au trésor de la République tous les ornements d'or et d'argent qui peuvent flatter la vanité des prêtres, mais qui sont nuls pour l'homme vraiment religieux et l'Être qu'il prétend honorer. Vous anéantirez les symboles extérieurs de la religion qui couvrent les chemins et les places publiques, parce que les chemins et les places publiques sont la propriété de tous les Français, et que, tous les Français n'ayant pas le même culte, en flattant inutilement la

---

[1] Voy. le texte, reproduit intégralement dans les *Mémoires de l'abbé Guillon de Montléon*, t. II, ch xvii.

crédulité des uns, vous attaqueriez les droits et choque-
riez les regards des autres... Lorsque la France n'était
qu'un royaume, il fallait peut-être à vos âmes, ardentes
et sensibles, un aliment extraordinaire, et vous le trou-
viez dans la pratique superstitieuse de quelques vertus
que vous vous étiez forgées... Mais il est pour le républicain des jouissances invincibles qui attachent l'imagination, qui remplissent l'âme; et qui, par de nobles
sensations, l'élevant au-dessus d'elle même, la rappro-
chent réellement de cette essence suprême dont elle dé-
coule. Le républicain n'a d'autre divinité que sa patrie,
d'autre idole que la liberté. Il est essentiellement religieux, car il est juste, courageux et bon. Le patriote
honore la vertu, respecte la vieillesse, console le malheur, soulage l'indigence et punit les trahisons : quel
plus bel hommage pour la Divinité! Le patriote n'a pas
la sottise de l'adorer par des pratiques inutiles à l'humanité et funestes à lui-même : il ne se condamne pas
à un célibat apparent, pour se livrer plus librement à la
débauche; disciple de la nature, membre utile de la
société, il fait le bonheur d'une épouse vertueuse, il
élève des enfants nombreux dans les principes de la
morale et du républicanisme; et, lorsqu'il touche au
terme de sa carrière, il lègue à ses enfants, pauvres
comme lui, les exemples de vertu qu'il leur a donnés,
et à la patrie l'espérance de le voir renaître dans des
enfants dignes de lui[1]. »

Cri de guerre! cri d'amour!

Ce manifeste, considéré dans son ensemble, était un
résumé aussi animé qu'énergique des enseignements de
la philosophie révolutionnaire; et une émotion sincère
en colore le style; mais il manquait évidemment de mesure; en baptisant l'opulence du nom de tyrannie, ce

---

[1] *Mémoires de l'abbé Guillon de Montléon*, t. II, ch. XVII.

qui d'ailleurs était injuste, il aliénait mal à propos les riches; il ne ménageait pas assez des croyances qui ne pouvaient que se détourner du chemin de la Révolution, pour peu qu'on les effarouchât. Il faisait appel à l'esprit de vengeance et encourageait à tout oser *ceux qui agissaient dans le sens de la Révolution.* En un mot, c'était une œuvre trop violente, trop peu mûrie, comme déclaration de principes, et impolitique, comme acte émanant de l'autorité. Cependant Collot-d'Herbois et Fouché n'hésitèrent pas à l'approuver, ce qu'il est certainement permis de mettre au nombre de leurs torts, mais odieux de mettre au nombre de leurs crimes[1].

Le plus difficile problème à résoudre, pour Collot-d'Herbois, dès son arrivée à Lyon, avait été celui des subsistances, la ville n'ayant pas au delà de deux jours de vivres[2]. Et il est tristement curieux de voir dans les lettres de Collot-d'Herbois en quoi consistait à cet égard son chagrin. « Les subsistances! écrivait-il à ses collègues du Comité de salut public, vous ne pouvez comprendre combien cet objet nous fait perdre de temps; il énerve,

---

[1] Le lecteur sera peut-être étonné d'apprendre que l'abbé Guillon de Montléon, t. II, p. 354 et 355 de ses *Mémoires,* dit de la pièce qui vient d'être analysée que « c'est un chef-d'œuvre de scélératesse, qui passe tout ce qu'un esprit exercé aux conceptions perverses pourrait imaginer de plus abominable et de plus atroce. » Au reste, voici un exemple de la bonne foi de cet auteur : à la page 579, il dénonce comme une négation de l'immortalité de l'âme cette phrase de l'*Instruction :* « Le patriote lègue à ses enfants, pauvres comme lui, les exemples de vertu qu'il leur a donnés, et *à la patrie* l'espérance de le voir renaître dans des enfants dignes de lui. » Il est vrai que, dans le commentaire, l'abbé a soin de défigurer frauduleusement la phrase précédemment citée par lui-même dans le texte : « L'*Instruction,* dit-il, repoussait toute idée de l'immortalité de l'âme, puisqu'elle ne laissait à *l'homme mourant* d'autre espérance que celle de revivre dans ses enfants!... »

[2] Lettre de Collot d'Herbois au Comité de salut public, nº LXXXVIII des pièces justificatives à la suite du Rapport de Courtois, *Bib. hist. de la Rév.,* 806-7-8. (*British Museum.*)

il dissipe les forces à réserver pour les plus énergiques mesures[1]. » Mais il n'eut pas longtemps à souffrir de cette impatience sanguinaire.

Le drame que Fouché et lui venaient jouer à Lyon se composait de trois actes : guerre aux fortunes, guerre aux murs, guerre aux hommes. Ils établirent en conséquence, et coup sur coup, un Comité de séquestre, un Comité de démolition, une Commission révolutionnaire de sept juges; et l'œuvre de vengeance, devant laquelle avait reculé Couthon, commença.

Un châtiment qui embrasse une population tout entière a cela d'horrible que les ressentiments particuliers, se cachant dans la vindicte publique, la déshonorent. Collot-d'Herbois et Fouché n'eurent pas plutôt frappé du pied la terre, qu'il en sortit une armée de dénonciateurs. A ceux qui, animés d'un sincère et violent amour de la Révolution, ne voulaient que la justice, mais la voulaient inexorable, se joignirent ceux dont des haines secrètes rongeaient le cœur. Le patriotisme servit, en les masquant, les fureurs de l'envie et mit un glaive acéré aux mains des hommes de proie. Avait-on un ennemi à frapper, une basse convoitise à satisfaire? On prenait le titre d'*ami de Chalier*. Ces prétendus *amis de Chalier*, qu'il n'eût regardés, vivant, qu'avec horreur, pullulèrent[2]. L'ardeur des proconsuls à trouver des coupables une fois connue, il se fit un commerce infâme de dénonciations. Le séquestre pesa sur une foule de ménages dont les gardiens dilapidaient tout[3]. Même parmi les citoyens que la rébellion avait moins entraînés qu'enveloppés, beaucoup durent se cacher ou s'enfuir. Vaine ressource bien

[1] *Biblioth. hist. de la Révol.*, 806-7-8. (*British Museum.*)

[2] Lettre de Reverchon à Couthon, n° cl des pièces justificatives, à la suite du Rapport de Courtois sur les papiers trouvés après la mort de Robespierre, *Bib. hist. de la Rév.*, 806-7-8. (*British Museum.*)

[3] *Ibid.*

souvent ! Il était peu de repaires où la persécution ne pénétrât, et le nombre fut grand des nobles dont l'orgueil descendit en vain à revêtir les noirs vêtements du ramoneur ou à jouer le rôle de marchand de pourceaux. « C'est sous la bure, racontait triomphalement Collot-d'Herbois, que nous avons découvert le satellite Bournissac, conduisant sa femme sur un âne dans une retraite obscure[1]. »

Couthon, qui, comme on l'a vu[2], n'envisageait pas sans douleur et sans effroi la ruine de la seconde ville de France, avait admis à l'œuvre de démolition des enfants et des femmes, moyen adroit de faire traîner les choses en longueur et de laisser s'amortir le feu des premières colères : Collot-d'Herbois et Fouché s'en plaignirent ; ils blâmèrent hautement des mesures qui, disaient-ils, semblaient avoir été dirigées en sens contraire des décrets de la Convention[3]. On avait donc *choisi exprès des bras de femme, des bras d'enfant*, pour abattre des « bâtiments infâmes » qu'il fallait « faire tomber sous des coups redoublés et avec des bras robustes[4] ! »

Ah ! ce dut être un poignant spectacle que celui de ces édifices condamnés à mort, de ces démolisseurs couvrant les toits, de ces meubles encombrant les escaliers, de ces murailles s'écroulant au milieu de tourbillons de poussière et au bruit d'acclamations vandales ! Qu'on eût détruit, sans égard pour sa situation pittoresque, le château de *Pierre-Scise*, cette Bastille de Lyon, passe encore : l'art n'a point à porter le deuil des monuments qui ne rappellent que l'humanité outragée ; mais combien

---

[1] Séance de la Convention, du 26 frimaire (16 décembre). Voy. le *Moniteur*, an II (1793), n° 87.

[2] Chapitre VIII du volume précédent.

[3] Arrêté de Collot d'Herbois et Fouché, en date du 13 brumaire (3 novembre).

[4] *Ibid.*

peu philosophiques les transports d'une vengeance exercée sur les façades de *Bellecour*, sur les maisons du beau quai *Saint-Clair* ! Et quel agréable retentissement chaque coup du marteau destructeur ne dut-il pas avoir dans le cœur jaloux de l'étranger ! Lorsqu'avec ce mélange d'inflexibilité républicaine et de sensiblerie pastorale qu'aujourd'hui l'on a peine à comprendre, Collot-d'Herbois et Fouché disaient : « Sur les débris de cette ville superbe et rebelle qui fut assez corrompue pour demander un maître, le voyageur verra avec satisfaction quelques monuments simples, élevés à la mémoire des martyrs de la liberté, et des chaumières éparses que les amis de l'égalité s'empresseront de venir habiter pour y vivre heureux des bienfaits de la nature [1], » que ne songèrent-ils à la *satisfaction* de... William Pitt !

Par bonheur, le résultat fut très loin de répondre aux intentions que de tels mots annonçaient ; et l'on est frappé de l'exagération des récits royalistes, quand on en vient à passer des descriptions vagues aux faits précis. Dans la défense publiée plus tard par Collot-d'Herbois — car, à son tour, il eut à se défendre ! — on lit : « Les démolitions ont été dirigées vers les remparts et les forts. Il n'y a pas eu *quarante* maisons de démolies ; mais le feu de l'artillerie et les bombes en ont écrasé ou endommagé un grand nombre [2] » D'un autre côté, l'ultrarévolutionnaire lyonnais Achard, dans une lettre à son ami Gravier, gémissait de ce que « l'ouvrage ne paraissait pas, » bien qu'on dépensât quatre cent mille livres par décade pour démolitions et autres objets. « L'indolence des démolisseurs, ajoutait-il, démontre clairement que leurs bras ne

---

[1] Voy. leur lettre à la Convention, lue dans la séance du 25 brumaire (15 novembre), *Moniteur*, an II (1793), n° 57.

[2] *Défense de J. M. Collot*. Paris, 11 ventôse an III, dans la *Bibliothèque historique de la Révolution*, 1070-1-2. (*British Museum*).

sont pas propres à bâtir une république[1]. » Enfin, il est
bien certain que les deux proconsuls ne réalisèrent pas
les effroyables menaces contenues dans les lignes suivantes, qu'accompagnent leurs signatures : « Les démolitions sont trop lentes. Il faut des moyens plus rapides à
l'impatience républicaine. L'explosion de la mine et l'activité dévorante de la flamme peuvent seules exprimer la
toute-puissance du peuple[2]. »

Ce style d'énergumène doit-il être pris à la lettre? ces
exagérations de langage n'avaient-elles rien de calculé?
Lorsqu'après avoir précipité la réaction thermidorienne,
Collot-d'Herbois fut réduit à l'humiliation de la fléchir,
il écrivit, pour sa justification : « Il est vrai que nous
avons donné un grand caractère de sévérité à notre correspondance publique et particulière. En proclamant,
conformément aux décrets, que Lyon n'existerait plus,
nous avons, j'en suis sûr, réprimé des rébellions nais-
santes dans plusieurs communes ; et l'insertion de nos
lettres dans le Bulletin, ordonnée par la Convention, lui
a épargné la douleur d'employer des moyens plus violents[3]. »

Cette explication, admissible jusqu'à un certain point
en ce qui touche les édifices abattus, ne l'est pas en ce
qui concerne les têtes moissonnées. Ici, les actes ne furent
que trop conformes aux paroles !

Ronsin ayant fait son entrée à Lyon à la tête de l'armée
révolutionnaire, le 5 frimaire (25 novembre), Collot-
d'Herbois et Fouché publièrent, dès le surlendemain, un
arrêté qui transportait le jugement des citoyens réputés

---

[1] N° xcvii des *pièces justificatives*, à la suite du Rapport de Courtois,
Biblioth. hist. de la Révol., 806-7-8. (*British Museum.*)

[2] Lettre lue dans la séance de la Convention du 1ᵉʳ frimaire (21 novembre). *Moniteur*, an II (1793), n° 64.

[3] *Défense de J. M. Collot* dans la *Bibl. histor. de la Révol.*, 1070-1-2.
(*British Museum.*)

coupables à une Commission de sept membres, attendu
« que chaque moment de délai est un outrage à la toute-
puissance du peuple, et que l'exercice de sa justice n'a
besoin d'aucune autre forme que l'expression de sa volonté [1]. » C'était précisément l'opposé de la doctrine que
l'équitable Couthon avait donnée pour base à l'établissement de sa *Commission de justice populaire* [2]. Et ce qui
complétait cette différence, c'était la phrase farouche qui
terminait l'arrêté : « Les condamnés seront conduits en
plein jour, en face du lieu même où les patriotes furent
assassinés pour y expier, sous le feu de la foudre, une
vie trop longtemps criminelle [3]. » Si les Lyonnais avaient
pu douter du sens de ces mots, *sous le feu de la foudre,*
leur incertitude ne dura pas. La foudre, c'était le canon.

Il est à remarquer qu'à la veille d'épouvanter Lyon
par un massacre solennel, les deux proconsuls ne se
purent défendre d'une sourde inquiétude. Ils se demandèrent si la Convention approuverait ce supplice nouveau, sans avoir été consultée; ils pressentirent que le
cœur de Couthon serait contre eux, et la figure irritée
de Robespierre leur apparut. Deux lettres de Collot-
d'Herbois, l'une à Robespierre, l'autre à Couthon, le
prouvent.

Le 5 frimaire (25 novembre), Collot-d'Herbois écrit à
son *cher Robespierre*, qu'il flattera jusqu'au moment de
le tuer, une lettre doucereuse, habile, dont il est manifeste que chaque expression a été pesée, et où il cherche
à se justifier d'avance, par un sombre tableau des obstacles

---

[1] Arrêté du 7 frimaire (27 novembre).
[2] Voy. dans le n° cdxli du *Républicain français* le texte de la pétition présentée à la Convention par une députation lyonnaise, et notamment le passage de cette pétition où le système de Couthon est rapproché de celui de Fouché et de Collot d'Herbois. Ce passage est cité
dans le t. XXX de l'*Hist. parl.*, pag. 393. — Voy. aussi les *Mémoires
de l'abbé Guillon de Montléon*, t. II, ch. xviii, p. 395.
[3] Arrêté du 7 frimaire.

et des périls. « Crois-moi, mon ami, mesure les difficultés[1]... » Il s'étudie à gagner Robespierre, en lui rappelant que c'est sur son invitation qu'il s'est décidé à partir. Il ne parle de Couthon qu'avec des ménagements infinis : « ... Les premiers instants qui devaient accomplir... ayant été perdus, ce que nous avons fait est beaucoup. Il ne faut pas cependant croire que le respectable Couthon mérite aucun reproche; je répète que j'admire son courage. Mais est-il possible qu'il ne soit pas trompé dans la situation où il se trouve[2]? » Deux choses sont à noter dans cette lettre, si tragiquement diplomatique : la forme enveloppée que son auteur emploie pour annoncer les funèbres mesures qu'il médite : « Nous nous occupons à forger la foudre[3], » et son désir d'amener Robespierre à en partager la responsabilité, sans néanmoins lui présenter d'une manière directe d'autre idée que celle de la substitution d'une colonie de républicains à une population servile, et en ayant soin de lui renvoyer l'honneur de la réalisation : « Le décret sur Lyon, bien que nous ayons doublé et triplé les apparences, n'est réellement qu'une hypothèse : il t'appartient de le rendre ce qu'il doit être[4]. »

La lettre à Couthon est dans le même esprit. On cherche à s'assurer d'avance, sinon son approbation, au moins sa neutralité; on l'appelle *respectable ami!* on le cajole;

---

[1] Cette lettre figure au n° lxxxvi des *pièces justificatives*, à la suite du Rapport de Courtois.

[2] *Ibid.*

[3] *Ibid.*

[4] Le *Dantoniste* Courtois fait dire par Collot à Robespierre, dans cette lettre : « Il faut que Lyon ne soit plus, et que l'inscription *que tu as proposée* soit une grande vérité. » Les journaux du temps, et même le *Moniteur*, ne disent point qu'elle l'ait été par d'autre que Barère.

Cette note n'est pas de nous, comme on pourrait le croire; elle est d'un écrivain ultraroyaliste, grand ennemi de Robespierre, elle est de l'abbé Guillon de Montléon. Voy. ses *Mémoires*, t. II, chap. xviii. p. 405 et 406.

on lui parle de mesures sévères à prendre, mais on se garde bien de les spécifier. On lui donne même à entendre qu'elles se rapportent au projet de disséminer graduellement et avec précaution la population lyonnaise sur toute la surface de la France : « Il t'appartient, Couthon, de développer ces idées ; j'en ai déjà parlé à Robespierre. » De substituer le canon à la guillotine, pas un mot[1].

Pour ce qui est de l'Assemblée, il fallait la préparer à l'étonnement qu'on lui réservait ; les deux proconsuls lui écrivirent : « Nous vous envoyons le buste de Chalier et sa tête mutilée, telle qu'elle est sortie pour la troisième fois de dessous la hache de ses féroces meurtriers. Lorsqu'on cherchera à émouvoir votre sensibilité, découvrez cette tête sanglante[2]. »

Puisqu'ils étaient si incertains sur l'effet du coup qu'ils voulaient frapper, puisqu'ils avaient si peur de faire horreur, quel démon les poussa ? La rébellion était domptée : pourquoi chercher des raffinements à la politique de la terreur, dans une ville qui tremblait ? Mais le cœur humain a d'insondables abîmes. Le besoin de se prouver monstrueusement à eux-mêmes l'excès de leur pouvoir est la maladie des tyrans. Et où s'arrêtera un tyran qui se croit la liberté, qui se croit le peuple ? Il y a une profondeur qui consterne dans ces paroles de Fouché et Collot d'Herbois : « Les rois punissaient lentement, parce qu'ils étaient faibles et cruels ; la justice *du peuple* doit être aussi prompte que l'expression de sa volonté. Nous avons pris des moyens efficaces pour marquer *sa toute-puissance*[3]. »

Voici quels furent ces moyens :

Le 4 frimaire (4 décembre), dans la plaine des *Brot-*

---

[1] Voy. cette lettre, qui est datée du 11 frimaire (1er décembre), parmi les *pièces justificatives* à la suite du Rapport de Courtois, n° LXXXVIII.

[2] Rapport de Courtois, n° LXXXVI des *pièces justificatives*.

[3] *Ibid.*

teaux, sur une levée d'environ trois pieds de large, entre
deux fossés parallèles, propres à servir de sépulture, et
que bordait en dehors, le sabre à la main, une double
haie de soldats, vous eussiez vu, garrottés deux à deux, et
à la suite les uns des autres, soixante jeunes gens qu'on
venait d'extraire de la prison de Roanne. Derrière eux,
dans la direction du plan horizontal qu'ils couvraient,
des canons chargés à boulets [1].

La vérité exige que tout soit dit, absolument tout.
Parmi ces victimes et les victimes des jours suivants
étaient ceux qui, dans l'expédition de Montbrison, avaient
pendu les républicains à leurs fenêtres, ou plongé des familles entières sans nourriture au fond des souterrains
de *Pierre-Scise*, ou brûlé chaumières et récoltes; ceux
qui avaient mis la Convention hors la loi, et illuminé en
l'honneur de la guerre civile; ceux qui avaient fait prêter à leurs enfants des serments d'immortelle haine;
ceux qui, pendant le siége, en violation de trêves con-
clues, avaient tiré à mitraille sur des soldats républicains,
désarmés [2]. Mais des jugements sommaires ne sont pas
des jugements, et la justice, dès qu'elle devient vindi-
cative et féroce, cesse d'être la justice.

Au moment de mourir, les soixante condamnés avaient
entonné le chant girondin : le bruit du canon les interrompit... Les uns tombent pour ne plus se relever; les autres,
blessés, tombent et se relèvent à demi; quelques-uns sont
restés debout. O spectacle sans nom! Les soldats fran-

---

[1] *Mémoires de Delandine*, cité dans le tome XXX de l'*Hist. parl.*,
p. 431. — Quoique Delandine fût à Lyon à cette époque, il se trompe
en fixant à soixante-neuf les condamnés de cette première fournée;
ils n'étaient que soixante. Voyez la lettre qui fut adressée à la Commune de Paris, le 22 frimaire, touchant les exécutions, et, dans les
Mémoires de l'abbé Guillon de Montléon, t. II, une note qui se trouve
au bas de la page 417.

[2] Discours de Collot, dans la séance du 1ᵉʳ nivôse. Voy. le *Moniteur*,
an II (1794), nᵒˢ 113 et 114.

chissent les fossés et réparent à coups de sabre les erreurs commises par le canon. Ces soldats étaient des novices : l'égorgement dura[1]...

Pendant ce temps, une nombreuse et gémissante armée de femmes en deuil se dirigeait vers la demeure des proconsuls, que gardaient des artilleurs, la mèche fumante à la main. Repoussées et menacées, elles se retirèrent. Deux d'entre elles étaient soupçonnées d'avoir provoqué l'attroupement — « on les distingua, dit Collot-d'Herbois, à leur parure recherchée et à leur audace : » — elles furent arrêtées, et le Tribunal les condamna à une exposition de deux heures sur l'échafaud[2].

Un frisson d'horreur avait parcouru la ville : Fouché se hâta d'insulter à l'émotion publique par une proclamation où il adjurait les républicains de ne pas souffrir qu'une vaine pitié brisât le ressort de leurs âmes et les livrât à l'empire de ces ombres qui semblaient sortir du néant pour les effrayer. « Quelques décombres, quelques destructions individuelles, quelques cadavres, qui n'étaient plus dans l'ordre de la nature et qui allaient y rentrer, » qu'importait cela ? L'affranchissement de la terre était au bout ! Quant à eux, représentants du peuple, ils tenaient de lui le tonnerre, et ils ne le quitteraient que lorsque tous les ennemis du peuple seraient foudroyés. La régénération du monde était devant eux : ils y marcheraient à travers les ruines et les tombeaux[3]. Collot-d'Her-

---

[1] Delandine assure qu'il dura deux heures, ce qui est peu vraisemblable ; mais le fait de la prolongation du massacre est certain, il fut avoué, en pleine Assemblée, par Collot lui-même, dont voici les propres paroles : « Ces dispositions terribles ne furent pas assez rapides, et leur mort a duré trop longtemps. » Voy. le *Moniteur*, an II (1794), n⁰ˢ 113 et 114.

[2] Discours de Collot-d'Herbois, dans la séance du 1ᵉʳ nivôse. Voyez le *Moniteur*, an II (1794), n⁰ 113 et 114.

[3] *Recueil des arrêtés pris par les représentants du peuple envoyés à Commune affranchie*, p. 47.

bois, Laporte, Albitte, mirent leurs noms à côté de celui de Fouché. Lyon, comme Paris dans les journées de septembre, sentit le froid de la mort.

Mais qu'allait penser Robespierre, et comment l'amener à se compromettre par un acte qui rendît d'avance, de sa part, toute désapprobation publique impossible? Collot d'Herbois, qui n'avait pas reçu de réponse de Robespierre et que ce silence inquiétait, eut recours à Duplay : « Dis à Robespierre de nous écrire. Nos frères jacobins vont à merveille; une lettre de lui leur fera grand plaisir et sera d'un bon effet. » Suivaient mille assurances de tendre affection. Artifices inutiles! La démarche que Collot désirait si ardemment, Robespierre ne voulut jamais la faire[1], et sa réponse à Collot fut, comme nous le verrons, l'arrestation de Ronsin!

Il était resté dans les prisons de Roanne deux cent neuf Lyonnais. Le 15 frimaire (5 décembre), on les va chercher et on les traîne devant la *Commission révolutionnaire*. Ordre avait été donné au Tribunal de juger vite : il eut peur, et obéit[2]. Cette fois, les condamnés furent conduits dans une prairie longeant le chemin de la grange de la *Part-Dieu*. Ils avaient les mains liées derrière le dos : les cordes sont attachées à un long câble, fixé, de distance en distance, à chaque arbre d'une rangée de saules; un piquet de soldats est placé à quatre pas de chacun des condamnés, et l'on donne le signal. Ce fut une horrible boucherie. Les uns ont le bras emporté, les autres la mâchoire fracassée, les plus heureux furent les morts. Les agonisants criaient d'une voix lamentable, qui retentit longtemps jusque sur la rive opposée du

[1] C'est ce que remarque Guillon de Montléon lui-même, t. II, chap. xviii, p. 428.

[2] Delandine dit : « Peut-être la mort eût été pour les juges la punition de leur humanité ou d'un examen plus approfondi. » Voy. le passage cité dans l'*Hist. parl.*, t. XXX, p. 452.

Rhône : « Achevez-moi, mes amis, ne m'épargnez pas! »
Une balle, en emportant le poignet à Merle, ex-consti-
tuant, l'avait débarrassé de ses liens, et il fuyait : un
détachement de la cavalerie de Ronsin le poursuivit,
l'atteignit, le tua. Le nombre de ceux qui imploraient
le dernier coup prolongea cette affreuse exécution. Les
corps furent dépouillés, couverts de chaux et jetés dans
de larges fosses. En les comptant, l'on s'étonna d'en trouver deux cent dix, au lieu de deux cent neuf, ou, plutôt,
de deux cent huit, car un des prisonniers s'était échappé.
On se souvint alors que, dans la cour de la prison de
Roanne, deux malheureux prétendant n'être que des
commissionnaires venus auprès des prisonniers pour les
servir, on avait refusé de les croire[1]... Est-il vrai que
Fouché était à sa fenêtre pendant l'exécution, et dirigeait
de ce côté une lunette à longue vue[2]?

Il y eut, jusqu'au départ de Collot-d'Herbois, deux
autres fusillades du genre de celle qui vient d'être décrite : l'une, le 18 frimaire, et la seconde le 21, ce qui
porte à trois cent vingt-neuf le nombre total des personnes qui périrent par ce nouveau genre de supplice,
dans l'espace d'une semaine[3]. Et cela, sans préjudice
de la guillotine, qui abattit huit têtes le 18 et treize
le 19[4].

Mais ce qu'on a toujours omis systématiquement dans

---

[1] Voy. sur cette boucherie du 15 frimaire les *Mémoires de Delandine*,
cités t. XXX, p. 432 de l'*Hist. parl.* et les *Mémoires de l'abbé Guillon
de Montléon*, t. II, chap. xviii, p. 426 et 427.

[2] « Ce fait, dit Guillon de Montléon, m'a été certifié par un homme
digne de foi, M. D..., auquel l'avait raconté M. Mar..., témoin oculaire peu suspect, que les proconsuls admettaient à leur faire sa cour. »
Le lecteur comprend pourquoi nous n'avons employé que la forme
dubitative.

[3] Voy. le détail des exécutions dans une lettre à la Commune à Paris,
citée t. XXX, p. 598 et 599 de l'*Hist. parl.*

[4] *Ibid.*

le récit de cette horrible tragédie, c'est que la *Commission révolutionnaire* prononça de très-nombreux acquittements. Le chiffre des rebelles qui, dans le cours du siége, avaient été désignés par Dubois-Crancé, ou, pour mieux dire, s'étaient désignés eux-mêmes en signant le programme d'une guerre à mort, ne s'élevait pas à moins de vingt mille. Or le chiffre de ceux qu'on mit en jugement fut de trois mille cinq cents environ, parmi lesquels plus de dix-huit cents furent acquittés[1].

Il devait y avoir sept juges : deux de ceux qu'on nomma ayant refusé, le Tribunal resta composé de cinq membres, qui furent : Parrein, un des épauletiers de Ronsin, cruel ennemi des prêtres, habitué des salles d'armes, caractère irrésolu; Corchand, esprit ombrageux et sévère, ami des arts, protecteur des artistes; Fernex, ouvrier lyonnais, tout entier à son fanatisme révolutionnaire; Lafaye, homme intelligent et doux, à physionomie ouverte; et enfin, Brunière, lequel, malgré sa taille haute, ses épaisses moustaches rousses et son air imposant, était plus indulgent encore que Lafaye, et ne condamnait presque jamais à mort[2].

Les juges s'assemblaient le matin de neuf heures à midi, le soir de sept heures à neuf, dans une salle de l'Hôtel de ville, très-décorée, et dont le plafond représentait des Jeux folâtres, des Grâces, des Amours. Au delà d'une longue table, qui partageait la salle et supportait huit flambeaux, on apercevait les cinq juges : Parrein, président, au centre; à sa droite, Lafaye et Brunière, qui opinaient pour l'indulgence; à sa gauche, Fernex et Corchand, qui opinaient pour la rigueur. Ils siégeaient tous

[1] *Défense de J. M. Collot* dans la *Bibliothèque historique de la Révolution*, 1070-1-2. (*British Museum.*)

[2] On ne saurait dire que ces portraits sont flattés ou adoucis. Ils ont été tracés par Delandine, un des justiciables de la *Commission révolutionnaire*. V. l'*Hist. parl.*, t. 30, p. 426.

en uniforme, en épaulettes, la tête couverte d'un chapeau à panaches rouges. Ils portaient des sabres suspendus à un large baudrier noir; et, sur leur poitrine, un ruban tricolore en sautoir soutenait une petite hache étincelante. Quand ils touchaient la hache, cela signifiait la guillotine; quand ils mettaient la main à leur front, cela voulait dire la fusillade; leur bras, étendu sur la table, c'était la liberté : signes équivoques qui, mal compris, pouvaient donner la mort et, quelquefois, la donnèrent. Il y avait deux caves à l'Hôtel de ville, la bonne et la mauvaise : c'était dans la seconde qu'étaient conduits, au sortir de l'audience, ceux qui devaient mourir. On frémit en pensant à quel fil fragile tenait la vie d'un accusé, lorsque entre les deux juges humains, placés à sa droite, et les deux juges implacables, siégeant à sa gauche, Parrein hésitait! Malheur à qui cherchait son salut dans l'hypocrisie ou le mensonge! Un accusé, interrogé sur ce qu'il pensait de Jésus, ayant répondu qu'il le soupçonnait d'avoir trompé les hommes : « Jésus tromper les hommes, lui cria-t-on du haut du Tribunal, Jésus tromper les hommes! Lui, qui prêcha l'égalité; lui, le premier sans-culotte de la Judée! Cours au supplice, scélérat. » A un prêtre, on demanda s'il croyait en Dieu. « Peu, répondit-il. — Meurs, infâme, reprend Parrein, et va le reconnaître[1]. »

Tout démontre que la *Commission des cinq* eût épargné beaucoup de victimes, si elle ne se fût trouvée sous la pression de la *Commission révolutionnaire*, aiguillonnée elle-même par Fouché et Collot-d'Herbois. Mais il advint, chose bien remarquable! que la férocité des deux proconsuls eut pour résultat de tuer la Révolution dans le cœur de ce même peuple, au nom duquel ils préten-

---

[1] Voy. le passage des *Mémoires de Delandine*, cité dans l'*Hist. parl.* t. XXX, p. 426-429.

daient agir. Vainement s'étudièrent-ils à le gagner en proscrivant d'une part le pain de fleur de farine, d'autre part le pain de son, et en ordonnant aux boulangers de ne plus faire qu'une seule et bonne espèce de pain, le *pain de l'égalité;* vainement décidèrent-ils que les citoyens infirmes, les vieillards, les orphelins, seraient logés, nourris et vêtus, aux dépens des riches; que des instruments de travail et du travail seraient fournis aux ouvriers valides, sur le produit de la taxe révolutionnaire : ces arrêtés avaient été pris avant le 3 frimaire (23 novembre 1793)[1]; et, le 28 nivôse (17 janvier 1794), Achard écrivait à Gravier, avec désespoir : « Ici le peuple n'a aucun esprit révolutionnaire. Il semble mort pour la Révolution[2]. »

Collot-d'Herbois, rappelé à Paris par des rumeurs menaçantes, quitta Lyon dans les derniers jours de décembre; mais Fouché restait... Pourquoi? La réponse est dans ces mots d'une lettre de lui, en date du 21 ventôse : « Il existe encore quelques complices de la révolte lyonnaise; nous allons les *lancer sous la foudre*[3]. »

Il ne savait pas, le malheureux, quel adversaire allaient lui donner ses violences. Avant son départ de Paris, il s'était fait présenter à Charlotte Robespierre. Aimable, quand il le voulait, sans être beau, et doué d'un esprit insinuant, il eut le désir de plaire et y réussit. Bientôt il parla de mariage. Robespierre fut consulté, et, trompé par l'hypocrisie de Fouché, ne se montra nullement contraire à cette union[4]; si bien qu'en quittant Lyon, Fou-

---

[1] Voy. le *Moniteur*, an II (1793), n° 65.
[2] N° xcvii des *pièces justificatives* à la suite du Rapport de Courtois, dans la *Bibliothèque historique de la Révolution*, p. 806-7-8. (*British Museum.*)
[3] *Ibid.*, n° xxv.
[4] *Mémoires de Charlotte Robespierre sur ses deux frères*, précédés d'une Introduction par Laponneraye, chap. v.

ché se voyait déjà le beau-frère de Robespierre. Mais qu'arriva-t-il? Cédons la parole à Charlotte :

« Je fus présente à l'entrevue que Fouché, à son retour, eut avec Robespierre. Mon frère lui demanda compte du sang qu'il avait fait couler, et lui reprocha sa conduite avec une telle énergie d'expression, que Fouché était pâle et tremblant. Il balbutia quelques excuses, se rejetant sur la gravité des circonstances. Robespierre lui répondit que rien ne pouvait justifier les cruautés dont il s'était rendu coupable. A dater de ce jour, Fouché fut l'ennemi le plus irréconciliable de mon frère et se joignit à la faction qui conspirait sa perte[1]. » Inutile d'ajouter que le projet de mariage fut rompu ce jour-là même.

Passer de Lyon à Nantes, de Collot-d'Herbois et Fouché à Carrier, c'est enfoncer dans le sang.

Carrier, procureur à Aurillac avant la Révolution, avait été envoyé à Nantes au commencement du mois d'octobre. Un portrait du temps, que nous avons sous les yeux, donne tout d'abord de lui une idée effrayante. Le buste est celui d'un homme de haute taille; la face est lisse, allongée, et respire l'audace; la longueur du nez dépasse la mesure ordinaire; la bouche a je ne sais quoi de violent; le front, très-découvert et fuyant, présente le caractère que les physionomistes assignent à l'exaltation; l'œil est égaré.

Carrier arrivait au plus fort de l'émoi causé par le passage de la Loire[2], et trouvait Nantes dans une situation extraordinaire. L'accaparement, l'agiotage, le fanatisme monarchique, s'y disputaient l'agonie d'une population mourant de faim. A la foule des malheureux qui,

---

[1] *Mémoires de Charlotte Robespierre*, etc., chap. v.

[2] L'arrivée de Carrier à Nantes est du 8 octobre; le passage de la Loire, on s'en souvient, eut lieu le 16.

réduits à une demi-livre de mauvais pain par jour[1], se pressaient en frémissant autour des boulangeries, les malveillants disaient : « C'est aux administrateurs qu'il faut aller demander du pain[2]. » Les royalistes masqués du dedans entretenaient avec les Vendéens armés du dehors une correspondance suivie. On parvint à faire sortir de la ville, pour ces derniers, une grande quantité de munitions et de numéraire. Les craintes étaient si vives, de la part des révolutionnaires, que la municipalité dut ordonner la fermeture en maçonnerie de tous les soupiraux des caves, de manière à empêcher l'effet des mèches inflammables qu'on aurait pu y jeter[3]. Et ces craintes n'avaient rien de chimérique : elles étaient alimentées par l'insolence que déployaient, jusque dans les prisons, beaucoup de royalistes, lesquels ne se cachaient pas pour dire qu'au premier jour ils dîneraient avec Charette[4]. Au poste Saint-Jacques, on arrêta des envois d'assignats et de panaches aux rebelles vendéens[5].

Or, ces rebelles, leur image se peignait en traits épouvantables dans l'esprit des républicains de Nantes. On savait par quelles horreurs le royalisme armé avait signalé son passage; on se rappelait les barbaries de Machecoul, presque surpassées depuis; on croyait les voir encore, ces Vendéens, que la guerre civile avait enfiévrés, versant la mort goutte à goutte aux républicains, prisonniers; enterrant les uns pleins de vie, entassant les autres par centaines dans des puits, ou les clouant

---

[1] Babœuf. *La vie et les crimes de Carrier*, p. 127. *Bibliothèque historique de la Révolution*, 1049-50-1. (*British Museum*.)

[2] Bachelier. *Mémoire pour les acquittés par le jugement du Tribunal révolutionnaire le 6 frimaire, an III de la République*, p. 7. *Ibid.*

[3] *Ibid.*, p. 8.

[4] *Ibid.*

[5] *Ibid.*, p. 11. — Les écrivains royalistes n'ont eu garde de mentionner ces circonstances. Pas un mot de tout cela dans l'*Histoire de la Convention*, par M. de Barante.

aux portes de leurs maisons, ou les suspendant par les
pieds à des arbres, et, après leur avoir enfoncé dans la
bouche des cartouches, y mettant le feu! Les corps de
femmes et d'enfants qu'on rencontrait fixés aux portes
des villages abandonnés, les cadavres sans mains ou sans
pieds épars le long des haies, les lambeaux, à demi brûlés, de républicains qui pendaient aux branches des
arbres dans les bois, racontaient d'une manière trop
saisissante pour qu'on l'ignorât l'histoire lugubre des
représailles vendéennes[1].

Mais à cause de cela même, et parce que les âmes
n'étaient que trop disposées à suivre l'impulsion de la
fureur, rien de plus fatal que de livrer Nantes à la dictature d'un furieux. Ce fut Carrier en effet qui embrasa
tout : « Il nous montra, s'écriait plus tard Goullin irrité,
il nous montra le gouffre où nous nous jetâmes aveuglément à sa voix[2]. »

Ce Goullin, en qui Carrier allait avoir un coadjuteur
terrible, était une nature nerveuse à l'excès et en quelque sorte vibrante, une ébauche de scélérat et de héros.
Connu, avant 1789, par ses talons rouges, ses plumets,
sa longue rapière, il passait alors pour un roué : la
Révolution lui alluma le sang, et le contact de Carrier
fit de lui un énergumène. Sa conviction était aussi profonde que sauvage : elle lui avait dicté, même avant
l'arrivée de Carrier, la lettre que voici, qu'il adressait,
comme secrétaire de la Commission nationale, au Comité
de surveillance à Nantes : « Examinez, et, surtout, agis-
sez vite et roide. Frappez en vrais républicains. Sinon,

---

[1] *Mémoire de Bachelier*, p. 15. — Voy. aussi la défense de Carrier,
t. XXXIV de l'*Histoire parlementaire*, p. 214 et 215.

M. de Barante, cela va sans dire, a été ici d'une discrétion exemplaire. Mais les partis ont beau faire : il ne leur est donné de supprimer l'histoire que pour un temps.

[2] Voy. Extraits de la procédure du Comité révolutionnaire de Nantes,
t. XXXV de l'*Hist. parl.*, p. 153.

je vous réprouve. Le carreau populaire vous est dévolu : sachez en user, ou nous sommes f... Vous manquez, me dites-vous hier, de bras exécuteurs; parlez, demandez, et vous obtiendrez tout : force armée, commissaires, courriers, commis, valets, espions, de l'or. Pour le salut du peuple, rien ne vous manquera[1]. »

Carrier était capable de dissimulation, et de trembler en faisant trembler : Goullin ne connaissait ni la ruse ni la peur. Quand il eut à rendre compte de ses actes devant le Tribunal révolutionnaire, à deux pas du bourreau, il prit généreusement la responsabilité entière des attentats reprochés à ses coaccusés, affirmant que c'était lui qui avait dirigé les travaux du Comité révolutionnaire, lui, lui seul, qu'il fallait frapper[2]. Accusé d'avoir dit qu'on ne devait admettre dans la société de Sainte-Croix que des patriotes assez courageux pour boire, au besoin, un verre de sang humain, il répondit avec une franchise farouche : « On a empoisonné mes paroles; mais, au reste, je me fais gloire de penser comme Marat, qui aurait voulu pouvoir s'abreuver du sang de tous les ennemis de la patrie[3]. » Il accabla Carrier, qui se réfugiait dans le mensonge. Quant à lui, il ne nia rien, et dit fièrement : « Si l'on me juge d'après mes actes, certes je suis coupable, et j'attends mon sort avec résignation; mais, si l'on juge mes intentions, je le déclare : je ne redoute ni le jugement des jurés, ni celui du peuple, ni celui de la postérité[4]. » Son défenseur avait pris la parole et rappelait quelle avait été jusque dans son

[1] Babœuf. *La Vie et les Crimes de Carrier*, p. 124, dans la *Bibl. hist. de la Rév.*, 1049-50-1. (*British Museum*.)

[2] Voy. l'intéressante notice sur Bachelier, par M. Dugast-Matifeux, p. 118. Fontenay. 1849.

[3] Extraits de la procédure du Comité révolutionnaire de Nantes, t. XXXV de l'*Hist. parl.*, p. 159.

[4] Voy. le procès de Carrier dans l'*Histoire parlementaire*, t. XXXIV, p. 192 et 195.

délire la hauteur de son âme, lorsque tout à coup des sanglots retentissent. Gallon, un des accusés, se lève éperdu, et, fondant en larmes, il s'écrie d'une voix qui fit tressaillir tous les assistants : « C'est mon ami, c'est un honnête homme; c'est mon ami; je le connais depuis neuf ans; il a élevé mes enfants; tuez-moi, mais sauvez-le[1]... » On ne put se résoudre à le condamner[2].

Tel était le créole Goullin. Dans le Comité révolutionnaire de Nantes, qu'il domina et entraîna, il y avait des hommes bassement féroces, un Grandmaison, un Pinard; mais il y en avait d'autres qui ne firent que céder au cours orageux des événements.

Bachelier, président du Comité, était un père de famille de mœurs pures, d'un caractère naturellement doux, dont la vie privée fut jusqu'au bout irréprochable et qui se montra toujours prêt à mettre au service des pauvres, des opprimés, ses connaissances d'homme de loi et son expérience de praticien[3].

Chaux était l'intrépide patriote, compagnon de Philippeaux dans le voyage héroïque que celui-ci fit de Tours à Nantes. Il existe de la bienfaisance de Chaux des témoignages irrécusables. Un des certificats qui, lors de son procès, furent produits en sa faveur, constate

---

[1] Procès de Carrier, t. XXXIV de l'*Hist. parl.*, p. 215.

[2] De tous les membres du Comité révolutionnaire de Nantes, mis en accusation pour les noyades, deux seulement furent condamnés en compagnie de Carrier : Grandmaison et Pinard. Voy. le jugement. *Ibid.*, p. 217-222.

[3] Voy. *Notice sur Bachelier*, par M. *Dugast-Matifeux*. La mémoire de Bachelier y est vengée avec un remarquable mélange de modération et de force des attaques dont la source a été dans le Mémoire où Phélippes Tronjolly, président du Tribunal révolutionnaire de Nantes, dénonça le Comité révolutionnaire.

Phélippes Tronjolly, homme à tendances équivoques, avait été désigné comme traître par les membres du Comité. Son Mémoire fut une vengeance. C'est ce qu'il ne faut pas oublier.

qu'il recueillit chez lui et prit à sa charge deux enfants orphelins dont les parents avaient péri en Vendée[1].

Proust, cloutier, jouissait à Nantes de l'estime générale. On le savait si plein d'humanité, que les Nantais l'appelaient le *bon ange du Comité*. Quand il fut poursuivi après le 9 thermidor, il eut pour défenseurs une foule de détenus qui lui devaient leur salut, et qui opposèrent à l'acte d'accusation des certificats dont un porte plus de trois cents signatures. On raconta de lui nombre de traits touchants, et, par exemple, qu'il avait logé dans sa maison et nourri pendant deux ans une pauvre veuve infirme, presque centenaire. Sa femme, vraie sœur de charité, employait, pour secourir et consoler les détenus dans les prisons, toutes sortes de fraudes pieuses, comme de les aller voir avec des paquets de lin à filer sous le bras, afin qu'on crût qu'elle allait leur donner de l'ouvrage. Elle ne cessait de réclamer en faveur des victimes. Un jour, transporté de colère, Carrier lui cria : « Je ne vois que toi venir faire des réclamations pour ces b..... de négociants. Si tu reviens, je te ferai mettre dedans toi-même. » Et il la poussa d'un mouvement si brutal, qu'elle se froissa violemment la tête contre la porte[2].

Un des premiers actes qui signalèrent la politique de Carrier à Nantes fut la formation de la *Compagnie de Marat*, chargée d'opérer des visites domiciliaires et d'arrêter les suspects[3]. On a prêté à cette Compagnie des dilapidations et des vols qu'une procédure ultérieure prouva être autant d'impostures ; mais on se représente aisément les excès d'arbitraire auxquels dut s'emporter une armée de fanatiques qui avaient « reçu les pouvoirs

---

[1] Mémoire de Chaux, dans la *Bibl. hist. de la Rév.*, 1049-50-51. (*British Museum.*)

[2] Court exposé de la conduite d'Yves Proust, par Villenave dans la *Bibl. hist. de la Rév.*, 1049-50-51. (*British Museum.*)

[3] L'arrêté fut pris par Carrier, de concert avec Francastel.

les plus étendus[1], » qui se paraient du nom de Marat, et à qui Carrier disait : « Marchez ferme, et songez que vos têtes me répondent de l'exécution de mes ordres[2]. »

Bientôt les prisons furent encombrées; non pas toutefois en vertu des décisions du Comité, dont la règle était que, si, sur cinquante membres dont il se composait, une réclamation appuyée par trois voix s'élevait, le suspect n'était point porté sur la liste[3].

Aussi les arrestations n'atteignirent-elles pas plus de six cents individus domiciliés, en des heures d'extrême péril, et sur une population de près de cent mille âmes, dans les rangs de laquelle les Vendéens avaient de nombreuses sympathies et les royalistes de nombreux complices[4]. Ce qui est vrai, c'est qu'à chaque instant la force armée amenait du dehors des rebelles faits prisonniers, et voilà ce qui produisit l'engorgement des prisons[5].

Lorsque Carrier ordonna l'incarcération de tous les acheteurs et revendeurs de denrées de première nécessité, qui avaient transgressé la loi du *maximum*, ce qui pouvait s'appliquer à dix mille citoyens, le Comité ne fit arrêter que les plus coupables : soixante sur dix mille[6].

Ah ! s'il n'avait jamais fléchi ! Mais Carrier l'emporta enfin. La frénésie de cet homme était-elle de la démence? On serait tenté de le croire. Il prononça des paroles et il eut des emportements qui ramènent la pensée à Caligula ou à Commode. Il parlait de jeter à la mer la moitié de la ville de Lorient[7]. A ses yeux, tous les riches étaient

---

[1] Mémoire de Bachelier, p. 9, *Bibl. hist. de la Rév.*, 1049-50-51. (*British Museum.*)

[2] *Ibid.*, p. 11.

[3] *Ibid.*, p. 12.

[4] *Ibid.*, p. 13.

[5] Mais voilà précisément ce que les écrivains royalistes avaient intérêt à dissimuler et ce qu'ils n'ont pas manqué de faire.

[6] *Ibid.*, p. 14.

[7] Procès de Carrier, *Hist. parl.*, t. XXXIV, p. 173.

des contre-révolutionnaires, tous les marchands des accapareurs, et il s'engageait à *faire rouler leurs têtes sous le rasoir national*[1]. On le vit, un jour qu'il pérorait à la Société populaire, s'interrompre soudain et se mettre à couper des chandelles avec son sabre[2]. La Commission militaire s'opposant à des extractions par lui ordonnées, il mande le président, et, transporté de rage, il lui crie : « Tu veux juger, vieux J. F..... : eh bien, juge; mais, si l'entrepôt n'est pas vide dans deux heures, je vous fais tous guillotiner. » L'autre en mourut de saisissement[3].

Qu'il ait appelé le meurtre au secours de ses débauches ; qu'il ait fait fusiller sans jugement des maris qui gênaient ses amours ; qu'il ait autorisé ou ordonné les *mariages républicains*, supplice qui aurait consisté à lier un jeune homme nu sur une jeune fille et à les précipiter ainsi dans les flots, c'est ce qu'on lit dans un Rapport de Romme, mais ce qui ne fut nullement établi au procès. Une fois Carrier mis en jugement, toutes les haines, toutes les passions, toutes les terreurs, prirent à la fois la parole pour l'accabler; et on le calomnia, comme si cela eût été nécessaire[4]! Contre lui, ce qui est certain suffit, et au delà!

On lit dans Tacite : « ... Alors Anicetus apprend à Néron que l'on pouvait fabriquer un vaisseau construit de manière qu'une partie du bâtiment, s'abîmant sous l'eau, engloutirait sa mère à l'improviste... L'invention plut à Néron[5]. » Elle plut aussi à Carrier.

---

[1] *Procès de Carrier. Hist. parl.*, t. XXXIV, p. 205.

[2] Déposition de Monneron, dans le procès de Carrier. *Ibid.*, p. 181.

[3] *Mémoire de Bachelier*, p. 21.

[4] Romme dit dans son Rapport, voy. l'*Hist. parl.*, t. XXXIV, p. 149, « qu'une foule de lettres parlent de ce qu'on appelait à Nantes le *mariage républicain.* » Mais il ne dit pas par qui ces lettres étaient écrites, si ces lettres venaient d'une source royaliste, etc., etc. Le fait est que, dans le procès, nous ne les voyons ni reproduites ni appuyées par aucun témoignage.

[5] « ...Ergo Anicetus navem posse componi docet cujus pars, ipso in

Cette affreuse idée des noyades avait été émise, à Strasbourg, devant Saint-Just, qui la repoussa avec horreur. Mais Carrier n'était pas Saint-Just[1]. Lui, n'hésita pas. Seulement, il résolut de ne se compromettre par aucun ordre écrit. Fidèle en cela aux maximes de Hérault de Séchelles, avec lequel il était en correspondance et qui lui adressait l'étrange recommandation que voici : « Quand un représentant est en mission, et qu'il frappe, il doit frapper de grands coups, et laisser toute la responsabilité aux exécuteurs. Il ne doit jamais se compromettre par des mandats écrits[2]. » L'avis avait d'autant plus de chance d'être bien accueilli par Carrier, que la terreur qu'il répandait autour de lui, il la portait en lui. Cet homme qui faisait peur avait peur.

Les noyades commencèrent à la fin de brumaire. Des prêtres devaient être déportés. On les conduit, dans un bateau à trappe ou à coulisse, jusqu'à la hauteur de Paimbœuf. Là, on les dépouille, on leur lie les mains derrière le dos, la trappe s'ouvre, ils sont engloutis. Cela fut appelé, dans le style de Carrier, la *déportation verticale*[3] !

Le proconsul en écrivit à la Convention, en termes qui pouvaient lui faire croire qu'il s'agissait d'un événement naturel[4]. « *Pourquoi faut-il* que cet événement (un avan-

---

mari per artem soluta, effunderet ignaram... Placuit solertia... » Méhée fils donna fort à propos cette épigraphe à un pamphlet qu'il publia sous le titre de *Noyades*, et signa Félhésemi, anagramme de son nom.

[1] C'est précisément ce que dit, à ce sujet, en retournant la phrase, l'auteur de *Saint-Just et la Terreur*, t. II, p. 47.

[2] Fragment d'une lettre de Hérault de Séchelles, lue en pleine audience par le président, dans le procès de Carrier, et qui est une des plus curieuses révélations de ce procès. V. l'*Hist. parl.*, t. XXXIV, p. 189.

[3] Les *Noyades*, par Félhésemi, *Bibl. hist. de la Rév.*, 1049-50-51. (*British Museum.*)

[4] C'est ainsi qu'il expliqua lui-même, dans son procès, le sens qu'il avait prétendu donner à sa lettre : « D. Avez-vous eu connaissance des

tage remporté par les républicains) ait été accompagné
d'un autre qui n'est plus d'un genre nouveau ? Cinquante-
huit individus, désignés sous le nom de prêtres réfrac-
taires, sont arrivés d'Angers à Nantes. Aussitôt ils ont été
enfermés dans un bateau sur la Loire. La nuit dernière,
ils ont tous été engloutis dans cette rivière. *Quel torrent
révolutionnaire que la Loire[1] !* »

Le 7 frimaire (27 novembre), cent trente-deux Nantais
furent envoyés au Tribunal révolutionnaire de Paris par le
Comité de Nantes. Quatre-vingt-quatorze seulement com-
parurent devant le Tribunal qui les acquitta. Leurs compagnons étaient morts sur la route, de chagrin, de maladie et de fatigue[2].

Cependant, le 15 frimaire (5 décembre), les Vendéens,
ou, comme on disait alors, les brigands ayant attaqué
Angers, l'alarme fut vive à Nantes. Les rebelles pouvaient
tout aussi bien se porter sur Nantes que sur Angers ; et,
le 14, on ignorait dans la première de ces deux villes ce
qui s'était passé dans la seconde. Tout ce qu'on savait,
c'est que les brigands étaient là. L'encombrement des
prisons y avait produit une épidémie, qui déjà enva-
hissait la ville. En outre, un mouvement insurrectionnel
fut tenté parmi les prisonniers, dont plusieurs avaient
été condamnés précédemment à des peines afflictives[3].
Dans cette extrémité, un seul remède se présente à l'esprit de Carrier : il fait assembler, dans la nuit du 14 au
15 frimaire (4-5 décembre), les Corps administratifs de

---

noyades? — *R.* Pas d'autre que celle des prêtres dont j'ai rendu
compte comme d'un événement naturel. » V. t. XXXIV de l'*Hist.
parl.*, p. 161.

[1] *Mémoire de Bachelier*, p. 21.

[2] Les *Noyades*, p. 4, *Bibl. hist. de la Rév.*, 1049-50-51. (*British Museum.*)

[3] *Noyades, fusillades,* ou *Réponse au Rapport de Carrier*, par Phélippes dit Tronjolly, p. 11. *Bibl. hist. de la Rév.*, 1049-50-51. (*British
Museum.*)

Nantes, la Société populaire, le Comité, et les appelle à
délibérer sur la question de savoir si l'on procéderait,
oui ou non, à une exécution en masse des prisonniers.
C'était, selon lui, tuer d'un coup la révolte intérieure et
la peste. A cette motion inattendue, plusieurs frissonnent.
Bachelier proteste[1]. Phélippes Tronjolly, président du
Tribunal révolutionnaire de Nantes, combat l'horrible proposition, et avec tant de véhémence, que Goullin le
traite de contre-révolutionnaire[2]. Le résultat de la délibération fut qu'une liste serait dressée, et, le lendemain, 15 frimaire (5 décembre), l'ordre de fusiller cent
trente-deux prisonniers reçut la signature de trois membres du Comité : Goullin, Grandmaison et Mainguet[3]. Ce
jour-là même avait lieu, à Lyon, la seconde des fusillades
prescrites par Fouché et Collot-d'Herbois ! Heureusement, en cette occasion, les victimes nantaises désignées
en furent quittes pour la menace, l'ordre ayant été ré-
voqué[4].

Mais la proie qui lui échappait, Carrier ne tarda pas à
la ressaisir.

Parmi ses satellites figurait un misérable, nommé Lambertye, moitié espion[5], moitié bravo. Le 17 frimaire (7
décembre), Carrier remit à Lambertye et à un autre de
ses complices un ordre adressé au commandant de la
force armée, et conçu en ces termes : « Je vous requiers,
au nom de la loi, de fournir à Fouquet et à Lambertye de
la force armée à suffisance pour une expédition que je
leur ai confiée, et de les y laisser vaquer de jour et de

---

[1] Voy. la *Notice sur Bachelier*, p. 21.

[2] Déposition de Phélippes dit Tronjolly dans le procès de Carrier,
t. XXXIV de l'*Hist. parl.*, p. 174.

[3] Acte d'accusation dressé contre quatorze membres du Comité révolutionnaire de Nantes.

[4] *Mémoire de Bachelier*, p. 17.

[5] Carrier lui-même, au procès, déclara qu'il l'employait comme espion auprès des Vendéens. *Hist. parl*, t. XXXIV, p. 165.

nuit[1]. » Quelle expédition?... Carrier se rend au Comité
révolutionnaire, où viennent le rejoindre, avertis par lui,
Colas, lieutenant de port, et Affilé, charpentier de navire. Avec eux, il passe dans une chambre séparée du
bureau du Comité, y reste quelque temps comme en
consultation, mande Goullin, lui donne des instructions
secrètes, rentre au bureau, et, sans s'expliquer, invite
Goullin à rédiger les réquisitoires, qui sont signés et
délivrés, séance tenante[2].

Un grand nombre de détenus occupaient une maison
d'arrêt dite du Bouffay : dans la nuit du 24 au 25 frimaire (14-15 décembre), des soldats de la *Compagnie de
Marat* s'y présentent, portant des paquets de cordes, et
demandant qu'on leur livre cent cinquante-cinq détenus.
Sur le refus du gardien, deux soldats partent et, bientôt
après, reparaissent avec un ordre signé... de Carrier?
Non, il n'avait pas voulu qu'on pût s'armer contre lui
d'une preuve écrite[3] : le papier fatal ne s'élevait en témoignage que contre Goullin et Lévêque, un de ses collègues. Les prisonniers sont amenés et on les attache
deux à deux, les mains liées derrière le dos. Grandmaison et Goullin arrivent, très-animés l'un et l'autre.
La liste de cent cinquante-cinq ne pouvait être complétée, quelques-uns de ceux qui la composaient ayant
été mis en liberté ou étant morts. « Je t'en ai envoyé
quinze ce soir, dit Goullin au concierge, qu'en as-tu
fait? — Ils sont dans les chambres d'en haut. — Eh

---

[1] Déposition de Vauxjoix, accusateur public de la Commission militaire de Nantes. *Hist. parlem.*, t. XXXIV, p. 154.

[2] *Mémoire de Bachelier*, p. 19.

— Les membres du Comité agirent-ils en connaissance de cause?
Bachelier, p. 20 de son *Mémoire*, cherche à faire croire que non, mais
le contraire résulte de l'aveu formel fait au procès, par Bolognié, un
des accusés. Voy. sa déposition, t. XXXV de l'*Hist. parl.*, p. 162.

[3] Dépositions de Goullin et de Grandmaison. *Ibid.*, t. XXXIV.
p. 161 et 163.

bien, fais-les descendre. » La liste fut plus que complétée, elle fut portée à cent cinquante-neuf. Goullin semblait livré à un noir vertige : « Allons, dit-il, dépêchons-nous, la marée baisse[1]... »

Carrier avait fait répandre le bruit qu'il s'agissait d'un transférement à Belle-Isle. Les prisonniers furent conduits à une gabare, où se trouvait Affilé. On les fait entrer dans la gabare; des soldats de la Compagnie de Marat y montent. Goullin était resté sur le quai. On ferme l'entrée avec des planches qu'on cloue, ainsi que les panneaux ou sabords; et la gabare est démarrée. On disait tout bas : *A l'île Chaviré.* Mais voilà que des cris lamentables retentissent : Sauvez-nous! sauvez-nous! Il en est temps encore... et quelques-uns de ces malheureux, ayant rompu leurs liens, passaient leurs bras entre les planches. Or, Grandmaison, — la plume hésite à retracer tant d'horreurs, — Grandmaison était là, complétement ivre, et abattant, à coups de sabre, l'infâme! les mains tremblantes qui se tendaient vers lui! Il y eut un moment où des soldats qu'on n'avait prévenus de rien et qui étaient restés à bord, se crurent perdus : des charpentiers, placés dans des batelets, frappaient la gabare à grands coups de hache, et elle enfonçait[2]...

Sur la date exacte de chacune des noyades et sur leur nombre, impossible d'accorder les documents[3]. Ce qui est certain, c'est qu'il y en eut plusieurs, où figura, comme bourreau, à côté de Lambertye, un nommé Ro-

---

[1] Déposition de Bernard Lacaille, gardien de la maison d'arrêt du Bouffay. Voy. Extraits de la procédure du Comité révolutionnaire de Nantes. *Hist. parlem.*, t. XXXV, p. 152 et 153.

[2] Voy. dans les Extraits de la procédure du Comité révolutionnaire de Nantes la déposition de Tabouret, voilier à Nantes; celle d'Affilé, charpentier marinier et la déclaration de Grandmaison comme quoi il était ivre. *Ibid.*, p. 161, 163 et 165.

[3] C'est une remarque que Babœuf fait avec raison dans son tableau de la *Vie et des Crimes de Carrier.* Voy. p. 152.

bin, à peine âgé de vingt et un ans. C'est ce Robin qui, traduit plus tard devant le Tribunal révolutionnaire, disait : « Je conviendrai des noyades qui m'ont été commandées par Carrier, *avec la même franchise que je les ai exécutées*[1]. » O souvenir qui consterne! Il figura aussi dans ces expéditions abominables, O'Sullivan[2], ce Nantais de race irlandaise, le compagnon de Meuris, un des héros de Nort, un des sauveurs de Nantes, cet intrépide et beau jeune homme, dont un écrivain de nos jours a pu dire « qu'il était aimé des hommes, adoré des femmes, et très-doux, avec une tête prodigieusement exaltée[3]. » Il avait empêché qu'on fusillât les cent trente-deux Nantais : par quelle fatalité faut-il qu'on le rencontre au nombre des convives, dans un dîner que décrit en ces termes un témoin oculaire : « Laloi m'engagea à dîner avec lui, et me conduisit dans une galiote hollandaise. Je descends dans le fond de cale; je vois une table de quinze à vingt couverts; je demande ce que c'est que ce dîner, quelle est la galiote où je me trouve? *C'est la grande tasse des prêtres*, me répond Laloi ; et, comme Lambertye a fait l'expédition, Carrier, pour l'en récompenser, lui a donné cette galiote. On se met à table, Lambertye était à la droite de Carrier, Laloi à sa gauche. Foucauld, Robin et O'Sullivan étaient au nombre des convives. Le dîner fut fort gai, Lambertye fit le récit de ses belles expéditions; il raconta qu'il faisait sortir ses victimes deux à deux, les fouillait, les attachait, les faisait descendre dans la gabare, les précipitait ensuite dans l'eau. » Et les assistants d'applaudir[4].

[1] Procès de Carrier, t. XXXIV de l'*Hist. parl.*, p. 205.

[2] Déposition d'Affilé, Extraits de la procédure du Comité révolutionnaire de Nantes, t. XXXV de l'*Hist. parl.*, p. 164.

[3] M. Michelet. Voy., dans son *Histoire de la Révolution*, le livre XI, chap. vi, t. VI, p. 115.

[4] Déposition de Jean Sandroz, chef de division des transports et con-

Cependant la ville était aux abois. Le typhus, sorti
des prisons, l'avait envahie. Une contagion morale plus
affreuse encore s'étant répandue, la Loire offrait continuellement le spectacle de cadavres noyés, descendant
de Saumur, d'Angers, de Château-Gonthier[1]. Douze cents
pères de famille étaient morts empestés, à la descente
des gardes. La Commission militaire[2], établie à l'entrepôt, faillit y périr tout entière. D'un autre côté, les
troupes de la République, victorieuses, refoulaient vers
Nantes les Vendéens, vaincus. Il y entrait chaque jour
des bandes de rebelles aux vêtements déchirés, à la figure hâve, à l'aspect cadavéreux, qui disaient : « Nous
venons nous rendre. » Mais le peuple, les sachant traqués, ne croyait pas à leur repentir. Il ne voyait dans
leur démarche que l'hypocrisie du désespoir; et leur
présence ne servait qu'à faire repasser devant ses yeux
toutes ces funestes images des républicains cloués aux
portes, écorchés vifs, brûlés à petit feu... Enfiévré d'ailleurs et tremblant pour lui-même, il les accusait d'apporter la peste. Que ne prenait-on le parti de les fusiller[3]?
Goullin fut d'avis qu'il fallait, au contraire, les traiter
humainement; que c'était le moyen d'engager les rebelles à se rendre[4]. Mais Carrier ne l'entendait pas ainsi.
A un général qui lui disait : « Nous savons battre l'ennemi, non l'assassiner, » il répondit : « Voulez-vous que
je me fasse guillotiner? Il n'est pas en ma puissance de
faire grâce à ces gens-là. » Et deux listes, qu'il signa, furent dressées, l'une du 27 frimaire (17 décembre), con-

---

vois militaires. Carrier voulut nier ; mais O'Sullivan, qui était présent, certifia la vérité des faits articulés par Sandroz. Voy. le t. XXXIV
de l'*Hist. parl.*, p. 168, procès de Carrier.

[1] *Mémoire de Bachelier*, p. 21.

[2] *Ibid.*

[3] Voyez dans le procès de Carrier, t. XXXIV de l'*Hist. parl.*, p. 210,
la déposition de Crosnier, inspecteur des relais militaires à Nantes.

[4] Ceci est avoué par Carrier lui-même. *Ibid.*, p. 165.

tenant l'ordre de fusiller sans jugement vingt-quatre brigands, l'autre du surlendemain, contenant l'ordre d'en fusiller trente[1]. Phélippes-Tronjolly ne se sentit pas le courage de désobéir : l'exécution eut lieu. Parmi les victimes se trouvaient deux enfants et sept femmes, qu'on guillotina. Six de ces malheureuses, madame et mesdemoiselles de la Métayrie, portaient un titre fatal : elles étaient cousines germaines de Charette[2].

Hâtons-nous de clore ce poignant récit. Nous retrouverons Carrier, dans ses rapports avec les généraux républicains; nous le retrouverons lorsque, sur les dénonciations de Julien, Robespierre, indigné, provoqua son rappel. Quel plus mortel ennemi en effet pouvait avoir la République que celui qui la montrait égalant la férocité vendéenne! Ah! il eut beau demander à la nuit de couvrir ce qu'il appelait des *expéditions secrètes :* ne fallut-il pas afficher dans Nantes une ordonnance qui *défendait de boire l'eau de la Loire que les cadavres avaient infectée*[3]? Et puis, les flots gardèrent mal le secret qui leur était confié; et ces victimes que la Loire courait porter à la mer, une épouvantable marée, grossie par un vent d'ouest, se hâta, dit-on, de les lui renvoyer[4].

« Où sont-ils, où sont-ils, sombrés dans les nuits noires?
O flots! que vous savez de lugubres histoires!

[1] Ces deux pièces, que la Convention avait envoyé chercher à Nantes par un courrier extraordinaire, furent produites au procès et présentées à Carrier, qui reconnut sa signature, et, pour toute excuse, allégua qu'elle lui avait été surprise. *Hist. parl.*, t. XXXI, p. 194.

[2] Voy. *Noyades et Fusillades*, par Phélippes Tronjolly, p. 22; Sa déposition, *Hist parl.*, t. XXXIV, p. 194 et celle de la femme Laillet, *ibid.*, t. XXXV, p. 160.

Le fait que les dames de la Métayrie étaient cousines germaines de Charette n'est dans aucune des dépositions susmentionnées : c'est une note de M. Michelet qui nous le fournit.

[3] Les *Noyades* par Félhémesi, p. 6. *Bibl. hist. de la Rév*, 1049-50-51. (*British Museum*.)

[4] *Ibid.*

Flots profonds, redoutés des mères à genoux !
Vous vous les racontez en montant les marées,
Et c'est ce qui vous fait ces voix désespérées
Que vous avez le soir quand vous venez vers nous[1]. »

Mais ne l'oublions pas, ne l'oublions pas : les républicains, à leur tour, eurent des fleuves pour tombeaux, quand les royalistes triomphèrent. Pendant la réaction qui suivit le 9 thermidor, on ne pouvait traverser le Rhône sans entendre la chute de quelque *Mathevon* qui tombait dans les flots[2] ! Il n'y eut qu'une différence : la Révolution se chargea elle-même de châtier ceux qui se souillèrent à son service; et les Schneider, les Tallien, les Fréron, les Collot-d'Herbois, les Fouché, les Carrier, n'eurent pas de juge plus inexorable que Robespierre; tandis que le royalisme, au contraire, dressa des couronnes pour les auteurs des crimes dont il profita. À Lyon, après l'égorgement en masse des prisonniers républicains dans la soirée du 16 floréal (15 mai) 1795, une quinzaine de jeunes gens, héros sinistres du massacre, avaient été traduits pour la forme devant le Tribunal de Roanne. Ils furent acquittés, cela va sans dire; et, le jour où ils entrèrent à Lyon, des femmes, accourues au-devant d'eux, jetèrent des fleurs sur leur passage. Le soir, au spectacle, on les couronna[3] !

[1] Victor Hugo, *les Rayons et les Ombres.* — *Oceano Nox.*
[2] Charles Nodier, *Souvenirs de la Révolution,* t. I, p. 124.
[3] Voy. le t. XXXVI de l'*Hist. parl.*, p. 415.

CHAPITRE CINQUIÈME.

EFFORT CONTRE LA TERREUR.

Développement de la Terreur. — Parti de la Terreur. — Les Robespierristes. — Les Dantonistes. — Ces deux derniers partis unis. d'abord, contre le premier. — Système de la *Justice*. — Système de la *Clémence*. — Danton à la barre des Jacobins. — Robespierre prend sa défense. — Camille Desmoulins publie le premier numéro du *Vieux Cordelier*.— Dans le deuxième, il attaque les Hébertistes. — Ces deux premiers numéros montrés à Robespierre avant la publication. — Épuration de Clootz; son interrogatoire; accusations injustes et absurdes dirigées par Robespierre contre lui. — Camille devant les Jacobins. — Robespierre le protége. — Troisième numéro du *Vieux Cordelier*. — Portée funeste des éloquentes hyperboles de Camille Desmoulins. — Opposition au Comité de salut public dans l'Assemblée. — Renouvellement des pouvoirs du Comité. — Propositions importantes de Robespierre repoussées. — Décret de la Convention ordonnant l'arrestation de Ronsin et de Vincent; véritable signification de ce décret. — Robespierre fait décréter un *Comité de justice*, chargé de rechercher les personnes injustement arrêtées. — La politique de la modération compromise par Philippeaux et Camille Desmoulins. — Attaques injustes et assertions erronées de Philippeaux. — Protestations éloquentes et inconsidérées de Camille Desmoulins; il demande l'institution d'un *Comité de clémence*; comme quoi le quatrième numéro du *Vieux Cordelier* semblait tendre à désarmer la Révolution. — Immense parti que les Hébertistes tirent de cette imprudence de Camille. — Son invocation à Robespierre, autre faute. — Bravade des Cordeliers. — Retour de Collot-d'Herbois à Paris; « le géant a paru; » joie des Hébertistes; fête funéraire de Chalier. — Collot-

d'Herbois souffle ses fureurs aux Jacobins. — Il attaque Camille.
— Dénonciation barbare de Nicolas. — Collot-d'Herbois annonce
aux Jacobins le suicide de Gaillard; serment terrible. — Sortie violente de Levasseur contre Philippeaux. — Philippeaux, abandonné
par Danton, est défendu par Robespierre. — Le parti des Hébertistes triomphant. — Situation difficile faite à Robespierre par
Camille Desmoulins. — Il trace la route de la Révolution entre le
système qui tend à la désarmer et celui qui tend à la rendre odieuse.
— La majorité des Comités contre lui. — Billaut-Varenne fait annuler le *Comité de justice.*

Nous avons déjà décrit le mécanisme du gouvernement révolutionnaire[1]. Le décret qui le constitua d'une
manière définitive fut rendu le 4 décembre (14 frimaire), sur un Rapport présenté le 18 novembre (28 brumaire) par Billaud-Varenne, Rapport écrit dans un style
âpre et sec, mais attestant une rare vigueur d'esprit et
un génie organisateur. Dicté par les exigences du moment, ce grand travail fondait, à côté d'institutions pas-
sagères, des choses durables. La belle création du *Bulletin des Lois* date de là[2].

Le règne de la Terreur se développait: rien qui ne
l'annonçât. Le 5 frimaire (25 novembre), la Convention
décréta que l'ombre de Mirabeau serait chassée comme
indigne du Panthéon, où, pour la remplacer, celle de Marat ferait son entrée. On a vu avec quelle rapidité sinistre
Bailly, Barnave, Duport-du-Tertre, Rabaud-Saint-Étienne,
Girey-Dupré, s'étaient succédé sur l'échafaud. Les prisons de Paris s'ouvraient chaque jour à des conspirateurs
nouveaux ou à de nouvelles victimes. La loi de Merlin de
Douai sur les suspects était un glaive dont chacun apercevait la pointe à quelques lignes de son cœur. Encore,
si le parti des Terroristes n'avait eu à son avant-garde
que des hommes de la trempe d'Hébert! Mais Ronsin

[1] Voyez le volume précédent, p. 242.
[2] Le décret se trouve reproduit *in extenso* dans le tome XXX de
l'*Hist. parlem.*, p. 254-266.

joignait à une âme féroce beaucoup d'intrépidité et d'audace ; Vincent était redoutable comme l'est un fou furieux ; Collot-d'Herbois et Fouché apportaient dans l'accomplissement de leur mission sanglante, l'un toute la puissance du fanatisme, l'autre celle d'un esprit froid et profond ; le terrorisme de Billaud-Varenne s'appuyait sur une conviction d'airain ; et, pour comble, le pouvoir de ces hommes avait ses racines partout : dans l'état-major de l'armée révolutionnaire, dans les bureaux de la guerre, à la Commune, dans le Comité de salut public, au premier rang des proconsulats.

Pour faire contre-poids à un tel parti, dont la publique ivresse augmentait la force, ce n'était, certes, pas trop de Robespierre appuyé sur Saint-Just et Couthon.

Ils n'entendaient pas, toutefois, que la Révolution poussât la haine des excès jusqu'à une mollesse qui l'eût laissée désarmée en présence de tant d'ennemis acharnés à sa ruine. Ils la voulaient calme, juste, indulgente même à l'égard de ceux qui n'étaient qu'*égarés ;* mais, aussi longtemps que la bataille durerait, et à l'égard des chefs de faction, ils la voulaient vigilante et ferme.

Là fut la ligne de démarcation entre eux et les Dantonistes.

Ceux-ci, dans un accès de généreuse révolte où se mêla un sentiment de lassitude, passèrent subitement d'une extrémité à l'autre, entraînés qu'ils furent : Danton par sa nature facile, le peu de fixité de ses principes et son penchant à être magnanime ; Philippeaux par les emportements d'une âme honnête et sincère, devenue la proie d'une haine aveugle, et Camille Desmoulins par la bonté de son cœur, unie à une légèreté d'enfant.

Un mot résumait alors l'Hébertisme : c'était TERREUR. Les Robespierristes lui opposèrent le mot JUSTICE, et les Dantonistes le mot CLÉMENCE. Toute la lutte que nous allons décrire est dans ces quelques lignes.

La CLÉMENCE! quelle déesse plus digne du culte des mortels pouvait-on invoquer! Ah! c'eût été, sans nul doute, la grande et vraie politique que celle de la générosité..., si l'on s'était trouvé alors au lendemain d'une victoire définitive; si l'Europe n'avait pas été là, toujours là, cherchant à étouffer la France dans une dernière étreinte; si la Révolution avait pu attendre quelque quartier de ceux qui, en ce moment même, combattaient leur pays, à Toulon, dans les rangs des Anglais[1], ou qui, sous Charette, continuaient d'ensanglanter la Vendée. Mais fallait-il fléchir, quand l'ennemi redoublait ses coups? fermer les yeux sur les complots intérieurs, quand tout le sol de la France était miné? Après le 9 thermidor on se hâta de dire que l'ère de la Clémence commençait, ce qui commença, ce fut l'ère de la Terreur blanche!

Voilà ce que Robespierre comprenait.

La protection généreuse accordée par lui aux soixante-treize signataires de la protestation girondine; ses efforts pour arracher Nantes aux fureurs de Carrier; sa guerre à Tallien et à Fréron, à cause de l'oppression qu'ils faisaient peser sur le Midi; Strasbourg délivré par Saint-Just de la tyrannie sanguinaire de Schneider; la politique modérée de Couthon à Lyon, si différente de celle de Collot-d'Herbois et de Fouché; enfin, le caractère d'humanité et de douceur qui marqua la mission de Robespierre jeune à Besançon et à Vesoul, tout cela dit assez que le parti robespierriste tendait à mettre fin au régime de la Terreur. On avait entendu Robespierre s'écrier, dans le laisser-aller des épanchements intimes: *Quoi! toujours du sang*[2]! Exclamation qui répond au

---

[1] On a déjà vu que l'armée républicaine n'entra dans Toulon que le 9 frimaire (19 décembre).

[2] Ceci nous a été raconté et affirmé par un témoin auriculaire, M. Souberbielle. Nous l'avons déjà dit.

sentiment exprimé dans la correspondance privée entre son frère et lui[1], et qui est d'accord avec ces remarquables paroles de Saint-Just dans son Rapport du 8 juillet 1794 : « La liberté ne sera point terrible à ceux qu'elle a désarmés. Proscrivez ceux qui nous ont fuis pour prendre les armes, leur fuite atteste le peu de rigueur de leur détention. Proscrivez-les, non pour ce qu'ils ont dit, mais pour ce qu'ils ont fait. Jugez les autres, et pardonnez au plus grand nombre. L'erreur ne doit pas être confondue avec le crime. Il est temps que le peuple espère enfin d'heureux jours, et que la liberté soit autre chose que la fureur de parti... Fasse le ciel que nous ayons vu les derniers orages de la Liberté ! Les hommes libres sont nés pour la justice. On profite peu à troubler la terre[2]. »

Mais, en désarmant la Terreur, il fallait prendre garde à ne pas désarmer du même coup la Révolution.

Ce fut l'écueil où les Dantonistes allèrent se briser, non de parti pris et tout d'abord, mais par suite d'un conflit de passions et d'un enchaînement de fatalités dont le récit est plein de larmes.

O souvenir navrant ! Ces mêmes hommes, qu'au mois d'avril 1794 l'échafaud séparera pour jamais, marchaient, en novembre et décembre 1793, parfaitement unis. A la suite de Robespierre, mais non moins vivement que lui, Danton avait flétri les mascarades conseillées par le Père Duchêne[3]; de même que Robespierre, il s'était écrié : « Si nous n'avons pas honoré le prêtre de l'erreur et du fanatisme, nous ne voulons pas davantage

---

[1] Voyez la lettre de Robespierre jeune, citée dans le chapitre intitulé *Les Proconsuls*.

[2] Nous avons déjà cité ces paroles, tome précédent, p. 71 et 72.

[3] *Séance des Jacobins*, du 6 frimaire (26 novembre). *Républicain français*, cité dans l'*Hist. parlem.*, t. XXX, p. 285.

honorer le prêtre de l'incrédulité[1]. » Et tout en rappelant qu'Henri IV, après avoir terrassé la Ligue, disait à un des chefs vaincus, en le faisant suer : « Je ne veux pas d'autre vengeance de vous, » il avait reconnu que « le temps n'était pas venu encore où le peuple pourrait se montrer clément[2]. »

Robespierre et Danton marchaient donc dans la même voie, lorsque le 13 frimaire (3 décembre) le tour vint, pour Danton, d'être soumis au régime d'épuration adopté par les Jacobins, et sa position fut celle d'un accusé. Danton accusé ! Quelle nouveauté effrayante !

Était-il vrai qu'il eût exprimé l'opinion qu'il fallait se relâcher de la rigueur que les circonstances commandaient? C'est ce dont Coupé (de l'Oise) l'accusa. Il s'en défendit. Puis, comme des rumeurs s'étaient fait entendre au moment où il se levait pour répondre : « Ai-je donc perdu, s'écrie-t-il avec véhémence, ces traits qui caractérisent la figure d'un homme libre? Ne suis-je plus ce même homme qui s'est trouvé à vos côtés dans les moments de crise? Ne suis-je pas celui que vous avez souvent embrassé comme votre frère, et qui doit mourir avec vous? Ne suis-je pas l'homme qui a été accablé de persécutions? J'ai été un des plus intrépides défenseurs de Marat, j'évoquerai l'ombre de l'ami du peuple pour ma justification. Vous serez étonnés, quand je vous ferai connaître ma conduite privée, de voir que la fortune co-

---

[1] *Républicain français*, cité dans l'*Hist. parlem.*, t. XXX, p. 285.

[2] Telle est la version du *Moniteur*. Celle du *Républicain français*, citée dans l'*Hist. parlem.*, t. XXX, p. 286, n'en diffère guère que par la précision des termes. Les paroles attribuées à Danton par le *Républicain français* sont celles-ci : « Cet Henri IV, tant célébré, qui fut un roi et un misérable comme tous ceux qui ont porté ce nom, disait à un des chef de la Ligue, après l'avoir fait suer longtemps : « C'est la seule « vengeance que je veux tirer de vous. » Henri IV avait alors affermi sa puissance; celle du peuple ne l'est pas entièrement. Mais, lorsqu'il jouira sans contrariété de la plénitude de sa puissance souveraine, il saura ramener sans rigueur les citoyens égarés et les immobiles. »

lossale que mes ennemis et les vôtres m'ont prêtée se
réduit à la petite portion de bien que j'ai toujours eue.
Je défie les malveillants de fournir contre moi la preuve
d'aucun crime. Tous leurs efforts ne pourront m'ébranler.
Je veux rester debout avec le peuple. Vous me jugerez
en sa présence; je ne déchirerai pas plus la page de mon
histoire que vous ne déchirerez les pages de la vôtre, qui
doivent immortaliser les fastes de la liberté[1]. »

Les applaudissements éclatent. Fier et indigné, il demande qu'une commission soit chargée de l'examen des
accusations dirigées contre lui, afin qu'il y puisse répondre en présence du peuple.

Aussitôt Robespierre paraît à la tribune, et somme les
accusateurs de Danton de préciser leurs griefs. Personne
n'élevant la voix : « Eh bien ! reprend-il, je vais le faire.»
Alors, rappelant les calomnies dont on avait poursuivi
Danton, et se tournant vers lui : « Danton, poursuit-il
avec une animation croissante, ne sais-tu pas que plus
un homme a de courage et de patriotisme, plus les ennemis de la chose publique s'attachent à sa perte? Ne sais-
tu pas, et ne savez-vous pas tous, citoyens, que cette méthode est infaillible? Qui sont les calomniateurs? Des
hommes qui paraissent exempts de vices et n'ont jamais
montré aucune vertu. Eh ! si le défenseur de la liberté
n'était pas calomnié, ce serait une preuve que nous n'au-
rions plus ni prêtres ni nobles à combattre. Les ennemis
de la patrie m'accablent de louanges exclusivement; mais
je les répudie. Croit-on qu'à côté de ces éloges que l'on
retrace dans certaines feuilles, je ne vois pas le couteau
avec lequel on a voulu égorger la patrie; dès l'origine de
la Révolution, j'appris à me méfier de tous les masques.
La cause des patriotes est une, comme celle de la tyrannie:
ils sont tous solidaires. Je me trompe peut-être sur

---

[1] *Moniteur*, an II (1793), n° 76.

Danton ; mais, vu dans sa famille, il ne mérite que des
éloges. Sous les rapports politiques, je l'ai observé ; une
différence d'opinion entre lui et moi me le faisait épier
avec soin, quelquefois avec colère ; et, s'il n'a pas toujours
été de mon avis, conclurai-je de là qu'il trahissait la
patrie ? Non ; je la lui ai toujours vu servir avec zèle.
Danton veut qu'on le juge, il a raison ; qu'on me juge
aussi. Qu'ils se présentent, ces hommes qui sont plus
patriotes que nous [1] !... »

Pour avoir une idée de l'impression produite par cette
généreuse éloquence, par ces accents qui ne pouvaient
s'échapper que d'un cœur ému, il faut voir ce qu'en a
dit Camille Desmoulins dans le premier numéro de son
Vieux Cordelier, qu'il écrivit le lendemain même, sous
le coup de sa propre émotion :   .

« La victoire nous est restée, parce qu'au milieu de
tant de ruines de réputations colossales de civisme, celle
de Robespierre est debout ; parce qu'il a donné la main
à son émule de patriotisme, notre président perpétuel
des anciens Cordeliers, notre Horatius Coclès qui, seul,
avait soutenu sur le pont tout l'effort de Lafayette et de
ses quatre mille Parisiens assiégeant Marat, et qui semblait maintenant terrassé par le parti de l'étranger. Déjà,
fort du terrain gagné pendant la maladie et l'absence de
Danton, ce parti, dominateur insolent dans la Société, au
milieu des endroits les plus touchants, les plus convain-
cants de sa justification, dans les tribunes, huait, et, dans
le sein de l'Assemblée, secouait la tête et souriait de pitié,
comme au discours d'un homme condamné par tous les
suffrages. Nous avons vaincu cependant, parce qu'après
le discours foudroyant de Robespierre, dont il semble que
le talent grandisse avec les dangers de la République, et
l'impression profonde qu'il avait laissée dans les âmes,

---

[1] *Moniteur*, an II (1795), n° 76.

il était impossible d'oser élever la voix contre Danton, sans donner, pour ainsi dire, une quittance publique des guinées de Pitt. Robespierre..., dans tous les autres dangers dont tu as délivré la République, tu avais des compagnons de gloire; hier, tu l'as sauvée seul [1]. »

Dans ce premier numéro du *Vieux Cordelier*, qui parut le 15 frimaire (5 décembre), et qui commençait par l'apostrophe ironique si connue : « O Pitt ! je rends hommage à ton génie ! » Camille Desmoulins se bornait à glorifier la liberté de la presse et à annoncer sa rentrée dans la carrière haletante du journalisme ; dans le deuxième numéro, qu'il lança le 20 frimaire (10 décembre), il attaqua les Hébertistes en ces termes : « Le jacobin Gracchus proposait-il le repeuplement et le partage de deux ou trois villages, le ci-devant feuillant Drusus proposait d'en partager douze. Gracchus mettait-il le pain à seize sous, Drusus mettait à huit le *maximum*. Ce qui lui réussit si bien, que, dans peu, le *Forum* trouvant que Gracchus n'était plus à la hauteur, et que c'était Drusus qui allait au pas, se refroidit pour son véritable défenseur, qui, une fois dépopularisé, fut assommé d'un coup de chaise par l'aristocrate Scipion Nasica, dans la première insurrection morale [2]. » Plus loin, Camille Desmoulins se servait du souvenir de Marat lui-même pour écraser les exagérateurs de Marat : « Au delà de ce que Marat propose, il ne peut y avoir que délire et extravagances ; au delà de ses motions, il faut écrire comme les géographes de l'antiquité, à l'extrémité de leurs cartes : Là, il n'y a plus de cités, plus d'habitations ; il n'y a que des déserts et des sauvages, des glaces ou des volcans [3]. » Passant ensuite aux saturnales dont l'Hébertisme avait fait le culte de la

[1] Le *Vieux Cordelier*, premier numéro, p. 50 et 51. Collection des mémoires relatifs à la Révolution française.

[2] Deuxième numéro du *Vieux Cordelier*, p. 55 et 56. *Ibid.*

[3] *Ibid*, p. 37.

raison, outragée par de tels hommages, Camille Desmoulins les flétrissait dans un style étincelant. Les prêtres, il
les montrait d'un doigt moqueur. La superstition, il la
dénonçait, sous ses formes historiques les plus célèbres
et les plus grotesques, en riant de ce rire terrible dont,
seul avec Voltaire, il connut le secret. Mais qu'en donnant
le néant pour corollaire à la mort on retirât à l'esprit
humain malade l'oreiller de l'espérance; mais qu'on ou-
bliât ce que l'idée d'un Dieu rémunérateur peut prêter de
force à la liberté, et qu'aux Thermopyles Léonida exhortait
ses trois cents Spartiates en leur promettant le brouet
noir, la salade et le fromage chez Pluton, *apud inferos
cœnaturi* [1], voilà où l'ardent pamphlétaire trouvait matière contre Chaumette, contre Clootz surtout, à des attaques d'une cruauté sans excuse.

Robespierre, à qui les deux premiers numéros du
Vieux Cordelier furent montrés avant leur publication [2],
put s'y retrouver tout entier.

Or ce fut sept jours après l'apparition de ces pages inhu-
maines que le pauvre Clootz eut à affronter, aux Jacobins, la grande épreuve de l'épuration. Voici comment
il a rendu compte de son interrogatoire, dans son *Appel
au genre humain :*

« *D.* Ton nom?

« *R.* Anacharsis Clootz.

« *D.* Le lieu de ta naissance?

« *R.* Clèves, département futur de Rhin et Meuse. Ceci
pour ma naissance physique; quant à mon berceau moral, c'est l'université de Paris, où je suis venu à l'âge de
onze ans. J'en ai trente-huit; il y a donc vingt-cinq ans
que je suis Parisien.

---

[1] Le *Vieux Cordelier*, premier numéro, p. 43.
[2] Voy. plus loin le compte rendu de la séance des Jacobins du 18
nivôse (7 janvier). — *Moniteur*, an 2 (1794), n° 111.

« *D.* Que faisais-tu avant la Révolution?

« *R.* J'étais homme libre, en horreur aux maîtres de la terre et du ciel.

« *D.* Et depuis la Révolution?

« *R.* Législateur.

« *D.* Depuis quand Jacobin?

« *R.* Depuis l'an 1789.

« *D.* Comment as-tu voté à la Convention?

« *R.* Dans le sens de la Montagne [1].»

Robespierre se leva, menaçant et sombre.

Que pouvait-on reprocher à Clootz, cet aimable, magnanime et doux philosophe, ce fils adoptif de la France, qui la vénérait, qui l'adorait, qui avait voulu vivre et se tenait prêt à mourir pour elle? Il avait entretenu des rapports d'affaires avec les banquiers Vandenyver, dont le nom figurait sur la liste des suspects : était-ce un crime? Les sachant arrêtés et les croyant innocents, il leur avait témoigné de l'intérêt : cet élan du cœur, fût-il aveugle, pouvait-on, sans une criante injustice, le lui imputer à trahison?

C'est ce que, néanmoins, fit Robespierre, sur la mémoire de qui cet acte inique restera comme une tache ineffaçable.

Et que dire des autres chefs d'accusation articulés contre Clootz? de son patriotisme nié, parce qu'il était baron allemand? de son *sans-culottisme* bafoué, parce qu'il possédait plus de cent mille livres de rente? Certes, s'il y avait un homme dans la Révolution à qui le cosmopolitisme, même poussé jusqu'à l'enthousiasme, dut paraître respectable, c'était Robespierre, qui lui-même avait écrit ces belles paroles : « Les hommes de tous les pays sont frères, et les différents peuples doivent s'entr'aider, selon

---

[1] *Bibliothèque historique de la Révolution*, 775-6-7. (*British Museum.*)

leur pouvoir, comme les citoyens du même État[1]. »
Par quelle pitoyable inconséquence en vint-il à reprocher
à Clootz de s'être paré du titre de citoyen du monde[2]?
Dans l'histoire de Robespierre, il n'est pas de page plus
triste que celle-là.

« Des idées singulières, raconte Clootz, me vinrent à
l'esprit pendant que Robespierre parlait comme Mahomet.
Est-ce bien de moi qu'il parle? J'éprouvai le même doute
que le fameux circoncis Balthasar Orobio, plongé dans
les cachots de l'Inquisition à Valladolid. Il s'interpellait
lui-même : *Orobio, est-ce toi? Non, je ne suis pas moi*[3].»

Son exclusion fut prononcée. Il avait contre lui l'infortuné, le meurtrier pamphlet de Camille Desmoulins,
et le discours, plus meurtrier encore, de Robespierre.
Rien d'aussi touchant que la manière dont il rappelle
cette horrible injustice : « Je sortis avec l'air calme de
l'innocence opprimée. Un morne silence régnait dans la
salle. Aucune huée n'aggrava mon malheur. Je rendis la
carte que j'avais à ma boutonnière; mais on ne m'arra-
chera qu'avec la vie l'empreinte jacobine gravée dans
mon cœur[4]. »

Vint le tour de Camille d'être reçu à l'épuration, ou
rejeté. C'était le 24 frimaire (14 décembre). On le somme
de s'expliquer sur ses liaisons avec Dillon, sur certains
propos qu'on lui attribue, relativement à la condamnation des vingt-deux Girondins. Contre la première imputation, il se défendit mal. A l'égard de la seconde, il
montra un mélange de faiblesse et d'émotion vraiment

---

[1] Déclaration des droits, présentée aux Jacobins par Robespierre,
le 21 avril 1793.

[2] *Moniteur*, an II (1793), n° 86, compte rendu de la séance des Jacobins du 22 frimaire (12 décembre).

[3] *Appel au genre humain*, dans la *Biblioth. hist. de la Révol.*,
775-6-7. (*British Museum.*)

[4] *Ibid.*

tragique. Il reconnut qu'il s'était trompé sur beaucoup d'hommes, tels que Mirabeau, les Lameth. Mais n'avait-il pas été le premier à dénoncer ses propres amis, lorsqu'il les avait vus se mal conduire? Les sanglots de son cœur s'échappèrent à moitié dans ce cri d'une mélancolie pénétrante, associée à un secret effroi : « Une fatalité bien marquée a voulu que de soixante personnes qui ont signé mon contrat de mariage, il ne me reste plus que deux amis, Robespierre et Danton. Tous les autres sont émigrés ou guillotinés. De ce nombre étaient sept des vingt-deux ! Un mouvement de sensibilité dans cette occasion était donc bien pardonnable. Cependant j'atteste n'avoir pas dit : *Ils meurent en républicains, en Brutus*; j'ai dit : *Ils meurent en républicains, mais en républicains fédéralistes*; car je ne crois pas qu'il y eût beaucoup de royalistes parmi eux[1]. »

Robespierre, qui avait défendu Danton, protégea Camille Desmoulins. Il le peignit tel qu'il était : faible et confiant, souvent courageux, toujours républicain, aimant la liberté par instinct comme par sentiment, et, en dépit de toutes les séductions, n'ayant jamais aimé qu'elle. Il l'avertit, néanmoins, avec gravité, de se tenir en garde contre ce qu'il y avait de versatile dans son esprit et de trop précipité dans ses jugements sur les hommes. Tout fut dit. L'admission de Camille fut votée au milieu des applaudissements[2].

Ainsi Robespierre, Danton, Camille Desmoulins, marchaient d'accord à cette époque ; et à tel point que, sur les deux premiers numéros du *Vieux Cordelier*, Camille avait pris l'avis de Robespierre.

Malheureusement ce dernier refusa de lire à l'avance les numéros suivants, de peur qu'on ne l'accusât de les

[1] *Moniteur*, an II (1795), n° 88.
[2] *Ibid.*

avoir dictés[1]; et Camille Desmoulins, abandonné à ses propres inspirations, dépassa aussitôt le but.

Jusqu'alors il ne s'était attaqué qu'à la faction d'Hébert: dans son troisième numéro du *Vieux Cordelier*, il s'exprima de manière à fournir un thème aux détracteurs de la Révolution. Répondant à ceux qui gémissaient des excès associés au triomphe de la République, par le tableau de la tyrannie des empereurs, il s'empara du pinceau brûlant de Tacite, et, dans des pages d'une immortelle beauté, il traça, des fureurs d'un autre âge, une peinture que quelques allusions trop transparentes, semées çà et là, et un amalgame imprudent de noms anciens et d'expressions modernes fournirent aux royalistes l'occasion d'appliquer aux choses du temps :

« ..... Bientôt ce fut un crime de lèse-majesté ou de contre-révolution à la ville de Nursia d'avoir élevé un monument à ses habitants, morts au siége de Modène...; crime de contre-révolution à Libon Drusus d'avoir demandé aux diseurs de bonne aventure s'il ne posséderait pas un jour de grandes richesses; crime de contre-révolution au journaliste Crémutius Cordus d'avoir appelé Brutus et Cassius les derniers des Romains ; crime de contre-révolution à un des descendants de Cassius d'avoir chez lui un portrait de son bisaïeul ; crime de contre-révolution à Pétréius d'avoir eu un songe sur Claude ; crime de contre-révolution à Appius Silanus de ce que la femme de Claude avait eu un songe sur lui...; crime de contre-révolution à la mère du consul Fusius Géminus d'avoir pleuré la mort funeste de son fils.

« Il fallait montrer de la joie de la mort de son ami, de son parent, si l'on ne voulait s'exposer à périr soi-

---

[1] Voy. à cet égard la déclaration formelle de Robespierre, non contredite par Camille Desmoulins, dans le *Moniteur*, an II (1794), n° 111, compte rendu de la séance des Jacobins, du 18 nivôse (7 janvier).

même... On avait peur que la peur même ne rendît coupable.

« Tout donnait de l'ombrage au tyran. Un citoyen avait-il de la popularité, c'était un rival du prince qui pouvait susciter une guerre civile. *Studia civium in se verteret et si multi idem audeant, bellum esse.* Suspect.

« Fuyait-on, au contraire, la popularité, et se tenait-on au coin de son feu, cette vie retirée vous avait fait remarquer, vous avait donné de la considération. *Quantò metu occultior, tantò famæ adeptus.* Suspect...

« Étiez-vous riche, il y avait un péril imminent que le peuple ne fût corrompu par vos largesses. *Auri vim atque opes Plauti principi infensas.* Suspect...

« Étiez-vous pauvre, comment donc, invincible empereur, il faut surveiller de plus près cet homme. Il n'y a personne d'entreprenant comme celui qui n'a rien. *Syllam inopem, undè præcipuam audaciam.* Suspect...

« S'était-on acquis de la réputation à la guerre, on n'en était que plus dangereux par son talent. Il y a de la ressource avec un général inepte. S'il est traître, il ne peut pas si bien livrer une armée à l'ennemi, qu'il n'en revienne quelqu'un. Mais un officier du mérite de Corbulon ou d'Agricola, s'il trahissait, il ne s'en sauverait pas un seul. Le mieux était de s'en défaire : au moins, seigneur, ne pouvez-vous vous dispenser de l'éloigner promptement de l'armée. *Multa militari famâ metum fecerat.* Suspect...

« L'un était frappé à cause de son nom ou de celui de ses ancêtres; un autre, à cause de sa belle maison d'Albe; Valérius, à cause que ses jardins avaient plu à l'impératrice; Statilius, à cause que son visage lui avait déplu; et une multitude, sans qu'on en pût deviner la cause...

« Les dénonciateurs se paraient des plus beaux noms, se faisaient appeler Cotta, Scipion, Régulus, Cassius, Sévérus. La délation était le seul moyen de parvenir, et

Régulus fut fait trois fois consul pour ses dénonciations... Le marquis Sérunus intentait une accusation de
contre-révolution contre son vieux père, déjà exilé;
après quoi, il se faisait appeler fièrement Brutus.

« Tels accusateurs, tels juges. Les tribunaux, protec-
teurs de la vie et des propriétés, étaient devenus des
boucheries où ce qui portait le nom de supplice et de
confiscation n'était que vol et assassinat...

« Si un lion empereur avait eu une cour et une garde
prétorienne de tigres et de panthères, ils n'eussent pas
mis plus de personnes en pièces que les délateurs, les
affranchis, les empoisonneurs et les coupe-jarrets des
Césars; car la cruauté causée par la faim cesse avec la
faim, au lieu que celle causée par la crainte, la cupidité
et les soupçons des tyrans, n'a point de bornes... [1] »

« Ces médailles de la tyrannie » présentaient, selon
Camille Desmoulins, la vivante image de ce que ses concitoyens auraient à souffrir de maux pendant cinquante
ans, si, maintenant que l'épée de la République avait été
tirée contre les monarchies, on laissait la royauté remettre le pied en France [2]. « Le despotisme, rentré furieux
dans ses possessions détruites, ne pourrait s'y affermir
qu'en régnant comme les Octave et les Néron [3]. » Il ajoutait : « Dans ce duel entre la liberté et la servitude, et
dans la cruelle alternative d'une défaite mille fois plus
sanglante que notre victoire, « outrer la Révolution avait
donc moins de péril et valait encore mieux que de rester
en deçà, » comme l'a dit Danton ; et il a fallu avant tout
que la République s'assurât du champ de bataille [4]. » Il
disait encore : « Ceux qui jugent si sévèrement les fon-

[1] Troisième numéro du *Vieux Cordelier*, p. 48-54. Collection des
mémoires relatifs à la Révolution française.

[2] *Ibid.*, p. 55.

[3] *Ibid.*

[4] *Ibid.*, p. 56.

dateurs de la République ne se mettent pas assez à leur place[1]. » Quant au Tribunal révolutionnaire, il en faisait l'éloge[2]. Enfin, il signalait comme deux précipices également à éviter « l'exagération en moustaches » et « le modérantisme en deuil[3], » tenant en ceci le même langage que Robespierre, dont il qualifiait le manifeste de *sublime*[4].

Mais qu'importait tout cela? Pour que le troisième numéro du *Vieux Cordelier* devînt une arme empoisonnée aux mains des ennemis de la Révolution, il suffisait qu'on pût dire avec un certain degré de vraisemblance que c'était bien son règne que Camille, s'abritant sous une grande ombre, avait entendu décrire. Et ce danger, l'ignorait-il? Non, puisqu'il protestait d'avance contre les rapprochements que la malignité trouverait entre le temps où il vivait et celui dont il avait emprunté le tableau à Tacite[5].

Aussi qu'arriva-t-il? Que l'apparition de ce troisième numéro le 25 frimaire (15 décembre) fut le signal d'un immense scandale. Tous les contre-révolutionnaires battirent des mains; tous affectèrent de répandre que Camille Desmoulins venait de tracer, sous d'autres noms, l'histoire de son époque; il y eut des transports de joie dans toutes les sociétés connues pour leurs tendances aristocratiques[6]; sans le vouloir, sans le savoir, le généreux mais téméraire écrivain avait, en rendant l'espoir à l'innocence, servi les calculs de la haine.

Et dans quel moment? Lorsque se révélait au sein de la Convention un parti qui, conduit en secret par Fabre

---

[1] Troisième numéro du *Vieux Cordelier*, p. 58.

[2] *Ibid.* p.. 57 et 58.

[3] *Ibid*, p. 59.

[4] *Ibid.*, p. 57.

[5] *Ibid.*, p. 62.

[6] Voy. le *Moniteur* du 8 nivôse (28 décembre). — Explications sur un Rapport de Barère, où Camille Desmoulins était attaqué sans être nommé.

d'Églantine et ouvertement par Bourdon (de l'Oise), ne
songeait qu'à énerver le pouvoir et à saper le Comité de
salut public. Attaquer de face ce groupe d'hommes intrépides et de travailleurs infatigables qui portaient le
poids d'un monde, on ne l'osait pas; mais on s'étudiait
à leur susciter mille obstacles; on les décriait dans la
personne de leurs moindres agents; on remuait sans
cesse autour d'eux d'une main furieuse l'impur limon de
la jalousie; on irritait de plus en plus contre cette con-
centration toute-puissante des forces du pays qu'on appelait leur dictature l'orgueil de la partie la moins saine de
la Convention. Tandis que, hors de l'Assemblée, on les
montrait prêts à abandonner le Midi au delà de la
Durance, on les accusait sourdement, dans l'Assemblée,
de ne rien faire pour réduire Toulon [1]. Miner tous les
appuis du gouvernement, et de cette manière le désorganiser, au plus fort d'une lutte gigantesque, c'était
perdre la Révolution, qui, sans unité d'action, périssait;
eh bien, dans l'espoir d'écraser le Comité de salut public
sous son fardeau, démesurément accru, Bourdon (de
l'Oise) alla jusqu'à demander la suppression pure et simple des ministres [2]. Bientôt l'existence du Comité de salut
public lui-même, tel qu'il était alors composé, est mise
en question. Ses pouvoirs expiraient le 20 frimaire (10
décembre). Le 12 seulement, sur la demande de Barère,
la Convention aborde la question de savoir s'ils seront
renouvelés. Mais ce que Bourdon (de l'Oise) et ses amis
veulent renouveler, c'est le personnel dirigeant. La proposition formelle en fut faite; un décret fut rendu [3]; des
listes furent dressées; des noms nouveaux, celui de Du-

---

[1] Voy. le projet de Rapport de Robespierre sur la faction de Fabre
d'Églantine, n° 411 des pièces à la suite du Rapport de Courtois.

[2] Séance du 20 frimaire (10 décembre).

[3] Voy. le discours de Jay-Sainte-Foix, dans la séance du 23 frimaire
(13 décembre).

bois Crancé entre autres, furent inscrits sur ces listes[1]. Mais, le 13, au moment où l'on réclamait l'appel nominal pour le renouvellement, Jay-Sainte-Foix, s'élançant à la tribune, s'écrie :

« Est-ce donc lorsque les Puissances jouent de leur reste, et que de grandes négociations sont entamées, et que Toulon va rentrer dans le sein de la République, et que le Midi va expier ses erreurs ; est-ce lorsque les armées sont en présence de l'ennemi, est-ce lorsque les défenseurs de la liberté sont à la veille d'écraser les satellites de Pitt et de Cobourg, qu'il faut changer le centre de gravité de la République ? Avec un nouveau Comité, toute responsabilité disparaît : si vous vous plaignez de lui, il dira : Les plans étaient mauvais, nous sommes arrivés trop tard pour les corriger. Si vous accusez l'ancien, il répondra : Les mesures étaient bonnes, elles ont été mal exécutées[2]. »

Il y avait tant de force dans ces considérations, et le danger était si manifeste de changer de généraux sur le champ de bataille, dans le feu de l'action, — à part même le mérite des hommes qu'il s'agissait de remplacer, — que la Convention ne s'y put résoudre. Elle rapporta son décret de la veille, et prorogea ce Comité fameux[3] que l'Europe entière admirait en frissonnant.

Ce vote n'attestait que l'empire des circonstances. Robespierre ne s'y trompa point ; il sentit que l'orage se formait dans l'Assemblée. Mais, comme les ennemis du Comité avaient soin de ne lui porter que des coups indirects et enveloppaient leurs colères de ténèbres ; pour les amener à combattre au grand jour, il fit adopter par les Jacobins, le 24 frimaire (14 décembre), une proposition

---

[1] Projet de Rapport de Robespierre sur la faction de Fabre d'Églantine, *ubi suprà.*

[2] *Moniteur,* an II (1793), n° 85.

[3] Séance du 25 frimaire (15 décembre).

que Romme courut présenter à la Convention le lendemain, et qui avait pour but d'astreindre tout député sup-
pléant à faire dès son arrivée sur la scène politique sa
profession de foi [1]. La motion passa ; mais, profitant de
l'absence de Robespierre, Thibeaudeau demanda et obtint
le rapport du décret dans la même séance [2].

Cette victoire encourageant le parti des Fabre d'Églantine, Bourdon (de l'Oise), Laurent Lecointre, Clausel, etc.,
ils se décident à un vigoureux essai de leurs forces. Le
27 frimaire (17 décembre), Laurent Lecointre ouvre la
tranchée par la dénonciation d'un agent du Conseil exécutif, coupable d'avoir arrêté un courrier venant de Givet
et porteur de dépêches pour la Convention. Boursault, de
son côté, se plaint d'avoir été arrêté à Saint-Germain par
le même agent, qui ne l'a laissé passer, dit-il, qu'après
avoir visé son passe-port. Mouvement d'indignation dans
l'Assemblée. A son tour, Bourgoin raconte qu'à Longju-
meau il s'est vu opposer des formalités semblables. L'indignation redouble. C'est en vain que Voulland, membre
du Comité de sûreté générale, explique la sévérité des
mesures prises par le caractère anormal de la situation,
par la nécessité d'une vigilance d'où dépend le salut public, et par l'exemple des trahisons auxquelles courriers
ordinaires et extraordinaires ont servi de messagers ;
Charlier s'écrie qu'il est temps de faire cesser la lutte du
Conseil exécutif et de ses agents contre la Convention, et
il demande que les ministres soient mandés séance tenante. Bourdon (de l'Oise), reprenant sa thèse favorite,
déclare que, tant qu'il y aura un Conseil exécutif, le
gouvernement révolutionnaire ne pourra marcher.

Fabre d'Églantine, très-réservé d'ordinaire, très-pru-
dent, et sobre de dénonciations, croyant cette fois la brè-

---

[1] *Moniteur*, an II (1793), n⁰ˢ 88 et 86.
[2] *Ibid.*, n° 86.

che praticable, s'y précipite; mais, n'osant encore attaquer le Comité de salut public que par le tableau des désordres qu'il a charge de réprimer et ne réprime pas, il peint Ronsin parlant en maître dans Paris, se faisant partout obéir, ayant à ses ordres des bandes de coupe-jarrets à moustaches, et les traînant après lui le long des rues, qui ne retentissent plus que du bruit de leurs grands sabres. Il parle d'un horrible placard de Ronsin, dont il accuse Vincent d'avoir tapissé tous les murs de Paris, et il conclut à l'arrestation de ce dernier. Vincent était secrétaire général de la guerre, le coup portait donc, et sur le ministre de la guerre Bouchotte, et sur le Comité de salut public qui les employait. La Convention décrète que Vincent sera mis en état d'arrestation. Même décret, sur la demande de plusieurs membres, est rendu contre Ronsin et Maillard. Peu s'en fallut que Héron, agent du Comité de sûreté générale, ne partageât leur sort, à cause d'une querelle où il s'était emporté avec violence contre le représentant Panis [1].

Le lendemain, 28 frimaire (18 décembre), les ministres furent mandés à la barre de l'Assemblée, qui leur infligea de la sorte la nécessité de se justifier et de s'humilier devant elle [2].

Ainsi, tout en s'abstenant de nommer le Comité de salut public, on le poursuivait sans relâche, soit dans la personne de ses agents, soit à propos d'actes dont on donnait à entendre qu'il était responsable. Et les agresseurs n'avaient point leur place dans ce qu'on appelait alors « la fange du Marais; » il y avait à compter avec eux; car ils siégeaient sur les cimes de la Montagne, et ils avaient touché la corde sensible, dans la Convention, en s'adressant à son orgueil.

---

[1] *Moniteur*, an II (1793), n° 89.

[2] Voy. le compte rendu de la séance du 28 frimaire, dans le *Moniteur*, an II (1793), n° 90.

Grande fut la perplexité de Robespierre. L'opposition qui venait de se former au sein de l'Assemblée frappait sur les Hébertistes, qu'il n'aimait pas, mais en visant au cœur du Comité de salut public, dont la chute, en ce moment, eût été une calamité publique. Quel parti prendre? La situation était d'autant plus compliquée, qu'en se prononçant contre Ronsin, Vincent, Maillard et leurs pareils, les adversaires du Comité de salut public dans l'Assemblée tendaient à se confondre avec le parti dont Danton était le chef et Camille Desmoulins le porte-voix. Or Robespierre voulait bien marcher avec ces derniers, mais non pas avec les autres. Il voulait bien attaquer l'Hébertisme, mais pour sortir de la Terreur, non pour désorganiser le gouvernement révolutionnaire, quand plus que jamais l'unité et la vigueur d'action étaient commandées par les périls de la France[1].

Tel était l'état des choses et des esprits, lorsque, le 50 frimaire (20 décembre), un grand nombre de femmes vinrent à la barre de la Convention réclamer la liberté de leurs parents. Pareille démarche avait été faite dix jours auparavant. Robespierre se hâte de profiter de l'occasion, pour essayer de cette politique de la JUSTICE, qu'il projetait de substituer à celle de la TERREUR. Il commence par reprocher doucement aux femmes qui se pressent à la barre cette démarche tumultueuse, et de ne s'être pas adressées plutôt en particulier, avec la modestie de leur sexe, aux dépositaires des grands intérêts de la patrie; puis, après avoir posé les bases de sa politique, qui consiste à préserver l'innocent des excès des faux patriotes, sans toutefois désarmer la Révolution devant ses ennemis, il propose et obtient l'établissement d'une Commission, nommée par les Comités de salut public et de sû-

___

[1] Voy. à cet égard son projet de Rapport sur la faction de Fabre d'Églantine, *ubi suprà*.

reté générale, pour s'enquérir des personnes arrêtées injustement, et soumettre aux deux Comités le résultat de leurs recherches. Il y avait, dans ce cas, à éviter le danger des sollicitations, qui eussent ouvert carrière aux séductions de la richesse ou de la beauté, et donné à la faveur ce qui n'était dû qu'à la justice; c'est pourquoi Robespierre fit ajouter au décret que les Commissaires demeureraient inconnus du public[1].

C'était un grand pas hors de la Terreur. Ceux qui la représentaient dans l'un ou l'autre Comité, Billaud-Varenne entre tous, le sentirent bien, et ils en frémirent[2]. Mais, en invoquant contre elle la Justice seule, et en s'abstenant de tout appel à une molle et dangereuse indulgence, Robespierre ne laissait aucune prise sur lui aux Terroristes. De quel front seraient-ils venus lui reprocher en public de distinguer entre l'innocent et le coupable? Couvrir le premier d'une égide, était-ce promettre l'impunité au second? Robespierre, avec une sagacité admirable, avait compris que l'unique moyen d'assurer le triomphe d'une politique modérée était de se garder du *modérantisme;* que l'unique moyen de vaincre les Hébertistes coupables d'un excès était de ne pas tomber dans l'excès contraire.

Deux hommes dérangèrent ces sages calculs : Philippeaux et Camille Desmoulins, l'un en prêtant le flanc aux Hébertistes par des assertions erronées et d'injustes attaques; l'autre en poussant l'étourderie de ses généreux élans jusqu'à donner à la politique modérée, qu'il croyait servir, un air de contre-révolution.

On a vu avec quelle légèreté et quelle acrimonie Philippeaux, en Vendée, avait poursuivi le parti de Saumur, n'épargnant pas plus Rossignol que Ronsin, lançant ses

---

[1] *Moniteur,* an II (1795), n° 91.
[2] On en va voir la preuve un peu plus loin.

accusations au hasard, et remplissant tout du bruit de
ses colères. De retour à Paris, il mit à raviver une querelle qui semblait morte un acharnement incroyable.
Non content de tourner et de retourner le couteau dans
la plaie que ses premières dénonciations avaient creusée
au sein d'un parti rival, il s'en prit au Comité de salut
public ; il l'accusa d'être resté sourd à ses avertissements,
d'avoir laissé sacrifier vingt mille soldats depuis ses premiers avis[1]. Si son intention eût été de pousser dans les
rangs de l'Hébertisme quiconque regardait le Comité de
salut public comme le Palladium de la Révolution, il
n'aurait certes pu mieux faire. Du moins, si ses réquisitoires eussent porté sur des fondements solides ! Mais
non ; ses pamphlets sur la Vendée fourmillaient d'erreurs ; et, dans son empressement à fouler aux pieds les
Hébertistes, il leur préparait une victoire.

De son côté, Camille Desmoulins, qui, non moins enthousiaste et non moins léger que Philippeaux, s'était mis
à le croire sur parole, l'admirait, le vantait, et s'en allait
répétant partout : « Avez-vous lu Philippeaux[2] ? » Camille
Desmoulins publia, précisément le jour où Robespierre
faisait instituer par la Convention un *Comité de justice*,
le quatrième numéro du *Vieux Cordelier*, où il demandait, lui, un *Comité de clémence*. Et ce n'était point là
une simple question de mots : les développements donnés
par l'auteur à sa proposition le prouvaient de reste.

On a cité bien souvent, avec une admiration qu'il est impossible à toute âme honnête de ne point partager, l'admirable passage que voici : « ..... La Liberté que j'adore
n'est point le Dieu inconnu. Nous combattons pour défendre des biens dont elle met *sur-le-champ* en possession

---

[1] Babœuf. *la Vie et les Crimes de Carrier*, *Biblioth. hist. de la
Révol.*, 1049-50-51. (*British Museum*.)

[2] C'est ce qu'il raconte lui-même dans le troisième numéro du *Vieux
Cordelier*, p. 60. Collection des Mémoires, etc.

ceux qui l'invoquent; ces biens sont la Déclaration des droits, la douceur des maximes républicaines, la Fraternité, la sainte Égalité, l'inviolabilité des principes; voilà les traces des pas de la Déesse ; voilà à quels traits je distingue les peuples au milieu desquels elle habite. Et à quel autre signe veut-on que je reconnaisse cette Liberté divine? Cette Liberté, ne serait-ce qu'un vain nom? N'est-ce qu'une actrice, la Candeille ou la Maillard, promenées avec un bonnet rouge, ou bien cette statue de quarante-six pieds de haut que propose David?... O mes chers concitoyens, serions-nous donc avilis à ce point que de nous prosterner devant de telles divinités? Non, la Liberté, cette Liberté descendue du ciel, ce n'est point une nymphe de l'Opéra, ce n'est point un bonnet rouge, une chemise sale et des haillons; la Liberté, c'est le bonheur, c'est la raison, c'est l'égalité, c'est la justice, c'est la Déclaration des droits, c'est votre sublime Constitution [1]. »

A la lecture de ces lignes si éloquentes, si saintement passionnées, si dignes de la déesse qu'elles invoquent et qui les inspira, quel cœur pourrait rester sans battement? Mais Camille Desmoulins ne prenait-il pas le jour du combat pour le lendemain de la victoire, lorsqu'il niait que la liberté, comme l'enfance, eût besoin de passer par les cris et les pleurs pour arriver à l'âge mûr? Il n'y a pas à en douter : ce que le quatrième numéro du *Vieux Cordelier* demande à chaque page, presque à chaque ligne, c'est que la Révolution, en tant que Révolution, abdique, et *sur-le-champ*. Quoi de plus clair que ceci : « Voulez-vous que je reconnaisse la liberté, que je tombe à ses pieds? Ouvrez les prisons à ces deux cent mille citoyens que vous appelez suspects; car, dans la Déclaration des droits, il n'y a point de maisons de suspicion, il n'y a que des maisons d'arrêt [2]. » Il est vrai que l'auteur,

[1] Quatrième numéro du *Vieux Cordelier*, p. 65, 66. Collection, etc.
[2] *Ibid.*, p. 66.

frappé lui-même du danger d'une semblable mesure, et
comme effrayé de son propre entraînement, écrit en note:
« Je déclare que mon sentiment n'est pas qu'on ouvre les
deux battants des maisons de suspicion, mais seulement
un guichet, et que les quatre ou six examinateurs secrets,
décrétés par la Convention, décadi 30 frimaire, interro-
gent les suspects, et leur rendent la liberté, si leur élargissement ne met point la République en péril[1]. » Mais,
si tel est le sentiment de Camille et si sa politique est
aussi mesurée que celle de Robespierre, pourquoi s'écrie-
t-il, à la page suivante, au risque de rendre la Révolution
plus noire encore aux yeux de l'Europe qu'elle ne l'a été
jusqu'alors, et contrairement à la vérité, qu'on n'a plus
affaire maintenant, à l'intérieur, qu'aux lâches et aux
malades[2]? Pourquoi donne-t-il à entendre que des *femmes*,
des *vieillards*, des *cacochymes*[3], constituent le prétendu
danger de la République? Les Hébertistes voient des conspirateurs partout; lui, n'en voit nulle part. A ses yeux,
la « multitude des Feuillants, rentiers et boutiquiers, »
incarcérés dans le duel entre la monarchie et la République, n'a ressemblé qu'à ce peuple de Rome, dont Tacite peint l'indifférence, dans le combat entre Vespasien
et Vitellius[4]. « Ce sont gens que le spectacle de la Révolution amuse, et qui volontiers partagent leur attention
entre un roi qu'on décapite et le supplice de Polichinelle[5]:
rien de plus. Mais Vespasien, vainqueur, ne fit point
embastiller toute cette multitude[6]. » Ainsi, la lutte sans
égale et sans exemple où s'entre-choquent deux mondes,
la lutte gigantesque qui est venue agiter toutes les idées,

[1] Quatrième numéro du *Vieux Cordelier*. Note de la page 66.
[2] *Ibid.*, p. 67.
[3] *Ibid.*
[4] *Ibid.*
[5] *Ibid.*, p. 68.
[6] *Ibid*

mettre en émoi tous les intérêts, déchaîner toutes les passions, remuer dans toutes leurs profondeurs et les sociétés humaines et le cœur de l'homme, Camille Desmoulins la compare à un combat où les habitants de Rome assistèrent en spectateurs indifférents, parce qu'il ne devait en effet leur donner à choisir qu'entre deux maîtres ! Poussant sa pointe, il vante « l'indulgence extrême » de Thrasybule, après qu'il se fut « emparé d'Athènes [1], » comme si le grand siége entrepris par la Révolution était fini ! Que veut-il donc ? Une amnistie ? Non ; il sent qu'une « indulgence aveugle et générale serait contre-révolutionnaire [2]; » il n'est pas sans se préoccuper du danger qu'il y aurait à imprimer à la machine du gouvernement, en sens contraire à sa première impulsion, une secousse qui risquerait d'en briser les ressorts [3]. Sa conclusion, c'est l'établissement d'un *Comité de clémence* [4]. Suit une invocation à Robespierre, la plus pathétique qui fut jamais : « O mon cher Robespierre, c'est à toi que j'adresse la parole ; car j'ai vu le moment où l'on n'avait plus que toi à vaincre, où, sans toi, le navire Argo périssait, la République entrait dans le chaos !... O mon vieux camarade de collége, toi dont la postérité relira les discours éloquents, souviens-toi de ces leçons de l'histoire et de la philosophie : que l'amour est plus fort, plus durable que la crainte ; que l'admiration et la religion naquirent des bienfaits ; que les actes de clémence sont l'échelle du mensonge, comme nous disait Tertullien, par lesquels les membres des Comités du salut public se sont élevés jusqu'au ciel, et qu'on n'y monte jamais sur des marches ensanglantées. Déjà tu viens de t'approcher beaucoup de cette idée, dans la mesure que tu as fait décréter au-

[1] Quatrième numéro du *Vieux Cordelier*, p. 69.
[2] *Ibid.*, p. 72.
[3] *Ibid.*, p. 73.
[4] *Ibid.*

jourd'hui... Il est vrai que c'est plutôt un *Comité de justice* qui a été proposé. Cependant pourquoi la clémence
serait-elle devenue un crime dans la République[1]?... »

Cet écrit de Camille Desmoulins, où l'esprit trouve
tant à redire, mais qui s'empare si puissamment du cœur,
avait le tort de réclamer, pour le régime de la liberté militante, ce qui ne convenait qu'au régime de la liberté victorieuse; il supposait, inconcevable et dangereuse erreur!
que la Révolution n'avait plus aucun obstacle devant elle;
que tous ses ennemis étaient ou vaincus ou convertis. Le
contraire, hélas! n'était que trop manifeste. Aussi l'effet
produit fut-il l'opposé de celui que Camille Desmoulins
avait espéré.

Les Hébertistes, que la modération prudente de Robespierre accablait, précisément parce qu'elle ne leur fournissait aucun prétexte spécieux d'attaque, triomphèrent
du quatrième numéro du *Vieux Cordelier*, et se répan-
dirent en discours véhéments sur ce que, sortir de la
Terreur, c'était entrer dans la contre-révolution.

Voyez où l'on nous mène! disaient-ils. Hier, il fallait
un *Comité de justice* qui protégeât de prétendus innocents;
aujourd'hui cela ne suffit plus : ce qu'on veut, c'est un
Comité de clémence qui rassure ou encourage les coupables, sans doute? Et, à l'appui de cette demande, si
étrange dans les circonstances, qu'ose-t-on affirmer? Que
la clémence, c'est-à-dire l'impunité promise aux artisans
de la contre-révolution, serait la meilleure des mesures
révolutionnaires! Au fait, comment avons-nous pu jusqu'ici nous abuser au point de croire que la Révolution
française avait le monde entier sur les bras; qu'elle marchait sur un sol volcanisé, la tête dans l'orage ; et que ses
innombrables ennemis lui gardaient des ressentiments
immortels? De faibles femmes, une tourbe inoffensive de
curieux et d'indifférents, des vieillards, des malades, des

---

[1] Quatrième numéro du *Vieux Cordelier*, p. 73 et 74.

cacochymes, voilà,—Camille Desmoulins veut bien nous
l'apprendre, — nos adversaires ! Et c'est sans autre but
que de venir à bout de ces pauvres gens que la Révolution, selon notre auteur, déploie une tyrannie à laquelle
on ne saurait trouver rien de comparable, à moins qu'on
ne remonte aux règnes infâmes d'un Tibère ou d'un Néron.
De l'Europe armée contre nous, de la Vendée s'agitant
sur des ruines toutes fumantes du sang des patriotes, de
la mansuétude des rebelles lyonnais prouvée par l'exécution de Chalier, de Toulon livré aux Anglais..., pas un
mot. Périls imaginaires que tout cela ! Nous n'avons affaire qu'à des femmes, à des vieillards, à des cacochymes, à des malades.

L'effet des indiscrètes démonstrations de joie échap-
pées aux royalistes vint s'ajouter à celui de ces terribles
commentaires auxquels il faut bien avouer que les récents
écrits de Camille Desmoulins, malgré mainte précaution
oratoire, donnaient prise ; et les Hébertistes en reçurent
un surcroît de force inattendu. L'occasion d'agrandir leur
cause en la confondant avec celle de la Révolution elle-
même leur était fournie.

Autre imprudence fatale ! L'invocation de Camille Desmoulins à Robespierre avait pour résultat nécessaire, non-
seulement de poser ce dernier comme l'arbitre suprême
de la situation, ce qui était le désigner à tous les coups de
l'envie, mais encore de le réduire à l'alternative, ou de
paraître déserter la Révolution par une accession sans
réserve au parti des indulgents, ou de leur montrer un
front sévère, et de sauver ainsi la politique de modération
du reproche de *modérantisme*. Dès ce moment, il se trouvait condamné à naviguer parmi les écueils !

Les conséquences ne tardèrent pas à se développer.

Le 30 frimaire (20 décembre), les Cordeliers, soumis à
l'influence de l'Hébertisme, envoient à la Convention une
députation dont l'orateur, d'un ton hautain et le chapeau

sur la tête, réclame la mise en accusation trop retardée,
dit-il, des soixante-treize Girondins détenus. C'était un
trait lancé droit au cœur de Robespierre, qui les avait défendus. Mais, plus encore que la réclamation, la manière
dont elle était faite annonçait l'audace renaissante des
Hébertistes. Couthon proteste contre cette affectation de
parler le chapeau sur la tête à l'Assemblée des représentants du peuple ; et Robespierre l'appuie en ces termes :
« Sans doute, tous les citoyens sont égaux entre eux ;
mais il n'est pas vrai qu'un seul homme soit l'égal d'une
portion quelconque de citoyens. Un individu qui parle
devant une assemblée doit respecter en elle la société générale dont il est membre. » Le règlement, qui était conforme à ce principe, fut maintenu [1].

Le lendemain, la tête de Chalier, solennellement pro-
menée dans Paris sur un autel que portait un char de
triomphe et que recouvraient des guirlandes de cyprès [2],
offrit aux Hébertistes une occasion naturelle d'essayer
leurs forces. Collot-d'Herbois, qu'ils attendaient avec une
impatience frémissante, était accouru de Lyon. Il arrivait, précédé d'une réputation d'indomptable vigueur. Il
paraît aux Jacobins, où les Hébertistes saluent sa présence
par des applaudissements enthousiastes ; et, après une
apologie véhémente de sa conduite à l'égard des Lyonnais :
« Il y a deux mois que je vous ai quittés, s'écrie-t-il
d'une voix amère ; vous étiez tous brûlants de la soif
de la vengeance contre les infâmes conspirateurs de la
ville de Lyon. Aujourd'hui, je ne reconnais plus l'opinion publique ; si j'étais arrivé trois jours plus tard à
Paris, je serais, peut-être, décrété d'accusation... [3]. »
Puis, répondant à ceux qui disaient : « Les victimes des

[1] *Moniteur*, an II (1793), n° 92.

[2] *Histoire parlementaire*, t. XXX. p. 592.

[3] *Moniteur*, an II (1793), n° 94. Compte rendu de la séance des Jacobins du 1er nivôse (21 décembre).

exécutions en masse ordonnées à Lyon ne sont pas mortes du premier coup : » — « Et Chalier, poursuit-il, Chalier est-il mort, lui, du premier coup? Si les aristocrates avaient triomphé, croyez-vous que les Jacobins eussent péri du premier coup? Et la Convention, qui avait été mise hors la loi par ces scélérats, aurait-elle péri du premier coup? Qui sont donc ces hommes qui réservent toute leur sensibilité pour les contre-révolutionnaires? Une goutte de sang versée des veines généreuses d'un patriote me retombe sur le cœur; mais, pour les conspirateurs, je n'ai point de pitié... [1]. » Collot-d'Herbois attaquait Camille Desmoulins sans le nommer: Nicolas le nomma; et, qualifiant le *Vieux Cordelier* de « libelle, » il prononça ce mot barbare : « Camille Desmoulins frise depuis longtemps la guillotine [2]. » L'éloge de Ronsin par Collot-d'Herbois compléta la scène. La Terreur ressaisissait son sceptre sanglant. Hébert, ivre de joie, dressa un piédestal à Collot-d'Herbois, et il écrivit : « Le géant a paru [3]! »

Deux jours après, 5 nivôse (23 décembre), nouvelle députation des Cordeliers à la Convention pour insister sur l'élargissement de Ronsin et de Vincent [4]. Évidemment, les Hébertistes avaient repris l'offensive; la séance des Jacobins qui suivit cette démarche en fut la preuve.

Dans la séance précédente, il avait été décidé que ce soir-là Camille Desmoulins, Bourdon (de l'Oise), Fabre d'Églantine et Philippeaux auraient à répondre, le premier à la dénonciation de Nicolas, les autres à une dénonciation d'Hébert.

On s'attendait donc à des incidents dramatiques ; et le concours fut tel, qu'on paya des places jusqu'à vingt-cinq

---

[1] *Moniteur*, an II (1793), n° 92.
[2] *Ibid.*
[3] Le *Père Duchêne*, n° CCCXXVI.
[4] *Moniteur*, an II (1793), n° 95.

livres[1]. Collot-d'Herbois se présente la douleur peinte sur
le visage, et dit : « C'est de la mort des patriotes que je
viens vous parler, citoyens... Gaillard, le vertueux Gaillard,
que vous avez vu ici il n'y a pas longtemps, le meilleur
ami de Chalier, s'est tué de désespoir, se croyant abandonné. » A cette sombre nouvelle, une émotion violente
se manifeste parmi les auditeurs. Lui, reprenant : « Vous
ai-je trompés quand je vous ai dit que les patriotes étaient
au désespoir?... Gaillard n'était pas un homme faible.
C'est lui qui, au 10 août, monta le premier à l'assaut contre le tyran, et il reçut alors de larges blessures. Son ombre est devant nous; elle nous dit : « Je n'ai point pâli
« sous les poignards des ennemis du peuple, mais je n'ai
« pu résister à l'idée cruelle d'être abandonné par les
« Jacobins. » L'émotion redoublant : « Prêtons, continue-t-il, prêtons le serment de ne pas survivre à celui de
nos frères qui pourrait être attaqué. » Et tous, debout,
le bras étendu, s'engagent par un serment terrible, aux
applaudissements réitérés des tribunes[2].

L'occasion était bonne pour prendre à partie Camille
Desmoulins sans le nommer; Collot-d'Herbois le désigne
en ces termes : « Vous croyez que des hommes qui vous
traduisent les historiens anciens, qui retournent en arrière de cinq cents ans, pour vous offrir le tableau des
temps où vous vivez, sont patriotes? Non... On veut mo-
dérer le mouvement révolutionnaire. Eh! dirige-t-on une
tempête?... Rejetons donc loin de nous toute idée de modération. Restons Jacobins, restons Montagnards, et sau-
vons la liberté[3]. »

Au bruit des applaudissements qui saluent ces paroles,
Levasseur se lève, et, brusquement : « Je demande à ar-

---

[1] N° V du *Vieux Cordelier*, p. 85. Collection des Mémoires, etc.
[2] *Moniteur*, an II (1795), n° 96. Compte rendu de la séance des
Jacobins du 3 nivôse (23 décembre).
[3] *Ibid.*

racher le masque dont se couvre Philippeaux. » Il l'accuse
alors d'avoir un patriotisme qui ne consiste qu'en bavar-
dages et en déclamations; d'avoir traité Ronsin et Rossignol de scélérats; de l'avoir engagé lui, Levasseur, à
voter pour l'appel au peuple, et d'avoir ensuite voté
contre; d'avoir dit que le club des Jacobins était composé
de fripons[1]. « Je ne m'attendais pas, répond Philippeaux,
a être accusé par Levasseur, mon compatriote et mon
confrère, je me voue à l'infamie s'il se trouve dans mon
Rapport un seul fait controuvé. » Il reprend ensuite ses
dénonciations contre Ronsin et Rossignol, qu'il représente plongés dans les plaisirs et la bonne chère. Il affirme qu'à la bataille de Coron en Vendée Ronsin a fait
écraser par trois mille brigands quarante-trois mille républicains (ailleurs, au lieu de quarante-trois mille, il
avait dit quatre-vingt mille)[2]. Il nie enfin le propos insolent qu'on lui impute en ce qui concerne les Jacobins,
imputation sur laquelle Levasseur insiste et qu'Hébert
confirme[3].

La séance devenait tumultueuse. Danton recommande
le calme. « Je n'ai, ajoute-t-il, aucune opinion formée
sur Philippeaux ni sur d'autres; je lui ai dit à lui-même:
« Il faut que tu prouves ton accusation, ou que tu portes
« ta tête sur un échafaud[4]. » Imprudentes paroles qui
semblaient condamner d'avance Philippeaux, dans le cas
où il se serait trop avancé, ce qui, malheureusement, se
trouva hors de doute!

Robespierre avait défendu Danton, il avait protégé Camille Desmoulins: il n'abandonna pas Philippeaux. Il dit
que, si ce dernier avait cédé à des passions particulières,

[1] *Moniteur*, an II (1793), n° 96.
[2] Voy. dans le tome IX de cet ouvrage, le chapitre intitulé la Vendée vaincue, p. 357.
[3] *Moniteur*, an II (1795), n° 96.
[4] *Ibid.*

son devoir était de faire le sacrifice de son opinion ; qu'il ne croyait pas, quant à lui, que Philippeaux eût eu des intentions contre-révolutionnaires ; qu'il fallait l'entendre ; que la discussion devait être calme ; que la tactique des ennemis de la Révolution était de pousser ses serviteurs à se déchirer de leurs propres mains ; que les arrestations récentes (celles de Ronsin et de Vincent) avaient donné lieu à des soupçons injustes, n'étant pas l'ouvrage d'un homme, mais le résultat d'un examen attentif dans les deux Comités ; que, si des erreurs avaient été commises, on pouvait s'en reposer sur la justice de la Convention du soin de les réparer ; que Marat était allé tranquillement au Tribunal révolutionnaire et en était revenu triomphant[1].

Ce langage était à la fois plein de sagesse et de fermeté. Aux efforts des Hébertistes pour faire regarder Ronsin et Vincent comme les victimes d'une oppression qui avait sa source dans les seules dénonciations de Philippeaux, Robespierre opposait le jugement des Comités, la confiance que devait inspirer la Convention, et cette soumission à la justice dont Marat lui-même avait donné l'exemple. D'un autre côté, loin de sommer Philippeaux, comme l'avait fait Danton, de prouver tous ses dires, sous peine de mort, Robespierre lui ouvrait une issue ; il lui ménageait un moyen de se rétracter honorablement ; il étendait sur les erreurs de fait où il avait pu se laisser entraîner le voile des bonnes intentions. Jamais la bienveillance n'avait été plus habile.

Mais les rancunes de Philippeaux l'aveuglaient, et il ne pouvait pardonner au Comité de salut public d'avoir prêté une oreille défiante à ses réquisitoires touchant la Vendée. Il déclara « qu'il avait dans son cœur les principes que venait de professer Robespierre[2], » mais non

---

[1] *Moniteur*, an II (1795), n° 96.
[2] *Ibid.*

sans se plaindre des « formes repoussantes qu'il avait cru remarquer dans le Comité, lorsqu'il était allé lui rendre compte de ses opérations[1]. » Il assura ensuite qu'il n'avait tiré de sa brochure que le nombre d'exemplaires suffisant pour ses collègues de l'Assemblée; sur quoi, Levasseur s'étant écrié: « Tu en as menti; tu en as envoyé des exemplaires à Saumur et à Angers, » lui, au lieu d'établir le contraire, répliqua : « Je vais vous expliquer la cause de l'acharnement de Levasseur contre moi. J'ai fait rapporter un décret sur la résiliation des baux, et, par ce rapport, Levasseur perdait cinq cents livres[2]. » A ces mots, le cri *Point de personnalités* retentit de toutes parts, mêlé à de violents murmures. Danton, impatienté, s'écrie que toutes « ces altercations ne tuent pas un Prussien, » et conclut à ce qu'une Commission de cinq membres soit chargée d'entendre les accusés et les accusateurs[3]. Couthon, qui veut éloigner une lutte dont il semble pressentir le dénoûment funeste, essaye d'arrêter Philippeaux lorsqu'il en est temps encore. Il lui demande s'il croit, en son âme et conscience, qu'il y ait eu une trahison dans la guerre de Vendée. « Oui, » répond sans hésiter le courageux, mais imprudent Philippeaux. « Alors, poursuit Couthon, qu'une Commission soit nommée. » Et c'est ce qui est décidé à l'instant même, au milieu des plus vifs applaudissements[4].

Sur la question de savoir si Fabre, Bourdon et Camille seraient entendus et jugés sans désemparer, les Jacobins passèrent à l'ordre du jour[5].

Arriva sur ces entrefaites la nouvelle de la prise de Toulon; et certes, rien ne pouvait venir plus à propos

---

[1] *Moniteur*, an II (1793), n° 96.
[2] *Ibid.*
[3] *Ibid.*
[4] *Ibid.*
[5] *Ibid.*

pour les membres du Comité de salut public, tant l'opposition contre eux dans l'Assemblée se fortifiait et grandissait! C'est au point que, lorsqu'ils allèrent annoncer à la Convention ce grand événement : Toulon rendu enfin à la République, — leurs amis de la Montagne les en félicitèrent comme d'un succès personnel, et leur dirent: « Si Toulon n'avait pas été pris si tôt, vous étiez perdus; ils vous auraient décrété d'accusation[1]. »

Restait le danger dont les débordements de l'Hébertisme menaçaient la Révolution; et ce danger, le Comité de salut public le portait dans ses propres flancs. Étrange mobilité des choses dans les temps d'orage ! Pour enivrer d'audace le parti de la Terreur, il avait suffi des attaques aventurées par Philippeaux, et des protestations hyperboliques de Camille! Aussi, comme les Hébertistes avaient maintenant le verbe haut! Avec quelle complaisance ils appelaient Collot-d'Herbois « le géant! » Avec quel enthousiasme farouche ils allaient répétant les paroles de défi que l'exterminateur des Lyonnais rebelles venait de lancer à la politique de Robespierre : « *Loin de nous toute idée de modération!* » C'était le moment où Fouché écrivait à Collot, au sujet de la prise de Toulon. « Nous n'avons qu'une manière de célébrer la victoire; *nous envoyons ce soir deux cent treize rebelles sous le feu de la foudre*[2]. » Le suicide de Gaillard, désespérant de la Révolution et ne voulant pas lui survivre, ajoutait à la surexcitation. Robespierre avait tenu tête avec fermeté, aux Cordeliers, dans leurs démarches impérieuses, insolentes presque, en faveur de Ronsin et de Vincent, et il avait mis à excuser Philippeaux plus de courage que n'en montra Danton. Mais, compromis par Camille, qui rendait sa politique vulnérable et impopulaire en l'exa-

---

[1] Projet de Rapport de Robespierre sur la faction de Fabre d'Églantine.

[2] *Moniteur*, an II (1785), n° 95.

gérant, il sentait le sol prêt à se dérober sous lui. Nul
doute que, dans les deux dernières séances des Jacobins,
le grand rôle n'eût appartenu à ses adversaires. La violence déployée par Levasseur contre Philippeaux prouvait que ceux-là même d'entre les Républicains ardents
qui ne figuraient point parmi les Hébertistes étaient dis-
posés à prendre parti pour eux ; et ce qui devait inquiéter
encore davantage Robespierre, c'était de voir des hommes tels que Nicolas, qu'on savait avoir poussé l'attachement à sa personne jusqu'à une espèce de culte, menacer de la guillotine.... qui? l'auteur du *Vieux Cordelier*, ce Camille Desmoulins, dont lui, Robespierre,
avait, peu de jours auparavant, garanti le républicanisme[1] !

Dans cette situation critique, Robespierre n'hésita pas.
Ces ultrarévolutionnaires qu'il avait si souvent combat-
tus, il résolut de les condamner de haut, solennellement,
comme membre du pouvoir, mais cela de manière à leur
arracher, une fois encore, tout prétexte de se poser en
défenseurs exclusifs de la Révolution, et d'attirer dans
leurs rangs tous ceux à qui la faiblesse ou la tiédeur
paraissait trahison. De là le Rapport qu'il présenta le 5
nivôse (25 décembre) sur les principes du gouvernement
révolutionnaire.

« La théorie du gouvernement révolutionnaire, disait-
il en commençant, est aussi neuve que la révolution qui
l'a amenée... Il ne faut pas la chercher dans les livres
des écrivains politiques, qui n'ont point prévu cette révolution, ni dans les lois des tyrans, qui, contents d'abuser
de leur puissance, s'occupent peu d'en rechercher la
légitimité. Aussi ce mot n'est-il pour l'aristocratie qu'un

---

[1] C'était dans la séance du 14 décembre que Robespierre avait fait
l'éloge de Camille Desmoulins ; ce fut dans la séance du 21 décembre
que Nicolas le dénonça. Les IIIe et IVe n[os] du *Vieux Cordelier* avaient
paru dans l'intervalle.

sujet de terreur ou de calomnie, pour les tyrans qu'un scandale, pour bien des gens qu'une énigme ; il faut l'expliquer à tous, pour rallier au moins les bons citoyens aux principes de l'intérêt public [1]. »

Puis, distinguant avec soin, — et c'étaient là des distinctions d'homme d'État, non de vaines antithèses de rhéteur, — ce que le tort de Camille Desmoulins avait été de confondre :

« La fonction du gouvernement, continuait-il, est de diriger les forces morales et physiques de la nation vers le but de son institution.

« Le but du gouvernement constitutionnel est de conserver la République ; celui du gouvernement révolutionnaire est de la fonder.

« La Révolution est la guerre de la liberté contre ses ennemis ; la Constitution est le régime de la liberté victorieuse et paisible.

« Le gouvernement révolutionnaire a besoin d'une activité extraordinaire, précisément parce qu'il est en guerre. Il est soumis à des règles moins uniformes et moins rigoureuses, parce que les circonstances où il se trouve sont orageuses et mobiles, et surtout parce qu'il est forcé de déployer sans cesse des ressources nouvelles et rapides pour des dangers nouveaux et pressants.

« Le gouvernement constitutionnel s'occupe principalement de la liberté civile, et le gouvernement révolutionnaire de la liberté publique. Sous le régime constitutionnel, il suffit presque de protéger les individus contre l'abus de la puissance publique ; sous le régime révolutionnaire, la puissance publique elle-même est obligée de se défendre contre toutes les passions qui l'attaquent.

« Le gouvernement révolutionnaire doit aux bons ci-

----

[1] *Moniteur*, an II (1793), n° 97.

toyens toute la protection nationale, il ne doit aux ennemis du peuple que la mort[1]. »

Cette dernière phrase, dont l'âpreté n'avait trait qu'à
la période de transition, la période *révolutionnaire*, s'a-
dressait à la fois aux conspirateurs monarchiques et aux
Hébertistes. Robespierre disait aux premiers : « Gardez-
vous de voir dans notre aversion pour les excès une promesse d'impunité ou une marque de faiblesse ; » et aux
seconds : « Quand nous nous engageons à ne pas fléchir
devant les coupables, de quel droit appelleriez-vous
contre-révolutionnaire la protection accordée à ceux qui
sont innocents ou qui ne sont qu'égarés? »

Et, pour mieux briser entre les mains des Hébertistes
l'arme que Camille Desmoulins leur avait étourdiment
fournie ; pour bien établir que le dessein de couper court
aux excès de la Terreur n'impliquait nullement celui de
laisser les conspirateurs ou les traîtres impunis, Robespierre concluait par la proposition d'un décret qui, d'une
part, activât la mise en jugement des généraux prévenus
de complicité avec Dumouriez ; et, d'autre part, aug-
mentât d'un tiers les secours et récompenses auxquels
avaient droit les défenseurs de la patrie blessés en combattant pour elle[2].

Quant à la pensée dominante du Rapport, le passage
qui la contenait était celui-ci : « ..... Le gouvernement
révolutionnaire n'a rien de commun ni avec l'anarchie
ni avec le désordre; son but, au contraire, est de les réprimer, pour amener et affermir le règne des lois. Il n'a
rien de commun avec l'arbitraire. Ce ne sont point les
passions particulières qui doivent le diriger, c'est l'intérêt public. Il doit se rapprocher des principes ordinaires, dans tous les cas où ils peuvent être rigoureuse-

---

[1] *Moniteur*, an II (1795), n° 97.
[2] *Ibid.*

ment appliqués, sans compromettre la liberté publique.
La mesure de sa force doit être l'audace ou la perfidie
des conspirateurs; plus il est terrible aux méchants, plus
il doit être favorable aux bons, et plus il doit s'abstenir
des mesures qui gênent inutilement la liberté, et qui
blessent les intérêts privés sans aucun avantage public[1].»

Convaincu que les deux extrêmes aboutissent au même
point, et, selon ses propres expressions, que le but est
également manqué, soit qu'on ne l'atteigne pas, soit
qu'on le dépasse, Robespierre s'étudiait à tracer à la
Révolution sa route entre les deux écueils que, souvent
déjà, il avait signalés avec inquiétude : l'excès de l'indulgence et l'excès de la rigueur.

Mais il lui eût fallu, pour réussir, un pouvoir qu'il
n'avait pas. Son autorité morale était immense; son autorité officielle, très-combattue, très-disputée, se trouva
bien souvent nulle. Cette importante distinction fut soi-
gneusement voilée, après le 9 thermidor, par tous ceux
qui avaient intérêt à rejeter sur Robespierre la responsabilité d'un passé terrible; et, comme il n'était plus là
pour répondre, rien n'a contribué davantage à falsifier
l'histoire de la Révolution. La vérité est que Robespierre
avait contre lui, non-seulement tout le Comité de sûreté
générale, moins David et Lebas; mais encore tout le
Comité de salut public, moins Saint-Just et Couthon.

On en eut une preuve décisive dans les circonstances
dont il s'agit. Le 6 nivôse (26 décembre), Barère, à la
suite d'un Rapport sur les suspects, réponse amère aux
nouvelles traductions de Tacite, proposa de prendre dans
les deux Comités la Commission chargée de juger des
motifs d'arrestation à l'égard des citoyens incarcérés.
C'était faire dépendre l'action de ce *Comité de justice* que
Robespierre avait demandé, d'une majorité hostile à sa

---

[1] *Moniteur*, an II (1793), n° 97.

politique de modération ferme et vigilante. Vainement
réclama-t-il le maintien du premier décret rendu sur sa
proposition ; vainement signala-t-il les inconvénients
nombreux de celui qu'on voulait y substituer : Barère se
déclara sans détour l'organe *du vœu des deux Comités
réunis* [1].

L'isolement de Robespierre dans les régions officielles
ne pouvait être révélé ni d'une manière plus saisissante
ni à propos d'une question plus grave. Mais ce n'était
pas assez pour Billaud-Varenne, dont l'inflexibilité systématique et les convictions farouches s'alarmaient de la
moindre atteinte portée au régime de la Terreur. Avec
une violence qu'il ne prit nul soin de déguiser, il affirma
que les inconvénients attachés au second décret accu-
saient le premier qui avait été rendu (celui qu'avait fait
voter Robespierre); et, frappant d'une réprobation indi-
recte, mais non équivoque, la politique modérée de son
collègue, il ajouta que la Convention aurait passé à
l'ordre du jour sur les réclamations des contre-révolutionnaires présentées à sa barre le 30 frimaire, « *si elle
eût conservé son énergie et sa fermeté* [2]. » Robespierre, en
donnant ces réclamations pour point de départ à la proposition d'un *Comité de justice*, avait donc, selon Billaud-
Varenne, manqué d'énergie et de fermeté ! Le trait était
de ceux qui, en ce temps-là, faisaient de profondes blessures. La Convention ne se borna pas à passer à l'ordre
du jour sur le décret présenté par Barère ; elle rapporta
le premier qu'elle avait voté sur la proposition de Robespierre [3].

Ainsi le *Comité de justice* fut rejeté ; et ce triomphe
de Billaud-Varenne donna un surcroît de force aux Hé-

<hr>

[1] Séance de la Convention du 6 nivôse (26 décembre).
[2] *Ibid.*
[3] *Ibid.*

bertistes, si bien servis déjà par les exagérations en sens
inverse de Camille Desmoulins, par les attaques inconsidérées de Philippeaux, et par le retour à Paris de Collot-
d'Herbois.

CHAPITRE SIXIÈME.

HIVER DE 1794

Disette de la viande. — Les garçons bouchers. — Ressources diminuées. — Besoins augmentés. — Perspective effrayante. — Pourvoyeurs de l'armée révolutionnaire. — Aspect de la Halle aux boucheries. — Admirable dévouement civique. — Carême civique; Legendre propose de le décréter. — Jeûne universel et volontaire. — Abominables manœuvres de la contre-révolution pour faire hausser le prix du pain. — Consommation momentanée de volailles dans Paris. — Paris réduit à se nourrir d'herbages. — *Queues* à la porte des boulangers. — Influence funeste exercée par les attroupements d'affamés sur la moralité publique et la pudeur des femmes. — Divers remèdes proposés. — Cri général contre l'accaparement. — *Le pain à deux sous*, par Dubois-Crancé. — Brochure sur les subsistances, par Momoro. — *Tableau du maximum*. — Nouveauté et importance de ce grand travail. — L'excès du froid se joint à la famine. — Tous les fléaux coalisés. — Héroïsme du peuple de Paris.

Ce fut un terrible hiver que celui de 1794.

Et d'abord, la viande manqua.

La Vendée, avant la guerre, fournissait six cents bœufs par semaine, depuis Pâques jusqu'à la Saint-Jean[1]. L'insurrection vendéenne détruisit cette ressource.

---

[1] *Moniteur*, an II (1794), n° 155. — Discours de Legendre dans la séance de la Convention du 5 ventôse (13 février).

Les herbages de la Normandie étaient épuisés[1]. Tirer des bœufs du dehors, il n'y fallait pas songer, la France étant placée au centre d'un immense incendie, et l'étranger n'ayant rien à lui envoyer que la mort.

C'est peu : l'augmentation des besoins se trouvait avoir marché de pair avec la diminution des ressources. On ne jeûnait plus, comme jadis, pendant près de la moitié des jours de l'année ; et, tandis qu'autrefois les habitants des campagnes se nourrissaient de fruits, de laitage et de légumes, on avait maintenant sous les armes douze cent mille hommes qui mangeaient de la viande tous les jours[2].

Ainsi qu'on devait s'y attendre, les efforts réunis de la cupidité et de la malveillance centuplèrent le mal. D'une part, on vit la lie des garçons bouchers, des gens sans mœurs, beaucoup, chassés de chez leurs maîtres pour cause de vol, se réunir dans les marchés, et, de leur argent mis en commun, acheter bœufs, vaches, veaux, tout ce qu'ils trouvaient[3], de manière à réaliser, par l'accaparement et la hausse arbitraire des prix, d'homicides bénéfices ; d'autre part, des bandes de spéculateurs sans âme spéculèrent sur l'étendue des besoins qui appelaient aux foires les approvisionneurs des armées, forcés d'acheter, coûte que coûte, de quoi pourvoir à une consommation dévorante[4]. Est-il besoin d'ajouter que les ennemis de la Révolution n'eurent garde de manquer une aussi belle occasion de satisfaire leur rage[5], se faisant un jeu

---

[1] *Moniteur*, an II (1794), n° 155. — Discours de Legendre.

[2] *Ibid.* Rapport de Barère.

[3] *Ibid.* Discours de Legendre.

[4] Rapport de Vernier sur la vente des bestiaux destinés à la consommation. *Biblioth. histor. de la Révol.* — Subsistances, 473-4-5. (*British Museum.*)

[5] *Moniteur*, an II (1794), n° 168. — Dénonciation portée à l'Assemblée par une députation du Conseil général de la Commune de Paris.

de tuer les vaches et les brebis déjà pleines, ou de jeter les veaux à la rivière[1]?

Tout concourait de la sorte à créer la disette de la viande, et elle devint effrayante. De dix-huit sous, la livre de bœuf monta rapidement à vingt-cinq[2]; bientôt il n'y eut de viande que pour les riches, et l'on put prévoir le moment où, même pour eux, il n'y en aurait plus. On entendit le boucher Legendre s'écrier, avec ce genre d'éloquence vulgaire, mais quelquefois saisissant qui lui était propre : « On détruit l'espèce, en mangeant le père, la mère et les enfants.... L'époque n'est pas éloignée où vous n'aurez ni viande ni chandelle. Les bœufs qu'on tue aujourd'hui ne donnent pas assez de suif pour les éclairer à leur mort[3]. »

Il fallait aussi compter avec cette partie de l'armée révolutionnaire que Ronsin animait de son esprit, et dont les hordes dévastatrices deshonorèrent si souvent la cause qu'elles prétendaient défendre. Semblables à des loups affamés, selon la comparaison employée par un auteur du temps, les pourvoyeurs et précurseurs de l'armée révolutionnaire parcouraient les campagnes, en dardant des yeux avides sur les métairies et les fermes. Ils s'y précipitaient, la fourche à la main, ou la baïonnette en avant; empoignaient les moutons, emportaient les volailles, incendiaient les granges, déliaient les bœufs de leurs étables, à la face des propriétaires muets et consternés; puis, couraient vendre leurs larcins à des misérables dignes de les acheter[4].

Par suite de ces brigandages, le beurre et les œufs disparurent. Que font tout autour de la halle ces longues

---

[1] Moniteur, an II (1794), n° 155.— Déclaration d'un Commissaire du Comité de la Section des gardes françaises.

[2] Mercier. Le Nouveau Paris, t. III, chap. xc.

[3] Moniteur, an II (1794), n° 155. Discours de Legendre.

[4] Mercier. Le Nouveau Paris, t. III, chap. xc.

files de femmes qui bravent là depuis minuit l'inclémence de l'air? Elles savent que, dès neuf heures du matin, la halle est dégarnie, et elles attendent l'heure de conquérir, presque au péril de leur vie, trois œufs et un quarteron de beurre[1].

Tragique était le spectacle que présentait, en ces jours d'angoisses, la Halle aux boucheries! Une multitude entassée et frémissante; le tumulte augmenté par l'apparition de la cavalerie aux ordres des Comités révolutionnaires; des femmes enceintes à demi étouffées dans la foule; des milliers d'individus des deux sexes se pressant, se poussant, s'écrasant l'un l'autre, dans les avenues étroites de la Halle; des hommes à gages emportant des moitiés de bœufs et fuyant courbés sous leur énorme fardeau; les pauvres suivant le visage pâle et le regard attaché sur la viande crue; quelquefois, les gendarmes lançant leurs chevaux au galop entre des étals larges de trois pieds à peine, culbutant le monde, multipliant les accidents sous prétexte de les prévenir et favorisant par une tactique astucieuse d'ignobles trafics, tel est, tracé par un observateur contemporain, le tableau de ces désordres. « Des scélérats, dit-il, aux appointements de la Commune, faisaient ranger les femmes à la file; mais, tandis qu'elles attendaient leur tour, en grelottant de froid, des portefaix formant un rempart impénétrable devant les boutiques, enlevaient des bœufs entiers; et, quand le partage du lion était fait, les femmes, rangées deux à deux, et qui n'avaient pas avancé d'un pas, se retiraient les mains vides[2]. »

Un exemple de dévouement civique vraiment admirable, et — si l'on met à part ceux qui eurent leur source dans la superstition, — unique dans l'histoire, fut le ré-

----

[1] Mercier. Le *Nouveau Paris*, t. III, chap. xc.
[2] *Ibid.*

sultat de cette situation. Il fallait de la viande aux soldats qui combattaient pour la liberté, il en fallait aux malades qui encombraient les hôpitaux : de la sollicitude qu'ils inspiraient naquit l'idée d'un carême civique que devaient s'imposer volontairement tous les bons citoyens. Déjà, en juin 1793, la Section de Montmartre et celle de l'Homme-Armé avaient arrêté un carême civique de six semaines[1]; le 3 ventôse 1794 (21 février), Barère, dans la Convention, s'exprima en ces termes : « A Londres, lorsque Georges arma des escadres pour asservir les États-Unis d'Amérique, il ordonna des jeûnes... Dans ce moment, il y a des jeûnes religieux en Angleterre... Nos pères, nous-mêmes, avons jeûné pour un saint du calendrier, pour un moine du dixième siècle, ou pour quelque supercherie sacerdotale : jeûnons pour la Liberté... Les soldats du Rhin étaient au bivac depuis plusieurs jours ; ils aperçoivent Landau ; on leur offre du pain et de l'eau-de-vie avant d'y parvenir ; ils refusent, ajournant ces besoins après la prise de la ville[2]. » Legendre se leva et dit : « Si la Convention se borne à *inviter* à un carême civique, tous les bons patriotes se passeront de viande ; le peuple se soumettra à votre invitation par amour pour la liberté ; mais le riche, le sybarite, continueront de s'engraisser avec une nourriture qu'il faut réserver aux défenseurs de la patrie... *Décrétez* un carême civique. » Cambon ayant signalé l'inconvénient d'emprunter à la superstition les formes qui lui étaient propres, et Legendre insistant pour que la Convention consacrât au moins le principe : « Il n'y a pas ici de principe à décréter ; il n'y a que des précautions à prendre, » s'écria Barère[3].

La Commune avait fait placarder dans toutes les rues

[1] *Histoire parlementaire*, t. XXXII, p. 12.
[2] *Moniteur*, an II (1794), n° 155.
[3] *Ibid.*

un arrêté qui réduisait chaque bouche à une livre de viande par décade ; et les membres des Comités révolutionnaires s'étaient imposé le devoir de l'abstinence[1] : l'idée, partout répandue, que l'économie de matière alimentaire tournerait au profit des pauvres, des malades et des soldats, fit ce que le plus impérieux décret n'aurait pu faire. La République, par un mouvement spontané, se soumit à un jeûne universel. Et cela, pendant que l'abondance régnait, dans les prisons, parmi les gens riches[2]. Malheureusement la disette de la viande n'était pas le seul fléau à combattre. On ne saurait rappeler sans un sentiment d'horreur les moyens auxquels les ennemis de la Révolution eurent recours, pour en dégoûter le peuple, par la famine. On tenait les sacs fermés et les marchés dégarnis ; on cachait les grains jusque dans les écuries sous de la paille ; on laissait pourrir les meules de blé, ou on les abandonnait à la férocité des rats ; on refusait de faire battre son grain, sous prétexte que les batteurs ne demandaient pas moins d'un écu, que dire encore[3] ?

D'un autre côté, la quantité de grains mis en réquisition ne permettant plus d'élever dans les campagnes poules et poulets, il y eut un moment où les rues de Paris se remplirent de paysans chargés de paniers de volailles que les Parisiens achetaient à l'envi. Cela dura peu ; et alors on dut se rejeter sur les herbages. Nul moyen de se procurer les légumes secs, riz, lentilles, haricots : ils étaient amoncelés dans les magasins militaires, et l'on en vint à regarder comme un bonheur la découverte d'un litron de cette denrée[4].

[1] Mercier. Le *Nouveau Paris*, t. III, chap. xc.

[2] Conseil général de la Commune, séance du 29 pluviôse, citée dans l'*Hist. parl.*, t. XXXII, p. 2.

[3] Opinion de Momoro, administrateur et membre du Directoire du épartement de Paris, dans la *Biblioth. hist. de la Révol.* — Subsistances, 475-4-5. (*British Museum.*)

[4] Mercier. Le *Nouveau Paris*, t. III, chap. xc.

L'extrême difficulté d'avoir du pain donna naissance à ce que le peuple désigna, depuis, sous le nom de *queues*: longues files de femmes rangées deux à deux à la porte des boulangers avant même que le jour eût paru. Mercier a vivement décrit la funeste influence que ces sortes d'attroupements exercèrent sur la moralité publique. Que de tête-à-tête concertés favorisa l'obscurité de la nuit! que de portes à propos entr'ouvertes! Les jeunes filles n'étaient point les dernières à se mettre en rang; et, comme il fallait tromper l'ennui de l'attente, on se répandait en propos agaçants, on se livrait à des rires immodérés, tandis que de hardis garçons de boutique, des valets effrontés, ou des libertins de profession, s'arrêtaient sur chaque rang, prenaient le signalement des visages, et, quelquefois même, profitant des ténèbres, se ruaient en taureaux sur les femmes, qu'ils embrassaient l'une après l'autre[1]. La pudeur ne pouvait que se perdre en ces rapprochements dangereux. La nécessité de se pousser au premier rang accoutuma les femmes du peuple à lutter de force avec les hommes; beaucoup devinrent irascibles, contractèrent l'habitude de jurer; et, dans le bruit de ces cohues, qui ne cessait par intervalles que pour laisser entendre les vagissements d'enfants affamés, on eut peine à distinguer d'avec les voix enrouées des charretiers des voix qui avaient été douces et tendres[2].

À ces maux quel remède? Chacun proposait le sien, et les brochures qui traitaient des subsistances affluèrent. Une idée commune qui, dans toutes ces brochures, se dégage de la diversité des conclusions, est celle qu'on trouve exprimée de la manière suivante, dans un Rapport de Vernier sur la vente des bestiaux destinés à la consommation : « Chez tous les peuples civilisés, l'accapare-

---

[1] Mercier. Le *Nouveau Paris*, t. III, chap. xc.
[2] *Ibid.*

ment et le monopole ont été considérés comme des crimes
que les lois devaient punir. Les Grecs et les Romains
avaient prohibé l'accaparement et le monopole sous des
peines très-sévères. C'est depuis quarante ou cinquante
ans seulement que les économistes ont vu là une suite nécessaire de la liberté du commerce [1]. » Les circonstances
semblaient en effet donner raison à la doctrine de Galiani
et de Necker contre celle de Turgot [2]; et ceux même des
conventionnels qui étaient alors pour la liberté absolue
du commerce des grains ne pouvaient nier qu'elle four-
nît aux malveillants une arme terrible [3].

Sous ce titre : *Le pain à deux sous dans toute la République*, Dubois-Crancé publia une brochure dans laquelle
il proposait, pour surmonter la crise, les quatre moyens
que voici : Ouvrir au peuple, en tout temps et sur toute
la surface de la République, des magasins de vente et
d'achat à *prix fixe*, avec la seule différence entre la vente
et l'achat de trois deniers par livre de froment et de deux
deniers par livre de seigle, ou autres menus grains, pour
frais d'emmagasinage et de surveillance. — Garnir ces
magasins par le prélèvement annuel de la contribution
foncière en nature, à un taux uniforme, et sans exception, dans toute l'étendue de la République. — Laisser
la circulation libre à l'intérieur, et prohiber l'exportation,
en attribuant le droit d'exporter des blés au gouvernement seul. — Déclarer confiscable, avec amende, tout
blé des récoltes précédentes qui se trouverait encore en
nature et *non converti en farine*, chez un particulier, un
mois après la récolte de l'année courante. « Le droit de

---

[1] *Bibl. hist. de la Révol.* —Subsistances, 473-4-5. (*British Museum.*)

[2] Voy. dans le premier volume de cet ouvrage le chapitre consacré aux économistes du dix-huitième siècle.

[3] *Primo, du pain et voici comment*, par Louis Viger, député sup-
pléant à la Convention nationale. *Biblioth. hist. de la Révol.* — Subsistances, 473-4-5. (*British Museum.*)

propriété, disait l'auteur, consiste-t-il à refuser de vendre
la denrée qu'on a de trop à celui qui en manque? Non.
De quel droit le laboureur voudrait-il que, pour lui garantir sa propriété, son voisin allât se battre aux frontières, lorsque lui le laisserait mourir de faim[1]? »

Dans une autre brochure, écrite sous l'empire des
mêmes préoccupations, Momoro s'étudiait à prouver que
la fixation d'un *maximum* du prix des grains était possible, qu'elle était juste, qu'elle produirait de grands avantages, qu'elle ne violait en aucune façon le droit de
propriété, défini au point de vue de l'intérêt social, et
qu'elle n'aurait point pour effet l'anéantissement du commerce des grains. Suivant l'auteur, nul doute que le
cultivateur ne fût suffisamment récompensé de ses travaux et encouragé à faire valoir ses terres, si le *maximum*
adopté était de vingt-cinq à trente livres la mesure de
deux cent quarante livres pesant, et il en donnait pour
preuve que la proposition en avait été faite à la Convention, d'après le vœu des cultivateurs, consultés à cet effet.
Le prix du pain, dans ce cas, eût été de deux sous six deniers. Après avoir passé en revue les diverses objections
à prévoir, Momoro se demandait si ceux qui avaient fait
des approvisionnements considérables ne perdraient pas
beaucoup au système par lui proposé; et le sens de sa
réponse était : Oui, mais que nous importe la ruine des
accapareurs? Ils ont calculé sur la famine : si leurs calculs sont déjoués, tant mieux[2].

Ici se place le souvenir d'une entreprise aussi neuve
qu'imposante.

Un décret du 11 brumaire (1er novembre) avait ordonné

---

[1] *Biblioth. hist. de la Révol.* — Subsistances, 473-4-5. (*British
Museum*).

[2] Opinion de Momoro, administrateur et membre du Directoire du
Département de Paris *Ibid.*

à la *Commission des subsistances et approvisionnements de la République* de faire travailler, par des Commissaires spéciaux, à un tableau général donnant :

1° Le prix que chaque genre de marchandise valait dans le lieu de sa production ou fabrication, en 1790, augmenté d'un tiers ;

2° Un prix par lieue, pour le transport, à raison de la distance de la fabrique ;

3° Le bénéfice du marchand en gros, calculé sur le pied de cinq pour cent ;

4° Celui du marchand en détail, calculé sur le pied de dix pour cent.

Ainsi, par un décret de quelques lignes, se trouvait avoir été décidée la fixation du prix de toutes les marchandises et de toutes les denrées dans toute l'étendue de la République : travail gigantesque qui avait pour but de mettre un frein à la cupidité des spéculateurs, de tracer une limite aux gains immodérés des capitalistes, d'arrêter le débordement de l'agiotage, et de faciliter aux citoyens l'acquisition des objets de première nécessité[1].

Les Commissaires nommés abordèrent d'un cœur intrépide la tâche sans exemple qui leur était confiée. Ils s'adressèrent à chaque district, interrogèrent chaque municipalité, firent de chaque société populaire un instrument d'enquête. Plusieurs des administrations locales répondirent à l'appel, d'autres s'abstinrent. Mais Paris, consommant par ses fabriques, ses ateliers, son industrie, ses arts, toutes sortes de matières, put fournir, presque à lui seul, la matrice de toutes les valeurs et l'état de toutes les transactions commerciales. De là l'ouvrage de statistique le plus nouveau et le plus important qui eût encore paru. Le tableau formé en vertu du décret sur le *maximum* faisait connaître le prix de tout ce que l'homme

---

[1] *Moniteur*, an II (1794), n° 154. Rapport de Barère.

doit aux libéralités de la nature, la valeur de ce que son travail y ajoute, le lieu des productions diverses, la situation des différents dépôts que le commerce alimente, les rapports multipliés qui lient les efforts de l'industrie aux besoins de vingt-sept millions d'âmes. C'était le travail analysé, le secret du commerce livré au monde, l'industrie prise sur le fait, la manipulation de toute matière première mise au jour; c'était la lampe portée au fond des laboratoires, où la cupidité ne prend que trop souvent le génie à son service, et le long des sentiers obscurs où parfois l'activité humaine s'égare. Aussi Barère eut-il raison de s'écrier, en rendant compte de ce résultat, incomplet seulement parce qu'il était prodigieux : « Aucune nation ne possède rien de semblable. Des naturalistes, des médecins, ont fait, grâce à de longs travaux, des tables de mortalité pour l'espèce humaine : vous, dans deux mois, vous avez fait des tables de vie pour le peuple[1]. » La Convention s'empressa de voter l'impression des *Tableaux du maximum*, et leur envoi à chaque district[2].

Qu'elle fut admirable, cette lutte de nos pères contre tous les fléaux coalisés ! car à la famine se joignit l'excès du froid. Depuis deux ans, Paris se chauffait au jour le jour. Le charbon était très-rare; il n'en venait qu'un bateau à la fois dans chaque port, et l'on n'obtenait son tour par numéro qu'au prix d'une bien cruelle attente, une attente de trois nuits[3]! A peine les débardeurs avaient-ils retiré de l'eau le bois désiré, qu'il était vendu. Mais, la rivière une fois enchaînée par les glaces, il fallut se rabattre sur les bois de Boulogne, de Vincennes, de Verrières, de Saint-Cloud, de Meudon. Des vieillards revenaient

---

[1] *Moniteur*, an II (1794), n° 154. Rapport de Barère.
[2] Séance du 4 ventôse (22 février). Voy, le *Moniteur*, an II (1794), n° 155.
[3] Mercier. Le *Nouveau Paris*, t. III, chap. xc.

de la forêt, le dos courbé sous de lourds fagots, rappelant la fable de la *Mort* et du *Malheureux*. Est-il un temps, est-il un pays, où les calamités publiques n'aient point provoqué quelque spéculation infâme? Des misérables, « sangsues sorties de la fange des cavernes à voleurs[1], » vendirent la corde de bois quatre cents francs; et l'on vit de pauvres pères de famille scier dans les rues leurs bois de lit pour faire cuire les aliments de leurs enfants. Les fontaines gelèrent, de sorte que les porteurs d'eau, forcés de se rendre dans des quartiers éloignés de la rivière, firent payer l'eau quinze et jusqu'à vingt sous la voie. Les choses en vinrent au point que, pour ne pas payer, beaucoup se firent porteurs d'eau; et, quand les réservoirs des fontaines furent dégelés, on y fit *queue* aussi[2]!

Et tout cela enduré avec un calme héroïque par ce grand peuple de Paris!... Comment rappeler sans attendrissement et sans orgueil que les dépôts où le Comité de salut public avait emmagasiné tous les objets d'absolue nécessité, jusqu'au drap, furent respectés religieusement[3], placés qu'ils étaient sous la sauvegarde d'un peuple mourant de faim, mourant de soif, mourant de froid?

[1] Mercier. Le *Nouveau Paris*, t. III, chap. xc.
[2] *Ibid.*
[3] *Ibid.* t. IV, chap. clv.

CHAPITRE SEPTIÈME

LE PRÉTOIRE DES JACOBINS.

Numéro cinq du *Vieux Cordelier* : acte de contrition et satire. — Camille et Hébert devant les Jacobins; Robespierre et Danton s'élèvent contre les querelles purement personnelles. — Dénonciations de Philippeaux contre Ronsin, Rossignol et les *autres agents du ministère.* — Démenti terrible de Choudieu. — Opposition voilée de Bourdon (de l'Oise) au Comité de salut public; attaques prudentes de Danton. — Camille cité devant les Jacobins. — Robespierre prend sa défense. — *Brûler n'est pas répondre.* — Irritation de Robespierre; sa réplique au cri de Camille. — Intervention conciliante de Danton. — On lit, aux Jacobins, les numéros du *Vieux Cordelier.* — Robespierre, aux Jacobins, interpelle Fabre d'Églantine. — Portrait de Fabre. — Ce qu'on lui reproche. — Sa réponse aux accusations. — Robespierre protége Camille Desmoulins. — Situation embarrassante que cette protection lui crée. — Manœuvres des Hébertistes pour rejeter sur lui la responsabilité des opinions émises par Camille. — Camille rayé de la liste des Jacobins. Robespierre demande que cet arrêté soit regardé comme non avenu; les Jacobins y consentent. Camille maintenu dans la société jacobine.

Le soir même du jour où Robespierre avait présenté son Rapport sur le gouvernement révolutionnaire, Camille Desmoulins écrivait le numéro cinq du *Vieux Cordelier* [1]:

[1] Il est évident que les dernières lignes de ce numéro cinq furent écrites après la présentation du Rapport de Robespierre, puisqu'elles le mentionnent.

acte de contrition à l'égard des uns, et satire sanglante à l'égard des autres.

Il y traçait en vives couleurs le tableau de ses services; il y rappelait avec quel courage il avait su immoler à la République ses affections personnelles, renoncer à l'amitié de Barnave, et s'arracher à celle de Mirabeau, « qu'il aimait comme une maîtresse[1]. » Que lui reprochait-on? N'avait-il pas dit que « le vaisseau de la République voguait entre deux écueils, le modérantisme et l'exagération[2]? » N'avait-il pas ajouté que « outrer la Révolution avait moins de péril et valait mieux encore que de rester en deçà? » Pourquoi l'avoir jugé sur des phrases détachées? Lui, le patron des aristocrates! le patron des modérés! Ah! que le vaisseau de la République, lancé entre deux écueils, s'approchât trop de celui du *modérantisme*, et l'on verrait de quel air il aiderait à la manœuvre, on verrait s'il était un modéré[3]! Un modéré! lui qui avait dit, comme Robespierre, et en termes non moins forts : « S'il fallait choisir entre l'exagération du patriotisme et le marasme du modérantisme, il n'y aurait pas à balancer[4]! » Lui qui était allé aussi loin que Marat en révolution[5]! Lui qui avait écrit que « le Comité de salut public avait eu besoin de se servir, pour un moment, de la jurisprudence des despotes, et de jeter sur la Déclaration des droits un voile de gaze, il est vrai, et transparent[6]! » On l'accusait d'avoir défendu Dillon. Depuis quand était-ce un crime de défendre quelqu'un? S'il était criminel pour avoir défendu Dillon, Robespierre l'était

---

[1] N° V du *Vieux Cordelier*, p. 81. Collection des Mémoires relatifs à la Révolution française.

[2] *Ibid.*, p. 76.

[3] *Ibid.*, p. 102.

[4] *Ibid.*, p. 107-108.

[5] *Ibid.*, p. 108.

[6] *Ibid.*, p. 108.

pour avoir pris la défense de lui Camille, qui avait pris la
défense de Dillon[1] ! A la calomnie il opposait un témoignage décisif, celui de Robespierre, déclarant que Camille
était un excellent républicain, qu'il l'était par instinct,
par sentiment plutôt que par choix, et qu'il lui était
même impossible d'être autre chose. De qui avait-on jamais fait un plus bel éloge[2]? Au reste, puisque son dernier numéro avait été censuré par le Comité de salut public, il était prêt à le brûler, et à imiter Fénelon montant
en chaire pour publier le bref du pape qui condamnait
les *Maximes des Saints*, et les lacérant lui-même[3]. Quant
à son opinion sur l'anarchie, était-il donc si coupable
d'avoir cru, après Caton et Brutus, que « l'anarchie, en
rendant tous les hommes maîtres, les réduit bientôt à
n'avoir qu'un seul maître[4]. C'est ce seul maître que
j'ai craint; c'est cet anéantissement de la République ou
du moins ce démembrement que j'ai craint. Le Comité
de salut public, ce Comité sauveur, y a porté remède ;
mais je n'ai point le mérite d'avoir le premier appelé ses
regards sur ceux de nos ennemis les plus dangereux, et
assez habiles pour avoir pris la seule route possible de la
contre-révolution. Ferez-vous un crime, frères et amis,
à un écrivain, à un député, de s'être effrayé de ce désordre, de cette confusion, de cette décomposition du corps
politique, où nous allions avec la rapidité d'un torrent
qui nous entraînait, nous et les principes déracinés, si,
dans son dernier discours sur le gouvernement révolutionnaire, Robespierre, tout en me remettant au pas,
n'eût jeté l'ancre lui-même aux maximes fondamentales
de notre Révolution, sur lesquelles seules la liberté peut-

---

[1] N° V du *Vieux Cordelier*, p. 85. Collection des Mémoires, etc.
[2] *Ibid.*, p. 80.
[3] *Ibid.*, p. 90.
[4] *Ibid.*, p. 111.

être affermie, et braver les efforts des tyrans et du temps [1]? »

Il eût été difficile de faire plus complétement amende honorable. Mais par quelles cuisantes attaques dirigées contre ses ennemis de tous les degrés il se dédommageait de l'effort! Quelle verve étincelante! quelle grâce dans sa manière de jouer du poignard! « En janvier dernier, j'ai vu M. Nicolas dîner avec une pomme cuite, et ceci n'est point un reproche... — Or, croirait-on qu'à ce sans-culotte, qui vivait si sobrement en janvier, il est dû, en nivôse, plus de cent cinquante mille francs pour impressions par le Tribunal révolutionnaire, tandis que moi, qu'il accuse, je n'ai pas accru mon pécule d'un denier? C'est ainsi que moi, je suis un *aristocrate* qui frise la guillotine, et que Nicolas est un *sans-culotte* qui frise la fortune [2]. — Déjà on ne se reconnaît plus à la Montagne. Si c'était un vieux cordelier comme moi, un patriote *rectiligne*, Billaud-Varenne, par exemple, qui m'eût gourmandé si durement, *sustinuissem utique*, j'aurais dit: « C'est le soufflet du bouillant saint Paul à saint Pierre qui avait péché. » Mais toi, mon cher Barère [3]!... attends-moi, Hébert, je suis à toi dans un moment [4].... Bientôt j'aurais mis le dénoncé et les dénonciateurs chacun à leur véritable place, malgré les grandes colères du Père Duchesne, qui prétend, dit Danton, que « sa pipe ressemble à la trompette de Jéricho, et que, lorsqu'il a fumé trois fois autour d'une réputation, elle doit tomber [5]... » Est-ce toi qui oses parler de ma fortune, toi que tout Paris a vu, il y a deux ans, receveur des contre-marques, à la porte des Variétés, dont tu as été *rayé*, pour cause dont tu ne

[1] N° V du *Vieux Cordelier*, p. 111.
[2] *Ibid.*, p. 79 et 80.
[3] *Ibid.*, p. 92.
[4] *Ibid.*, p. 95.
[5] *Ibid.*, p. 77.

peux pas avoir perdu souvenir[1] ?... Ce qui est certain,
c'est que tu n'étais pas avec nous, en 1789, dans le cheval de bois...; c'est que, comme les goujats, tu ne t'es
fait remarquer qu'après la victoire, où tu t'es signalé en
dénigrant les vainqueurs, comme Thersite, en emportant
la plus forte part du butin, et en faisant chauffer ta cuisine
et tes fourneaux de calomnies avec les cent vingt mille
francs et la *braise* de Bouchotte[2].... Cent vingt mille francs
à Hébert pour louer Georges Bouchotte! Pas si Georges.
monsieur Bouchotte! Il n'est, ma foi, pas si Georges[3]!...»

Ainsi allait Camille Desmoulins, frappant d'estoc et de
taille. Puis, tout d'un coup saisi d'une mélancolie sublime: « O mes collègues! cette vie mérite-t-elle donc
qu'un représentant la prolonge aux dépens de l'honneur?
Il n'est aucun de nous qui ne soit parvenu au sommet de
la montagne de la vie. Il ne nous reste plus qu'à la descendre à travers mille précipices, inévitables même pour
l'homme le plus obscur. Cette descente ne nous offrira
aucuns paysages, aucuns sites qui ne se soient offerts mille
fois plus délicieux à ce Salomon qui disait, au milieu de
ses sept cents femmes, et en foulant tout ce mobilier de
bonheur: « J'ai trouvé que les morts sont plus heureux
« que les vivants, et que le plus heureux est celui qui
« n'est jamais né[4]. »

Hébert écumait de rage. Le 11 nivôse (51 décembre),
il court aux Jacobins, y dénonce de nouveau Bourdon
(de l'Oise), Fabre d'Églantine, Camille Desmoulins, ce
dernier surtout, et il insiste pour que chacun fasse connaître ce qu'il sait sur leur compte[5].

Le 16 nivôse (5 janvier), nouvelle mêlée aux Jacobins.
Collot-d'Herbois s'y élève contre Philippeaux, dont il veut

[1] N° V du *Vieux Cordelier*, p. 95.
[2] *Ibid.*, p. 99.
[3] *Ibid.*, p. 100.
[4] *Ibid.*, p. 103 et 104.
[5] *Moniteur*, an II (1794), n° 106.

l'exclusion; mais, quant à ce qui est de Camille : « N'oublions pas, dit-il, ce qu'a fait pour le bien public le vieux patriote[1]. » Ce *vieux patriote* avait trente-trois ans, tant on vivait vite alors! Le président lit une lettre de Camille Desmoulins, annonçant son cinquième numéro. Un des amis d'Hébert, Momoro, reprend les attaques d'Hébert contre Philippeaux, au sujet duquel un autre membre s'écrie : « Il n'a rien vu; il a toujours voyagé en voiture! » A son tour, Hébert se lève : « Justice! justice! Je suis accusé dans un libelle d'être un spoliateur de la fortune publique. » — « En voici la preuve, » répond une voix pénétrante. C'est celle de Camille Desmoulins. Il ajoute : « Je tiens à la main l'extrait des registres de la trésorerie nationale qui porte que, le 2 juin, il a été payé à Hébert, par Bouchotte, une somme de cent vingt-trois mille livres pour son journal; que, le 4 octobre, il lui a été payé une somme de soixante mille livres, pour six cent mille exemplaires du *Père Duchesne*, tandis que ces six cent mille exemplaires ne devaient coûter que dix-sept mille livres[2]. » — Hébert : « Je suis heureux d'être accusé en face; je vais répondre. »

En ce moment, Robespierre jeune, qui revenait de Toulon, prend la parole et marque son étonnement du triste spectacle déroulé sous ses yeux : « Depuis cinq mois que je suis absent, dit-il avec amertume et gravité, la Société des Jacobins me paraît étrangement changée. On s'y occupait, à mon départ, des grands intérêts de la République; aujourd'hui, ce sont de misérables querelles d'individus qui l'agitent. Eh! que nous importe qu'Hébert ait volé en donnant ses contre-marques aux Variétés?... Un rire moqueur s'éleva. »

Hébert, à la tribune, levait les yeux au ciel, frappait

[1] *Moniteur*, an II (1794), n° 109.
[2] *Ibid.*

du pied. « Veut-on m'assassiner aujourd'hui ? » s'écriat-il, désespéré. Et ce cri ne soulève que murmures. Robespierre jeune, en soufflant sur la flamme, l'avait attisée au lieu de l'éteindre.

Robespierre aîné s'efforça de ramener le calme en disant que son frère était absent depuis longtemps de la société; que cela se voyait à son langage; qu'il avait rendu de grands services à Toulon, mais ne paraissait pas assez comprendre combien il était dangereux d'alimenter de petites passions qui se heurtaient avec tant de violence; que ces discussions prenaient un temps dû à la chose publique; que le devoir des républicains était d'empêcher tout acte d'oppression; que, lui, n'accusait personne et attendait la lumière pour se décider : « Je parierais que les pièces démonstratives que Camille a montrées ne prouvent rien [1]. » Il conclut en demandant qu'on passe à la discussion du libelle de Philippeaux.

Danton parle dans le même sens. Il s'afflige de ces débats personnels qui font oublier la chose publique; il insiste pour qu'on éclaire le peuple, pour qu'on laisse quelque chose à faire à « la guillotine de l'opinion; » et, fidèle à son habitude d'envelopper d'expressions violentes même ses appels à la modération, il termine en ces termes : « Subordonnons nos haines particulières à l'intérêt général, et n'accordons aux aristocrates que la priorité du poignard [3]. » On décida que Philippeaux serait entendu à la prochaine séance.

Ainsi, d'une commune voix, Robespierre et Danton protestaient contre des querelles dont le caractère peu élevé et le but personnel tendaient, non-seulement à énerver la République, mais à l'avilir. Vains efforts!

[1] *Moniteur*, an II (1794), n° 109.
[2] *Ibid.*
[3] *Ibid.*

Trop de passions subalternes étaient en jeu pour que la voix de la raison se fît seule entendre. Philippeaux, tout entier aux préoccupations qu'il avait rapportées de la Vendée, brûlait de pousser les choses jusqu'au bout; Camille Desmoulins l'y encourageait par les éclats d'une admiration irréfléchie; Bourdon (de l'Oise) n'entendait pas renoncer de sitôt à saper les bases sur lesquelles reposait le pouvoir du Comité de salut public; et derrière Bourdon (de l'Oise), l'excitant, le dirigeant, avec une ardeur voilée, se tenait Fabre d'Églantine [1].

Le 18 nivôse (7 janvier), jour fixé par les Jacobins pour les explications de Philippeaux, celui-ci, courant d'une âme éperdue au-devant des chocs que Robespierre et Danton voulaient éviter, lança du haut de la tribune de la Convention, contre Ronsin, Rossignol et « les autres agents du ministère, » une des dénonciations les plus aventurées et les plus violentes dont elle eût jamais retenti [2]. Son acte d'accusation fourmillait d'erreurs, émises de très-bonne foi sans doute, mais d'autant plus déplorables, que, dans ce moment, la grande armée vendéenne qui avait passé la Loire se trouvant entièrement détruite, et les prétendues trahisons affirmées par Philippeaux ayant abouti, après tout, à un triomphe, la nécessité de l'attaque n'était pas là pour en couvrir la légèreté ou en justifier l'acharnement. Choudieu, qui avait vu de ses propres yeux beaucoup de choses dont Philippeaux ne pouvait parler que sur ouï-dire [3], Choudieu éclata. Lié à ce parti de Saumur que Philippeaux avait tant foulé aux pieds, il s'était longtemps résigné au silence, soit crainte de diviser les

---

[1] Voy. le projet de Rapport de Robespierre sur la faction de Fabre d'Églantine, dans les pièces publiées par Courtois.

[2] Voy., sur l'injustice de ces accusations de Philippeaux, le neuvième volume de cet ouvrage, chap. x, p. 327.

[3] L'affaire de Coron, par exemple.

patriotes, soit dédain; mais, las enfin de ce redoublement d'attaques dont, mieux que personne, il connaissait le côté faible : « Si Philippeaux n'est pas fou, s'écria-
t-il, il est le plus grand des imposteurs... Il ment à sa
conscience en accusant Rossignol de lâcheté. Ce qui l'a
engagé à cette démarche, c'est la crainte d'être accusé
lui-même, pour avoir provoqué la mesure désastreuse
du 2 septembre[1]. » Et, sans plus de délai, Choudieu
mit la main à l'écrasante réponse qui devait être si fatale à Philippeaux.

De son côté et dans la même séance, Bourdon (de
l'Oise) avait sonné la charge contre le gouvernement, et
conclut à ce qu'on en finît avec un ministère monarchique; à ce que le pouvoir fût réorganisé; et, provisoire-
ment, à ce que les ministres ne pussent tirer aucun
fonds du trésor public sans un décret préalable[2].

C'était paralyser tout, au moment où, sans une action
prompte, la République périssait.

Danton, chose étrange, appuya Bourdon (de l'Oise),
demandant qu'on « décrétât le principe; » mais non sans
renvoyer les détails à l'examen du Comité de salut public, « afin, dit-il, de ne pas ralentir le cours de vos
succès[3]. » La Convention vota dans ce sens.

Mais l'amendement proposé par Danton ne faisait que
masquer la portée de l'attaque. En réalité, un vote pareil, dans les circonstances extraordinaires où l'on se
trouvait, n'allait pas à moins qu'à désorganiser le gouvernement. Et les résultats se produisirent dès le lendemain : la machine administrative s'arrêta tout d'un
coup; les réclamations retentirent; les dangers s'accru-
rent, et le service des armées allait manquer absolu-

---

[1] *Moniteur*, an II (1794), n° 110.
[2] Séance de la Convention du 18 nivôse (7 janvier). *Ibid.*
[3] *Ibid.*

ment, si le Comité de salut public n'avait pris le parti
de violer le décret, pour conserver la République[1].

La séance de la Convention du 18 pluviôse (7 janvier)
était un triste prélude à celle qui, le soir, devait avoir
lieu aux Jacobins. Les passions venaient d'être de nouveau déchaînées. A peine les Jacobins sont-ils réunis,
que Bourdon (de l'Oise), Fabre d'Églantine, Camille Desmoulins et Philippeaux sont appelés. Point de réponse.
Trois fois la sommation se fait entendre; trois fois elle
reste sans effets. Les accusés sont absents. « Puisque ceux
qui ont provoqué cette lutte, dit Robespierre, fuient le
combat, que la Société les cite au tribunal de l'opinion
publique, qui les jugera. » Puis, comme pour détourner
la Société de tous ces pugilats où serait l'écueil de sa
dignité, et peut-être de son importance, il lui propose
de mettre à son ordre du jour une question de politique
étrangère : « Les crimes du gouvernement anglais, et
les vices de la constitution britannique[2]. »

Mais les pensées étaient ailleurs. Les passions qui
bouillonnaient au fond des âmes entendaient si peu
qu'on leur donnât le change, qu'un mot, un seul mot,
produisit une tempête. Un membre, en parlant de la
Convention, ayant laissé échapper l'épithète de *coupable*,
appliqué à la décision qui avait envoyé Goupilleau (de
Fontenay) en Vendée, voilà le désordre au comble. Plusieurs voix crient que la Convention est avilie, le bruit
devient immense; le président est obligé de se couvrir[3].
« Une insulte à la Convention! » crie Bentabolle, profitant d'un moment de silence. « Non, non, » lui est-il
répondu de toutes parts. Affligé et irrité, Robespierre se

---

[1] Projet de Rapport de Robespierre sur la faction de Fabre d'Églantine. — Robespierre y affirme que le discours de Bourdon (de l'Oise)
était l'ouvrage de Fabre.

[2] *Moniteur*, an II (1794), n° 111.

[3] *Ibid.*

plaint de cet empressement de certains membres à profiter de la moindre circonstance pour empêcher la Société de jouir du calme dont elle a tant besoin. « La
Convention, ajoute-t-il avec hauteur, n'est pas aussi aisée
à dégrader qu'on semble le craindre... Celui qui manifeste à chaque instant cette crainte n'a nul respect de
lui-même, de la Convention et du peuple. La Convention
ne tient que d'elle l'honneur dont elle est couverte; elle
n'a au-dessus d'elle que le peuple français; et, quant à
ceux qui désireraient peut-être que la Convention fût
dégradée, qu'ils voient ici le présage de leur ruine;
qu'ils entendent l'oracle de leur mort certaine, ils seront exterminés. »

A ces mots, l'Assemblée se lève tout entière, et, violemment émue, proclame à grands cris la ruine des
traîtres et le triomphe du peuple français [1].

Cependant un pâle jeune homme vient de monter à la
tribune. Juste ciel, quel trouble est le sien ! et comme la
parole tremble sur ses lèvres ! Est-ce bien là le Juvénal
du *Vieux Cordelier ?* « Tenez, s'écrie-t-il, je vous avoue
que je ne sais plus où j'en suis : de toutes parts on m'accuse, on me calomnie. Sur le fait de Philippeaux, je vous
confesse franchement que j'ai cru de bonne foi ce qu'il a
consigné dans son mémoire... Je vous avoue que je ne
sais plus où j'en suis. Qui croire ? Quel parti prendre ?
J'y perds la tête [2]... »

Robespierre vint en aide à son ancien camarade de
collége. Après l'avoir raillé lourdement, mais sans âpreté,
de son admiration excessive pour Philippeaux, il l'absout
sur ce qu'il a quelque chose de la naïveté de la Fontaine.
Ses écrits sont condamnables, mais on ne doit pas confondre sa personne avec ses écrits. Camille est un enfant

---

[1] *Moniteur*, an II, 1794, n° 111.
[2] *Ibid.*

gâté, qui avait d'heureuses dispositions, et qu'ont égaré
les mauvaises compagnies. « Il faut, ajoute Robespierre,
sévir contre ses numéros, que Brissot lui-même n'eût pas
osé avouer, et le conserver au milieu de nous. Je demande,
pour l'exemple, que les numéros de Camille soient brûlés
dans la Société [1]. »

Il y avait quelque chose de dédaigneux mais de fort
habile dans ce ton de protection à la fois ami et grondeur.
Quoi de plus propre à atténuer la faute que d'en amoin-
drir la portée? Et, quant à la proposition de brûler les
numéros réputés dangereux, elle venait de Camille Desmoulins, qui lui-même avait écrit en propres termes,
après avoir cité l'illustre exemple de l'humilité de Fénelon : « Je suis prêt à brûler mon numéros trois [2]. »

Qu'on juge de l'irritation de Robespierre, lorsque, au
moment où il tendait la main à Camille, il reçut de lui
cette flèche, visée au cœur : « Fort bien dit, Robespierre;
mais je te répondrai comme Rousseau : Brûler n'est pas
répondre [3]. » Ce cri amer semblait transformer Robespierre en inquisiteur. Profondément blessé, il réplique :
« Comment oser encore justifier des ouvrages qui font les
délices de l'aristocratie? Apprends, Camille, que, si tu
n'étais pas Camille, on ne pourrait avoir autant d'indulgence pour toi. La manière dont tu veux te justifier me
prouve que tu as de mauvaises intentions. Brûler n'est
pas répondre! Mais cette citation peut-elle trouver ici son
application?

— Mais, Robespierre, je ne te conçois pas, reprend
Camille. Comment peux-tu dire qu'il n'y ait que les aristocrates qui lisent ma feuille? La Convention, la Montagne, ont lu le *Vieux Cordelier*. La Convention, la Montagne, ne sont donc composées que d'aristocrates? Tu me

[1] *Moniteur*, an II (1794), n° 111.
[2] Le *Vieux Cordelier*, n° V. p. 90.
[3] *Moniteur*, an II (1794), n° 111.

condamnes ici; mais n'ai-je pas été chez toi? Ne t'ai-je pas lu mes numéros, en te conjurant, au nom de l'amitié, de vouloir bien m'aider de tes avis, et me tracer le chemin que je devais tenir[1]? »

Ce que Camille Desmoulins oubliait, c'est que les deux seuls numéros que Robespierre eût vus étaient les deux premiers, ceux qui précisément ne contenaient contre la Révolution ni allusions équivoques, ni rapprochements dont ses ennemis pussent triompher. « Tu ne m'as pas montré tous tes numéros, dit-il ; je n'en ai vu qu'un ou deux. Comme je n'épouse aucune querelle, je n'ai pas voulu lire les autres : on aurait prétendu que je les avais composés[2]. »

Camille Desmoulins se tut[3].

Alors Danton, se levant : « Camille ne doit pas s'effrayer des leçons un peu sévères que l'amitié de Robespierre vient de lui donner. Citoyens, que la justice et le sang-froid président toujours à vos décisions. En jugeant Camille, prenez garde de porter un coup funeste à la liberté de la presse[4]. »

On lut ensuite le quatrième numéro du *Vieux Cordelier*, lecture que les tribunes écoutèrent attentivement,

[1] *Moniteur*, an II (1794), n° 111.

[2] *Ibid.*

[3] Dans l'essai sur la vie de Camille Desmoulins, par M. Matton aîné, on lit : « Camille veut répondre : mille voix s'y opposent. » L'auteur n'indique pas ses autorités, et il n'y a pas un mot de cela dans le *Moniteur*.

[4] *Moniteur*, an II (1794), n° 111. — Si, lorsque M. Marc-Dufraisse écrivit son intéressante et remarquable étude sur Camille Desmoulins, il avait eu sous les yeux le *Moniteur*, il n'aurait point tracé les lignes regrettables que voici : « Robespierre propose de brûler les numéros du *Vieux Cordelier*, et il les avait corrigés de sa propre main ! »

Il n'aurait pas dit davantage : « Brûler n'est pas répondre! Encore un trait d'esprit que ce malheureux payera cher! »

M. Dufraisse n'a pas pris garde que, même après cette scène, comme on verra plus bas, Robespierre vint, une fois encore, au secours de Camille.

en silence, et, selon Camille Desmoulins, « avec une défaveur très-peu sensible [1]. »

La lecture du troisième numéro n'eut lieu que le lendemain; ce fut Momoro qui la fit. Même silence que la
veille. On propose de lire le numéro cinq. Robespierre
fait observer que c'est inutile; que l'opinion doit être
fixée sur l'auteur. Il voit dans les écrits dénoncés un
composé bizarre de vérités et de mensonges, de politique
et d'absurdités, de vues saines et de projets chimériques
et particuliers. Il blâme Camille; il blâme Hébert. Mais
il demande qu'au lieu de discuter le premier on discute
la chose publique. Ardent à dérober le spectacle de querelles purement personnelles à l'attention des Jacobins,
il s'efforce de la diriger plus loin et plus haut. Il montre
la main de l'étranger dans l'existence de deux factions
qui, parties de points opposés, se rencontrent en de
communs efforts pour ruiner la République. Soudain,
apercevant Fabre d'Églantine qui se lève et descend de sa
place, il invite la Société à le retenir, et celui-ci montant
à la tribune : « Si Fabre, dit-il avec hauteur, a son thème
tout prêt, le mien n'est pas encore fini. Je le prie d'attendre [2]. » Et il continue. Son langage est vague; le soupçon
y gronde d'une manière sourde; un mot redoutable s'en
échappe : « Il n'y a plus que quelques serpents à écraser. »
Ces serpents, qui sont-ils? De toutes les parties de la

---

[1] Le *Vieux Cordelier*, n° VI, p. 126 et 127, *ubi suprà*. — M. Thiers,
en rendant compte de la séance du 18 pluviôse (7 janvier), met dans
la bouche de Robespierre les paroles suivantes, qu'on lit aussi dans
l'essai sur la vie de Camille Desmoulins, par M. Matton aîné : « Eh
bien, qu'on ne brûle pas, mais qu'on réponde; qu'on lise sur le
champ les numéros de Camille. Puisqu'il le veut, qu'il soit couvert
d'ignominie... L'homme qui tient si fortement à des écrits perfides
est peut-être plus qu'égaré, » etc., etc. D'où ceci est-il tiré? Ni
M. Matton ni M. Thiers ne nous l'apprennent. Rien de tel dans le
Moniteur.

[2] *Moniteur*, an II (1794), n° 115. Séance des Jacobins du 19 nivôse
(8 janvier).

salle, on applaudit à la menace [1]. Mais aucun nom n'a été prononcé encore. Le nom que Robespierre avait sans doute au fond de sa pensée tombe enfin de ses lèvres. Détournant les colères de la tête de Camille : « J'invite, dit-il, la Société à ne s'attacher qu'à la conjuration, sans discuter plus longtemps les numéros du *Vieux Cordelier*; » et, l'œil fixé sur Fabre d'Églantine : « Je demande que cet homme, qu'on ne voit jamais qu'une lorgnette à la main, et qui sait si bien exposer des intrigues au théâtre, veuille bien s'expliquer; nous verrons comment il sortira de celle-ci [2].... »

Fabre d'Églantine déclara qu'il attendrait, pour répondre, qu'on précisât les accusations, et se défendit, non-seulement d'avoir influencé Camille, mais d'avoir jamais fréquenté publiquement, soit Bourdon (de l'Oise), soit Philippeaux.

Un cri l'interrompt, un cri barbare : *A la guillotine !* Sur quoi Robespierre demande que l'interrupteur soit chassé de la Société, séance tenante, ce qui est exécuté.

Fabre reprend la parole; mais son discours est trouvé peu satisfaisant; et, les membres se retirant un à un, on lève la séance [3].

C'était un homme remarquable à divers titres que ce Fabre, qui, tout jeune encore, ayant obtenu aux jeux floraux de Toulouse le prix de l'églantine, se para du nom d'une fleur [4]. Nous avons parlé de la création du calendrier républicain, dont il partagea l'honneur avec Romme : heureux s'il n'eût laissé que ce souvenir ! Mais sa déposition contre les infortunés Girondins, qu'il ne rougit pas de présenter comme ayant pris part au vol

---

[1] *Moniteur*, an II (1794), n° 113. Séance des Jacobins du 19 nivôse (8 janvier).

[2] *Ibid.*

[3] *Ibid.*

[4] Michaud jeune. *Biographie universelle.*

du garde-meuble, comment l'oublier jamais? Au reste,
il touchait au moment d'expier cette calomnie, lui qui
fut tué par une calomnie semblable. Il avait coutume de
dire : « Je sens un suspect d'un quart de lieue ; » quelle
fatalité le fit tomber lui-même dans la catégorie des suspects? Ce qui est certain, c'est qu'aux yeux de Robespierre il avait l'importance néfaste d'un chef de faction,
et d'un chef cauteleux, plein de ressources cachées, s'ef-
façant toujours derrière ceux qu'il conduisait, ne frappant que par la main d'autrui, ne combattant qu'à la
faveur des ténèbres, et faisant de la politique une intrigue
de théâtre [1]. Chose à noter! dans son projet de Rapport
sur la faction des Indulgents, Robespierre semble s'étu-
dier à écarter le nom de Danton, dont Fabre avait été le
secrétaire ; et, quant à Camille, dont Fabre était l'ami, il
ne le peint que comme un agent secondaire et trompé.
Le chef, le vrai chef du complot qu'il croit avoir découvert, c'est l'ex-comédien de province devenu auteur dra-
matique, et passé maître dans l'art de connaître « le ressort qu'il faut toucher pour imprimer tel mouvement aux
différentes machines politiques dont l'intrigue peut disposer[2]; » l'ennemi à vaincre, c'est l'auteur du *Philinte de
Molière*, blotti dans l'ombre des coulisses, et, de là, dirigeant les effets de scène ; c'est le moqueur aussi, l'homme
à la lorgnette. Et Robespierre n'est pas seul à porter ce
jugement de Fabre d'Églantine. Bientôt, nous entendrons
Saint-Just dire de lui : « Il joua sur les esprits et sur les
cœurs, sur les préjugés et les passions, comme un com-
positeur de musique sur les notes d'un instrument[3]. »
Danton, en parlant de Fabre, disait que « sa tête était un

---

[1] Voy. le projet de Rapport sur la faction de Fabre d'Églantine,
trouvé dans les papiers de Robespierre, et publié par Courtois.
[2] *Ibid.*
[3] Rapport de Saint-Just contre les Dantonistes, *Hist. parlem.*,
t. XXXII, p. 85.

répertoire de choses comiques[1]. » Mais, en même temps, Danton lui attribuait de la bonhomie, et il en donnait pour preuve que, se trouvant chez Camille Desmoulins au moment où celui-ci lisait à quelqu'un son plaidoyer en faveur d'un Comité de clémence, Fabre s'était mis à pleurer. Mais, après avoir rappelé ce fait, Saint-Just ajoute durement : « Le crocodile pleure[2]. »

Ceci était le cri de la haine, sans doute; et la haine n'est pas toujours juste. Mais que, précisément à la même époque, Fabre d'Églantine versât des larmes d'attendrissement en entendant prononcer le mot *clémence*, et publiât l'éloge de Marat[3], cela devait certes paraître étrange à des hommes aussi soupçonneux que Robespierre et aussi roides que Saint-Just.

Parmi les pièces trouvées chez Robespierre après sa mort, il en est une où la probité de Fabre d'Églantine est cruellement mise en question. On y lit : « Lorsque d'Églantine était secrétaire du département de la justice, il fit faire dix mille paires de souliers, à raison de cinq livres la paire; il les vendit ensuite huit livres dix sous et neuf livres... Ce sont ces fameux souliers qui ne duraient que douze heures à nos volontaires dans les plaines de la Champagne... C'est avec raison qu'on reproche à d'Églantine d'étaler un luxe qui fait rougir les mœurs républicaines. N'est-il pas incroyable que cet homme, qui avait à peine des souliers au 10 août, et qui mettait en gage un habit pour en retirer un autre, afin d'avoir le plaisir de changer de costume, se trouvât tout à coup avoir un brillant équipage et des domestiques pour le service de la citoyenne Rémy, sa maîtresse[4]?... »

---

[1] Rapport de Saint-Just, etc. *Hist. parlem.*, t. XXXII, p. 95.

[2] *Ibid.*, p. 96.

[3] L'éloge de Marat par Fabre d'Églantine parut la veille du jour où ce dernier fut traité si rudement aux Jacobins par Robespierre.

[4] Voy. l'*Hist. parlem.*, t. XXXII, p. 252 et 255.

A ces accusations, voici ce que Fabre répondait :

« On dit que je suis riche : je donne tout ce que je possède dans l'univers, hormis mes ouvrages, pour moins de 40,000 livres; et c'est le fruit de seize pièces de théâtre, dont le succès, dû à la bienveillance du public, a été si grand, qu'il y a eu telle de mes comédies qui a eu cent soixante représentations de suite. Qu'on lise les registres de tous les théâtres de France, et l'on verra qu'ils m'ont rendu plus de 150,000 livres. Voilà ce qui peut m'en rester. — On dit que je suis luxueux. L'amour de tous les arts est dans mon âme. Je peins, je dessine, je fais de la musique, je modèle, je grave, je fais des vers, j'ai composé dix-sept comédies en cinq ans. Mon réduit est orné de ma propre main. Voilà ce luxe [1]. »

Quoi qu'il en soit, autant Robespierre était porté à s'exagérer les torts ou les vices de Fabre d'Églantine, autant il se sentait disposé à jeter un voile complaisant sur les fautes de Camille Desmoulins. Et cette disposition lui avait créé une situation fort embarrassante. Habiles à miner sa popularité, les Hébertistes s'autorisaient de la protection dont il avait, à deux reprises, entouré Camille pour le rendre comptable, à mots couverts, des allusions violentes dirigées par celui-ci contre le régime révolutionnaire. Comment était-il possible qu'un homme qui avait comparé ce régime aux règnes de Tibère et de Néron eût trouvé dans un membre du Comité de salut public un juge si indulgent? Quel mystère cachait cette tolérance d'un esprit vanté comme inflexible, à l'égard d'un écrivain dont les contre-révolutionnaires se disputaient les productions avec des tressaillements de joie? Nul doute, et on en aura bientôt la preuve, nul doute

---

[1] *Fabre d'Églantine à ses concitoyens, à la Convention et aux Comités de salut public et de sûreté générale*, dans la *Biblioth. hist. de la Révol.*, 55° 56°. (*British Museum.*)

que la forme dédaigneuse donnée par Robespierre à son
intervention protectrice n'eût blessé Camille Desmoulins jusqu'au fond de l'âme; mais ceux qui voulaient les
perdre l'un et l'autre, l'un au moyen de l'autre, affectaient de ne voir dans ce dédain qu'une ruse de l'amitié,
qu'un procédé ingénieux pour soustraire le coupable à
la responsabilité de ses actes. Ah! il fallait distinguer la
personne de Camille de ses écrits! Et pourquoi donc ce
privilége? Parce que Camille était un *enfant*? Admirable, en vérité! Mais quel *homme* aurait jamais porté à la
Révolution des atteintes aussi mortelles que cet enfant,
auteur du numéro trois du *Vieux Cordelier*? Ainsi parlaient les Hébertistes; ils croyaient avoir enfin découvert,
dans leur ennemi, le défaut de la cuirasse; et ils ne cessaient de répéter : Camille Desmoulins a calomnié la Révolution, et Robespierre défend Camille Desmoulins [1],
quoi de plus clair? Aussi commençait-on, dans les
groupes, à soupçonner Robespierre lui-même de *modérantisme* [2].

En cet état de choses, les Hébertistes avaient une marche bien simple à suivre : frapper sur Camille Desmoulins à coups redoublés, pour forcer Robespierre, ou à
s'avouer vaincu en l'abandonnant, ou à se compromettre
de plus en plus en s'obstinant à le protéger.

Grâce à leurs efforts, le 21 nivôse (10 janvier), les
Jacobins prononcèrent l'exclusion de Camille. Heureusement, un membre ayant demandé que la même mesure

[1] C'est à ce reproche que Robespierre fut obligé de répondre dans
la séance dont nous allons rendre compte, ce qu'il fit en ces termes :
« Il y a des gens qui pensent ou qui *veulent faire croire* que je défends Desmoulins. Cependant il n'est personne qui ait parlé de lui
plus franchement que moi. » — Séance des Jacobins du 21 nivôse
(10 janvier).

[2] C'est ce que Camille Desmoulins dit en propres termes dans le
n° V du *Vieux Cordelier*, p. 92. *Collection des Mémoires relatifs à la
Révolution française.*

fût appliquée à Bourdon (de l'Oise), et Dufourny s'y opposant, Robespierre vit dans cette circonstance un moyen
de faire revenir la société sur sa décision, sans néanmoins tomber dans le piége que les Hébertistes lui avaient
tendu. Prenant vivement la parole, il s'étonne que Dufourny, si sévère à l'égard de Camille, se montre si
indulgent à l'égard de Bourdon (de l'Oise) et de Philippeaux. Où et quand Philippeaux avait-il bien mérité de
la patrie? Et qu'était-il autre chose qu'un mauvais soldat du girondinisme, qu'un enfant perdu de l'aristocratie? Mais Camille Desmoulins! quelle différence! Lui,
du moins, n'avait jamais tenu aux aristocrates. S'il lui
était arrivé de composer des écrits contre-révolutionnaires, on ne pouvait nier qu'il eût aussi écrit pour la
Révolution et servi la cause de la liberté. Philippeaux
était moins dangereux que Camille, sous le rapport du
talent, parce que le premier n'en avait pas, tandis que
le second en avait beaucoup, et il était certes à déplorer
que ce dernier ne l'eût pas *toujours* fait servir au bien
général; mais Philippeaux n'avait jamais connu le patriotisme. Au reste, il était las, quant à lui, de toutes
ces luttes étrangères à la considération du bien public.
Il était d'autres objets plus dignes de l'attention de républicains et d'hommes libres : l'examen des vices de la
Constitution anglaise, par exemple, ou celui des manœuvres tendant à dissoudre la Convention. Comparés à ces
deux grands objets, qu'était-ce que les *intérêts particu-*
liers de ceux qui voulaient chasser Camille Desmoulins
et Bourdon (de l'Oise) [1]?

On ne pouvait avec plus d'adresse mettre la Société
sur la pente d'une rétractation. Robespierre allait jusqu'à
faire semblant de croire qu'une décision, déjà prise,
restait à prendre. C'est ce que fit observer Dufourny :

[1] Voy. le *Moniteur*, an II (1794), n° 115.

« Camille est déjà chassé, dit-il, et ce n'est pas de lui qu'il s'agit[1]. » — « Eh! que m'importe à moi, répliqua Robespierre, que Desmoulins soit chassé, si mon opinion est qu'il ne peut pas l'être seul, si je soutiens qu'un homme à la radiation duquel Dufourny s'est opposé est beaucoup plus coupable que Desmoulins? Tous les hommes de bonne foi doivent s'apercevoir que je ne défends pas Desmoulins, mais que je m'oppose seulement à sa radiation isolée, parce que je sais que l'intérêt public n'est pas qu'un individu se venge d'un autre, qu'une coterie triomphe d'une autre : il faut que tous les intrigants, sans exception, soient dévoilés et mis à leur place. » Il termina en demandant que la société *regardât son arrêté comme non avenu*, et mît à l'ordre du jour les crimes du gouvernement britannique[2].

Menacer les accusateurs de Camille Desmoulins, dans eux ou dans leurs amis, d'un sort semblable à celui qu'ils lui préparaient, et flétrir leurs poursuites comme l'effet de misérables rancunes personnelles ou d'une combinaison de coterie, c'était évidemment de tous les moyens de venir en aide à Camille, le meilleur et le plus décisif. Il y eut un moment d'agitation; mais la proposition de Robespierre prévalut enfin, et la Société rapporta l'arrêté qui chassait de son sein Camille[3].

[1] Voy. le *Moniteur*, an II (1794), n° 115.
[2] *Ibid.*
[3] *Ibid.*

CHAPITRE HUITIÈME

COMPLOT FINANCIER.

Arrestation de Fabre d'Églantine comme faussaire. — Dénonciation de Chabot, relative à la falsification d'un décret de l'Assemblée. — Le baron de Batz et ses complices. — Les agioteurs. — Delaunay demande la suppression de la Compagnie des Indes; ses vues secrètes. — Fabre d'Églantine les combat — Chabot, agent de corruption; il est envoyé pour gagner Fabre; il le sonde et désespère de le corrompre. — Histoire de la falsification du décret relatif à la Compagnie des Indes. — Preuves de l'innocence de Fabre d'Églantine. — Explication de l'audace déployée par le faussaire. — Évasion de Batz, Benoît (d'Angers) et Julien (de Toulouse), compromis par la dénonciation de Chabot. — Chabot et Bazire mis en état d'arrestation provisoire. — Emprisonnement de Delaunay; il signale une pièce qui, dit-il, révélera le vrai coupable. — Que cette pièce ne prouvait rien contre Fabre. — Rien n'indique que Robespierre et Saint-Just regardassent Fabre comme ayant réellement trempé dans l'affaire de la supposition du décret. — Rapport d'Amar sur cette intrigue; ce qu'il avait de louche. — Ce rapport est condamné par Billaud-Varenne et Robespierre; dans quel sens et dans quel but.

Tout à coup un bruit se répand : Fabre d'Églantine vient d'être arrêté, arrêté comme faussaire! Le fait était vrai, il se rattachait à une intrigue qu'il faut connaître.

Un jour, de grand matin, Chabot va trouver un membre du Comité de salut public, et lui dit :

« Je viens te réveiller, mais c'est pour sauver la patrie; je tiens le fil d'une conspiration horrible.

« Eh bien, il est urgent de la dévoiler.

« Dans ce but, je dois continuer de voir les conjurés; car ils m'ont admis parmi eux, m'offrant une part du fruit de leur brigandage. Une réunion est indiquée; je puis les faire prendre en flagrant délit.

« Tu ne saurais balancer; mais les preuves?

« Les voici. »

Et il montrait un paquet d'assignats qu'il tenait à la main.

« Ceci, continua-t-il, m'a été remis pour corrompre un membre de la Montagne, dont les conjurés redoutaient la résistance. J'ai accepté la commission, mais afin d'entrer plus avant dans le secret du complot, et avec l'intention de dénoncer les traîtres.

« Hâte-toi donc de te rendre au Comité de sûreté générale.

« Oui, mais je ne veux pas que de ma présence au milieu des conjurés on induise que je le suis moi-même. Je veux une sûreté. Je veux bien mourir pour ma patrie, mais non mourir en coupable. Ma mère et ma sœur sont ici; je ne veux pas qu'elles expirent de douleur. Ma sœur me disait dernièrement : « Si tu as trahi la cause du peuple, je serai la première à te poignarder. »

« Le Comité de sûreté générale prendra les moyens nécessaires pour découvrir la conspiration. Tes intentions et l'avis donné par toi seront ta garantie. »

Chabot partit, en annonçant qu'il allait porter sa dénonciation au Comité de sûreté générale. C'est ce qu'il fit. Bazire l'imita[1].

Les révélations de Chabot et de Bazire avaient trait à

---

[1] Récit de Robespierre, dans un projet de Rapport sur l'affaire Chabot, projet écrit de sa main et publié par Courtois.

la falsification d'un décret concernant la Compagnie des Indes, crime qui se rapportait à un vaste système de corruption où l'on soupçonna la main de l'étranger.

Nous avons parlé ailleurs du baron de Batz[1]. Cet homme, rompu à l'intrigue, coureur d'aventures ténébreuses, audacieux, rusé, plein de ressources, dirigeait une association qui embrassait pêle-mêle, avec d'anciens comtes et d'anciens marquis, des banquiers anglais, des juifs autrichiens, une nommée Grandmaison, maîtresse du chef des conjurés, et jusqu'à sa servante Nicole[2]. Il disposait de sommes énormes, provenant d'une source ignorée. Il entretenait des agents partout : dans les Sections de Paris, dans le Conseil du Département, dans celui de la Commune, dans les ports de mer, dans les places frontières, dans les prisons. Activement secondé par le marquis de la Guiche, qui se cachait sous le nom emprunté de Sévignon ; par Devaux, fonctionnaire public de la Section Bonne-Nouvelle ; par le faux patriote Cortey, épicier de la Section Lepelletier, et par un certain Noël, protégé de Danton, il avait enveloppé Paris d'un réseau de conspirateurs. Lui et les siens voyageaient impunément, grâce aux passe-ports, certificats de résidence et cartes civiques que leur fournissait Pottier (de Lille), membre d'un Comité révolutionnaire. Une maison de plaisance, dite de l'Ermitage, et située à Charonne, était le théâtre des conciliabules. De là, les conjurés envoyaient à leurs amis du dehors les instructions nécessaires, qu'ils traçaient en caractères invisibles dans les interlignes des journaux en faveur, de telle sorte que les correspondants n'eussent qu'à approcher du feu les feuilles mystérieuses, pour y voir apparaître ce que seuls ils devaient lire[3].

---

[1] Voy. le volume précédent, p. 378.

[2] Rapport d'Élie Lacoste, au nom des deux Comités réunis. *Moniteur*, an II (1794), n° 267.

[3] *Ibid.*

Que Danton fût du nombre de ceux que le baron de Batz attira dans ses filets, et qu'il dînât avec lui quatre fois par semaine, en compagnie d'autres Montagnards, c'est ce qu'Élie Lacoste affirma[1], lorsque Danton n'était plus là.... Il est si facile d'attaquer les morts! Mais les relations de Chabot avec le baron de Batz, attestées par Chabot lui-même, ne sauraient être mises en doute. Or, de la déposition du capucin, il résulte qu'un jour Julien (de Toulouse) les invita, Bazire et lui, à dîner à la campagne; que la maison où l'on se réunit était celle du baron de Batz; qu'ils y rencontrèrent le banquier Benoît (d'Angers), le poëte la Harpe, la comtesse de Beaufort, maîtresse de Julien, et le représentant du peuple Delaunay (d'Angers); que là enfin s'agitèrent les questions relatives au nouveau complot ourdi par le baron de Batz.

C'était un complot financier, cette fois, et très-dangereux, puisque, par une tentation dégradante offerte à la cupidité, il tendait à avilir la Convention. L'agiotage fut le piége où tombèrent plusieurs membres de l'Assemblée. Benoît disait à Chabot: « Je ne sais pas comment, en France, on peut se refuser à faire fortune; en Angleterre, on achète publiquement les membres du parlement[2]. » Delaunay tenait le même langage à Bazire, dont il combattait en ces termes les honnêtes scrupules: « Il ne s'agit que de faire baisser les effets des compagnies financières, de profiter de cette baisse pour acheter, de provoquer ensuite une hausse, et, alors, de vendre[3]. » Il va sans dire qu'une spéculation de ce genre exigeait des avances de fonds; mais, suivant Delaunay, il n'y avait point à s'inquiéter de cela, l'abbé d'Espagnac s'engageant à four-

---

[1] *Moniteur*, an II (1794), n° 267.

[2] Rapport d'Amar. Séance du 26 ventôse (16 mars). *Moniteur*, an II (1794), n° 178.

[3] *Ibid.*

nir, dans ce but, quatre millions[1]. De son côté, Julien
(de Toulouse) pressait Bazire, — qui, d'après la déposition de Chabot, demeura inébranlable. — Il lui disait :
« Tandis que Delaunay présentera des mesures propres
à faire baisser les effets publics, moi je ferai peur aux
administrateurs, aux banquiers, de manière à favoriser
les vues de l'association. Ce que nous vous demandons,
c'est de vous taire[2]. »

Sur ces entrefaites, les abus attachés à l'existence des
compagnies financières furent signalés à la Convention.
Les assignats royaux avaient donné naissance à un agiotage affreux, dans lequel les contre-révolutionnaires trouvaient le double avantage de s'enrichir et de discréditer
les assignats républicains[3]. La Convention n'hésita pas ;
elle frappa de mort les papiers royaux, décret qui fit
perdre cent vingt-neuf millions aux accapareurs d'assignats à face royale[4].

Ce n'est pas tout : on accusait la Compagnie des Indes
de beaucoup de dilapidations ; et l'un de ses plus âpres
accusateurs, c'était Fabre d'Églantine. Un jour, Delaunay, à la Convention, dit à Fabre, « en le caressant de
l'œil[5], » au moment où lui, Delaunay, se dirigeait vers la
tribune : « Tu vas être bien content ; je vais écraser la
Compagnie des Indes[6]. » Et, en effet, il prononça contre
elle un discours foudroyant, dans lequel il proposait de
la supprimer, et de l'astreindre à la restitution des sommes qu'elle devait à l'État, ainsi qu'au payement d'un

[1] *Moniteur*, an II (1794), n° 178.
[2] *Ibid.*
[3] Déposition de Cambon dans le procès des Dantonistes.
[4] *Ibid.*
[5] C'est l'expression dont se sert Fabre dans le récit qu'il publia pour
sa justification, sous ce titre : *Fabre d'Églantine à ses concitoyens à la
Convention nationale et aux Comités de salut public et de sûreté générale. — Biblioth. hist. de la Révol.*, 55'-6'. (British Museum.)
[6] *Ibid.*

droit établi sur chaque mutation des *effets aux porteurs*, droit que la Compagnie était parvenue à éluder en retirant ses actions des mains de ceux qui les possédaient, et en présentant comme ventes de *transferts* les négociations qui, sous le nom de ventes d'*actions*, étaient assujetties au droit[1]. Jusque-là, rien de mieux; mais Delaunay, qui s'entendait avec la Compagnie, et dont la violence apparente n'était qu'un artifice, avait eu soin de glisser, parmi ses conclusions, que la Compagnie resterait chargée du soin de sa propre liquidation, ce qui revenait à lui fournir un prétexte de se perpétuer. Fabre aperçoit tout de suite la portée de cette clause, et propose un amendement de deux lignes qui « mettait les administrateurs à la porte, et la Compagnie au néant[2]. » Delaunay, atterré, essaya de lutter; mais, Fabre d'Églantine, appuyé par Robespierre, l'emportant, la Convention transporta à des Commissaires du gouvernement la liquidation de la Compagnie[3]. Et, s'il arrivait que son passif excédât son actif, Cambon demanda que, dans ce cas, l'État ne se considérât point comme engagé[4]. D'autres propositions incidentes furent faites; et l'on renvoya le tout à une Commission de cinq membres, qui devait présenter une rédaction définitive, et qui se trouva composée de Delaunay, Cambon, Chabot, Ramel et Fabre.

Que Delaunay ait pu un seul instant nourrir l'espoir d'altérer, sans que personne y prît garde, le sens du vote de l'Assemblée, et qu'après avoir modifié à son gré le *projet de décret* dont la rédaction définitive était attendue, il ait poussé l'audace jusqu'à l'envoyer aux procès-verbaux à titre de *décret* rendu par la Convention, et sur

[1] Voy. le discours de Cambon. Séance du 24 nivôse (13 janvier). *Moniteur*, an II (1794), n° 116.

[2] *Fabre d'Églantine à ses concitoyens*, etc., *ubi supra*.

[3] *Ibid.*

[4] Discours de Cambon. Séance du 24 nivôse (13 janvier).

lequel il n'y avait plus à revenir, c'est ce qu'on a peine à comprendre. L'immense et rapide tourbillon d'événements où chacun était alors emporté lui fit-il croire que le fait passerait inaperçu ? ou bien, son intention était-elle de fuir, aussitôt que la Compagnie lui aurait payé le prix de ses complaisances ?

Toujours est-il qu'il ne lui suffisait pas, pour arriver à ses fins, de se concerter avec Chabot. Son grand adversaire, dans cette question, étant Fabre d'Églantine, dont il ne pouvait guère se flatter de tromper la surveillance, c'était ce dernier surtout qu'il importait de corrompre. En conséquence, Chabot lui fut dépêché avec cent mille livres. Mais, aux paroles par lesquelles le capucin chercha d'abord à le sonder, Fabre ayant répondu de manière à couper court à des ouvertures plus explicites[1], Chabot se contenta de lui mettre sous les yeux un *projet de décret* rédigé par Delaunay, en le priant d'y faire, en sa qualité de membre de la Commission, les corrections qu'il jugerait convenables. Ceci se passait à la Convention, dans la salle de la Liberté. Fabre lit le projet, remarque qu'il est rédigé de façon à soustraire les administrateurs de la Compagnie à l'intervention du gouvernement, le corrige au crayon dans le sens de l'amendement qu'il a déjà présenté et signe[2].

Le lendemain, de grand matin, on le réveille pour lui annoncer une visite. Chabot entre : « Voici, lui dit-il, la copie au net et mot à mot du projet de décret, tel que tu l'as corrigé; signe-le.» Fabre prend une plume, trace sa signature, et Chabot emporte la copie, qu'il va, assure-

---

[1] M. Thiers dit : « Chabot fut dépêché à Fabre avec cent mille francs et *parvint à le gagner*. » Ceci est formellement démenti, non-seulement par le récit de Fabre, mais par la dénonciation de Chabot, et aussi par la nature des corrections, qu'on invoqua contre Fabre au procès sans les produire. et qui sont la preuve décisive de son innocence.

[2] *Fabre d'Eglantine à ses concitoyens*, etc., *ubi supra*.

t-il, faire signer aux autres membres [1]. Ce fut sur cette copie qu'on ajouta les dispositions qui altéraient, au profit de la Compagnie, le sens du vote de l'Assemblée. A l'article des transferts on ajouta : *excepté ceux faits en fraude*, alors que tous avaient été considérés par l'Assemblée comme frauduleux. Une autre surcharge portait que la liquidation serait faite *d'après les statuts et règlements de la Compagnie*, ce qui restituait à celle-ci le droit de se liquider elle-même. L'acte ainsi modifié, Delaunay le glissa dans le carton des décrets à expédier.

Ici, laissons parler Fabre :

« Quand le Comité de sûreté générale me montra l'original du *décret* supposé par Delaunay, je reconnus la copie du *projet de décret* que Chabot était venu me faire signer. Mais cette copie, au lieu d'être parfaitement au net, comme je l'avais signée, est chargée de ratures; un article entier, entre autres, est totalement biffé, pour faire place à un nouveau, mis en marge; et, le tout, de plusieurs encres et de plusieurs plumes. Dans l'intitulé *projet de décret* le mot *projet* est effacé d'un trait. Ma signature, que je reconnus parfaitement sur cette copie, porte au-dessus ces mots *ont signé*, mais, comme ma signature est fort proche du texte, les mots *ont signé*, intercalés après coup entre ce texte et ma signature, enjambent sur l'un et sur l'autre d'une manière évidemment forcée... Je ne puis être garant de ces falsifications évidentes, et il n'a tenu qu'aux coupables de mettre au-dessus de ma signature tout ce qu'ils ont voulu [2]. »

---

[1] *Fabre d'Églantine à ses concitoyens*, etc., *ubi supra*.

[2] *Ibid.*

Au moment où Fabre décrivait de la sorte le décret supposé, cette pièce se trouvait entre les mains du Comité de sûreté générale, dont le démenti l'eût écrasé s'il n'eût dit vrai. Son affirmation ici a donc beaucoup d'autorité.

M. Michelet, *Histoire de la Révolution*, t. VII, p. 62, parle de la pièce en question comme existant aux archives. Mais il en donne, d'après un

Pour s'expliquer l'étrange sécurité de Delaunay dans l'acte final de cette intrigue de comédie, si lamentable et si honteuse, il faut savoir que Chabot lui avait, en dernier lieu, présenté ses démarches auprès de Fabre d'Églantine comme ayant eu un plein succès; si bien que Delaunay croyait Fabre gagné, et en paisible possession du prix de sa conscience vendue, tandis qu'au contraire les cent mille francs étaient encore aux mains de Chabot qui les avait retenus, soit qu'il ne désespérât point de pouvoir se les approprier, soit que, se réservant d'aller dénoncer le complot, au cas où il menacerait d'être découvert, il se ménageât une preuve matérielle de la sincérité de sa dénonciation. « Si Chabot, raconte Fabre d'Églantine, n'eût fait croire à Delaunay que j'avais touché les cent mille livres, jamais celui-ci n'eût osé, non-seulement supposer un décret, mais insister pour faire passer un projet dans son sens, en mon absence, bien sûr que je m'en serais aperçu [1]. »

Quoi qu'il en soit, la supposition de décret eut lieu; et quelque temps après se passa la scène qui, selon l'opinion de Fabre d'Églantine, précipita le dénoûment.

« Comme je montais à la Montagne, mes yeux rencontrèrent ceux de Delaunay qui me cherchaient... Je le saluai d'un mouvement de tête et lui dis, en passant, ces paroles qu'il importe de noter : « Eh bien, quand « présentes-tu le projet de décret? » J'avançais vers la Montagne et je n'entendis pas ce qu'il répondit; mais je

examen fait par M. Lejean, de Morlaix, une description qui se rapporte peu avec celle de Fabre d'Églantine. Comment cela se fait-il? Y aurait-il eu plusieurs copies différentes du faux décret? Et le document que M. Michelet mentionne serait-il autre chose que le faux décret lui-même, tel qu'il est caractérisé dans le passage précité? Quoi qu'il en soit, M. Michelet conclut, et avec raison suivant nous, à l'innocence de Fabre d'Églantine.

[1] *Fabre d'Églantine à ses concitoyens*, etc., *ubi supra*.

me souviens qu'avec un air de surprise il voulut me dire une chose, et se reprit comme pour vouloir m'en dire une autre. Ses paroles ne m'offrirent aucun sens déterminé. Maintenant, je conçois la surprise de Delaunay, en m'entendant parler de *projet de décret*, puisque ce projet était déjà frauduleusement transformé en décret, attentat pour lequel Delaunay s'imaginait avoir permission de moi, grâce aux cent mille livres dont il me croyait possesseur. Ne serait-il pas possible que, sur l'explication qu'il a dû demander de ce fait à Chabot, il soit survenu entre eux une querelle dont les suites, plus ou moins pressantes, auront forcé ce dernier à chercher son salut dans une dénonciation [1]? »

. Telle est l'histoire de ce faux célèbre exposée aussi clairement que possible dans un récit de Fabre d'Églantine, qu'après un mûr examen nous avons pris le parti de suivre : d'abord, parce qu'il porte les caractères de la vérité; ensuite, parce qu'il est conforme aux déclarations de Chabot lui-même et qu'il est resté sans réplique; enfin, parce que c'est le seul document à notre connaissance qui jette quelque jour sur cette ténébreuse affaire. Le témoignage de l'auteur ne saurait être accepté à la légère sans doute, car c'est celui d'un homme profondément intéressé dans la question; mais que répondre à des arguments de la force de ceux-ci : « Est-ce le sens de mes corrections qu'on invoque contre moi? qu'on y regarde. On verra que, par le projet de Delaunay, les administrateurs pouvaient écarter le gouvernement de la liquidation, et que, par suite de mes corrections, cela ne se pouvait plus... M'opposera-t-on les cent mille livres déposées par Chabot au Comité de sûreté générale? Rien ne parle plus haut pour moi. Aurais-je participé gratuitement à une action honteuse, lorsqu'on

---

[1] *Fabre d'Églantine à ses concitoyens*, etc., *ubi supra*.

m'offrait de me la bien payer? et, si on me l'avait payée,
les cent mille livres avec l'attestation formelle de Chabot
en ma faveur seraient-elles au Comité de sûreté générale[1]? »

Camille Desmoulins affirme, dans ses *notes sur le Rapport de Saint-Just,* que Chabot avait demandé au Comité
de le faire arrêter, lui et Bazire, à huit heures du soir,
promettant de leur livrer le baron de Batz et Benoît
(d'Angers) qui, à cette heure, avaient rendez-vous chez
lui; mais que le Comité, au lieu de faire arrêter les dénoncés et le dénonciateur à huit heures du soir, fit arrêter le dénonciateur à huit heures du matin, ce qui
permit à Batz, à Benoît et à Julien (de Toulouse) de s'é-
vader[2]. Julien, revenu à Paris, après le décret d'arrestation, s'y cacha chez Lacroix, qui lui donna asile pendant
dix-neuf jours, au bout desquels il s'enfuit, revêtu d'une
blouse, en guêtres et un fouet à la main, avec un capitaine de charrois[3]. Chabot et Bazire avaient été mis tout
d'abord en état d'arrestation provisoire[4]. Quant à Fabre
d'Églantine, que non-seulement Chabot n'avait point accusé, mais qu'il déclarait innocent, ce fut un mot de
Delaunay qui le perdit. Interrogé, Delaunay déclara que,
parmi ses papiers, placés sous le scellé, on trouverait
une pièce essentielle qui ferait connaître le vrai coupable[5]. Cette pièce, qu'on trouva effectivement parmi les
papiers de Delaunay, était celle qui portait les corrections au crayon expliquées par Fabre dans son récit.
Mais, outre que ces corrections ne pouvaient être incri-

---

[1] *Fabre d'Églantine à ses concitoyens,* etc., *ubi supra.*
[2] Voy. la Correspondance inédite de Camille Desmoulins, publiée
par M. Matton aîné; 1836.
[3] Rapport d'Élie Lacoste, au nom des deux Comités réunis. *Moniteur,*
an II (1794), n° 267.
[4] *Moniteur,* an II (1793), n° 60.
[5] Rapport d'Amar. Séance du 24 nivôse (13 janvier). *Moniteur,*
an II (1794), n° 116.

minées, n'ayant d'autre but que de ramener la rédaction au sens du vote émis par l'Assemblée, elles avaient été faites sur un simple *projet de décret*, intitulé *projet de décret*, et auquel Fabre, en sa qualité de membre de la Commission des cinq, avait le droit incontestable d'attacher son opinion. Cette circonstance même, qu'elles étaient au crayon ainsi que sa signature, prouvait de reste que Fabre n'avait nullement entendu retoucher un *décret* déjà rendu par la Convention et prêt à être remis au secrétaire pour l'*expediatur*. Ce fut pourtant ainsi que le Comité de sûreté générale prit ou feignit de prendre la chose; et, le 24 nivôse (13 janvier), sur un Rapport très-vague, très-inexact et très-confus d'Amar, la Convention décréta l'arrestation de Fabre d'Églantine[1].

Camille Desmoulins ressentit ce coup vivement, comme on en peut juger par ces lignes mélancoliques du *Vieux Cordelier* : « Cejourd'hui, 24 nivôse, considérant que Fabre d'Églantine, l'inventeur du nouveau calendrier, vient d'être envoyé au Luxembourg, avant d'avoir vu le quatrième mois de son annuaire républicain; considérant l'instabilité de l'opinion, et voulant profiter du moment où j'ai encore de l'encre, des plumes et du papier, et les deux pieds sur les chenets, pour mettre ordre à ma réputation, et fermer la bouche à tous les calomniateurs passés, présents et à venir, je vais publier ma *profession de foi politique*, et les articles de la religion dans laquelle j'ai vécu et je mourrai, soit d'un boulet, soit d'un stylet, soit dans mon lit, soit de la *mort des philosophes*, comme dit le compère Mathieu[2]. »

Sur la question de savoir si l'arrestation de l'auteur du *Philinte de Molière* fut, de la part du Comité de sû-

---

[1] *Moniteur*, an II (1794), n° 116.
[2] Numéro VI du *Vieux Cordelier*, p. 113 et 114. — Collection des Mémoires relatifs à la Révolution.

reté générale, l'effet d'un jugement précipité ou le triomphe d'une machination infâme, c'est à peine si le doute est permis, tant sont louches les Rapports d'Amar, en ce qui concerne Fabre! Mais, s'il y eut parti pris de le perdre, Robespierre, à qui du reste la grande majorité du Comité de sûreté générale avait voué une haine profonde, demeura certainement étranger à cette basse manœuvre, qui ne s'accordait ni avec la droiture de son caractère, ni même avec les susceptibilités de son orgueil. Ennemi de Fabre d'Églantine, il lui reprochait d'être un chef de parti dangereux, non d'être un faussaire. Il ne le nomme seulement pas, dans son projet de Rapport sur l'affaire Chabot, que le Comité de salut public rejeta[1]; et dans son Projet de Rapport sur la faction de Fabre d'Églantine, on dirait presque qu'il craint de faire allusion à l'affaire du faux, lui qui s'arrête à décrire la nature de Fabre et à rappeler ses actes avec une insistance sinistre. Le terrible discours que nous entendrons prononcer à Saint-Just contre Danton et ses amis, et où les accusations se pressent, où les invectives s'entassent les unes sur les autres, dénonce partout Fabre d'Églantine comme intrigant et conspirateur; mais, comme faussaire, nulle part.

Au surplus, Robespierre et Saint-Just apportaient jusque dans leurs ressentiments et leurs soupçons quelque chose de trop hautain, pour se donner de gaieté de cœur de vils ennemis. Tremblant que le spectacle des luttes de parti dont la France était le théâtre ensanglanté ne ravalât le génie de la Révolution aux yeux de l'Europe, ils auraient voulu pouvoir lui cacher les plaies honteuses... Cette affaire du faux décret qui autorisait Pitt à dire : « Il s'est trouvé des voleurs parmi les Montagnards, » leur fut un sujet d'humiliation amère; et

---

[1] Voy. ce projet de Rapport, dans l'*Hist. parlem.*, t. XXXII, p. 18-30.

rien ne le prouve mieux que la censure violente dont Robespierre frappa l'acte d'accusation rédigé par Amar. Cet acte d'accusation faisait de Fabre le principal coupable. Si donc Robespierre n'eût obéi qu'à des inimitiés vulgaires, il aurait eu lieu d'être satisfait. C'est le contraire qui arriva. Il ne put pardonner à Amar de n'avoir pas cherché à sauver l'honneur de la République, en indiquant au moins la vraie source des misères dont il faisait l'étalage. Après Billaud-Varenne, à son exemple, et avec plus de force encore, il blâma le rapporteur du Comité de sûreté générale d'avoir abaissé la question outre mesure; d'avoir dirigé son réquisitoire contre quelques membres de la Convention, sans montrer comme quoi leurs crimes étaient l'ouvrage de l'étranger et se liaient au dessein de diffamer la Convention entière, de dégrader la République. La manière dont il para le coup fut d'un vrai patriote et d'un homme d'État : « J'appelle, s'écria-t-il fièrement du haut de la tribune française, j'appelle les tyrans de la terre à se mesurer avec les représentants du peuple français; j'appelle à ce rapprochement un homme dont le nom a trop souvent souillé cette enceinte; j'y appelle le parlement d'Angleterre... Savez-vous quelle différence il y a entre eux et les représentants du peuple français?... C'est qu'à la face de la nation britannique les membres du parlement se vantent du trafic de leur opinion et la donnent au plus offrant; et que, parmi nous, quand nous découvrons un traître ou un homme corrompu, nous l'envoyons à l'échafaud!... La corruption de quelques individus fait ressortir, par un contraste glorieux, la vertu publique de cette auguste Assemblée. Dans quel pays a-t-on vu un Sénat puissant chercher dans son sein ceux qui auraient trahi la cause commune, et les envoyer sous le glaive de la loi?... » Et, au milieu du bruit des applaudissements qui à plusieurs reprises avaient interrompu son discours,

Robespierre fit décréter que le Rapport d'Amar ne serait point livré à l'impression avant d'avoir été revu [1].

[1] La manière dont M. Michelet présente et interprète tout ceci est vraiment étrange. Il dit, dans son *Histoire de la Révolution*, t. VII, p. 163 et 164 : « Tout ce qu'Amar fit pour Fabre, ce fut de le montrer comme un filou, non comme un criminel d'État, de sorte que, la chose n'allant qu'aux tribunaux ordinaires, Fabre pouvait, par le bagne, éviter la guillotine. Robespierre ne le permit pas ; il remit la chose au point d'un crime d'État. » Et, après avoir cité les paroles de Robespierre : « *Où a-t-on vu...* » etc., M. Michelet ajoute : « Encouragement délicat pour décider l'Assemblée à trouver bon qu'on la saignât, qu'on lui coupât bras et jambes. Parlait-il sérieusement? Quoi qu'il en soit, de telles paroles sont justement ce qui l'a fait le plus mortellement haïr. »

D'abord, M. Michelet a oublié de citer du discours de Robespierre précisément ce qui en détermine le sens de la façon la moins équivoque : savoir, la partie où la Convention et le parlement anglais sont comparés.

En second lieu, l'unique reproche que Robespierre adresse à Amar, sans qu'il soit aucunement question de Fabre, c'est de n'avoir pas assez montré dans nos maux et nos misères la main de l'étranger.

En troisième lieu, comment imaginer que, à cette époque surtout, une supposition de décret ou un faux en vue d'un vol ne fût pas considéré comme crime d'État? Cela résultait si bien du Rapport d'Amar lui-même, que ce fut ce Rapport qu'on invoqua contre Fabre au tribunal révolutionnaire.

Enfin, la Convention vit si peu dans les paroles de Robespierre ce que M. Michelet y voit et suppose qu'elle y vit, que le discours en question fut presque constamment interrompu par de vifs applaudissements. (Voy. le *Moniteur*, an II (1794), n° 178.) Et rien de plus naturel, le but manifeste, le but hautement proclamé de l'orateur étant de prouver que la Convention, en dépit des tristes découvertes faites dans son sein, ne le cédait en grandeur et en vertu à aucune Assemblée du monde.

CHAPITRE NEUVIÈME

FIN DE L'HÉBERTISME.

La Convention face à face avec la guillotine. — Danton ne soutient pas Camille. —Esprit de corps parmi les Hébertistes. — Fureurs de Vincent. — Pourquoi Robespierre ne contredit pas à la mise en liberté de Ronsin et de Vincent. — Les Dantonistes attaquent Ronsin et Vincent avec violence; ils sont vivement défendus par Danton, qui fait décréter leur mise en liberté. — Discours de Robespierre sur la morale publique. — Les Hébertistes marchent le front haut; leurs emportements; leurs projets. — Arrivée de Carrier. — Maladie de Robespierre. — Apparition de Saint-Just à la tribune. — Avec une éloquence sinistre, il menace les *Indulgents* et frappe sur les *Terroristes*. — Collot-d'Herbois cherche à entraîner les Jacobins dans une alliance avec les Cordeliers. — Les Cordeliers se hâtent de proclamer l'insurrection; séance tragique. — Immobilité de Paris. — Les Hébertistes, déconcertés, essayent d'attirer à eux la Commune; ils échouent. — Collot-d'Herbois les abandonne. — Rapport de Saint-Just contre eux. —Ils sont arrêtés. — Billaud-Varenne explique les causes de leur arrestation aux Jacobins. — Attitude du club des Cordeliers. — Robespierre défend Boulanger. — Arrestation de Hérault de Séchelles et de Simond; motifs de cette arrestation. — Les Hébertistes partout reniés. — Arrestation de Chaumette et de Clootz. —Horrible injustice commise à l'égard de Clootz. — Manœuvres des Dantonistes pour profiter de la victoire du Comité de salut public. — La conduite de Danton opposée à celle des Dantonistes; scène touchante entre lui et Rhul. — L'arrestation de Héron poursuivie par Bourdon (de l'Oise); portée de cette attaque; pourquoi Couthon et Robespierre interviennent. — Procès des Hébertistes. — Leur mort. — Lâcheté d'Hébert. — Fermeté de Ronsin. — Courage admirable et sang-froid philosophique de Clootz. — Conséquences immédiates de l'exécution des Hébertistes.

Dans leur lutte contre l'Hébertisme, les Robespierristes apportaient une préoccupation très-vive, celle d'éviter l'accusation de tiédeur. Combattre les excès révolutionnaires, ils ne le pouvaient avec succès qu'à la condition de prouver que leur culte pour la République était toujours le même, indomptable et brûlant. L'anniversaire du 21 janvier étant arrivé, Couthon, que les Hébertistes taxaient de *modérantisme*, propose aux Jacobins de jurer *mort aux tyrans, paix aux chaumières!* et il fait décider que les membres de la Société, lorsqu'elle ira féliciter la Montagne de son énergie dans le procès de Louis XVI, se présenteront en bonnet rouge, le président tenant une pique à la main[1]. Ceci se passait la veille du 21 janvier.

Le 21, à la Convention, les membres du club des Jacobins sont annoncés. Admis d'un commun élan, ils défilent, au bruit d'une musique militaire qui les précède. La salle retentit d'applaudissements. *Vivre libre ou mourir!* Que de fois ce serment a été prêté! Sur la motion de Couthon, il est prêté une fois encore. Les Jacobins et la Commune devaient se rendre, ce jour-là, au pied de l'arbre de la liberté. Couthon demande qu'une députation de douze Montagnards se joigne au cortége. « Non, s'écrie-t-on de la Montagne, nous irons tous, tous! » Mais, selon Billaud-Varenne, c'est la Convention nationale en corps qui doit, réunie aux Jacobins, se rendre sur la place de la Révolution. La motion est adoptée. Une sorte de délire funèbre entraîne les âmes. La musique exécute, au milieu de l'émotion générale, l'air *Veillons au salut de l'empire!* Des portraits de rois sont apportés, brûlés, et leurs débris foulés aux pieds. Puis, à la voix de Cou-

[1] Séance des Jacobins, du 1ᵉʳ pluviôse (20 janvier). *Moniteur*, an II (1794), n° 124.

thon, l'Assemblée nomme des Commissaires pour dresser l'acte d'accusation de tous les rois, et l'envoyer au tribunal de l'opinion de tous les pays, « afin qu'il n'y ait plus aucun roi qui trouve un ciel qui veuille l'éclairer, ou une terre qui veuille le porter[1]. »

Mais qu'arriva-t-il? Au moment où la Convention touchait à la place de la Révolution, quatre condamnés à mort apparaissaient sur la planche de la guillotine. Voilà donc les représentants du peuple face à face avec le bourreau! L'Assemblée recula d'horreur. Était-ce une scène arrangée d'avance, ou l'effet d'un hasard sinistre? Nul évidemment n'avait intérêt à préparer un pareil coup de théâtre, qui ne servit en effet qu'à fournir à Bourdon (de l'Oise) le sujet d'une sortie véhémente. Il demanda et obtint qu'on recherchât, qu'on punît les auteurs d'un « système ourdi pour faire regarder la représentation nationale comme un composé de cannibales[2]. » L'adhésion donnée par l'Assemblée à la proposition de Billaud-Varenne excluait, par sa soudaineté même, la supposition du « système » dont parlait Bourdon (de l'Oise). Mais l'impression produite était là, qui condamnait une initiative suivie d'un résultat aussi déplorable.

Bourdon (de l'Oise) ne quittait pas la brèche, toujours prompt à frapper sur le Comité de salut public, mais de côté; l'attaquant dans la personne des ministres, de Bouchotte, notamment, auquel il faisait un crime de tout: tantôt des obstacles mis par d'autres à l'arrivée des secours destinés aux prisonniers de Mayence; tantôt de ce qu'un de ses commis l'avait dénoncé aux Cordeliers; ou bien de ce que lui, Bourdon, s'était pris de querelle avec ce commis dans une taverne; ou encore, suivant le mot

[1] Séance de la Convention, du 2 pluviôse (21 janvier). *Moniteur*, an II (1794), n° 123.

[2] Séance de la Convention, du 3 pluviôse (22 janvier). *Moniteur*, an II (1794), n° 124.

amèrement hyperbolique de Robespierre, « de ce qu'il avait mal dîné[1]. »

Mais, parmi ces attaques, il y en eut de justes, celle, par exemple, qui avait trait à l'arrestation du beau-père de Camille Desmoulins. Non que l'abus signalé fût directement imputable au Comité de salut public, quelques Commissaires de section étaient seuls en cause; mais le pouvoir répond de tout acte de tyrannie qu'il n'empêche pas, ou que, faute de surveillance, il ignore.

Camille Desmoulins, dans son n° VI du *Vieux Cordelier*, raconte cette scène de l'arrestation de son beau-père d'une manière fort amusante et terrible. « ... Tu connais mon beau-père, le citoyen Duplessis, bon roturier, et fils d'un paysan, maréchal ferrant du village. Eh bien, avant hier, deux Commissaires de la Section de Mutius Scævola (la Section de Vincent, ce sera te dire tout) montent chez lui... Nonobstant le décret qui porte qu'on ne touchera point à Domat, ni à Charles Desmoulins, bien qu'ils traitent de matières féodales, ils font main basse sur la moitié de la bibliothèque, et chargent deux crocheteurs des livres paternels. Ils trouvent une pendule, dont la pointe de l'aiguille était, comme la plupart des pointes d'aiguilles, terminée en trèfle; il leur semble que cette pointe a quelque chose d'approchant d'une fleur de lis; et, nonobstant le décret qui ordonne de respecter les monuments des arts, ils confisquent la pendule. Notez bien qu'il y avait à côté une malle, sur laquelle était l'adresse fleurdelisée du marchand. Ici, pas moyen de nier que ce fût une belle et bonne fleur de lis; mais, comme la malle ne valait pas un *corset*, les Commissaires se contentent de rayer les fleurs de lis, au lieu que la malheureuse pendule, qui vaut bien douze mille livres, est, malgré son trèfle, em-

---

[1] Projet de Rapport de Robespierre sur la faction de Fabre d'Églantine. *Hist. parlem.*, t. XXX, p. 170.

portée par eux-mêmes, qui ne se fiaient pas aux crocheteurs d'un poids si précieux ; et ce, en vertu du droit
que Barère a appelé si heureusement le droit de *préhen-*
sion.... Un vieux portefeuille, oublié au-dessus d'une armoire, dans un tas de poussière, et auquel il n'avait pas
touché, ni même pensé, depuis dix ans peut-être, et sur
lequel on parvint à découvrir l'empreinte de quelques
fleurs de lis, sous deux doigts de crasse, compléta la
preuve que le citoyen Duplessis était suspect ; et le voilà
enfermé jusqu'à la paix.... Le plaisant de l'histoire, c'est
que ce suspect était devenu le sexagénaire le plus *ultrà*
que j'aie encore vu. C'était le Père Duchesne de la maison.... Il n'est dit nulle part dans les instructions sur le
gouvernement révolutionnaire que M. Brigandeau, ci-
devant en bonnet carré au Châtelet, maintenant en bonnet rouge à la Section, pourra mettre sous son bras
une pendule, parce que la pointe de l'aiguille se termine en trèfle... Et nous n'avons pas fait la révolution seulement pour que M. Brigandeau changeât de
bonnet [1]. »

Tel était le fait odieux que Camille Desmoulins courut
dénoncer à la tribune ; et certes Bourdon (de l'Oise) avait
grandement raison d'insister pour que, sous trois jours,
le Comité de sûreté générale fît à l'Assemblée un Rapport
de cette affaire. Mais Vadier, se plaignant des soupçons
qu'on semblait faire peser sur le Comité de sûreté générale, à propos d'un acte auquel il était étranger, ce fut
Danton, chose singulière, qui s'opposa à ce qu'en accor-
dant une priorité de date à ce Rapport on conférât au
beau-père de Camille une sorte de privilége ; et il conclut à ce que la Convention, recherchant les moyens de
rendre justice à toutes les victimes des arrestations arbi-
traires, *sans nuire à l'action du gouvernement révolution-*

[1] Le *Vieux Cordelier*, n° VI, p. 117-119.

naire, renvoyât l'examen de la dénonciation au Comité de sûreté générale; ce qui fut décrété[1].

Ainsi se trahissait l'état d'incertitude où commençait à flotter l'esprit de Danton. Craignit-il de se compromettre en défendant ses amis? Déjà, dans une occasion importante, il avait abandonné Philippeaux; maintenant, dans une cause juste, il abandonnait à demi Camille.

Les Hébertistes se soutenaient beaucoup mieux entre eux : c'était leur force. La délivrance de Ronsin et de Vincent occupait toutes les pensées des Cordeliers. Chaque jour de nouvelles députations, soit des Sociétés populaires, soit des Comités de Section, allaient consoler les deux captifs. Vincent recevait d'Hébert de fréquentes visites, qui attisaient, loin de l'éteindre, la flamme allumée dans son cœur. De certains accès de rage qui le prenaient quelquefois, il nous est resté des récits étranges. Un jour qu'assise sur son lit sa femme l'entretenait à voix basse de ses affaires, lui, transporté de fureur, écumant, saute à terre, ramasse un couteau, court à un gigot cru et saignant qui était suspendu à la fenêtre, en coupe une tranche, et la dévore, en disant : « Que ne puis-je manger ainsi la chair de mes ennemis[2]? »

Une chose parlait en faveur de Ronsin et de Vincent dans l'esprit du parti exalté : qui les avait fait jeter en prison? Fabre d'Églantine, depuis arrêté lui-même, et sous le coup d'une accusation infamante. D'un autre côté, nulle preuve des faits articulés par lui. On avait contre Ronsin les dénonciations de Philippeaux; mais elles avaient obtenu peu de crédit parmi les patriotes, dont les plus sages attendaient, pour se prononcer, la relation contradictoire si rudement annoncée par Choudieu. Ce n'était pas, d'ailleurs, des dénonciations de Phi-

---

[1] Séance du 5 pluviôse (24 janvier).

[2] *Mémoires sur les prisons*, t. II, p. 141. Collection des Mémoires relatifs à la Révolution française.

lippeaux que le Comité de sûreté générale se trouvait saisi. Quant à demander compte à Ronsin de sa conduite à Lyon, on le pouvait, certes ; mais il y avait là matière à un débat nouveau, très-orageux, formidable, qui eût armé les uns contre les autres divers membres du Comité de salut public, désorganisé le gouvernement, et déchaîné le chaos. Car comment mettre Ronsin en cause pour les affaires de Lyon sans mettre en cause Collot-d'Herbois, et comment frapper Collot-d'Herbois sans menacer Billaud-Varenne ? C'eût été forcer une fraction importante du Comité de salut public à conclure ouvertement avec les Hébertistes une alliance offensive et défensive qui eût peut-être assuré leur triomphe.

Robespierre n'était pas homme à commettre une faute aussi lourde. On avait emprisonné Ronsin et Vincent, sur une accusation lancée par Fabre d'Églantine : si les preuves manquaient, il les fallait rendre à la liberté, sans concession à la peur, toutefois, et sans hommage à la violence. C'est pourquoi, lorsque, le 9 pluviôse (28 janvier), Léonard Bourdon pressa le club des Jacobins d'intervenir en faveur de Ronsin et de Vincent, Robespierre s'y opposa, déclarant que, puisque le Comité de sûreté générale « paraissait convaincu qu'il n'y avait aucunes preuves valables contre Ronsin et Vincent, il fallait le laisser agir, afin que leur innocence fût proclamée par l'autorité publique et non par une autorité particulière. » Du reste, il avait soin de spécifier que les faits pour lesquels la preuve manquait étaient ceux qui se rapportaient aux *dénonciations de Fabre d'Églantine*[1].

La démarche des Hébertistes auprès du club des Jacobins ayant échoué, ils s'adressèrent directement à la Convention ; et la pétition, renvoyée au Comité de sûreté

---

[1] Séance des Jacobins, du 9 pluviôse (28 janvier). *Moniteur*, an II 1794), n° 135.

générale, détermina enfin un Rapport favorable. Le 14 pluviôse (2 février), Voulland vint proposer de rendre libres les deux prisonniers, sur ce que, relativement à la dénonciation de Fabre, le Comité de sûreté générale n'avait reçu aucune pièce à charge. Vive fut à ce sujet l'opposition de Bourdon (de l'Oise), de Legendre, de Lecointre, de Philippeaux, tous Dantonistes. Et qui trancha la question en faveur de Ronsin et Vincent? Danton. On peut juger de l'étonnement de ses amis lorsqu'ils l'entendirent vanter le patriotisme de ces grands meneurs du parti d'Hébert, et rappeler les « services constants qu'ils avaient rendus à la liberté! » Robespierre s'était borné à dire que, d'après l'opinion du Comité de sûreté générale, on devait les considérer comme innocents des faits à eux imputés par Fabre d'Églantine. Mais Danton alla bien plus loin. Il dit qu'il ne fallait point traiter comme suspects des vétérans révolutionnaires; il s'éleva contre les « préventions individuelles » auxquelles Ronsin et Vincent étaient en butte; il admonesta Philippeaux sur la précipitation de ses jugements; il blâma presque la Convention d'avoir ouvert, quoique avec des intentions droites, une oreille trop facile aux attaques de Fabre; il l'engagea à se montrer bienveillante envers ceux qui avaient servi la liberté, elle si ferme à l'égard de ceux qui la combattaient; enfin, considérant qu'il n'y avait pas de preuve contre Ronsin et Vincent, il conclut formellement à leur libération [1].

---

[1] Séance du 14 pluviôse (2 février). *Moniteur*, an II (1794), n° 156.
Il faut croire que ce discours de Danton a échappé à l'attention de M. Michelet, qui ne le mentionne même pas dans le chapitre où, attachant une importance démesurée à quelques paroles infiniment moins concluantes de Robespierre, il voit dans ces paroles un certificat d'innocence donné aux Hébertistes, un gage de rapprochement, la preuve que Robespierre avait besoin d'eux, une alliance, que sais-je encore? Voy. l'*Hist. de la Révol.*, par M. Michelet, liv. XV, chap. IV, t. VII, p. 55.

Les amis de Danton étaient loin de partager sa tolérance. Quelques jours auparavant, Legendre avait dit,
en parlant d'Hébert : « Si mon ennemi me coupait un
bras, et qu'il fût l'ami de la patrie, je me servirais de
l'autre pour l'embrasser. Mais, quand mon ennemi est
l'ennemi du peuple, il doit s'attendre à ce que je le pour-
suive jusqu'à la mort. » Et, Momoro l'invitant à donner
le baiser fraternel à Hébert, il s'y refusa[1].

Pour ce qui est de Robespierre, en déclarant non prou-
vés les faits articulés par Fabre contre Ronsin et Vincent,
il avait si peu songé à se rapprocher des Hébertistes que,
dès le 17 pluviôse (5 février), il lut, à la Convention, un
Rapport où, plus fortement que jamais, il flétrissait leurs
tendances et anathématisait leur politique : « Les ennemis intérieurs du peuple français, disait-il, sont divisés
en deux factions..., dont l'une nous pousse à la faiblesse,
l'autre aux excès ; l'une veut changer la liberté en bac-
chante, l'autre en prostituée. » Puis, après avoir émis
l'opinion que le « faux révolutionnaire était peut-être
plus souvent encore en deçà qu'au delà de la Révolution,
il le peignait s'opposant aux mesures énergiques, et les
exagérant quand il n'avait pu les empêcher ; découvrant
des complots découverts ; démasquant des traîtres démasqués ; toujours prêt à adopter les mesures hardies,
pourvu qu'elles eussent un côté funeste ; distillant le bien
goutte à goutte, et versant le mal par torrents ; plein de
feu pour les grandes résolutions qui ne signifiaient rien,
et plus qu'indifférent pour celles qui pouvaient sauver la
patrie ou honorer la cause du peuple ; donnant beaucoup aux formes du patriotisme, et très-attaché, comme
les dévots, dont il se proclamait l'ennemi, aux formes
extérieures, mais aimant mieux user cent bonnets rouges
que de faire une bonne action[2]. »

---

[1] Séance des Jacobins, du 8 pluviôse (27 janvier).

[2] Voy. dans le *Moniteur*, an II (1794), n° 139, le pport de Robes-

Dans ce discours, dont le but était de prouver que la Vertu est l'âme de la démocratie, Robespierre n'admettait la Terreur comme ressort qu'en temps de révolution, et, même alors, il la subordonnait aux lois de la morale, attendu que, si la Vertu risquait d'être impuissante sans la Terreur, la Terreur, de son côté, était funeste sans la Vertu. La Terreur, il n'avait garde de la séparer de la Justice ; car il la définissait en ces termes : « Elle n'est autre chose que la *Justice* prompte, sévère, inflexible. » Et, développant sa pensée, il s'écriait : « Jusques à quand la fureur des despotes sera-t-elle appelée justice, et la justice du peuple barbarie ou rébellion ? Comme on est tendre pour les oppresseurs, et inexorable pour les opprimés ! Rien de plus naturel ; quiconque ne hait point le crime ne peut aimer la vertu. Il faut cependant que l'une ou l'autre succombe. Indulgence pour les royalistes, s'écrient certaines gens ; grâce pour les scélérats !... Non ! grâce pour l'innocence, grâce pour les faibles, grâce pour les malheureux, grâce pour l'humanité ! » Et, plus loin : « Malheur à qui oserait diriger vers le peuple la Terreur, qui ne doit approcher que de ses ennemis... n'existât-il dans toute la République qu'un seul homme vertueux, persécuté par les ennemis de la liberté, le devoir du gouvernement serait de le rechercher avec inquiétude et de le venger avec éclat[1]. »

Il y a dans ce passage un mot de trop, le mot *royalistes*, une opinion n'étant pas un crime. Mais il ne faut pas oublier qu'un *royaliste*, à cette époque, signifiait un conspirateur, un irréconciliable ennemi du principe sur lequel reposait la société nouvelle, un fauteur de guerre civile. Au reste, Robespierre avait soin de ne pas confondre les néces-

pierre sur les principes de morale publique, prononcé dans la séance du 17 pluviôse (5 février).

[1] *Moniteur*, an II (1794), n° 159.

sités transitoires d'un état de lutte avec les conditions d'un ordre de choses normal : « Quel est le but où nous tendons ? La jouissance paisible de la liberté et de l'égalité, le règne de cette justice éternelle dont les lois ont été gravées, non sur le marbre et sur la pierre, mais dans les cœurs de tous les hommes, même dans celui de l'esclave qui les oublie, et du tyran qui les nie. Nous voulons un ordre de choses où toutes les passions basses et cruelles soient enchaînées, toutes les passions bienfaisantes et généreuses éveillées par les lois; où l'ambition soit le désir de mériter la gloire et de servir la patrie; où les distinctions ne naissent que de l'égalité même ; où le citoyen soit soumis au magistrat, le magistrat au peuple, et le peuple à la Justice[1]. »

Le surlendemain, fidèle à la pensée dominante de son Rapport, Robespierre faisait expulser du club des Jacobins un ami de Vincent, pour avoir demandé que la Convention chassât tous les crapauds du Marais égarés sur la Montagne: motion qui tendait à la destruction de l'Assemblée[2]; tandis que, de son côté, Couthon s'élevait avec véhémence contre un auxiliaire de Fouché, le représentant Javogues, auquel il reprochait d'avoir déployé « la cruauté d'un Néron[3]. »

Mais cela n'empêchait pas les Hébertistes de marcher maintenant tête levée. Le cynisme d'Hébert allait pouvoir s'appuyer sur les passions frénétiques de Vincent et sur l'audace sans bornes de Ronsin. Ces deux derniers, tirés de leur prison par leurs amis, avaient été reconduits chez eux au bruit des instruments de musique, en triomphe[4];

[1] *Moniteur*, an II (1792), n° 159.
[2] Séance des Jacobins, du 19 pluviôse (7 février). *Moniteur*, an II (1794), n° 144.
[3] *Hist. parl.*, t. XXXI, p. 291.
[4] *Mémoires sur les prisons*, t. II, p. 141. Collection des Mémoires relatifs à la Révolution.

et c'était tout rayonnants de l'éclat d'une persécution reconnue injuste qu'ils rentraient en scène. Les bravaches de l'armée révolutionnaire, ayant retrouvé leur chef, redevinrent l'effroi des passants, et Paris se vit exposé de plus belle au despotisme des gens à moustaches et à grands sabres.

Plusieurs Hébertistes étaient restés dans la prison du Luxembourg, entre autres Grammont, qui, les mains encore teintes du sang des prisonniers d'Orléans, s'était vanté d'avoir bu dans le crâne de l'un d'eux [1]. Mais ces hommes, non contents d'annoncer bien haut leur prochaine délivrance, s'emportaient en menaces contre leurs co-détenus d'un parti contraire au leur; ils dressaient des listes mystérieuses, effrayantes, et parlaient en maîtres [2]. Ronsin et Vincent étant allés visiter à la maison Lazare leurs amis Pereyra et Desfieux, qui y étaient détenus, il y eut deux fois, à cette occasion, des dîners splendides, à l'issue desquels furent écrits les noms de trente personnes à qui les visiteurs jurèrent appui et protection [3]. Ronsin se rendit aussi à Port-Libre, pour y prendre connaissance de l'état de la maison, du nombre et de la qualité des prisonniers. Il fit cette visite à une heure du matin, à la lueur d'un flambeau, revêtu de son uniforme et une houppe rouge à son chapeau [4]. Bientôt des bruits sinistres se répandent. On assure qu'un autre 2 septembre se prépare; qu'il s'agit d'*épurer* les prisons. A la maison Lazare, l'alarme était si vive, que les détenus établirent parmi eux une garde de nuit dans chaque corridor [5].

Les Hébertistes ne pouvaient l'emporter qu'à la condition de renverser le gouvernement, où ils comptaient de

[1] *Mémoires sur les prisons*, t. II, p. 141.
[2] *Ibid.*, p. 142.
[3] *Ibid.*, t. I, p. 230.
[4] *Ibid.*, t. II, p. 76.
[5] *Ibid.*, t. I, p. 229.

puissants adversaires. Aussi résolurent-ils de l'abattre, et leur guerre aux autorités constituées commença. Ronsin ne se cachait pas pour dire qu'il y avait des chefs de faction dans l'Assemblée, et que, si l'on ne les chassait, on en rendrait raison [1]. Vincent s'inquiétait si peu de tourner la Convention en ridicule, qu'un jour il dit à Legendre lui-même : « Je dresserai des mannequins dans les Tuileries ; je leur mettrai le costume de député, et je crierai au peuple : *Voilà vos représentants* [2]. »

Qu'une insurrection se tramât parmi les Hébertistes, ou, du moins, qu'ils s'y tinssent prêts, c'est certain ; mais leur but définitif? Des pièces et débats de leur procès, il résulte que l'armée révolutionnaire devait être insensiblement concentrée à Paris ; que, dans les prisons, l'on avait formé des listes d'élus et des listes de proscrits ; qu'on devait, à un moment donné, y introduire de fausses patrouilles, égorger les victimes marquées d'avance, et lancer sur Paris les conjurés ; qu'il devait être établi un chef sous le nom de *Grand Juge*, et que ce chef, investi d'une dictature absolue, serait appelé à prononcer le *jugement dernier* [3]. Ronsin eût été, ne fût-ce que pendant un jour, le Cromwell de ce mouvement. Le Grand Juge, qu'on désignait à voix basse, sans que rien prouve qu'il ait été du complot [4], c'était Pache.

Deux circonstances servirent les Hébertistes et les animèrent à tout oser : Robespierre et Couthon tombèrent malades, et Carrier arriva.

Les fureurs de ce dernier avaient été dénoncées à Ro-

---

[1] Déposition de Legendre dans le procès des Hébertistes. *Bulletin du Tribunal révolutionnaire.*

[2] *Ibid.*

[3] Pièce n° XV, à la suite du *Rapport de Saladin, au nom de la Commission des vingt et un pour l'examen de la conduite de Billaud, Collot, Barère et Vadier. — Bibl. hist. de la Révol.*, 1097-8-9. (*British Museum.*)

[4] Voy. plus bas.

bespierre par Julien[1], dans des lettres palpitantes d'indi-gnation[2], qui firent rappeler le proconsul nantais, et il apportait aux Hébertistes l'appui d'une énergie farouche qu'enflammait le ressentiment.

Le 24 pluviôse (12 février), Momoro, à propos des dif-ficultés que rencontrait l'admission de Vincent aux Jaco-bins, se déchaîne, au club des Cordeliers, contre les « hommes usés en République, » contre « les jambes cassées en Révolution. » Vincent annonce qu'il démas-quera des intrigants « dont on sera étonné. » Hébert, parlant des « traîtres de toute espèce, » s'écrie : « Le peuple les a toujours renversés, et nous les renverserons encore. » Puis, désignant Robespierre, il s'attaque à « ceux qui, avides de pouvoir, mais insatiables, ont in-venté et répètent pompeusement dans de grands discours le mot *ultrarévolutionnaires*, pour détruire les amis du peuple qui surveillent leurs complots. » Il ajoute : « Vin-cent n'est point Jacobin; mais on peut être bon patriote sans cela. » — « Vincent, reprend un membre, est bon Cordelier : cela vaut autant, sinon mieux[3]. »

On entrait en guerre ouverte. Mais, si Robespierre était malade, si Couthon était malade, Saint-Just ne l'était pas, lui; et sa présence inopinée à Paris, dès que les Héber-tistes l'apprirent, les fit tressaillir.

Le 8 ventôse (26 février), la tribune de la Convention le revit, plus attristé, plus hautain et plus âpre que jamais.

Tout d'abord, il définit la politique dont, ainsi que Ro-bespierre et Couthon, il voulait le triomphe : « Je ne con-nais que la JUSTICE[4]. » Mais la Justice consistait-elle à

---

[1] Qu'il ne faut pas confondre avec Julien (de Toulouse).

[2] Voy. les pièces à la suite du Rapport de Courtois sur les papiers trouvés chez Robespierre.

[3] Séance du club des Cordeliers, du 24 pluviôse (12 février). *Moni-teur*, an II (1794), n° 148.

[4] Séance de la Convention, du 8 ventôse (26 février). *Moniteur*, an II (1794), n° 159.

donner au crime l'encouragement de l'impunité, à ôter à la République son bouclier quand ses ennemis tenaient le glaive levé sur elle, et à invoquer la clémence en pleine bataille? Être juste, mais sévère, telle était, selon Saint-Just, la loi du moment; et la Justice, « considérée sous le rapport de la faiblesse et d'une clémence cruelle, » ne pouvait qu'entraîner la ruine de l'État.

Après tout, cette rigueur du gouvernement révolutionnaire, dont on faisait tant de bruit, qu'était-ce auprès des barbaries commises par les autres gouvernements et sur lesquelles on se taisait? « ..... La Cour pendait dans les prisons; les noyés que l'on ramassait dans la Seine étaient ses victimes; il y avait quatre cent mille prisonniers; on pendait par an quinze mille contrebandiers; on rouait trois mille hommes; il y avait dans Paris plus de prisonniers qu'aujourd'hui. Dans les temps de disette, les régiments marchaient contre le peuple. Parcourez l'Europe : il y a en Europe quatre millions de prisonniers dont vous n'entendez pas les cris, tandis que votre modération parricide laisse triompher tous les ennemis de votre gouvernement. Insensés que nous sommes! Nous mettons un luxe métaphysique dans l'étalage de nos principes : les rois, mille fois plus cruels que nous, dorment dans le crime. Citoyens, par quelle illusion vous persuaderait-on que vous êtes inhumains? Votre Tribunal révolutionnaire a fait périr trois cents scélérats depuis un an; et l'Inquisition d'Espagne n'en a-t-elle pas fait plus? Et pour quelle cause, grand Dieu! Et les tribunaux d'Angleterre n'ont-ils égorgé personne, cette année? Et Bender, qui faisait rôtir les enfants des Belges ! Et les cachots de l'Allemagne, où le peuple est enterré, on ne vous en parle point! Parle-t-on de *clémence* chez les rois de l'Europe? Non. Ne vous laissez point amollir[1]. »

[1] *Moniteur*, an II (1794), n° 159.

Après avoir ainsi répondu, dans l'élan d'une indignation sauvage, au n° III du *Vieux Cordelier*, Saint-Just montrait, en quelques rudes et brèves sentences, que ceux-là ne laisseraient point reculer la Révolution, que les meneurs des Cordeliers appelaient des « *Jambes cassées.* » — « Les propriétés des patriotes sont sacrées, mais les biens des conspirateurs sont là pour les malheureux. — Celui qui s'est montré l'ennemi de son pays n'y peut être propriétaire. — Celui-là seul a des droits dans notre patrie, qui a coopéré à l'affranchir. — Ceux qui font les révolutions à moitié n'ont fait que se creuser un tombeau[1]. »

Sombres paroles ! Mais, au souvenir des amis de la liberté sacrifiés, au souvenir de Margarot condamné à la déportation par la haute Cour de justice d'Écosse, l'austère tendresse que cet homme étrange comprimait dans un repli de son âme, s'échappa dans ce cri : « Que Margarot revienne de Botany-Bay ! Qu'il ne périsse point ! Que sa destinée soit plus forte que le gouvernement qui l'opprime ! Les révolutions commencent par d'illustres malheureux vengés par la fortune. Que la Providence accompagne Margarot à Botany-Bay ! Qu'un décret du peuple affranchi le rappelle du fond des déserts, ou venge sa mémoire[2] ! »

L'Assemblée écoutait en silence ce discours, dont la morne éloquence semblait exclusivement dirigée contre le parti des indulgents, lorsque soudain, changeant d'adversaires, et, par une transition brusque, rattachant sa péroraison à son exorde, Saint-Just s'écrie : « Que de traîtres ont échappé à la Terreur, qui parle, et n'échapperaient pas à la Justice, qui pèse les crimes dans sa main ! La Justice condamne les ennemis du peuple et les par-

---

[1] *Moniteur*, an II (1794), n° 159

[2] *Ibid*

tisans de la tyrannie parmi nous à un esclavage éternel ; la Terreur leur en laisse espérer la fin ; car toutes les tempêtes finissent, et vous l'avez vu. La Justice condamne les fonctionnaires à la probité, elle rend le peuple heureux, et consolide le nouvel ordre de choses ; la Terreur est une arme à deux tranchants, dont les uns se sont servis à venger le peuple, et d'autres à servir la tyrannie ; la Terreur a rempli les maisons d'arrêt, mais on ne punit pas les coupables ; la Terreur a passé comme un orage. N'attendez de sévérité durable dans le caractère public que de la force des institutions. Un calme affreux suit toujours nos tempêtes, et nous sommes aussi toujours plus indulgents après qu'avant la Terreur[1]. »

Au nom des deux Comités, Saint-Just proposa le décret suivant, qui fut adopté sans discussion et à l'unanimité : « Le Comité de sûreté générale est investi du pouvoir de mettre en liberté les patriotes détenus. — Les propriétés des patriotes sont inviolables et sacrées. — Les biens des personnes reconnues ennemies de la Révolution seront séquestrés au profit de la République ; ces personnes seront détenues jusqu'à la paix, et bannies ensuite à perpétuité[2]. »

Les Hébertistes ne se trompèrent pas sur le véritable sens de ces mesures, non plus que sur le tour donné par Saint-Just à ses attaques. Ils comprirent que, dans tout le cours de sa harangue, il ne s'était étudié à l'énergie que pour pouvoir condamner le système de la Terreur, sans encourir l'accusation, mortelle alors, de tergiversation et de faiblesse. Ils se demandèrent avec stupeur si ce n'était pas eux qu'il avait entendu désigner en disant : « La Terreur est une arme à deux tranchants que

---

[1] *Moniteur*, an II (1794), n° 159.
[2] *Ibid.*

les uns ont saisie pour venger le peuple, d'autres pour
servir la tyrannie, » et encore : « la Terreur a rempli
les maisons d'arrêt, *mais on ne punit pas les coupables.* »
L'obscurité de pareilles phrases, dans les circonstances,
était celle de la nuit que des éclairs traversent. Et Saint-
Just, on le savait de reste, n'était pas homme à dépenser
sa colère en paroles. Vainement Collot-d'Herbois, que
l'absence de Robespierre grandissait, aux Jacobins, es-
saya-t-il d'y faire prendre le change aux esprits, en si-
gnalant le Rapport de Saint-Just lui-même comme une
preuve qu'on « allait se replonger dans la Révolution[1]; »
vainement chercha-t-il, par l'image de la force qui résulte de l'union, à entraîner les Jacobins dans une alliance avec les Cordeliers[2]; les deux clubs représentaient
deux pensées dont le choc était devenu inévitable. Peu
de jours auparavant, on avait entendu l'Hébertiste Carrier louer bien haut le Dantoniste Westermann[3]; aujour-
d'hui, les Cordeliers tendaient la main aux Jacobins :
pure tactique de parti, qui ne changeait rien à la situation! D'ailleurs, la résolution des Hébertistes était
prise, et ils sentaient qu'ils n'avaient pas un moment à
perdre. Laisseraient-ils à Robespierre le temps de se rétablir, de venir jeter dans la balance le poids de son
énorme popularité? L'affluence des citoyens qui, d'un
cœur ému, couraient s'enquérir de la santé du malade,
et le nombre des députations qui allaient lui porter les
vœux des patriotes[4], avaient une signification assez
claire : il fallait se hâter.

[1] Séance des Jacobins, du 8 ventôse (26 février). *Moniteur*, an II
(1794), n° 162.

[2] *Ibid.*

[3] Séance des Jacobins du 5 ventôse (21 février). *Moniteur*, an II
(1794), n° 159.

[4] En voir la preuve dans les pièces données par Courtois, à la suite
de son Rapport sur les papiers trouvés chez Robespierre, comme éma-

Nous avons dit combien fut cruel l'hiver de 1794, et ce que le peuple eut à souffrir : tout à coup sont répandus dans les marchés et dans les halles des pamphlets, qui font remonter à la Convention la cause de tant de maux; des émissaires courent de groupe en groupe, semant les alarmes, échauffant les esprits sur le manque de subsistances, parlant de représentants factieux à proscrire, d'un nouveau parti brissotin qui se forme, tenant enfin un langage propre à remplir d'effroi ceux qui apportaient des denrées[1].

Le 9 ventôse (27 février), le club des Cordeliers avait déclaré Fabre, Bourdon (de l'Oise), Philippeaux et Camille, indignes de siéger à la Montagne, « roche tarpéienne, du haut de laquelle ils devaient être un jour précipités : » le 14, le club se rassemble, dans un état d'agitation inaccoutumé. Lecture faite du prospectus d'un nouveau journal de l'*Ami du peuple*, placé sous l'invocation de Marat, et destiné à poursuivre les mandataires infidèles du peuple, on apporte un voile noir, on en couvre le Tableau des Droits de l'homme, et l'on décide qu'il restera voilé jusqu'à ce que le peuple ait recouvré ses droits, par l'anéantissement de la faction. Vincent insiste pour qu'on déploie toute la terreur que la guillotine inspire. Carrier se lève alors, et de cette voix qui avait ordonné les noyades de Nantes : « J'ai été effrayé des nouveaux visages que j'ai vus à la Montagne, des propos qui se tenaient à l'oreille.... les monstres! Ils voudraient briser les échafauds! Ceux-là ne veulent point de guillotine, qui en sont dignes. Une insurrection, une sainte insurrection, voilà ce qu'il faut opposer aux scélérats. » Il était lâché, le mot funeste, et Carrier est couvert d'ap-

nant de la Section de l'Unité, de la Section des Piques, de la Société populaire du Temple, de la Section de la Fraternité.

[1] Voy. ce que dit à ce sujet Barère dans son Rapport du 16 ventôse (6 mars).

plaudissements. A son tour, prenant la parole, Hébert tonne contre Amar, qui veut, dit-il, soustraire au glaive vengeur soixante et un royalistes, non moins coupables que Brissot. Et pourquoi? Parce que Amar est noble, parce qu'il était trésorier du roi de France et de Navarre : « Oh! pour celui-là, il est bien noble ; car il avait acheté sa noblesse deux cent mille livres en écus. » Hébert s'élève ensuite contre les voleurs. Mais aussitôt : « Les hommes le plus à craindre ne sont pas les voleurs ; ce sont les ambitieux, les ambitieux! ces hommes qui mettent les autres en avant, qui se tiennent derrière la toile, qui veulent régner. Mais les Cordeliers ne le souffriront pas. » — « Non, non. » — Hébert, encouragé, reprend avec une animation croissante : « Ces hommes qui ont fermé la bouche aux patriotes dans les sociétés populaires, je vous les nommerai. » Il ne nomma personne. Entre la fureur et la peur, il hésitait. Il dit, comme inquiet des suites : « Depuis deux mois je me retiens ; mais mon cœur n'y peut plus tenir. Je sais ce qu'ils ont tramé ; mais je trouverai des défenseurs. » — Toutes les voix : « Oui, oui. » Boulanger lui cria : « Père Duchêne, ne crains rien, parle net. Nous serons, nous, les Père Duchêne qui frapperont. » Et Momoro d'ajouter : « Parle, nous te soutiendrons. » Scène vraiment tragique! Quel était donc ce nom que chacun attendait, et que nul n'osait prononcer? Quelle secrète puissance faisait trembler sur ces lèvres convulsives l'accusation préparée contre un absent, contre un malade? Ni les excitations hardies, ni Boulanger, ni l'appui promis par Momoro, ni les applaudissements du club, ne purent amener Hébert à articuler ce mot « Robespierre. » Tout ce qu'il se sentit la force de dire fut qu'un « homme, *égaré sans doute....* » Il s'arrêta ici, évidemment troublé. Eh bien, quel crime avait-il commis, cet homme égaré? — Hébert rappela que cet homme avait défendu Camille Desmoulins! A l'égard d'autres noms, il fut moins hésitant. Il dénonça les ministres Paré et Deforgues; il appela Westermann « un monstre couvert d'opprobre, » et il termina par ce cri, qui allait être son arrêt de mort : « L'insurrection ! Oui, l'insurrection ! » De vifs applaudissements accompagnèrent ces paroles. Était-ce l'effort du voyageur effrayé qui, traversant un bois pendant la nuit, chante pour se donner du cœur ? Ce qui est certain, c'est que, pendant et après le discours d'Hébert, on aperçut des « visages allongés. » Vincent ne put s'empêcher d'en faire la remarque; et, « afin de démasquer les intrigants, » dit-il, il fit une ronde, accompagné des commissaires épurateurs, après avoir demandé que chacun mît sa carte à sa boutonnière [1].

L'espoir des Hébertistes fut amèrement déçu. Paris ne bougea pas. Désespérés, ils essayent d'entraîner la Commune; et, comme députés de la Section de Marat, ils courent déclarer à l'Hôtel de Ville qu'ils resteront debout et tiendront la Déclaration des droits voilée, jusqu'à ce que les ennemis du peuple soient exterminés. On les écoute d'un air glacé. Chaumette prononce quelques paroles évasives; Pache est absent [2].

Pendant ce temps, le Comité de salut public, le bras prêt à frapper, lançait Barère à la tribune de la Convention, pour demander qu'on recherchât les conspirateurs; et cette motion, appuyée par Tallien, était adoptée [3].

Parmi les membres du Comité de salut public, un seul tenait aux Hébertistes : Collot-d'Herbois. Mais leur isolement l'effraya; il se sentit perdu s'il embrassait leur querelle. Tout ce qu'il osa fut d'aller entretenir les Jacobins d'une prétendue agitation populaire qu'on savait

---

[1] Voy., pour cette importante séance, le *Moniteur*, an II (1794), n° 167.

[2] Conseil général de la Commune, séance du 16 ventôse (6 mars).

[3] Séance du 16 ventôse (6 mars). *Moniteur*, an II (1794), n° 167.

bien ne pas exister. Le but de Collot, dans cette extrémité, était d'amener entre les deux clubs une réconciliation qui détournât le péril. Carrier facilita la solution,
en assurant que la séance des Cordeliers avait été mal
rendue par les journaux, qu'il ne s'était agi que d'une
insurrection *conditionnelle;* et là-dessus les Jacobins
nommèrent une députation que Collot-d'Herbois se chargea de conduire[1].

Elle fut accueillie par les Cordeliers avec de grands
applaudissements. Collot-d'Herbois monte à la tribune :
les applaudissements continuent. Lui, prêche l'union
entre les deux sociétés, flétrit les scélérats qui veulent
les diviser : « On parle de s'insurger, dans quel moment!
Quand Pitt, embouchant la trompette de Daniel, prophé-
tise une insurrection en France! On a voilé les Droits de
l'homme parce que deux individus ont souffert dans la
Révolution. Eh! quels sont les patriotes qui n'ont rien
souffert? » Puis, avec cette éloquence mélodramatique
qui lui était propre : « Droits sacrés de l'homme, s'écrie-
t-il, vous avez été voilés... Ah! si j'étais plongé au fond
d'un cachot, mon âme se consolerait, en voyant ces Droits
immortels : voudrais-je les contempler, couverts d'un
voile funèbre? » De bruyantes acclamations lui répondent. Hébert explique que, par insurrection, il a voulu
dire union plus intime avec les Montagnards, les Jacobins
et tous les bons patriotes, pour obtenir justice contre les
traîtres et les persécuteurs impunis. L'accolade est donnée
à la députation, au milieu des cris de *Vive la République!* On déchire le voile qui couvrait les Droits de
l'homme, et, en signe de fraternité, on le remet à Collot-
d'Herbois, qui l'emporte, comme un trophée à montrer
aux Jacobins[2].

[1] Séance des Jacobins, du 16 ventôse (6 mars). *Moniteur*, an II (1794),
n° 169.
[2] *Idem.*, du 17 ventôse (7 mars). *Moniteur*, an II (1794), n° 171.

La défaite des Hébertistes était complète, irrévocable, et rendue plus triste encore par la honte d'une espèce de rétractation publique. Collot-d'Herbois, qui savait le Comité de salut public décidé à sévir contre les chefs, les abandonna. Dans le compte rendu qu'il fit aux Jacobins de sa visite, il condamna en ces termes ses alliés de la veille : « Pourquoi s'est-on servi de cette couleur noire ? C'est la couleur de l'hypocrisie et du mensonge. Tous les cœurs la condamnaient[1]. »

Le 23 ventôse (13 mars), Saint-Just parla ; et, pendant la nuit, les chefs du parti hébertiste, Ronsin, Vincent, Hébert, Momoro, Ducroquet et Laumur, furent arrêtés[2].

Il était empreint d'une grandeur funèbre, ce discours de Saint-Just. Nulle autre harangue de lui n'avait montré un plus extraordinaire mélange de probité inexorable, d'exaltation contenue, de fanatisme et de tristesse : « ... Quels amis avez-vous sur la terre, si ce n'est le peuple, tant qu'il sera libre, et la cigüe, dès qu'il aura cessé de l'être ? — La probité est un pouvoir qui défie tous les attentats. — Nous vous rendrons un compte honorable des périls dont nos devoirs nous auront environnés. Les conjurés bravent la vertu ; nous les bravons eux-mêmes. — Agrandissons nos âmes pour embrasser toute l'étendue du bonheur que nous devons au peuple français : tout ce qui porte un cœur sensible respectera notre courage. On a le droit d'être audacieux, inébranlable, inflexible, lorsqu'on veut le bien. — Les temps difficiles passeront ; l'Europe sera libre à son tour ; elle sentira le ridicule de ses rois ; elle honorera nos martyrs. — Que voulez-vous, vous qui ne voulez point de vertu

---

[1] Séance des Jacobins, du 18 ventôse (8 mars). *Moniteur*, an II (1794), n° 172.

[2] *Moniteur*, an II (1794), n° 176.

pour être heureux? Et vous, qui ne voulez point de terreur contre les méchants? Et vous qui, sans vertu, tournez la terreur contre la liberté? Et cependant vous êtes
ligués; car tous les crimes se tiennent, et forment en ce
moment une zone torride autour de la République. Que
voulez-vous, vous qui courez les places publiques pour
vous faire voir, et pour qu'on dise de vous: *Vois-tu un tel
qui parle? Voilà un tel qui passe!* Vous voulez quitter le
métier de votre père, qui fut peut-être un honnête ar-
tisan, dont la médiocrité vous fit patriote, pour devenir
un homme influent et insolent dans l'État. Vous périrez,
vous qui courez à la fortune et qui cherchez un bonheur
à part de celui du peuple[1]! »

Les conclusions de Saint-Just ne concernaient que les
Hébertistes; mais, à l'égard des *indulgents* et des *corrompus*, la menace grondait d'un bout à l'autre du discours, sous chaque parole. Un mot terrible, surtout dans
une telle bouche, était celui-ci : « Des mesures sont déjà
prises pour s'assurer des coupables; ils sont cernés[2]. »

Il proposa, et la Convention adopta unanimement, une
série de dispositions dont l'extrême rigueur pouvait
s'expliquer par les circonstances, si ce n'est celle-ci, que
l'Histoire se doit de flétrir : « Quiconque recélera chez lui
ou ailleurs les individus mis hors la loi sera puni comme
leur complice[3]. » Malheur à qui ne serait pas assez honnête homme et assez homme de courage, pour être capable du crime d'hospitalité envers un proscrit! Il y a
quelque chose qui est au-dessus, même du salut public,
c'est la conscience humaine.

Billaud-Varenne, absent depuis quelques jours, était
de retour. Ainsi que les Hébertistes, il voulait la Terreur,

[1] *Moniteur*, an II (1794), n° 174.
[2] *Ibid.*
[3] *Ibid.*

mais comme moyen de gouvernement, non comme instrument d'anarchie. Leurs tentatives de soulèvement l'irritèrent, et ce fut lui qui se chargea d'aller expliquer aux Jacobins les motifs du coup que le Comité de salut public venait de frapper. Il annonça que le but des conjurés était d'égorger une partie des prisonniers ; qu'une liste particulière avait été dressée de ceux qui devaient verser le sang du peuple ; que des denrées avaient été enfouies dans le sacrilége espoir de mettre les Parisiens aux abois; que des hommes de l'armée révolutionnaire avaient été déjà consignés; qu'une fausse patrouille avait été chargée de massacrer le poste placé à la prison de l'Abbaye ; qu'il entrait dans le plan des conspirateurs de se porter à la Monnaie, au Trésor public, et de distribuer aux rebelles les deniers de la République ; que la conspiration avait été prédite tout récemment, à l'étranger, et qu'elle étendait ses ramifications dans l'armée[1].

Les Cordeliers étaient rassemblés, lorsqu'on leur apporta ces nouvelles ; et quelques-uns d'entre eux, Chenaux, Ancart, avaient déployé beaucoup de courage en parlant de leurs amis « opprimés. » Le rapport des détails donnés ailleurs par Billaud-Varenne produisit sur le club une impression d'étonnement, suivie de marques nombreuses d'incrédulité. Mais comment faire triompher l'innocence, avant que l'accusateur public eût parlé? La question était qu'il fût invité à s'expliquer sans retard. Les Cordeliers avaient déjà pris un arrêté dans ce sens : ils y persistèrent[2].

Le même jour, Robespierre avait reparu aux Jacobins. Sa grande expérience de la marche et du jeu des partis lui faisait prévoir que la contre-révolution, masquée sous

---

[1] Séance des Jacobins, du 24 ventôse (14 mars). *Moniteur*, an II (1794), n° 178.

[2] *Moniteur*, an II (1794), n° 179.

d'hypocrites dehors, chercherait à envelopper dans le désastre des Hébertistes nombre de patriotes trop ardents mais sincères. Aussi n'hésita-t-il pas à intervenir en faveur de Boulanger, celui qui avait encouragé Hébert à s'exprimer sans crainte sur le compte des puissants du jour. « Quand un homme, dit-il, a toujours agi avec courage et désintéressement, j'exige des preuves convaincantes pour croire qu'il est un traître.... Le plus grand de tous les dangers serait de rapprocher les patriotes de la cause des conspirateurs [1]. » Cela était aussi habile que généreux. Il ne put en dire davantage, ses forces trahissant sa volonté [2].

Sur ces entrefaites, une nouvelle étrange se répandit. Le 25 ventôse (15 mars), le Comité révolutionnaire de la Section Lepelletier découvrait un nommé Catus, ex-commissaire des guerres, destitué, prévenu d'émigration, et à la recherche duquel on était depuis quelque temps. Il avait trouvé asile... où? dans l'appartement de Hérault de Séchelles. L'homme est arrêté aussitôt, conduit au corps de garde voisin; et là ne tarde pas à se présenter, suivi du député Simond, l'hôte de Catus : Hérault de Séchelles lui-même. Ils demandent à communiquer avec le prisonnier, et, pour obtenir d'être admis auprès de lui, ils exhibent leur titre de représentants du peuple [3]. Tout cela parut inexplicable aux ardents et soupçonneux révolutionnaires de la Section. Ils informent à la hâte de ce qui vient d'avoir lieu le Comité de salut public, dont Hérault de Séchelles avait cessé depuis peu de faire partie; et,

---

[1] Séance des Jacobins, du 24 ventôse (14 mars). *Moniteur*, an II (1794), n° 178.

[2] *Ibid.*

[3] Procès-verbal du Comité révolutionnaire de la Section Lepelletier. N° LXVI des pièces à la suite du Rapport de Saladin au nom de la Commission des *vingt et un. Biblioth. hist. de la Révol.*, 1097-8-9. (*British Museum.*)

sans plus tarder, s'armant du droit dont l'investissait un
décret du 22 brumaire 1793 (12 novembre), le Comité
lance un mandat d'arrêt contre les deux représentants [1].

A l'aspect de semblables chutes, qui n'eût frissonné?
Car enfin, ce Hérault de Séchelles qu'on envoyait rejoindre les royalistes entassés au Luxembourg, c'était lui qui
avait rédigé la Constitution de 1793 ; lui qui avait présidé la Convention au dernier anniversaire du 10 août. Il
avait eu sa part de la toute-puissance ; et il en avait usé
pour faire désarmer les suspects et annuler leurs passe-
ports [2]. Quatre mois s'étaient écoulés à peine, depuis que,
proconsul dans le Haut-Rhin, il se vantait d'y avoir relevé
le sans-culottisme, préparé la Fête de la Raison, organisé
la Terreur [3]. Dénoncé, pendant son absence, par Bourdon
(de l'Oise), comme ami de Pereyra, de Dubuisson et de
Proly, — agents de l'étranger, disait-on, — il avait eu
dans Couthon un défenseur animé [4]; lui-même, à son
retour, s'était justifié d'une manière pathétique [5]. Mais, à
partir de ce moment, il semble qu'une ombre se soit répandue autour de lui. Au Comité de salut public, on le
vit réclamer avec larmes la liberté de Proly [6], qu'on venait
d'arrêter dans un cabaret, sous le déguisement d'un cui-
sinier [7]. Certains secrets du Comité de salut public furent
divulgués ; les papiers diplomatiques du gouvernement
reçurent une publicité qui était un malheur et provenait
d'une trahison : où trouver le coupable? Les soupçons

---

[1] N° LXIX des pièces à la suite du Rapport de Saladin, etc. *Ibid.*

[2] *Moniteur*, an II (1793), n° 17.

[3] Voy. sa lettre du 7 frimaire à la Convention. *Moniteur*, an II (1793), n° 75.

[4] Séance du 26 frimaire (16 décembre). *Moniteur*, an II (1793), n° 88.

[5] Séance du 9 nivôse (29 décembre). *Moniteur*, an II (1793), n° 100.

[6] Rapport de Saint-Just. *Moniteur*, an II (1794), n° 179.

[7] Séance des Jacobins, du 1er ventôse (19 février). *Moniteur*, an II (1794), n° 156.

des collègues de Hérault de Séchelles le désignent; Billaud-Varenne l'accuse formellement de ce manque de
foi[1]; et, juste ou non, la défiance du Comité à son égard
devient telle, qu'on ne veut plus délibérer en sa présence[2]:
ce qui rendait sa démission nécessaire et l'amena. L'abîme
une fois ouvert aussi près de lui, pour l'y précipiter,
que fallait-il? Un seul faux pas. Il le fit; et Saint-Just
courut en instruire la Convention, impatient de montrer
qu'aucune tête, si haute qu'elle fût, n'était à la hauteur
de la loi, et que les actes du Comité de salut public sui-
vraient ses paroles aussi fatalement que la foudre suit
l'éclair[3].

Les détenus du Luxembourg accueillirent bien Hérault
de Séchelles, mais non pas Simond, prêtre constitutionnel, auquel ils reprochaient d'avoir dit, en pleine Assemblée, *qu'il fallait que les détenus allassent grossir le*

[1] Les auteurs de l'*Histoire parlementaire*, t. XXXI, p. 24, citent une
note qu'ils disent provenir de la diplomatie étrangère, et dans laquelle
on prétend que c'était Billaud-Varenne qui trahissait, et que son but,
en accusant Hérault de Séchelles, fut précisément de détourner de
lui-même les soupçons. Pour établir un fait aussi invraisemblable,
quand il s'agit d'un homme tel que Billaud-Varenne, que vaut une
note anonyme?

[2] Rapport de Saint-Just. *Moniteur*, an II (1794), n° 179.

[3] Nous avons déjà dit avec quel acharnement les écrivains royalistes
font partir de la main de Robespierre tous les coups frappés pendant
la Révolution. La biographie de Hérault de Séchelles (*Biographie universelle*), par M. Beugnot, fournit un curieux et triste exemple de ce
système. L'auteur, qui veut absolument que Robespierre soit pour
quelque chose dans le malheur de Hérault de Séchelles, nous dit que,
pendant que ce dernier se défendait à la Convention, « Robespierre
lui lançait des regards farouches. » Il est dommage que l'auteur, qui
n'était pas là, ne nous apprenne point du même coup de qui il tient
ce détail. — Mais enfin, puisque Robespierre était décidé à perdre Hérault de Séchelles, comment expliquer que son défenseur ait été Couthon? — Cette objection, qu'il prévoit, paraît embarrasser un peu
l'auteur de la biographie, et voici comment il se tire d'embarras.
« Robespierre, dit-il, permit que Hérault fût défendu par Couthon.
Le moment de le perdre n'était pas encore arrivé. » Inutile d'observer
qu'il n'y a pas de tout cela la moindre preuve!

limon de la Loire, mot féroce qui lui valut parmi eux le surnom de *Simond-Limon* [1].

Cependant les diverses sections de Paris venaient, coup sur coup, féliciter la Convention d'avoir échappé au péril d'une insurrection criminelle. Un des orateurs s'étant avisé d'exhaler sa joie en couplets patriotiques, Danton s'écrie, indigné, qu'on ne doit pas changer en tréteaux la salle et la barre de la Convention. Un décret fut rendu sur-le-champ pour prévenir le renouvellement de pareilles indécences [2].

Les Hébertistes étaient vaincus : de toutes parts on les renia. La portion de l'armée révolutionnaire restée à Paris affecta de se réjouir bien haut du malheur de Ronsin, son chef [3]. Une députation des Cordeliers fut reçue aux Jacobins avec une hauteur méprisante, et ne recueillit de sa démarche que l'humiliation d'entendre dire à Dufourny : « Deux baisers ont été donnés entre les Cordeliers et les Jacobins, au troisième, nous devions être poignardés [4]. » Avoir marché dans les voies d'Hé-

---

[1] Pour se justifier, il écrivit à la Convention une lettre de laquelle il résulte que Catus avait été commissaire des guerres à l'armée des Alpes, et envoyé depuis par les représentants ou le général d'armée devant Lyon au Comité de salut public, lequel l'autorisa dans une mission à lui confiée par le ministère des affaires étrangères près la république de Mulhausen. Simond ajoute, dans cette lettre, qu'il ne s'est introduit auprès du détenu qu'après avoir obtenu du corps de garde l'assurance qu'aucun ordre ne s'y opposait. (Voy. le numéro 68 des pièces à la suite du rapport de Saladin.) Voilà ce qui fait dire à M. Villiaumé, dans son *Histoire de la Révolution*, t. IV, p. 25, que l'homme dont il s'agissait n'était pas un prévenu d'émigration, et que la Convention vota, sur la simple allégation de Saint-Just, « qui était mensongère. » M. Villiaumé se trompe. Catus avait été *destitué*, et il était recherché comme *prévenu d'émigration*. Le procès-verbal du Comité révolutionnaire de la section de Lepeletier est formel sur ces deux points.

[2] Séance de la Convention, du 26 ventôse (16 mars).

[3] Séance des Jacobins, du 29 ventôse (19 mars). *Moniteur*, an II (1794), n° 184.

[4] Séance des Jacobins, du 28 ventôse (18 mars).

bert, même avant sa levée de boucliers, même de loin,
ou sous l'empire d'autres pensées, était devenu un crime.
Chaumette, quoiqu'il eût refusé de suivre jusqu'au bout
son substitut, fut arrêté. Mazuel, commandant de la cavalerie révolutionnaire, mis une première fois en liberté[1],
se vit replongé dans les cachots. Clootz, exécrable iniquité! le pauvre Clootz se trouva, lui aussi, être un conspirateur, parce qu'il avait fait quelques démarches pour
savoir si une dame, que l'espoir d'une alliance avantageuse avait attirée en Angleterre, était, oui ou non, sur
la liste des émigrés[2]! En quoi donc la *vigueur* du Comité
de salut public différait-elle ici de la tyrannie?

Mais, comme c'était contre les ultra-révolutionnaires
qu'elle s'exerçait, loin de s'en plaindre, le parti opposé
poussait à la roue de toutes ses forces. Danton, il est vrai,
s'étudiait à ne pas laisser voir sa main dans ce mouvement; et peut-être sa réserve, née d'un grand fonds de
lassitude, était-elle plus sincère qu'on ne croyait; mais
tel avait été longtemps l'éclat de son rôle, qu'on attribuait son parti pris de s'effacer aux calculs d'une politique profonde. Il paraissait si singulier que Danton man-
quât d'audace! Qu'importait, d'ailleurs, qu'il se tînt sur
l'arrière-plan quand les siens sonnaient la charge? Ceux-
ci, sous prétexte d'extirper jusqu'aux dernières racines
de l'Hébertisme, ne visaient pas à moins qu'à écarter de
leur route quiconque leur faisait obstacle et à faire tourner
au profit, soit de leur propre politique, soit de leur propre domination, la victoire que le Comité de salut public
venait de remporter. Bouchotte les gênait au ministère
de la guerre: Bassal, Lacroix, Tallien, multiplièrent
contre lui les attaques[3]. La Commune les inquiétait:
Bourdon (de l'Oise) lui fit un crime de son peu d'em-

---

[1] *Moniteur*, an II (1794), n° 114.
[2] Voy. le procès des Hébertistes, t. XXXI de l'*Hist. parl.*, p. 378-380.
[3] Séance de la Convention, du 30 ventôse (20 mars).

pressement à féliciter l'Assemblée, et emporta un décret qui ordonnait aux deux Comités de salut public et de sûreté générale de procéder, sans retard, à l'épuration des autorités constituées de Paris[1].

Parmi les Dantonistes, un seul parut tenir une conduite opposée à celle des autres : ce fut Danton. Désapprouvait-il une fougue si propre à tout compromettre ? Songea-t-il à se mettre à l'abri d'un résultat funeste, indiqué par sa clairvoyance ? Ou bien, en était-il venu à n'obéir qu'aux impressions du moment, et à suivre, sans dessein arrêté, les inspirations tour à tour violentes et généreuses de son âme ? Ce qui est certain, c'est qu'il se porta pour défenseur de la Commune, que son parti haïssait et poursuivait, se montrant ainsi plus prompt à protéger ses ennemis qu'il ne l'avait été à protéger ses propres amis, Philippeaux et Camille. Ce fut une scène touchante. La Commune, Pache en tête, étant venue présenter ses congratulations à l'Assemblée, et Ruhl, qui, en ce moment, la présidait, ayant exprimé quelque surprise du caractère tardif de cette démarche, Danton releva ce que la réponse avait de sévère, disant qu'elle risquait d'être mal interprétée, et qu'il fallait épargner à la Commune la douleur de se croire censurée avec aigreur. « Je vais m'expliquer à la tribune, s'écrie Ruhl. Viens, Danton, viens, mon cher collègue, occuper le fauteuil à ma place. — Non, vénérable vieillard, répond Danton, tu l'occupes trop bien. J'ai parlé, non contre toi, mais sur l'effet possible de ton discours mal compris. Pardonne-moi, je te pardonnerais moi-même une pareille erreur. Vois en moi un frère qui a exprimé librement son opinion. » Ruhl, tout ému, courut se jeter dans les bras de Danton, et ils s'embrassèrent au milieu d'un attendrissement général[2].

[1] Séance du 29 ventôse (19 mars).
[2] Ibid.

C'était là une haute leçon de tolérance, de sagesse du moins. Malheureusement, ceux à qui elle semblait s'adresser n'étaient pas en état de la comprendre. Les Dantonistes reprirent leur mouvement offensif; et, le lendemain, en l'absence des membres du Comité de salut public, l'infatigable Bourdon (de l'Oise) surprit à l'Assemblée l'ordre d'arrêter Héron, l'agent le plus actif du Comité de sûreté générale[1].

Héron n'était pas connu de Couthon, qui ne l'avait jamais vu; il ne l'était pas davantage de Robespierre; et cependant, prévenus de ce qui se passait par le Comité de sûreté générale, qui tremblait, s'il se laissait couper le bras, qu'on ne le frappât bientôt à la tête, Robespierre et Couthon se rendirent en hâte à l'Assemblée, où, sans se porter personnellement garants de Héron, ils obtinrent l'annulation du décret lancé contre lui[2].

Héron figurait parmi ces tyrans subalternes dont le ministère s'exerçait dans les bas-fonds de la police révolutionnaire, loin des regards du Comité de salut public. Le pouvoir qu'il servait directement était celui du Comité de sûreté générale, qu'animait contre Robespierre une sourde inimitié[3], et celui-ci ne pouvait s'y tromper. Son intervention, en cette circonstance, n'eut donc rien qui se rapportât à Héron lui-même, ce qu'il prouva du reste par la nature des considérations, purement générales, qu'il développa. Sa crainte était de voir les Bourdon (de l'Oise), les Lacroix, les Tallien, profiter de l'occasion pour envelopper tous les patriotes énergiques dans la ruine de l'Hébertisme, et faire ainsi de l'extinction de ce parti le point de départ d'une réaction qu'il pressentait ne devoir être que le règne de la Terreur en sens inverse.

[1] Séance de la Convention, du 30 ventôse (20 mars).
[2] Ibid.
[3] Voy., plus haut, le chapitre intitulé la Terreur.

Parlant des conspirateurs qui venaient d'être désarmés :
« Comme ils se cachaient sous le masque du patriotisme,
dit-il, on croyait facile de ranger dans la classe des faux
patriotes, et, par là, de perdre les sincères amis de la
liberté. Hier encore, un membre fit irruption au Comité
de salut public, et, avec une fureur impossible à rendre,
demanda trois têtes[1] ». Par qui avaient-elles été deman-
dées, ces trois têtes? Robespierre ne nomma personne ;
mais il désigna le membre qu'il s'abstenait de nommer,
comme appartenant à une faction impatiente de fonder sa
domination sur les débris de la faction abattue, et cela
aux dépens de la République[2]. « Nous sommes pressés
entre deux crimes! » s'écria-t-il ; et de la Convention il
se rendit aux Jacobins, où il ne fit qu'épancher, sous une
forme plus sombre encore, l'inquiétude qui l'obsédait[3].

Ce jour-là commença le procès des Hébertistes. A
Ronsin, Vincent, Hébert, Momoro, Bourgeois, Ducroquet,
Mazuel, Ancar, Laumur, on avait joint le banquier Kock,
l'amphitryon ordinaire d'Hébert[4]; Leclerc, du parti, mort
maintenant, des *enragés* ; Desfieux, accusé d'avoir reçu
de l'argent de l'ex-ministre Lebrun pour intercepter les
dépêches des Jacobins[5]; la femme du général Quétineau,
Proly, Péreyra, Dubuisson, et enfin, ô deuil! le plus
dévoué des enfants adoptifs de la France, le pauvre
Anacharsis Clootz. Des indices, d'ailleurs très-frivoles[6],
semblaient suffisants à Fouquier-Tinville pour impliquer
Pache dans cette affaire ; mais le Comité de salut public

---

[1] Séance de la Convention, du 30 ventôse (20 mars).

[2] *Ibid.*

[3] Séance des Jacobins du 1er germinal (21 mars).

[4] Voy. le procès des Hébertistes, reproduit du *Bulletin révolutionnaire*, dans l'*Hist. parlem.*, t. XXXI, p. 596.

[5] *Ibid.*, p. 591.

[6] Voy. le n° XVI des pièces à l'appui du rapport de Saladin. *Bibl.
hist. de la Révol.*, 1097-8-9. (British Museum.)

en jugea autrement [1]. Pourquoi Carrier, qui avait le premier parlé d'insurrection, ne fut-il pas traduit devant le Tribunal révolutionnaire, en compagnie d'Hébert? Dans le Comité de salut public, Carrier avait contre lui Robespierre, et pour lui Collot-d'Herbois, une affreuse solidarité liant les mitraillades de Lyon aux noyades de Nantes. Ce qui sauva sans doute alors le tyran de la Loire, ce fut la nécessité des concessions mutuelles au sein d'un pouvoir qui, divisé, périssait.

Le procès des Hébertistes dura trois jours, et ne présenta, comme presque tous les procès politiques, qu'une parodie de la justice. Les charges produites contre les accusés, sérieuses à l'égard des uns, furent, à l'égard des autres, d'une futilité scandaleuse. Cloolz, par exemple, se vit imputer à crime d'avoir voulu savoir si une femme, à laquelle il s'intéressait, figurait sur la liste des émigrés [2]. Pour établir l'existence de ce qu'on nommait la « conspiration de l'étranger, » on transforma en preuves de vains propos, des démarches imprudentes, d'anciennes relations avec des hommes déclarés traîtres depuis, et ces repas du banquier Kock où Camille Desmoulins avait montré « Hébert et sa Jacqueline buvant le vin de Pitt [3]. » Même contre ceux des prévenus que la vérité condamnait, Fouquier-Tinville s'était armé de la calomnie, leur supposant le dessein de substituer à la République un *pouvoir monarchique* [4]. Mais ce qui fit l'horreur de ce procès, ce fut d'y voir des hommes de bien confondus avec des voleurs, et Clootz assis à côté d'un Ducroquet,

---

[1] Voy. à ce sujet le mémoire imprimé de Fouquier, cité dans le rapport de Saladin.

[2] Procès des Hébertistes, *ubi supra*, p. 580.

[3] N° V du *Vieux Cordelier*, p. 97. Collection des mémoires relatifs à la Révolution.

[4] Voy. le réquisitoire de Fouquier-Tinville. *Hist. parl.*, t. XXXI, p. 568.

auquel un membre du club des Jacobins reprocha le pillage d'une voiture chargée de comestibles[1] ; sans parler d'Hébert, qui fut couvert d'ignominie, une femme étant venue raconter comme quoi, recueilli, en ses heures de détresse, chez une personne généreuse, il avait tout à coup disparu, emportant des cols, des chemises, et jusqu'à des matelas[2]. Le malheureux ! c'était lui qui avait fait décider qu'après trois jours de débats les jurés pourraient se dire éclairés suffisamment : il ne prévoyait guère alors que cette dure loi lui serait appliquée ! Marie-Anne Latreille, femme de Quétineau, se déclara enceinte et obtint un sursis[3]. Laboureau, un des accusés, espion du Comité de salut public au Luxembourg, dut son acquittement à sa bassesse[4]. Pour tous les autres, le châtiment fut la mort.

Clootz marcha au-devant de son destin, le sourire sur les lèvres, en vrai philosophe, aussi plein de foi que lorsqu'il s'écriait à la tribune des Jacobins : « L'univers sera un temple qui aura pour voûte le firmament[5] ; » et aussi doucement moqueur que lorsqu'il répondait à ceux qui, de son culte enthousiaste pour l'humanité, concluaient à son peu d'attachement pour la France : « Beaucoup de têtes étroites ressemblent au locataire d'un appartement qui dirait à son propriétaire : Tu n'aimes pas ma chambre, car tu n'aimes que ta maison[6]. » Entendant ses compagnons d'infortune qui se reprochaient l'un à l'autre leur malheur, il leur cita gaiement les vers si connus :

---

[1] Déposition de Brochet.

[2] Déposition de Victoire Guingré, femme de Dubois, imprimeur.

[3] Dufey (de l'Yonne). Dictionnaire de la conversation, art. Clootz.

[4] Un rapport de lui sur ce qu'il avait vu et entendu pendant sa détention fut trouvé parmi les papiers de Robespierre.

[5] *Moniteur*, an II, 1793, n° 57.

[6] *Appel au genre humain*, par Anacharsis Clootz, 775-6-7. *Biblioth. historique de la Révolution*. (British Museum.)

Je rêvais cette nuit que, de mal consumé,
Côte à côte d'un gueux l'on m'avait inhumé;
Et que, blessé pour moi d'un pareil voisinage,
En mort de qualité, je lui tins ce langage [1]...

Clootz avait le courage du philosophe : Ronsin déploya celui du soldat. A Momoro, il dit : « Qu'est ce que tu écris là ? c'est inutile. Ceci est un procès politique. Vous avez parlé, quand il fallait agir.... Mais le temps nous vengera; le peuple victimera ses juges. J'ai un enfant que j'ai adopté.... quand il sera grand, il poignardera ceux qui nous auront fait mourir; il ne faut pour cela qu'un couteau de deux sous. » A Hébert, qui se lamentait sur ce que la liberté était perdue : « Tu ne sais ce que tu dis; la liberté ne peut périr [2]. »

L'exécution des Hébertistes eut lieu, le 4 germinal (24 mars), sur la place de la Révolution. Un concours prodigieux de citoyens remplissait les rues par où le cortége devait passer. Quand il parut, des applaudissements retentirent, mêlés au cri de *Vive la République* [3] ! Livide et se soutenant à peine, Hébert s'avança vers la guillotine, au milieu des huées. On lui criait, par allusion à l'estampille de son journal : « Eh bien, père Duchesne, où sont tes fourneaux [4] ? » Ronsin avait promis de ne pas *broncher;* il tint parole. Clootz fut admirable de sang-froid. Il voulut être exécuté le dernier, afin, disait-il, d'avoir le temps de constater certains principes, pendant qu'on ferait tomber les têtes des autres condamnés [5].

Des changements rapides suivirent cette exécution.

[1] *Mémoires de Riouffe*, p. 69. Collection des mémoires relatifs à la Révolution.
[2] Ces détails touchant Ronsin sont tirés du rapport de Laboureau, cité dans les *Mémoires sur les prisons*, t. II, p. 72-75.
[3] *Moniteur*, an II, 1794, 5 germinal.
[4] Mercier. Le *Nouveau Paris*, t. V, chap. ccxi.
[5] Dufey (de l'Yonne). Biographie de Clootz.

L'armée révolutionnaire fut licenciée [1]. A la Commune, reconstituée presque entièrement, Fleuriot Lescot remplaça Pache, tandis qu'à Payan, sous le nom *d'agent national*, étaient confiées les fonctions qu'avait exercées Chaumette [2]. Quant aux Cordeliers, ils cherchèrent à se maintenir, en recourant à l'épreuve de l'épuration. Mais leur rôle politique était fini : ils disparurent de la scène.

[1] Décret du 7 germinal (27 mars).
[2] 9 germinal (29 mars).

CHAPITRE DIXIÈME

PROCÈS ET MORT DES DANTONISTES.

Opposition Dantoniste. — Les royalistes l'encouragent. — Sages avertissements donnés à Camille par ses amis; lettre de Fréron; Brune
à déjeuner chez Camille. — Numéro VII du *Vieux Cordelier*; violentes attaques qu'il contient. — Doctrines contraires de Saint-Just
et de Camille Desmoulins, relativement à l'idéal révolutionnaire —
Tendances épicuriennes de Camille; ascétisme de Saint-Just; rigo-
risme plus mitigé de Robespierre. — Mauvais livre prêté par Camille
à la sœur de la fiancée de Robespierre. — Puritanisme excessif de
Robespierre; laisser-aller cynique de Danton. — Causes d'éloignement entre eux; on cherche à les rapprocher; leur entrevue diver-
sement racontée. — C'est Billaud-Varenne qui propose de faire mourir Danton; fureur et cri de Robespierre, à cette idée. — L'exécution
d'Hébert saluée avec joie par les Dantonistes; leur aveuglement sur
ce point; mot cruel de Camille. — Le Dantonisme devenu, par la
fatalité même de la situation, l'avant-garde du royalisme. — Progrès et danger de l'opposition Dantoniste; le Comité de salut public
s'en émeut. — Saint-Just pousse Robespierre à abandonner Danton.
— Griefs contre Danton tirés de ses anciens rapports avec Dumouriez; ce qu'il y eut de louche dans ces rapports; soupçons admis
comme *preuves*; là fut l'iniquité. — Robespierre consent à abandonner Danton. — Notes fournies à Saint-Just. — Indices alarmants.
— On avertit Danton. — Son engourdissement. — Il se répand en
bravades, au lieu d'agir. — Arrestation de Danton, de Camille Desmoulins, de Philippeaux. — Lettre de ce dernier à sa femme. —
Les Dantonistes en prison. — Stupeur dans Paris. — Protestation de
Legendre; réponse de Robespierre; Legendre recule. — Rapport de

Saint-Just contre les Dantonistes; vote de l'Assemblée. — Mot de
Danton à Lacroix : « Il faut tâcher d'émouvoir le peuple. » — Lettre
touchante de Camille Desmoulins à sa femme. — Désespoir de Lucile; ce que son désespoir lui conseille; noble attitude de la jeune
femme de Danton. — Lettre de Lucile à Robespierre, inachevée et
non envoyée. — Admirables adieux. — Langage de Danton dans sa
prison; Fabre d'Églantine ne s'occupe que d'une comédie qu'il craint
que Billaud-Varenne ne lui vole. — Chabot s'empoisonne; on le
rappelle à la vie; mot touchant de lui à propos de Bazire. — Les
accusés devant le Tribunal révolutionnaire. — Le greffe composé
de Dantonistes. — Dispositions de Fouquier-Tinville. — Physionomie du jury. — Y eut-il triage des jurés? — Demande de Fabre injustement repoussée; sa défense. — Discours véhément de Danton;
impression produite. — Interrogatoire de Camille, de Lacroix, de
Philippeaux, de Westermann. — Belle réponse de Philippeaux. —
Refus d'entendre comme témoins seize membres de la Convention;
iniquité de ce refus. — Audience orageuse du 15 germinal. — Hommage rendu par Danton à l'honnêteté d'Hermann. — Lettre d'Hermann
et de Fouquier au Comité de salut public. — Dénonciation de Laflotte. — Saint-Just trompe la Convention sur l'attitude des accusés
devant le Tribunal. — Décret ordonnant la mise hors des débats
des accusés qui résisteront ou insulteront à la justice. — La femme
de Philippeaux demande à paraître à la barre. — Pourquoi Billaud-
Varenne veut qu'elle paraisse; pourquoi Robespierre s'y oppose. —
Les jurés se déclarent suffisamment éclairés. — Indignation des
accusés: on les fait sortir. — Ce qui détermina les jurés. — Mot furieux de Trinchard. — Condamnation et mort des Dantonistes. —
Note critique.

Pendant la lutte engagée contre les nouveaux Cordeliers, les Dantonistes avaient poursuivi leur mouvement
agressif avec une ardeur de nature à émouvoir le Comité de salut public. Le jour où Fabre d'Églantine fut
décrété d'accusation, Danton avait demandé que l'accusé
et ses compagnons d'infortune fussent entendus à la
barre, demande à laquelle Billaud-Varenne répondit par
cette exclamation terrible : « Malheur à celui qui a siégé
à côté de Fabre et qui est encore sa dupe ! Il a trompé
les meilleurs patriotes[1]. » On sait quelle fut la décision

---

[1] *Moniteur*, an II (1794), n° 116.

de l'Assemblée. Ce vote était resté comme un trait empoisonné dans le cœur de Danton, et Camille avait laissé échapper à cette occasion une parole amère : « Le Comité de salut public met la Convention en coupe réglée[1]. »

Calmer la Révolution était certes une courageuse et noble entreprise, mais qui exigeait beaucoup de prudence tant que la prolongation du combat laissait la victoire incertaine. Rien de mieux que de mettre le gouvernement révolutionnaire en garde contre ses propres excès ; mais il y allait alors du salut de la Révolution et du salut de la France, qu'on s'abstînt de tout ce qui pouvait affaiblir l'unité de l'action révolutionnaire, et désarmer ou décrier un pouvoir aux prises avec l'Europe entière.

Là fut l'écueil de l'opposition Dantoniste. On vit Bourdon (de l'Oise) s'acharner à la suppression immédiate du ministère de la guerre, au risque de désorganiser le service des armées ; on vit Philippeaux, dont Choudieu avait pulvérisé les dénonciations[2], les reproduire avec une obstination lamentable ; et, pendant ce temps, Camille Desmoulins reprenait, non pas la plume à demi repentante d'où était sorti le numéro V du *Vieux Cordelier*, mais la plume aussi téméraire qu'éloquente, hélas ! qui avait tracé le fatal numéro III.

Quant à Danton, il semblait vouloir se tenir à l'écart, fréquentait peu la tribune, et se montrait, tantôt fatigué de la tourmente, tantôt incertain sur la route à suivre. Mais, en appuyant les attaques de Bourdon (de l'Oise) ; en provoquant l'examen de la conduite des fonctionnaires publics ; en appelant les Comités révolutionnaires à rendre compte de leurs opérations, il avait éveillé des alarmes qu'enflaient sa renommée, son importance

[1] *Mémoires de Levasseur*, t. III, chap. v.
[2] Rapport de Choudieu sur la Vendée, présenté le 18 pluviôse (6 février) 1794.

révolutionnaire et le souvenir de son audace. Autour de lui, d'ailleurs, se groupaient tous ceux qui, sur la Montagne, inquiétaient le Comité de salut public, les Thuriot, les Lacroix, les Merlin (de Thionville). Moins circonspecte, son influence eût été jugée moins dangereuse. Il avait beau chercher un doux abri dans l'amour que lui inspirait sa jeune femme, et parler de vie paisible, de repos, d'heures pleines d'oubli parmi les arbres et les fleurs : ce qu'avait de réel et de profond cette lassitude d'une nature fougueuse échappait à ses adversaires, combattants non encore fatigués; et ses amis rendaient sa sincérité suspecte, en courant au-devant d'une lutte qui, sans son appui, eût été insensée et semblait impossible. La vérité est qu'ils comptaient sur lui : « Danton dort, disait Camille Desmoulins, c'est le sommeil du lion; mais il se réveillera pour nous défendre[1]. »

Et puis, par une conséquence naturelle de la situation, ce qui était arrivé déjà aux Girondins arrivait aux Dantonistes. Charmés d'avoir de tels hommes à opposer au gouvernement révolutionnaire, les royalistes se pressaient derrière eux, les encourageaient, les poussaient en avant, les compromettaient sans retour. Ils se répandaient en folles démonstrations de joie sur ce que la fin de l'âge de fer approchait; sur ce que la Révolution pesait à ses premiers, à ses plus impétueux apôtres, à l'énergique Danton, par exemple, et à cet ardent Camille, qui avait pris le nom — ils s'en souvenaient — de *Procureur général de la lanterne*. Quel triomphe pour eux que d'entendre ce dernier comparer le régime nouveau, que lui-même, pensaient-ils, avait tant contribué à établir, au règne exécrable et exécré de Tibère! Aussi les sollicitations affluaient, mêlées à des

---

[1] *Correspondance inédite de Camille Desmoulins*, publiée par M. Matton aîné, p. 17 (1836).

témoignages de gratitude. Que ne poursuivait-il sa glorieuse entreprise? Quoi! la suite de ce *Credo politique*, promise à la fin du mois de décembre, on l'attendait encore! Pourquoi ce long silence, dont s'affligeaient les honnêtes gens? Allons, courage, courage! Et lui, qui, parce que son libraire Desenne ne pouvait suffire à la vente de ses numéros, se croyait appuyé de toute la France[1], lui, troublé, exalté, fasciné, n'apercevait bien distinctement que l'honneur du rôle fatidique proposé à son enthousiasme!

Non que les avertissements sévères manquassent.

De tous les amis de Camille, pas un qui lui fût plus tendrement attaché que Fréron, lequel correspondait avec lui et avec sa bien-aimée Lucile, dans les termes d'une intimité charmante. Ils avaient un langage à eux, et des noms inventés par l'amitié. Fréron, qui, à la maison de campagne de madame Duplessis, belle-mère de Camille, prenait grand plaisir à jouer avec des lapins, s'appelait *Lapin*; Rouleau, c'était Lucile; Melpomène, c'était madame Duplessis; Marius, c'était Danton; Bouli-Boula, c'était Camille[2]. Or voici ce que Lapin écrivait, de Toulon, à Rouleau : « Je m'aperçois qu'on vous chagrine, et que Camille est dénoncé par les mêmes hommes qui m'ont poursuivi aux Jacobins. J'espère qu'il triomphera de ces attaques. J'ai reconnu sa touche originale dans quelques passages de son journal; et moi aussi, je suis un des vieux Cordeliers. Adieu, Lucile, méchante diablesse. Votre serpolet est-il cueilli? Je ne tarderai pas, malgré toutes vos injures, à implorer la faveur d'en brouter dans votre main. — *Post-scriptum* : Mille choses à ton vieux loup-loup... Dis-lui qu'il tienne un peu en bride

---

[1] *Correspondance inédite de Camille Desmoulins*, publiée par M. Matton aîné, p. 16 (1836).

[2] *Ibid.*, passim.

son imagination relativement à des comités de clémence;
ce serait un triomphe pour les contre-révolutionnaires. [1] »

Brune, ami de collège de Camille Desmoulins, fut du
nombre de ceux qui coururent le supplier de mettre plus
de modération dans le tableau des malheurs du temps.
Comme il ne répondait que par des plaisanteries, « Je ne
saurais m'empêcher de t'admirer, lui dit le futur maréchal de l'Empire. Cependant sois certain qu'avec plus
de modération tu feras un bien véritable, tandis qu'en
continuant tu te livres et ne sauves rien... » Brune
avait été invité à déjeuner. On se mit à table. Camille
était très-animé. Il comptait sur l'opinion publique, sur
ses amis : « N'avez-vous pas entendu la voix éloquente
de Philippeaux? Danton dort, mais il se réveillera. » Et
Lucile de l'embrasser, de l'encourager par toutes sortes
de paroles douces sorties d'une âme intrépide : « Laissez-
le faire, Brune, laissez-le faire, il doit sauver son pays;
laissez-le remplir sa mission. » Camille, tenant son petit
Horace sur ses genoux, disait gaiement : *Edamus et
bibamus; cras enim moriemur* [2]. »

Le sort en était jeté. Il remit à son libraire le manuscrit du numéro VII du *Vieux Cordelier*. Quel fut l'effroi
de Desenne! La première partie de cet écrit, suite à la
profession de foi de l'auteur, contenait des attaques d'une
violence extrême, non plus seulement contre Hébert —
il vivait encore, — mais contre Collot-d'Herbois, contre
Barère, contre le « pouvoir exorbitant » du Comité de
salut public, contre les comités révolutionnaires : « La
liberté, c'est la justice, et jamais Néron ne brava la
pudeur jusqu'à faire colporter et crier dans les rues

[1] *Correspondance inédite de Camille Desmoulins.* p. 209 et 210.
[2] Voy., pour plus de détails sur cette scène intéressante, la *Correspondance inédite de Camille Desmoulins,* publiée par M. Matton aîné,
p. 16 et 17.

l'arrêt de mort de Britannicus [1]. La liberté, c'est l'humanité, et je crois qu'elle ne condamne pas la mère de Barnave, après un voyage de cent lieues fait malgré son grand âge, à frapper en vain pendant huit jours à la porte de la Conciergerie pour parler à son fils [2]. — Je crois que la liberté ne confond point la femme ou la mère du coupable avec le coupable lui-même; car Néron ne mettait point Sénèque au secret, il ne le séparait point de sa chère Pauline [3]. — Je crois que jamais Commode, Héliogabale, Caligula, n'avaient imaginé, comme les comités révolutionnaires, d'exiger des citoyens le loyer de leur prison, et de leur faire payer, comme à mon beau-père, douze francs par jour les six pieds qu'on leur donnait pour lit [4]. — Je crois que Tibère et Charles IX allaient bien voir le corps d'un ennemi mort, mais qu'ils ne faisaient pas au moins trophée de son cadavre, et ne disaient pas, le lendemain, comme Hébert : « Enfin, j'ai vu le rasoir national séparer la tête pelée de Custine de son dos rond [5]. »

Tout cela était noblement senti, écrit en caractères de feu; et quelle âme honnête pourrait ne pas être en tout cela de l'opinion de Camille? Mais, pour être juste et ne pas fournir aux ennemis de la Révolution des armes empoisonnées, il aurait dû rapprocher du tableau des crimes qu'elle couva celui de ses impérissables bienfaits et des actes héroïques dont elle fut la source. Pour être juste, il aurait dû rappeler quels transports sacrés excitait alors, soit dans la Convention, soit au sein même du Tribunal révolutionnaire [6], le triomphe de l'innocence

[1] *Suite de mon Credo politique*, dans les *Œuvres complètes de Camille Desmoulins*, publiées par M. Matton, t. II, p. 162.
[2] *Œuvres complètes de Camille Desmoulins*, p. 162.
[3] *Ibid.*, p. 163.
[4] *Ibid.*, p. 164.
[5] *Ibid.*, p. 165.
[6] Voy., plus haut, le chapitre intitulé *la Terreur*.

reconnue, et avec quelle spontanéité attendrissante, avec quelle effusion de cœur, l'Assemblée venait d'abolir l'esclavage[1]. Et il aurait dû ajouter que les caprices, gratuitement féroces de Commode, d'Héliogabale, de Caligula, n'eurent d'autres causes qu'un égoïsme dévorant, l'orgueil en délire, la frénésie du pouvoir absolu, tandis que les excès révolutionnaires naquirent d'une résistance qui, légitime dans son principe, ne devint furieuse que par l'immensité de l'attaque et du péril.

D'ailleurs, Camille Desmoulins ne pouvait ignorer la consternation où son éloquence, généreuse mais trop peu mesurée, jetait les patriotes. Lui-même a raconté comment, à la fausse nouvelle qu'il avait été rayé du club des Jacobins, les trois quarts de ses abonnés étaient allés chez Desenne effacer leurs noms, *de peur d'être suspects d'avoir lu*[2]. Et c'est lui aussi qui nous apprend que le numéro V, contenant sa justification, ne fut pas lu par ceux auxquels il s'adressait, les patriotes pauvres, parce que, impatient de mettre à profit la vogue extraordinaire du journal, Desenne faisait payer chaque numéro vingt sous[3]. Et, dès lors, il ne restait à l'auteur qu'un public royaliste!

Dans le numéro VII, intitulé *Le Pour et le Contre, ou Conversation de deux vieux Cordeliers*, Camille Desmoulins rendait à la liberté de la presse un hommage immortel. Mais quel redoublement d'amertume dans ses attaques! Quel mélange d'inspirations magnanimes et de provocations! Quels funèbres défis lancés coup sur

---

[1] Levasseur, qui demanda l'abolition de l'esclavage, était le neveu d'un riche colon, par lequel il avait été déshérité, pour avoir en sa présence flétri le trafic des noirs. (Voyez les *Mémoires de Levasseur*, t. III, chap. v, p. 82.)

[2] Numéro VII du *Vieux Cordelier*.

[3] « Le prix exorbitant du cinquième numéro est cause qu'aucun sans-culotte n'a pu le lire. » (Numéro VI du *Vieux Cordelier*, p. 126.) Collection des Mémoires relatifs à la Révolution.

coup, et à ce Comité de sûreté générale qui « embastille
la tiédeur, » et aux membres qui le composent, « figu-
rants euménides, » et aux « frères terribles » du Comité,
Vadier, Vouland, Amar, Jagot; et à ce Héron, écumeur
de pavés, commis officieux dans la Sainte-Hermandad,
qui, comme la Dubarry, ne fait pas sauter deux oranges
en disant : *Saute, Choiseul! saute, Praslin!* mais prend,
en guise d'oranges, des poignées d'assignats et dit : *Saute,
d'Églantine! saute, Camille!* » et à ce David auquel « une
éruption d'orgueil a mis la joue de travers, grand peintre
à l'âme de Louis XI, qui n'a entassé tant de monde dans
les prisons que pour parvenir à asseoir son c.. sur un
fauteuil de maroquin vert[1]! »

Robespierre, du moins, est-il ménagé? Celui-là, Camille Desmoulins ne l'appelle, il est vrai, ni un écumeur
de pavés ni un Louis XI; mais il le classe dans la catégorie des gens à propos desquels Cicéron disait : « Si tu
ne vois pas ce que les temps exigent; si tu parles incon-
sidérément; si tu te mets en évidence; si tu ne fais aucune attention à ceux qui t'environnent, je te refuse le
nom de sage, *ineptus esse dicitur*[2]. » Il le compare à Caton,
qui, en poussant le Jansénisme de républicain plus loin
que les temps ne le permettaient, ne contribua pas peu
au renversement de la liberté. Il se reproche de ne lui
avoir pas fait tête : « Robespierre fit preuve d'un grand
caractère, il y a quelques années, à la tribune des Jacobins, un jour que, dans un moment de violente défaveur,
il se cramponna à la tribune et s'écria qu'il fallait l'y
assassiner ou l'entendre; mais toi, tu fus un esclave, le
jour où tu souffris qu'il te coupât si brusquement la parole dès ton premier mot : « Brûler n'est pas répondre[3]. »

---

[1] *Œuvres complètes de Camille Desmoulins*, publiées par M. Matton
aîné, numéro VII. Voy. p. 206-211.

[2] Épigraphe du numéro VII du *Vieux Cordelier*.

[3] Voy. le numéro VII du *Vieux Cordelier*, tel qu'on le trouve dans

Robespierre avait mis à l'ordre du jour des Jacobins la discussion des vices du gouvernement anglais; Camille Desmoulins se moque de l'inutilité de pareils débats : « Qu'est-ce que tout ce verbiage?... » Et, s'attachant au discours prononcé à cette occasion par Robespierre : « Quoi ! c'est Robespierre qui s'est tant moqué de Clootz, voulant municipaliser l'Europe, qui se charge de son apostolat et veut démocratiser le peuple anglais? Car, enfin, tout peuple dans ce cas, et surtout une nation fière comme l'Angleterre, quels que soient les vices de sa Constitution, dit, comme la femme de Sganarelle à Robert : « Et moi, si je veux qu'il me batte? » Et c'est Robespierre qui oublie ainsi le discours profondément politique, entraînant, irréfutable, qu'il prononça au mois de décembre 1791, lorsqu'il opinait contre la guerre! C'est Robespierre qui oublie ce mot énergique qu'il disait alors : « Est-ce quand le feu est à notre maison qu'il faut l'aller éteindre chez les autres?... » Pitt dut bien rire en voyant que cet homme, qui l'appelait, lui, Pitt, *imbécile* et *une bête*, à la séance du 10 pluviôse, aux Jacobins, est celui-là même, Robespierre, qui s'y prend si bien pour l'affermir dans le ministère et donner un pied de nez à Fox, à Shéridan et à Stanhope[1] ! »

La logique de Camille Desmoulins était ici en défaut : il n'y avait nulle contradiction à vouloir, en 1791, qu'on fît tout pour éviter la guerre, et à demander, en 1794, — la guerre une fois engagée et poussée par Pitt avec fureur, —qu'on fît tout pour accabler l'ennemi. Mais Robespierre avait humilié son ancien camarade de collège Camille par des formes de protection trop hautaines, et Camille ne l'avait pas oublié : « Oserais-tu bien faire de semblables rapprochements, et rendre à Robespierre le ridicule qu'il

les *OEuvres complètes de Camille Desmoulins*, publiées par M. Matton aîné, p. 188.

[1] *Ibid.* p. 205 et suiv.

verse sur toi à pleines mains depuis quelque temps[1]? »
Une chose étonne et contriste dans ce numéro VII du
Vieux Cordelier, où se font entendre si souvent les bat-
tements d'un noble cœur : c'est l'éloge de Guffroy, éditeur de l'affreux journal intitulé le *Rougiff*. Est-ce que
ce Guffroy, sur l'autorité de qui Camille Desmoulins
marque Héron d'un fer rouge, et qu'il appelle « notre
cher Rougiffet, cet excellent patriote à cheveux blancs[2]; »
est-ce que ce Guffroy n'avait pas écrit, en parlant de Charlotte Corday : « Les complices de cette guenon n'ont pas
tous été rasés comme elle : ils le seront; pas vrai,
Charlot[3]? » Est-ce que de sa plume, trempée dans le
sang, n'étaient pas tombées des phrases telles que celle-
ci : « Allons, dame guillotine, rasez de près tous ces
ennemis de la patrie. Allons, allons, pas tant de contes !
Tête au sac[4] ! » Qu'avait dit de plus le *Père Duchesne*?

Si Danton fut consulté sur l'écrit dont nous venons de
présenter une rapide analyse, rien ne le prouve, bien
qu'on lise dans des notes fournies par Robespierre à
Saint-Just : « Danton a corrigé les épreuves du *Vieux
Cordelier*; il y a fait des changements, de son aveu[5]. »
Ce qui est certain, c'est que Desenne recula devant la
publication d'un manifeste qui ressemblait si fort à une
déclaration de guerre. Il n'osa imprimer la suite du
Credo politique, et, quant au septième numéro, il en
retrancha ou y modifia tout ce qui avait rapport, soit aux
Comités, soit à Robespierre[6]. C'est peu : ce numéro au-

---

[1] *Œuvres complètes de Camille Desmoulins*, p. 205 et suiv.

[2] *Ibid.*, p. 215.

[3] Le *Rougiff*, numéro VII.

[4] *Ibid.*, numéro XIV.

[5] Manuscrit publié par M. Louis Dubois, p. 25.

[6] C'est ce que nous apprend l'éditeur des *Œuvres de Camille Desmoulins*, M. Matton, dans l'ouvrage duquel on trouve une version
complète du numéro VII du *Vieux Cordelier*, avec indication des changements que Desenne jugea nécessaires.

rait dû paraître, à en juger par sa date, le 15 pluviôse (3 février), et il ne vit le jour qu'après la mort de l'auteur. Si le secret de ce qu'il contenait fut gardé ou trahi, on l'ignore; et qu'importe? Camille n'avait fait qu'exprimer la pensée d'un parti dont les tendances et les projets ne pouvaient plus être un mystère.

La plupart des historiens ont mentionné la fameuse phrase de Desmoulins sur Saint-Just : « On voit dans sa démarche et son maintien qu'il regarde sa tête comme la pierre angulaire de la République, *et qu'il la porte sur ses épaules avec respect comme un saint sacrement.* » Prudhomme, en citant cette épigramme, ne parle pas du mot prêté à Saint-Just : « Et moi, je lui ferai porter sa tête comme un saint Denis[1]. » Il n'en est pas davantage question dans les notes que Camille Desmoulins rédigea lui-même au fond de sa prison, bien qu'il y rappelle son propre mot, et qu'il dise : « J'ai mis Saint-Just dans un numéro rieur; il me met dans un rapport guillotineur[2]. »

Il serait puéril de nier la part que prirent aux événements de la Révolution les passions humaines déchaînées; mais ne pas mettre en relief le lien qui si souvent y fit dépendre le choc des passions de la lutte, bien autrement profonde, des idées, serait indigne d'un historien sérieux et philosophe. Entre Camille et Saint-Just, il y avait toute la distance qui, chez les anciens, sépara la doctrine d'Épicure de l'austère philosophie que professèrent Zénon, Chrysippe, Athénodore de Tarse, Épictète, parmi les Grecs, et, à Rome, Caton, Sénèque, Thraséas, Marc-Aurèle.

«Je crois, écrivait Camille, — et en ceci la grâce

---

[1] Prudhomme, *Histoire impartiale des erreurs, des fautes et des crimes commis pendant la Révolution française*, t. I, p. 146.

[2] Voy. le livre de M. Matton, p. 253 et 254.

charmante de son style n'était que l'ornement de la
raison, — je crois que la liberté n'est pas la misère;
qu'elle ne consiste pas à avoir des habits râpés et percés
aux coudes, comme je me rappelle avoir vu Roland et
Guadet affecter d'en porter, ni à marcher avec des
sabots[1]. » Il voulait que la République tînt à la France
cette promesse de la *poule au pot pour tout le monde*
que la monarchie lui avait faite en vain depuis deux cents
ans[2]. Il souhaitait que la Convention pût se rendre ce
témoignage : « J'ai trouvé la nation sans culottes, et je
la laisse culottée[3]. » Déjà, dans sa *Lanterne aux Parisiens*, il s'était écrié : « Comment! plus de Palais-Royal!
plus d'Opéra! plus de Méot? C'est là l'abomination de la
désolation prédite par le prophète Daniel; c'est une véritable contre-révolution[4]. » Et, comme il aimait à revenir sur ces idées riantes! « A Athènes, Solon fut proclamé par l'oracle le premier des sept sages, quoiqu'il
ne fît aucune difficulté de confesser son penchant pour
le vin, les femmes et la musique... Et ce divin Socrate,
un jour rencontrant Alcibiade sombre et rêveur, appa-
remment parce qu'il était piqué d'une lettre d'Aspasie :
« Q'avez-vous, lui dit le plus grave des mentors? Auriez-
« vous perdu votre bouclier à la bataille? Avez-vous été
« vaincu dans le camp à la course ou à la salle d'armes?
« Quelqu'un a-t-il mieux chanté ou joué de la lyre que
« vous à la table du général? » Ce trait peint les mœurs.
« Quels républicains aimables[5]! »

   Loin d'être anti-républicaine en soi, cette douce philosophie ne pouvait que gagner à la République beau-

---

[1] Numéro VI du *Vieux Cordelier*, p. 120 et 121. Collection des Mémoires relatifs à la Révolution française.

[2] *Ibid.*, p. 121.

[3] *Ibid.*, p. 123.

[4] *Ibid.*, p. 125.

[5] Numéro VII, *ibid.* p. 150 et 151.

coup de ses adversaires, tous ceux qui donnent pour but
à la vie la poursuite du BONHEUR ; mais, aux yeux du
sombre Saint-Just, elle avait le tort irrémissible de ne
pas tenir assez compte de ce qui, selon lui, constituait
la véritable base d'un gouvernement républicain : la
VERTU. D'autant que Camille n'était pas homme à s'arrêter
sur la pente de ses pensées, témoin cette attaque violente dirigée contre Chaumette : « Je crois que c'est
l'adroite politique du parti de l'étranger, qui, se parant
d'un beau zèle pour la régénération des mœurs, sous
l'écharpe d'Anaxagoras, fermait les maisons de débauche
en même temps que celles de la religion, non par un
esprit de philosophie qui, comme Platon, tolère également le prédicateur et la courtisane, les mystères d'Éleusis
et ceux de la bonne Déesse, qui regarde également en
pitié Madeleine dans ses deux états, à sa croisée ou dans
le confessional; mais pour multiplier les ennemis de
la Révolution, remuer la boue de Paris, et soulever
contre la République les libertins et les dévots. C'est
ainsi qu'une fausse politique ôtait à la fois au gouvernement deux de ses plus grands ressorts, la religion et
le relâchement des mœurs[1]. »

Il y avait loin d'une doctrine qui faisait du *relâchement
des mœurs* un des plus grands ressorts du gouvernement
aux principes que professait Saint-Just, lorsqu'il disait :

« La République n'est point un sénat, *elle est la vertu*[2].
— Bronzez la liberté[3]. — Nous vous parlâmes du bonheur : l'égoïsme abusa de cette idée pour exaspérer les
cris et la fureur de l'aristocratie; on réveilla soudain
les désirs de ce bonheur qui consiste dans l'oubli des

---

[1] Voy. la suite du *Credo politique* de Camille Desmoulins, dans ses
Œuvres complètes, publiées par M. Matton, p. 167 et 168.

[2] Rapport du 8 ventôse an II (26 février 1794). *Histoire parlementaire*, t. XXXI, p. 304.

[3] *Ibid.*, p. 310.

autres et dans la jouissance du superflu. Le bonheur !
le bonheur ! s'écria-t-on. Mais ce ne fut point le bonheur
de Persépolis que nous vous offrîmes : c'est celui des
corrupteurs de l'humanité; nous vous offrîmes le bonheur de Sparte et d'Athènes dans ses beaux jours, le
bonheur de la vertu, de l'aisance et de la médiocrité.
Nous vous offrîmes pour bonheur la haine de la tyrannie,
la volupté d'une cabane et d'un champ fertile cultivé
par vos mains... Le bonheur que nous vous offrîmes
n'est pas celui des peuples corrompus. Ceux-là se sont
trompés, qui attendaient de la Révolution le privilége
d'être aussi méchants que la noblesse et les riches de la
monarchie. Une charrue, un champ, une chaumière à
l'abri du fisc, une famille à l'abri de la lubricité d'un
brigand, voilà le bonheur [1]. »

De son côté, Robespierre avait dit : « Le ressort essentiel du gouvernement démocratique, c'est la vertu [2]. »
Et toutefois l'idéal rigide de Saint-Just n'était pas tout
à fait celui de Robespierre; car ce dernier ajoutait :
« Nous ne prétendons pas jeter la République française
dans le moule de Sparte; nous ne voulons lui donner
ni l'austérité ni la corruption des cloîtres [3]. »

On voit en quoi ces trois hommes différaient. Difficile-
ment la morale tolérante et facile de Camille Desmoulins
se serait-elle conciliée avec l'âpre ascétisme de Saint-Just;
mais, contenue dans les limites de la décence et soumise à
son contrôle, elle eût pu trouver grâce devant Robespierre.

Malheureusement, il faut le dire, l'extrême légèreté
de Camille Desmoulins n'était que trop de nature à laisser
voir le côté dangereux de cet épicuréisme qui, dans les

[1] *Rapport de Saint-Just sur les factions de l'étranger*, t. XXXI de
l'*Hist. parlem.*, p. 346 et 347.
[2] *Rapport de Robespierre sur les principes de morale politique*. Ibid.,
p. 271.
[3] *Ibid.*, p. 275.

pages littéraires de son *Vieux Cordelier*, n'apparaissait que vêtu de pourpre et d'or. Un jour que Robespierre était absent de la maison de Duplay, Camille y entre. Il avait un livre sous le bras. Au moment de se retirer, il le remet à la plus jeune des filles du menuisier, en la priant de le serrer et de le lui garder. Lui parti, Elisabeth entr'ouvre curieusement le livre ; c'était l'*Arétin*, orné de gravures obscènes. A son retour, Robespierre remarqua que la jeune fille était troublée. Il l'interroge, et, apprenant ce qui s'était passé, il pâlit : « Oublie cela, dit-il d'une voix émue à la fille de son hôte, à la sœur de sa fiancée. Ce n'est point ce qui entre involontairement par les yeux qui souille la chasteté, mais les mauvaises pensées qu'on a dans le cœur. J'avertirai Camille[1]. »

Or il y avait un homme qui, bien plus encore que ce dernier, compromettait la cause de la tolérance : c'était Danton. Capable des sentiments non-seulement les plus nobles mais les plus tendres, Danton ne pouvait manquer de passer pour vicieux, par cela seul que, comme Mirabeau, il était un « fanfaron de vices. » La licence énorme de ses propos le décriait naturellement aux yeux de quiconque ne voyait pas que cet étalage de corruption, tout en paroles, n'avait rien d'absolument inconciliable avec un cœur généreux, une intelligence élevée ; et cela, nul n'était moins en état de le comprendre que Robespierre, esprit sans souplesse, quoique sagace, et étroit à force de rectitude. Le passage suivant d'un de ses manuscrits explique de reste l'éloignement qu'il dut éprouver pour Danton : « Quand je montrais à Danton, écrit-il, le système de calomnie de Roland et

---

[1] Ce fait est rapporté dans l'*Histoire des Montagnards*. Nous avons écrit à notre estimable ami, M. Alphonse Esquiros, pour savoir de qui il tenait cette anecdote caractéristique. Il nous a répondu : « De madame Lebas, » c'est-à-dire de la personne même à laquelle la chose était arrivée.

des Brissotins développé dans tous les papiers publics, il
me répondait : « Que m'importe? l'opinion publique
est une p....., la postérité une sottise. » Le mot de
vertu faisait rire Danton. Comment un homme à qui
toute idée de morale était étrangère pouvait-il être le
défenseur de la liberté[1] ? » Cette conclusion, si sévère,
tirée de quelques boutades auxquelles il est peu probable
que Danton attachât un sens littéral, quoi de plus caractéristique? Une assertion de lui qui choquait aussi beaucoup Robespierre, et dont son extrême puritanisme lui
faisait mépriser la valeur pratique, c'était celle-ci : « Ce
qui rend notre cause faible, c'est que la sévérité de nos
principes effarouche beaucoup de monde[2]. » Il est vrai
que les imputations ne se bornent point là, et il en est
de réellement graves, du moins en apparence, comme
quand Robespierre dit; — lui qui n'était certes pas
homme à inventer un fait de cette nature — : « Il y a un
trait de Danton qui prouve une âme ingrate et noire...
Dans ma dernière visite, il me parla de Desmoulins avec
mépris : il attribua ses écarts à un vice privé et honteux, mais absolument étranger à la Révolution[3]. » Le
trait eût été en effet d'une âme ingrate et noire, si Danton
eût parlé sérieusement ; mais qui ne sent que Robespierre
a pu et dû prendre ici pour une accusation en règle ce
qui, de la part de son interlocuteur, n'était, selon toute
probabilité, qu'une plaisanterie cynique?

Quoi qu'il en soit, ces deux hommes étaient trop di-
versement remarquables pour se pénétrer l'un l'autre et
s'entendre. Vers la fin de ventôse, leur éloignement était
devenu tellement marqué, que leurs amis communs en

[1] Manuscrit de Robespierre, publié en 1841 par M. Louis Dubois,
p. 10. — C'est la réunion des fragments qui servirent au rapport de
Saint-Just contre Danton.
[2] *Ibid.*
[3] *Ibid.*, p. 7.

prirent alarme. Sur l'initiative de Daubigny, adjoint au ministère de la guerre, on songea à les rapprocher; et Humbert, chef du bureau des fonds des relations étrangères, les invita l'un et l'autre à un dîner où se trouvèrent, indépendamment de Daubigny, Panis, Legendre, le ministre Deforgues, et Boursier, administrateur des subsistances militaires [1].

De ce qui se passa en cette circonstance, il existe deux récits différents : un de Prudhomme, qui ne paraît pas avoir été au nombre des convives, et un autre de Daubigny, qui, défendu dans une circonstance critique par Robespierre, et arrêté, après le 9 thermidor, comme Robespierriste, se déchaîna contre la mémoire de son protecteur dès qu'il le vit abattu, et se montra Dantoniste exalté au plus fort de la réaction Dantoniste [2].

Selon Daubigny, ce fut lui-même qui provoqua une explication entre les deux grands tribuns, en exprimant combien leur mésintellingence étonnait et désolait les amis de la patrie. Sur quoi Danton, prenant la parole, déclara que la haine avait toujours été étrangère à son cœur; qu'il ne pouvait comprendre l'indifférence que Robespierre lui témoignait depuis quelque temps, indifférence provenant sans doute de la haine que lui portaient Saint-Just et Billaud-Varenne : le premier, parce qu'il lui avait reproché de professer à son âge des principes sanguinaires; le second, parce qu'il l'avait obligé autrefois. Il protesta contre les mensonges répandus concernant l'accroissement de sa fortune. Il se plaignit de la crédulité de Robespierre, entouré, dit-il, de sots et de commères qui lui assombrissaient l'imagination, à force de l'en-

---

[1] Lettre de V. Daubigny à Billaud-Varenne, dans la *Biblioth. hist. de la Révol.*, 947-8. (*British Museum.*)

[2] Dans le procès de Fouquier-Tinville, qui fut la revanche de celui de Danton, nul ne déploya plus de violence contre les Robespierristes que l'ex-Robespierriste Vilain Daubigny.

tretenir de complots, de poison et de poignards. « Je sais,
poursuivit-il, quels sont les projets des deux charlatans
dont je t'ai parlé; mais je connais aussi leur lâcheté. Ils
n'oseraient!... Crois-moi, secoue l'intrigue, réunis-toi
aux patriotes, serrons-nous... — Mais, répondit Robespierre, avec ta morale et tes principes, il n'y aurait donc
jamais de coupables? » S'il en faut croire Daubigny,
Danton aurait répliqué vivement : « En serais-tu fâché? »
Daubigny ajoute : « La réconciliation néanmoins parut
complète. On s'embrassa. Danton y mit de l'effusion.
Nous étions tous émus. Robespierre seul resta froid
comme le marbre [1]. »

Ce récit présente des traces d'inexactitude. D'abord,
la réponse attribuée à Robespierre : *Il n'y aurait donc
jamais de coupables à punir?* ne se rapporte guère à ce
que Daubigny met dans la bouche de Danton. Ensuite,
s'il est vrai que le premier resta froid comme le marbre,
on ne s'explique pas comment la réconciliation put paraître complète.

La version de Prudhomme est celle-ci :

Les amis de Danton voulurent le réconcilier avec Robespierre, et l'ancien locataire de ce dernier fut chargé
de donner, au Marais, un dîner de réunion. Ce fut Daubigny qui arrangea ce rapprochement. Danton dit : « Il
faut comprimer les royalistes, mais non confondre l'innocent avec le coupable. » Robespierre, fronçant le sourcil :
« Et qui vous a dit qu'on ait envoyé un innocent à la
mort? » Robespierre sortit le premier. Danton dit alors :
« F....., il faut nous montrer; il n'y a pas un instant à
perdre [2]. »

Entre des récits aussi contradictoires, la vérité n'est

---

[1] Lettre de V. Daubigny à Billaud-Varenne. *Biblioth. hist. de la
Révol.*, 947-8. (*British Muscum.*)

[2] Prudhomme, *Histoire générale et impartiale des erreurs, des fautes
et des crimes de la Révolution française*, t. I, p. 146 et 147.

pas facile à saisir; mais ce qui est hors de doute, c'est que la pensée de frapper Danton ne vint pas de Robespierre, elle vint de Billaud-Varenne, qui s'en est vanté depuis : « Si le supplice de Danton est un crime, je m'en accuse. J'ai été le premier à le dénoncer [1].—C'est moi qui, dans le Comité de salut public, ai dénoncé Danton. Voilà ce que je prends pour mon propre compte [2]. » Mais quoi! porter la main sur Danton, sur Camille Desmoulins, la Révolution le pouvait-elle sans s'ouvrir la poitrine et s'arracher le cœur? Rien qu'à l'idée d'un pareil suicide, qui n'eût frémi? La première fois que Billaud-Varenne émit cette proposition sanglante, « Robespierre se leva comme un furieux, en s'écriant : « Vous voulez donc perdre les « meilleurs patriotes [3]? »

Chose étrange et pourtant bien explicable! La ruine des Dantonistes, ce fut ce qui semblait assurer leur triomphe, c'est-à-dire l'exécution d'Hébert. Ils se méprenaient si complétement sur les conséquences, que, ce jour-là, Camille Desmoulins, rencontrant Prudhomme sur le pont Neuf, lui dit : « Je sors de la mairie pour savoir si l'on a pris les mesures nécessaires afin que le supplice des Hébertistes ne manque pas. Ces coquins ont toute la canaille pour eux; mais je leur prépare un vilain tour pour animer le peuple contre eux : j'ai donné l'idée de porter au bout d'une pique les fourneaux du père Duchesne [4]. » Cela était cruel et témoignait d'une singulière imprévoyance. Car enfin, Camille applaudissant au supplice de Clootz, c'était la Révolution riant à l'idée de ses propres

[1] Séance du 12 fructidor. Discours de Billaud, cité dans *Laurent Lecointre au peuple français*, etc. *Bibl. hist. de la Rév.*, 1100-1101. (*British Museum.*)

[2] *J. N. Billaud à ses concitoyens*, p. 4. *Biblioth. hist. de la Révol.*, 1100-1101. (*British Museum.*)

[3] Ceci raconté par Billaud-Varenne lui-même dans la séance du 9 thermidor.

[4] Prudhomme.

funérailles. Les royalistes le comprirent bien ainsi ; et, par leur triomphant concours sur la place de mort, leurs acclamations, leur curiosité railleuse et joyeuse, ils firent de l'exécution des Hébertistes une pièce à grand spectacle, une fête où le peuple servit à amuser le beau monde! Et, de leur côté, comment les patriotes ardents n'auraient-ils pas été saisis d'inquiétude? Danton ne leur parlait plus que d'indulgence à l'égard d'ennemis qu'ils savaient implacables; Camille Desmoulins ne les entretenait plus de la Révolution que sous la forme de l'anathème; on tuait Ronsin, qui, après tout, avait combattu les Vendéens avec une bravoure passionnée; on tuait Clootz, dont l'immolation faisait tressaillir d'allégresse les prêtres fanatiques : où prétendait-on en venir? A la nouvelle que Ronsin allait être livré au bourreau, les royalistes lyonnais prirent une attitude telle, que les amis de Chalier crurent la Révolution perdue, et que quelques-uns se montrèrent prêts à se donner, comme Gaillard, d'un couteau dans le cœur[1]. De sorte que, par une fatalité lamentable, le Dantonisme semblait être devenu l'avant-garde du royalisme.

Ajoutez à cela que Danton comptait beaucoup de partisans dans l'Assemblée; que Tallien, un des plus dangereux, venait d'être élevé à la présidence de la Convention, et Legendre, un des plus populaires, à la présidence du club des Jacobins[2].

Cette situation émut violemment le Comité de salut public. Billaud-Varenne ne doutait pas que Danton, si on n'y avisait, ne devînt « le point de ralliement de tous les contre-révolutionnaires[3]. » Barère avait la colère de la

---

[1] Voy. le discours de Robespierre, dans la séance des Jacobins, du 1er germinal.

[2] *Mémoires de Levasseur*, t. III, chap. v, p. 139.

[3] Discours de Billaud-Varenne, dans la séance du 12 fructidor, cité dans *Laurent Lecointre au peuple français*, etc. *Bibl. hist. de la Rév.*, 1100-1. (*British Museum*.)

peur; Collot-d'Herbois, celle de la passion. Saint-Just, inexorable et calme, n'était pas homme à hésiter : abattre un adversaire qu'on regardait comme un colosse tentait irrésistiblement son orgueil. Restait à entraîner Robespierre, et, par lui, Couthon.

Ah! quel trouble ne dut pas être le sien, en ces moments funestes! Qu'il reculât devant l'horreur du sacrifice proposé, tout le prouve : l'agitation extraordinaire où le jeta la motion de Billaud; le cri qu'elle lui arracha; l'empressement avec lequel il avait défendu Danton aux Jacobins; ses efforts pour empêcher la radiation de Camille; le rapport dans lequel il s'était étudié si évidemment à écarter d'eux autant que possible la responsabilité des attaques dirigées contre le Comité de salut public[1]; enfin l'intérêt manifeste et personnel qu'il avait à ce qu'on ne mît pas les grandes réputations révolutionnaires sous la main du bourreau... Quelle tête paraîtrait trop haute pour que la hache ne l'atteignît point, celle de Danton une fois abattue? Aussi bien, politiquement, qu'avait à leur reprocher Robespierre? Une exagération dangereuse de ses propres tendances! Était-ce un crime digne de mort, et n'y avait-il d'autre moyen de les tenir en échec que de les tuer? Leur sang versé était-il la seule preuve que le Comité de salut public pût donner de sa résolution de ne point mollir? La Révolution ne pouvait-elle enlever à ses ennemis l'espoir de la voir reculer qu'à la condition de renverser les siens et de leur passer sur le corps? Mais Saint-Just était là, disant : « Il y a quelque chose de terrible dans l'amour sacré de la patrie : il est tellement exclusif, qu'il immole tout sans pitié, sans frayeur, sans respect humain, à l'intérêt public. Il précipite Manlius, il immole ses affections privées, il entraîne Régulus à

[1] Voy. le projet de rapport sur la faction de Fabre d'Églantine.

Carthage[1]. » Nous l'avons dit déjà : c'était un présent redoutable que l'amitié de Saint-Just ; en l'acceptant, Robespierre avait revêtu la robe de Déjanire. Il céda devant qui ne céda jamais[2]; il *consentit à abandonner Danton*[3]. Condamnable faiblesse, qui, parmi les enfants de la Révolution, sera l'éternelle douleur des âmes justes!

Il faut bien l'avouer, du reste : la carrière politique de Danton n'était pas sans présenter des côtés obscurs.

On a vu à l'aide de quels pourparlers clandestins et dans quel but de trahison Dumouriez, en 1792, avait tout fait aboutir à une simple évacuation du territoire par les Prussiens, au lieu de profiter de leur détresse et des circonstances pour les enterrer dans les plaines de la Champagne[4]. Or quels furent les agents de la négociation qui eut pour résultat de ménager au duc de Brunswick une retraite sûre? A leur tête figurent Westermann d'abord, créature de Danton, alors ministre, et qu'il envoya lui-même à Dumouriez; ensuite, Fabre d'Églantine, confident intime de Danton, et également dépêché par lui au général, « *sous prétexte de le réconcilier avec Kellermann*, » mais dans le fait pour régler la marche à suivre dans la négociation prussienne sur la base d'une prompte évacuation du territoire[5]. » Cependant Dumouriez n'au-

---

[1] Ce sont les propres expressions dont Saint-Just, dans son rapport, se servit pour exprimer sa pensée.

[2] C'est ce que Levasseur dit de Saint-Just dans ses *Mémoires*, précisément en parlant des rapports de Saint-Just avec Robespierre, t. III, chap. IV, p. 73.

[3] Ces mots sont de Billaud-Varenne. Ils caractérisent le rôle de Robespierre dans ces déplorables circonstances. Voy. *Laurent Lecointre au peuple français*, etc. *Biblioth. hist. de la Révol.*, 1100-1. (*British Museum*.)

[4] Nous recommandons au lecteur de relire avec attention, dans le septième volume de cet ouvrage, le chapitre V, qui donne sur tout ceci des détails d'une importance extrême et qu'il ne faut pas perdre de vue.

[5] C'est ce que dit en propres termes le prince de Hardenberg. *Mé-*

rait jamais osé prendre l'engagement de *ne pas inquiéter la retraite des Prussiens*, sans une secrète autorisation des ministres : qui la lui fit avoir et la lui adressa? Danton. Ainsi que nous l'avons raconté, l'arrêté du Conseil, tel que Danton l'obtint de ses collègues, en cette circonstance, était rédigé de manière à écarter tout soupçon; il portait : « Le Conseil arrête qu'il sera répondu que la République ne peut entendre à aucune proposition avant que les troupes prussiennes aient évacué le territoire. » Mais, à cette dépêche officielle et ostensible, Danton avait joint une lettre particulière qui, au nom du Conseil, autorisait Dumouriez à éloigner l'armée prussienne *sans s'obstiner à prétendre la détruire*[1]. Danton ajoutait que, sur trois commissaires de la Convention qui allaient se mettre en marche pour le quartier général des deux armées réunies, il en était deux, Sillery et Carra, *plus particulièrement* munis d'instructions relatives à l'exécution de la convention militaire qu'on jugerait à propos de conclure[2]. Mais quoi! Sillery était l'homme du duc d'Orléans, et Carra le journaliste qui avait posé la candidature du duc de Brunswick au trône de France : pourquoi leur accordait-on plus de confiance qu'à Prieur (de la Marne), le seul des trois commissaires dont le républicanisme fût sans nuage?

Maintenant, que Danton, en secondant la politique de ménagement de Dumouriez à l'égard de la Prusse, n'ait

moires tirés des papiers d'un homme d'État, t. I, p. 485. Ainsi s'est trouvé confirmé, par des révélations ultérieures, ce passage du manuscrit inédit de Robespierre, publié en 1841 : « Au mois de septembre, Danton envoya Fabre en ambassade auprès de Dumouriez; *il prétendit que l'objet de sa mission était de réconcilier Dumouriez et Kellermann*. Or Dumouriez et Kellermann n'écrivaient jamais à la Convention sans parler de leur intime amitié. Le résultat de cette union fut le salut du roi de Prusse et de son armée. » (P. 8 et 9.)

[1] *Mémoires tirés des papiers d'un homme d'État*, t. I, p. 517.
[2] *Ibid.*

I.   23

fait qu'obéir à ses propres inspirations, et embrassé la
politique, selon lui, la plus conforme aux intérêts de la
France, n'ayant ni connu ni pressenti les projets ulté-
rieurs de Dumouriez, on ne saurait, sur de simples pré-
somptions, affirmer le contraire. Il est bien vrai que,
dans ses *Mémoires*, après avoir exposé son plan définitif,
dont faisait partie l'idée de « dissoudre la Convention et
d'anéantir le Jacobinisme [1], » Dumouriez ajoute : « Tel
est le projet, qui a été connu seulement de quatre personnes, » et que, s'il faut en croire Miranda, *trois de ces
quatre personnes étaient Danton, Lacroix et Westermann* [2].
Mais ce ne sont point là des preuves, surtout quand il
s'agit d'une accusation aussi grave. Toutefois il importait de rappeler ces circonstances, parce qu'elles donnent la clef des soupçons qui purent conduire à une rupture sanglante quelques-uns des adversaires de Danton.

Mais des conjectures, des craintes, des inductions, des
doutes, tout cela suffisait-il dans une question de vie ou
de mort? Non ; là fut l'iniquité. Et, quand l'homme se
donne à l'iniquité, bien vainement se flatterait-il de pouvoir ne se livrer qu'à demi : elle le réclame tout entier.
Que le bras soit pris dans l'engrenage meurtrier, le corps
suivra. Le jour où Robespierre « consentit à abandonner
Danton, » il se trouva contracter avec le démon des discordes civiles, qu'il s'en rendît compte ou non, l'engagement affreux de prouver aux autres et de se prouver à
lui-même que Danton méritait la mort. Car, comment le
poursuivre? que dis-je? comment s'absoudre de n'avoir
pas persisté à le défendre, si on ne le montrait pas coupable? Laisser faire les fureurs de Saint-Just, c'était se
condamner à l'humiliation de les servir. De là les notes
accusatrices que Robespierre dut rédiger pour l'usage de

[1] *Mémoires de Dumouriez*, t. IV, liv. III, chap. I, p. 14.
[2] *Ibid*. Note de la page 14.

son implacable ami, notes dans lesquelles des faits anciens, réputés fort innocents quand ils eurent lieu, prennent soudain une importance démesurée, néfaste, et où l'on donne, entre autres preuves de conspiration, les thés de Robert auxquels on avait vu autrefois Danton assister en compagnie de Fabre et de Wimpfen, thés criminels sans contredit, puisque c'était le duc d'Orléans lui-même qui faisait le punch [1] !...

Cependant les indices alarmants se multipliaient; on désignait à voix basse les victimes. L'hypocrite Vilate visitait Camille d'un air caressant, ce qui ne l'empêchait pas de dire à Rousselin : « Il faut que, sous huit jours, nous ayons les têtes de Danton, de Camille et de Philippeaux [2]. » Ce dernier venait d'être impliqué, par Garnier (de Saintes), dans une prétendue conjuration, ourdie au Mans, assurait le proconsul, et dont il se vantait de tenir le fil [3]. Vadier, à propos de Danton, laissait tomber ce mot, aussi ignoble que féroce : « *Nous viderons bientôt ce turbot farci.* » De toutes parts les avertissements arrivaient à Danton. Mais il montrait depuis quelque temps une faiblesse de caractère, une incertitude, une hésitation, qu'on aurait eu de la peine à lui soupçonner. Menacé, un engourdissement inconcevable sembla le saisir; et, s'il en sortait, ce n'était que pour éclater en paroles de mépris ou en bravades. A Thibaudeau, lui annonçant

---

[1] Voy. le manuscrit publié en 1841 par M. Louis Dubois, sous ce titre : « Projet rédigé par Robespierre du rapport fait à la Convention par Saint-Just contre Fabre d'Églantine, Danton, Philippeaux, Lacroix et Camille Desmoulins. »

La pièce ne répond pas tout à fait au titre qui lui a été donné. Elle n'est, à proprement parler, qu'un recueil de souvenirs personnels que Saint-Just, qui s'était chargé du rapport, demanda à Robespierre de lui fournir.

[2] Notes de Camille Desmoulins sur le rapport de Saint-Just, dans l'ouvrage de M. Matton, p. 237.

[3] Lettre de Garnier (de Saintes) à la Convention, 9 germinal (29 mars).

que Robespierre conspirait sa perte, il répondit avec un certain mouvement des lèvres qui, chez lui, annonçait la colère et le dédain : « *Si je croyais qu'il en eût seulement la pensée, je lui mangerais les entrailles*[1]. » Il disait encore, en se servant d'une expression que la pudeur de l'histoire nous force de modifier un peu : « *Robespierre! je le mettrai au bout de mon pouce, et je le ferai tourner comme une toupie*[2]. » Il ne pouvait croire que Saint-Just *osât;* c'était bien mal le connaître!

Dans la nuit du 9 au 10 germinal (30 au 31 mars), Camille Desmoulins, au moment de se mettre au lit, entend le bruit d'une crosse de fusil sur le pavé. « On vient m'arrêter, » s'écrie-t-il aussitôt. Il se jette dans les bras de sa chère Lucile, court au berceau où dormait son enfant, qu'il embrasse avec tendresse, et va ouvrir lui-même la porte aux envoyés du Comité de salut public[3]. On le conduisit à la prison du Luxembourg. Il venait de recevoir la nouvelle que sa mère était morte[4].

L'arrestation de Danton n'offrit pas plus de difficultés. Peu de temps auparavant, pressé de fuir par un de ses amis, il avait répondu : « J'aime mieux être guillotiné que guillotineur; » et encore : « Est-ce qu'on emporte sa patrie à la semelle de son soulier[5]? »

A son tour, Philippeaux fut traîné au Luxembourg, d'où il écrivit à sa femme la touchante lettre que voici :

« Je te conjure, ma tendre et vertueuse amie, de soutenir le coup qui nous frappe avec autant de calme et de

---

[1] *Mémoires de Thibaudeau*, t. II, chap. v, p. 60.

[2] Ce mot nous a été rapporté par un de nos amis, homme grave et considérable, qui le tenait de Merlin (de Thionville).

[3] *Correspondance inédite de Camille Desmoulins*, publiée par M. Matton aîné; *Essai sur la Vie de Camille Desmoulins*, p. 18. — Voy. la note placée à la fin de ce chapitre.

[4] *Ibid.*, p. 212.

[5] *Mémoires de Levasseur.*

sérénité que j'en éprouve dans ma nouvelle demeure. Je crois y être aussi bien que peut l'être un prisonnier. La cause qui m'a valu cet acte de vengeance doit élever et agrandir les âmes. Sois digne de cette cause et de moi, en repoussant toute atteinte de douleur et de découragement. Il est beau de souffrir pour la République et le bonheur du peuple. Je te salue et te presse sur mon cœur.   « PHILIPPEAUX.

« Je viens d'apprendre que Danton, Camille et Lacroix sont également arrêtés; j'en ignore la cause[1]. »

Une seconde lettre de lui finissait en ces termes : « Tous les égards de l'humanité me sont offerts; et, si tu viens me voir, tu seras contente de mon petit logement[2]. »

Le mandat d'arrêt contre Danton, Lacroix, Desmoulins et Philippeaux fut le résultat d'une délibération qui eut lieu au sein des deux Comités réunis[3]. Ce mandat, tracé négligemment, non sur le papier destiné aux minutes de ce genre, mais au haut d'une feuille de papier-enveloppe[4], reçut dix-huit signatures, dont aucune ne fut donnée de confiance[5]. La première est celle de Billaud-Varenne, la seconde celle de Vadier, la troisième celle de Carnot. Saint-Just occupe la huitième place, et Robespierre l'avant-dernière[6]. Robert Lindet refusa de signer[7].

[1] Cette lettre se trouve à la suite de la *Réponse de Philippeaux à tous les défenseurs officieux des bourreaux de nos frères dans la Vendée.* *Biblioth. hist. de la Révol.*, 1082. (*British Museum*)

[2] *Ibid.*

[3] *Réponse des trois membres de l'ancien Comité de salut public aux pièces communiquées par la Commission des vingt et un*, p. 99. *Biblioth. hist. de la Révol.*, 1100-1. (*British Museum.*)

[4] Rapport de Saladin, au nom de la Commission des vingt et un. Pièce LXX. *Bibl. hist. de la Révol.*, 1097-8-9. (*British Museum.*)

[5] *Réponse des trois membres*, etc., *ubi supra.*

[6] Rapport de Saladin; pièce LXX.

[7] M. Villiaumé, dans son *Histoire de la Révolution*, t. IV, p. 35, dé-

Camille avait apporté au Luxembourg des livres sombres, tels que les *Méditations d'Hervey*, les *Nuits d'Young*, « Est-ce que tu veux mourir d'avance? » lui demanda Réal. « Tiens, voilà mon livre, à moi : c'est la *Pucelle d'Orléans*[1]. » Quand Lacroix parut, Hérault de Séchelles, qui jouait à la galoche, quitta sa partie et courut l'embrasser[2]. La présence des nouveaux venus réjouit fort les prisonniers royalistes. Un d'eux, en voyant passer Lacroix, se mit à dire d'un air goguenard : « Voilà de quoi faire un beau cocher[3]! » l'insolence, chez certains nobles, ayant survécu à ce qui les rendait insolents. Camille et Philippeaux gardaient le silence; mais Danton, le rire sur les lèvres : « Quand les hommes font des sottises, il faut savoir rire. Je vous plains tous, si la raison ne revient pas : vous n'avez encore vu que des roses. » Rencontrant Thomas Payne, qui l'avait précédé dans le gouffre béant, il lui dit : « Ce que tu as fait pour le bonheur et la liberté de ton pays, j'ai en vain essayé de le faire pour le mien. J'ai été moins heureux, mais non pas plus coupable. On m'envoie à l'échafaud; eh bien! mes amis, j'irai gaiement[4]. »

Grande fut la stupeur de Paris à la nouvelle que de tels hommes étaient arrêtés.

Le 11 germinal (31 mars), la Convention était à peine en séance, que Legendre monte à la tribune, et, d'une voix émue : « Citoyens, dit-il, quatre membres de cette assemblée ont été arrêtés pendant la nuit. Danton en est un. J'ignore les noms des autres ; et qu'importent leurs

clare tenir ce fait de la sœur de Marat. Effectivement, sur le mandat d'arrêt, on ne trouve pas la signature de Robert Lindet.

[1] *Mémoires sur les prisons*, t. II, p. 152. Collection des Mémoires relatifs à la Révolution.

[2] *Ibid.*

[3] *Ibid.*, p. 153.

[4] *Ibid.*

noms, s'ils sont coupables? Mais ce que je demande, c'est
que, traduits à votre barre, ils soient accusés ou absous
par vous. » Il déclare ensuite qu'il croit Danton aussi
pur que lui-même, et il rappelle les services rendus par
l'homme qui, en 1792, avait fait lever la France entière[1].

A ce discours, qu'ont interrompu quelques murmures,
succède une agitation inaccoutumée. Fayau s'oppose à
la demande de Legendre. Robespierre se lève, et, calme,
solennel, il dit :

« Au trouble, depuis longtemps inconnu, qui règne
dans cette assemblée, il est aisé d'apercevoir qu'il s'agit
ici d'un grand intérêt, qu'il s'agit de savoir si quelques
hommes aujourd'hui l'emporteront sur la patrie... Legendre paraît ignorer les noms de ceux qui sont arrêtés :
toute la Convention les sait. Son ami Lacroix est du nombre des détenus : pourquoi feint-il de l'ignorer? Parce
qu'il sait bien qu'on ne peut sans impudeur défendre
Lacroix. Il a parlé de Danton, parce qu'il croit sans doute
qu'à ce nom est attaché un privilége; non, nous n'en
voulons point de priviléges; non, nous n'en voulons point
d'idoles. Nous verrons, dans ce jour, si la Convention
saura briser une prétendue idole, pourrie depuis longtemps, ou si, dans sa chute, elle écrasera la Convention
et le peuple français... On craint que les détenus ne soient
opprimés; on se défie donc de la justice nationale et des
hommes qui ont obtenu la confiance de la Convention nationale; on se défie de la Convention qui leur a donné
cette confiance, de l'opinion publique qui l'a sanctionnée?
Je dis que quiconque tremble en ce moment est coupable; car jamais l'innocence ne redoute la surveillance
publique[2]. »

[1] *Moniteur*, an II (1794), n° 192.
[2] *Ibid.*

On applaudit[1]. Il continue :

« ... Et à moi aussi, on a voulu m'inspirer des terreurs; on a voulu me faire croire qu'en approchant de Danton le danger pourrait arriver jusqu'à moi... Les amis de Danton m'ont fait parvenir des lettres, m'ont obsédé de leurs discours... Je déclare que, s'il était vrai que les dangers de Danton dussent devenir les miens, je ne regarderais point cette circonstance comme une calamité publique. Qu'importent les dangers? Ma vie est à la patrie; mon cœur est exempt de crainte; et, si je mourais, ce serait sans reproche et sans ignominie. »

Les applaudissements ayant recommencé[2] : « C'est ici, reprit-il, qu'il nous faut quelque courage et quelque grandeur d'âme. Les âmes vulgaires ou les hommes coupables craignent toujours de voir tomber leurs semblables, parce que, n'ayant plus devant eux une barrière de coupables, ils restent plus exposés au péril; mais, s'il existe des âmes vulgaires, il en existe aussi d'héroïques dans cette assemblée, puisqu'elle dirige les destinées de la terre[3]? »

Ainsi, avec un singulier mélange d'habileté et de hauteur, Robespierre semblait associer sa destinée à celle de Danton et prendre sa part du péril. Mais il y avait un autre point à toucher, et fort délicat; il fallait rassurer l'Assemblée contre la crainte, bien naturelle, de voir la hache levée sur de telles victimes s'arrêter, une fois rouge de leur sang, sur la tête de chacun. Robespierre alla au-devant de cette crainte en lui opposant la distinction que la Convention nationale et les patriotes savaient établir entre l'erreur et le crime, entre la faiblesse et les conspirations. C'était un mot de circonstance et très-frappant que celui-ci : « Il n'est pas si grand le nombre des coupables[4]! »

[1] *Moniteur*, an II (1794), n° 192.
[2] « On applaudit à plusieurs reprises, » porte le *Moniteur*.
[3] *Ibid.*
[4] *Ibid.*

L'effet de ce discours fut considérable. Pas un des Dantonistes présents n'osa descendre dans l'arène. Legendre, terrifié, balbutia de lâches excuses[1]. Saint-Just entra. C'était la mort.

Au milieu d'un silence de plomb, et de cette voix qui étonnait, qui glaçait, qui navrait les âmes, il commença par déclarer qu'après avoir abattu la faction des faux patriotes, on avait à abattre celle des modérés, « factions, dit-il, nées avec la Révolution et qui l'avaient suivie dans son cours comme les reptiles suivent le cours des torrents[2]. » Sans que la parole tremblât sur ses lèvres, il dit ces mots monstrueux : « Je viens dénoncer les derniers partisans du royalisme. » Il parla du duc d'Orléans, de Mirabeau, des Lameth, de Dumouriez, de Brissot, d'Hébert, de Chabot, de Fabre d'Églantine, ne voyant partout que noirs complots, trames infernales, intervention souterraine de l'étranger. Il raconta l'histoire du plus grand mouvement qui se soit jamais accompli au sein des sociétés humaines, comme s'il n'eût été qu'un prodigieux enchaînement de trahisons. Il donna des opinions qui avaient le malheur de n'être pas les siennes pour des attentats, stupéfait qu'on eût osé attaquer l'immortalité de l'âme, qui consolait Socrate mourant, et pénétré d'horreur à l'idée qu'on n'avait voulu bannir Dieu de la terre que pour y laisser le néant, la tyrannie et le crime. Avec un génie à la fois subtil et altier, avec une éloquence à faire frémir, avec une conviction brutale, farouche, dédaigneuse des preuves et prompte à se payer de cette fausse vraisemblance qui naît de l'art de grouper les faits, il présenta un réquisitoire où le vague des attaques n'était

---

[1] « Si j'ai fait la proposition que le préopinant a combattue, c'est qu'il ne m'est pas démontré *encore* que les détenus soient coupables... Je n'entends défendre ici aucun individu. » etc. Voyez le *Moniteur*, an II (1794), n° 192.

[2] *Ibid.*

relevé que par l'énergique concision du mot et l'audace
sans bornes de l'affirmation. De Fabre d'Églantine, il dit
que c'était un nouveau cardinal de Retz, un de ces hommes qui conduisent une révolution à la manière d'une
intrigue de théâtre. De Camille et de Philippeaux, qu'il
n'attaquait qu'en passant, il fit des instruments de Fabre,
de pauvres dupes amenées à devenir des complices. Puis,
arrivant à Danton, il le peignit... Mais quelle analyse
pourrait ici suppléer au texte? Il faut citer :

« Danton, tu as servi la tyrannie... Les amis de Mirabeau se vantaient hautement qu'il t'avait fermé la bouche.
Aussi, tant qu'a vécu ce personnage affreux, tu es resté
muet... Dans les premiers éclairs de la Révolution, tu
montras à la Cour un front menaçant; tu parlais contre
elle avec véhémence. Mirabeau, qui méditait un changement de dynastie, sentit le prix de ton audace. Il te saisit;
tu t'écartas alors des principes sévères, et l'on n'entendit
plus parler de toi jusqu'au massacre du Champ de Mars.
Alors tu appuyas aux Jacobins la motion de Laclos, qui
fut un prétexte funeste, et payé par la Cour, pour déployer
le drapeau rouge et essayer la tyrannie. Les patriotes qui
n'étaient pas initiés dans ce complot avaient inutilement
combattu ton opinion sanguinaire. Tu contribuas à rédiger, avec Brissot, la pétition du Champ de Mars, et vous
échappâtes à la fureur de Lafayette, qui fit massacrer deux
mille patriotes. Brissot erra depuis paisiblement dans Paris, et toi tu allas couler d'heureux jours à Arcis-sur-
Aube, si toutefois celui qui conspirait contre sa patrie
pouvait être heureux.... Quand tu vis l'orage du 10 août
se préparer, tu te retiras encore à Arcis-sur-Aube; déserteur des périls qui entouraient la liberté, les patriotes
n'espéraient plus te revoir; cependant, pressé par la
honte, par les reproches, et quand tu sus que la chute de
la tyrannie était bien préparée, inévitable, tu revins à
Paris le 9 août; tu voulus te coucher dans cette nuit si-

nistre; tu fus traîné par quelques amis ardents de la liberté dans la section où les Marseillais étaient assemblés; tu y parlas, mais tout était fini, et l'insurrection était déjà en mouvement. Dans ce moment, que faisait Fabre, ton complice et ton ami? Tu l'as dit toi-même : il parlementait avec la Cour pour la tromper. Mais la Cour pouvait-elle se fier à Fabre sans un gage certain de son dévouement?... Quiconque est l'ami d'un homme qui a parlementé avec la Cour est coupable de lâcheté. L'esprit a des erreurs; les erreurs de la conscience sont des crimes... Tu eus, après le 10 août, une conférence avec Dumouriez, où vous vous jurâtes une amitié à toute épreuve, et où vous unîtes votre fortune. Tu as justifié depuis cet affreux concordat, et tu es encore son ami au moment où je parle... Tu t'es efforcé de corrompre la morale publique en te rendant, en plusieurs occasions, l'apologiste des hommes corrompus, tes complices... Tu consentis à ce qu'on ne fît point part à la Convention de la trahison de Dumouriez. Tu te trouvais dans les conciliabules avec Wimpfen et Orléans. Dans le même temps, tu te déclarais pour des principes modérés, et tes formes robustes semblaient déguiser la faiblesse de tes conseils... Conciliateur banal, tous tes exordes à la tribune commençaient comme le tonnerre, et tu finissais par faire transiger la vérité et le mensonge... Tu t'accommodais à tout. Brissot et ses complices sortaient toujours contents d'avec toi. A la tribune, quand ton silence était accusé, tu leur donnais des avis salutaires pour qu'ils dissimulassent davantage... La haine, disais-tu, est insupportable à mon cœur, et tu nous avais dit : « Je n'aime point Marat. » Mais n'es-tu pas criminel de n'avoir point haï les ennemis de la patrie? Est-ce par ses penchants privés qu'un homme public détermine son indifférence ou sa haine, ou par l'amour de la patrie, que n'a jamais senti ton cœur? Tu fis le conciliateur, comme Sixte-Quint fit le simple pour arriver au but où il tendait. Éclate

maintenant devant la justice du peuple, toi qui n'éclatas
jamais lorsqu'on attaquait la patrie!... Mauvais citoyen,
tu as conspiré; faux ami, tu disais, il y a deux jours, du
mal de Desmoulins, instrument que tu as perdu, et tu lui
prêtais des vices honteux; méchant homme, tu as comparé
l'opinion publique à une femme de mauvaise vie; tu as
dit que l'honneur était ridicule, que la gloire et la postérité étaient une sottise. Ces maximes devaient te concilier
l'aristocratie, elles étaient celles de Catilina. Si Fabre est
innocent, si d'Orléans et Dumouriez furent innocents, tu
l'es sans doute. J'en ai trop dit : tu répondras à la justice. »

Ces traits sont caractéristiques : ils suffisent. La fin
était d'une grandeur sinistre : « Les jours du crime sont
passés; malheur à ceux qui soutiendraient sa cause! La
politique est démasquée : que tout ce qui fut criminel périsse! On ne fait point des républiques avec des ménagements, mais avec la rigueur farouche, inflexible, envers
tous ceux qui ont trahi. Que les complices se dénoncent,
en se rangeant du parti des forfaits; ce que nous avons dit
ne sera pas perdu sur la terre. On peut arracher la vie à
des hommes qui, comme nous, ont tout osé pour la vérité;
on ne peut point leur arracher les cœurs, ni le tombeau
hospitalier sous lequel ils se dérobent à l'esclavage et à
la honte de voir laisser triompher les méchants[1]. »

L'Assemblée donna les têtes qu'on lui demandait[2].

« Quand les détenus reçurent leur acte d'accusation,
Camille remonta en écumant de rage, et se promena à
grands pas dans sa chambre; Philippeaux, ému, joignait
les mains, regardait le ciel; Danton revint en riant, et
plaisanta beaucoup Camille Desmoulins. Rentré dans sa

---

[1] *Moniteur*, an II (1794), n° 192.

[2] « Le décret, dit le *Moniteur*, fut adopté à l'unanimité et au milieu
des plus vifs applaudissements! »

chambre : « Eh bien, Lacroix, qu'en dis-tu? — Que je vais me couper les cheveux, pour que Samson n'y touche pas. — Ce sera bien une autre cérémonie quand Samson nous démantibulera les vertèbres du cou. — Je pense qu'il ne faut rien répondre qu'en présence des deux Comités. — Tu as raison, il faut tâcher d'émouvoir le peuple [1]. »

Camille écrivit à sa femme :

« Ma Lucile, ma Vesta, mon ange, la destinée ramène dans ma prison mes yeux sur ce jardin où je passai huit années à te suivre. Un coin de vue sur le Luxembourg me rappelle une foule de souvenirs de nos amours. Je suis au secret; mais jamais je n'ai été, par la pensée, par l'imagination, presque par le toucher, plus près de toi, de la mère, de mon petit Horace... Je vais passer tout le temps de ma prison à t'écrire; car je n'ai pas besoin de prendre la plume pour autre chose et pour ma défense. Ma justification est tout entière dans mes huit volumes républicains. C'est un bon oreiller sur lequel ma conscience s'endort, dans l'attente du tribunal et de la postérité... Ne t'affecte pas trop de mes idées, ma chère amie; je ne désespère pas encore des hommes et de mon élargissement; oui, ma bien-aimée, nous pourrons nous revoir encore dans le jardin du Luxembourg... Adieu, Lucile! adieu, Daronne [2]! adieu, Horace! Je ne puis pas vous embrasser; mais, aux larmes que je verse, il me semble que je vous tiens encore contre mon sein [3]. »

Il envoya cette lettre, trempée de ses pleurs, à Lucile, qui, après l'avoir lue, s'écria en sanglotant : « Je pleure

---

[1] *Mémoires sur les prisons*, t. II, p. 154. Collection des Mémoires relatifs à la Révolution française.

[2] Nom familier donné par Camille à sa belle-mère, madame Duplessis.

[3] *Correspondance inédite de Camille Desmoulins*, publiée par M. Matton aîné, p. 214 (1836).

comme une femme, parce qu'il souffre, parce qu'il ne nous voit pas... Mais j'aurai le courage d'un homme, je le sauverai... Que faut-il faire? Lequel des juges faut-il que je supplie? Lequel faut-il que j'attaque ouvertement?» Elle parla d'aller trouver Philippeaux; mais il était arrêté. Danton, arrêté aussi! Irait-elle aux Jacobins? Dans son trouble, elle court chez madame Danton, pleure avec elle, veut l'entraîner chez Robespierre. Mais celle-ci refuse, disant qu'elle ne veut rien devoir à l'ennemi de son mari[1]. Une lettre à Robespierre, pleine de touchants reproches et suppliante, fut commencée par Lucile[2], resta inachevée et ne fut pas envoyée[3].

Le 12 germinal (1er avril), Camille écrivait, à une heure du matin, sa troisième et dernière lettre à Lucile. Non, jamais cris plus déchirants ne s'échappèrent des profondeurs d'une âme que la mort dispute à l'amour.

« Le sommeil bienfaisant a suspendu mes maux. On est libre quand on dort... Le ciel a eu pitié de moi. Il n'y a qu'un moment, je te voyais en songe; je vous embrassais tour à tour, toi, Horace et Daronne, qui était à la maison; mais notre petit avait perdu un œil par une humeur qui venait de se jeter dessus, et la douleur de cet accident m'a réveillé. Je me suis retrouvé dans mon cachot. Il faisait un peu jour... Je me suis levé pour te parler et t'écrire. Mais, ouvrant mes fenêtres, la solitude, les affreux barreaux, les verrous qui me séparent de toi, ont vaincu toute ma fermeté... Je me suis mis à sangloter en criant dans mon tombeau : Lucile! Lucile! ô ma chère Lucile! où es-tu?... (*Ici la trace d'une larme.*) J'ai découvert une

---

[1] Nous lisons dans le t. IV de l'*Histoire de la Révolution*, par M. Villiaumé, p. 55 : « Je tiens cette particularité de madame Danton elle-même, alors enceinte. Elle accoucha quinze jours après la mort de Danton; mais son enfant ne vécut pas. »

[2] Voy. cette lettre dans l'ouvrage de M. Matton.

[3] *Ibid.*, p. 217.

fente dans mon appartement : j'ai appliqué mon oreille, j'ai entendu la voix d'un malade qui souffrait. Il m'a demandé mon nom, je le lui ai dit. « O mon Dieu ! » s'est-il écrié à ce nom, en retombant sur son lit, d'où il s'était levé, et j'ai reconnu distinctement la voix de Fabre d'Églantine. « Oui, je suis Fabre, m'a-t-il dit. Mais, toi ici ! La contre-révolution est donc faite?... » O ma chère Lucile ! j'étais né pour faire des vers, pour défendre les malheureux, pour te rendre heureuse... J'avais rêvé une République que tout le monde eût adorée. Je n'ai pu croire les hommes si féroces et si injustes. Comment penser que quelques plaisanteries dans mes écrits, contre des collègues qui m'avaient provoqué, effaceraient le souvenir de mes services? Je ne me dissimule point que je meurs victime de ces plaisanteries et de mon amitié pour Danton... Ma Lucile, mon bon Loulou, ma poule à Cachant[1], je t'en conjure, ne reste point sur la branche, ne m'appelle point par tes cris; ils me déchireraient au fond du tombeau. Va gratter pour ton petit, vis pour Horace, parle-lui de moi. Tu lui diras, ce qu'il ne peut pas entendre, que je l'aurais bien aimé ! Malgré mon supplice, je crois qu'il y a un Dieu. Mon sang effacera mes fautes, les faiblesses de l'humanité; et ce que j'ai eu de bon, mes vertus, mon amour de la liberté, Dieu le récompensera. Je te reverrai un jour, ô Lucile! ô Annette! Sensible comme je l'étais, la mort, qui me délivre de la vue de tant de crimes, est-elle un si grand malheur?... Adieu, Lucile, ma Lucile, ma chère Lucile! Adieu, Horace, Annette, Adèle! Adieu, mon père! Je sens fuir devant moi le rivage de la vie. Je vois encore Lucile! Je la vois, ma

---

[1] En allant voir madame Duplessis au village de Cachant, où elle avait une maison de campagne, Camille et Lucile avaient souvent remarqué une poule qui, inconsolable d'avoir perdu son coq, restait jour et nuit sur la même branche et poussait des cris déchirants. (Note de M. Matton.)

bien-aimée! Mes mains liées t'embrassent, et ma tête séparée repose encore sur toi ses yeux mourants[1]. »

Folle de douleur, la malheureuse jeune femme songea, dit-on, à soulever le peuple[2]; et même elle aurait adressé un billet à Legendre, le suppliant d'aller poignarder Robespierre[3].

Dans la nuit du 12 au 13 germinal (1-2 avril), Danton, Lacroix, Camille Desmoulins et Fabre d'Églantine furent transférés du Luxembourg à la Conciergerie.

« Danton, raconte Riouffe[4], placé dans un cachot à côté de Westermann, ne cessait de parler, moins pour être entendu de Westermann que de nous... Il disait, en regardant à travers ses barreaux, beaucoup de choses que peut-être il ne pensait pas; toutes ses phrases étaient entremêlées de jurements et d'expressions ordurières. En voici quelques-unes que j'ai retenues : « C'est à pareil « jour que j'ai fait instituer le Tribunal révolutionnaire; « mais j'en demande pardon à Dieu et aux hommes : « ce n'était pas pour qu'il fût le fléau de l'humanité; « c'était pour prévenir le renouvellement des massacres « de septembre. — Je laisse tout dans un gâchis épou- « vantable; il n'y en a pas un qui s'entende en gouver- « nement. Au milieu de tant de fureurs, je ne suis pas « fâché d'avoir attaché mon nom à quelques décrets qui « feront voir que je ne les partageais pas. —Si je laissais « mes jambes à Couthon, on pourrait encore aller quelque « temps au Comité de salut public. — Ce sont tous des « frères Caïn. Brissot m'aurait fait guillotiner comme

---

[1] *Correspondance inédite de Camille Desmoulins*, publiée par M. Matton aîné, p. 220-227.

[2] Lacretelle. cité dans les *Aperçus historiques et littéraires sur Camille Desmoulins*.

[3] Danican, les *Brigands démasqués*.

[4] *Mémoires de Riouffe*, p. 66. Collection des Mémoires relatifs à la Révolution française.

« Robespierre. — J'avais un espion qui ne me quittait
« pas. — Je savais que je devais être arrêté. — Ce qui
« prouve que Robespierre est un Néron, c'est qu'il n'avait
« jamais parlé à Camille Desmoulins avec tant d'amitié
« que la veille de son arrestation. — Dans les révolu-
« tions, l'autorité reste aux plus scélérats. — Il vaut
« mieux être un pauvre pêcheur que de gouverner les
« hommes. — Les f..... bêtes, ils *crieront : vive la Répu-*
« *blique!* en me voyant passer. » Il parlait sans cesse des
arbres, de la campagne et de la nature [1]. »

Lacroix paraissait fort embarrassé de son maintien [2].

Fabre d'Églantine, malade, n'était occupé que d'une
comédie en cinq actes. Il l'avait laissée entre les mains
du Comité de salut public, et semblait poursuivi de la
crainte que Billaud-Varenne ne la lui volât [3].

Chabot avait été transféré depuis quelques jours à l'in-
firmerie de la Conciergerie. Au Luxembourg, il avait
avalé du poison, et fut un jour trouvé dans son cachot se
roulant par terre et poussant des cris affreux que lui arrachait la douleur. On parvint à le rappeler à la vie,
c'est-à-dire à le garder pour l'échafaud. Plus lâche que
méchant, ce malheureux succombait au remords. Au milieu de ses tortures, il ne parlait que de son ami Bazire :
« Pauvre Bazire, qu'as-tu fait [4]? »

Chabot, Bazire, Fabre, Delaunay, Julien (de Toulouse),
étaient, on l'a vu, poursuivis comme coupables de faux
public. Il y avait conséquemment quelque chose de monstrueux à faire comparaître, confondus avec eux sur les
mêmes bancs, des hommes auxquels on n'imputait, ainsi
qu'à Danton, Lacroix, Camille, Philippeaux, Hérault de

---

[1] *Mémoires de Riouffe*, p. 66-68.
[2] *Ibid.*, p. 68.
[3] *Ibid.*, p. 69.
[4] Voy. les *Mémoires sur les prisons*, t. II, p. 155.

Séchelles et Westermann, que des crimes d'un caractère exclusivement politique. C'est cependant à quoi les ennemis de ces derniers ne rougirent pas de descendre, comme si la honte de cet inique amalgame pouvait retomber sur d'autres têtes que celles de ses auteurs!

Le procès commença le 13 germinal (2 avril). Fabre d'Églantine, dont la pâleur disait assez les souffrances physiques, occupait la place distinguée, le fauteuil[1]. Hérault de Séchelles était plein de sérénité; il avait quitté sa prison, de l'air d'un homme qui va à une partie de plaisir, consolant ses amis, et invitant son domestique, qui fondait en larmes, à avoir bon courage[2]. Interrogé sur son nom et son état avant la Révolution, il répondit : « Je m'appelle Marie-Jean, noms peu saillants, même parmi les saints. Je siégeais dans cette salle, où j'étais détesté des parlementaires[3]. » On demanda son âge à Camille. Lui : « J'ai l'âge du sans-culotte Jésus quand il mourut, trente-trois ans[4]. » La réponse de Danton, relativement à son nom et à sa demeure, fut : « Ma demeure sera bientôt le néant; et, quant à mon nom, vous le trouverez dans le Panthéon de l'histoire[5]. » Comme on lisait l'acte d'accusation, Lacroix, Camille Desmoulins et quelques autres de leurs co-accusés politiques, se récrièrent sur ce qu'on les accolait à des fripons[6]. On regardait curieusement Chabot, revenu, pour y rentrer, du royaume des ombres. Le poison libérateur n'avait été que trop bien combattu : on remarqua que la voix de l'accusé n'était nullement altérée[7].

---

[1] *Moniteur*, an II (1794), n° 195.
[2] *Mémoires sur les prisons*, t. II, p. 155.
[3] *Moniteur*, an II (1794), n° 195.
[4] *Ibid.*
[5] *Ibid.*
[6] *Ibid.*
[7] *Ibid.*

Quelle serait l'issue? D'un côté, Billaud-Varenne, l'organisateur, si convaincu ét si redouté, du gouvernement révolutionnaire; Saint-Just, ivre de fanatisme, et, d'une main furieuse, traînant avec lui la plus grande autorité du temps, Robespierre; puis ce Couthon, dont Camille lui-même, tout en l'attaquant, avait salué avec respect l'honnête figure [1]; puis, les deux Comités, engagés dans une lutte à mort, et engagés désormais sans retour; la Convention, enfin, asservie à son effroi et à son vote. D'un autre côté, Danton, Titan non encore foudroyé; Camille Desmoulins, le doyen, à trente-trois ans, des vieux Cordeliers, le Voltaire rajeuni de la Révolution; Westermann, le héros du 10 août, l'ange exterminateur de la Vendée royaliste — sans compter Philippeaux, Bazire, et le rapporteur fameux de la Constitution de 1793, celui en qui s'était personnifiée la République dans la plus auguste de ses solennités, Hérault de Séchelles. La foule, agitée de sentiments divers, étonnée, curieuse, immense, encombrait le Palais-de-Justice, d'où elle débordait au loin, inondant de ses flots pressés les rues voisines, le quai des lunettes, le pont au Change, la place du Châtelet et le quai de la Ferraille.

Le tribunal, d'ailleurs, était loin d'appartenir tout entier, comme on l'a prétendu, aux adversaires des accusés. Le greffe, par exemple, — le procès de Fouquier-Tinville l'attestera plus tard, — ne se composait que de Dantonistes. Les deux commis-greffiers, Wolf et Tavernier, étaient entièrement dévoués à Danton. Pâris, le greffier, surnommé Fabricius, était son admirateur passionné, son ami intime [2], et, selon l'expression de

---

[1] Voy. le numéro VII du *Vieux Cordelier*.

[2] Voy. ce que déclara à cet égard Fouquier-Tinville dans son procès. *Hist. parlem.*, t. XXXIV, p. 459. Voy. aussi la déposition de Daubigny. *Ibid.*, p. 403.

Duhem, son *chien couchant*[1]. Il fut mis en prison, après le procès, pour avoir refusé de signer le jugement[2]; et c'est son témoignage, très-suspect, évidemment contraire à la vérité sur certains points, qui a servi de base à maint récit, dont le but semble avoir été beaucoup moins de raconter la mort de Danton que de la venger[3]. Fouquier-Tinville, ennemi secret de Robespierre[4], déclara, depuis, avoir tout fait pour sauver les prévenus[5]. On se défiait à tel point de ses dispositions, qu'on lui adjoignit Fleuriot-Lescot. Il avait même été question de l'arrêter, ainsi que Hermann, président du Tribunal révolutionnaire; et l'ordre, qu'on crut devoir révoquer ensuite, en fut formellement donné à Henriot[6].

Quant aux jurés, est-il vrai que le président Hermann et Fouquier-Tinville, au lieu de les tirer au sort, suivant les prescriptions de la loi, les choisirent, en ayant soin de prendre ceux qu'on nommait les *solides?* C'est ce qu'à l'époque de la réaction Dantoniste, Fabricius Pâris déclara dans une pièce anonyme, qui fut rejetée par la Convention, et qu'il ne signa qu'après coup[7]. De plus,

---

[1] Séance du 15 fructidor, citée par Laurent Lecointre, dans son *Appel au peuple français*, p. 117-120. *Bibl. hist. de la Révol.*, 1007-8-9. (*British Museum.*)

[2] Voy. le procès de Fouquier-Tinville. *Hist. parlem.*, t. XXXIV p. 464.

[3] Voy. la note placée à la suite de ce chapitre.

[4] Voy. plus haut le chapitre intitulé *la Terreur.*

[5] C'est à cette déclaration que Daubigny fait allusion dans le procès de Fouquier. *Hist. parlem.*, t. XXXIV, p. 406.

[6] Ceci résulte d'une note de la main de Collot-d'Herbois, trouvée à l'ancienne secrétairerie d'État, et que M. Villiaumé a eue sous les yeux. (Voy. son livre, t. IV, p. 57.) Quant aux motifs que M. Villiaumé suppose avoir déterminé la révocation de l'ordre, voyez la note placée à la suite de ce chapitre.

[7] *Réponse des membres de l'ancien Comité de salut public dénoncés aux pièces communiquées par la Commission des vingt et un.* Biblioth. hist. de la Révol., 1100-1. (*British Museum.*)

ce fait, trop légèrement admis par la plupart des historiens de la Révolution, reçut, lorsqu'on le mit au jour, des démentis formels, qu'il eût été juste de ne point passer sous silence, et qui, tout au moins, permettent le doute[1].

Des jurés qui siégèrent dans le procès de Danton, il existe deux listes, fournies l'une et l'autre par Fabricius Pâris, et qui diffèrent. Voici la première : « Trinchard, Renaudin, Brochet, Leroy surnommé Dix-Août, Prieur, Aubry, Châtelet, Didier, Vilate, Laporte, Gauthier, Duplay, Lumière, Desboisseaux et Bénard[2]. » Voici la seconde : « Renaudin, Trinchard, Dix-Août, Ganney, Topino-Lebrun[3], etc. » On le voit : bien que la première énumération semble donnée comme complète, elle ne contient pas les noms de Ganney et de Topino-Lebrun, qui figurent dans la seconde. En outre, Pâris oublie de mentionner Souberbielle, qui fut cependant un des jurés[4]; ce qui porte, en tout cas, à dix-huit le nombre des jurés qui siégèrent en ces heures redoutables. Or, qu'il n'y eût parmi eux que des hommes vendus, corps et âme, à l'iniquité, c'est ce que contredisent des témoignages peu suspects de partialité. Quand, plus tard, on interrogea Montané sur le compte de Ganney, de Brochet et de Leroy, il répondit qu'il les avait connus honnêtes gens[5], et qu'il ignorait s'ils avaient changé. Il est très-vrai que Leroy avait l'oreille dure, mais pas au point de ne pouvoir suivre les débats; pour mieux les entendre,

[1] Voy. la note placée à la suite de ce chapitre.

[2] Déposition de Fabricius Pâris, dans le procès de Fouquier-Tinville. Voy. l'*Histoire parlementaire*, t. XXXIV, p. 467.

[3] Autre déposition du même. *Ibid.*, t. XXXV, p. 131.

[4] Nous l'avons connu personnellement, et nous tenons le fait de lui-même.

[5] Déposition de Montané, dans le procès de Fouquier-Tinville, t. XXXIV de l'*Hist. parlem.*, p. 443.

il avait soin de se placer au premier rang des jurés[1]. Souberbielle était animé d'un fanatisme, aveugle si l'on veut, mais dont les glaces même de la vieillesse ne purent calmer l'ardeur, inapaisable et sincère. Châtelet était un homme bon, un vrai patriote, toujours prêt à se sacrifier pour les siens, et ami des malheureux[2]. Duplay avait des vertus auxquelles les plus violents ennemis de Robespierre furent obligés de rendre hommage : une extrême droiture, un caractère doux et indulgent, une probité incapable de se ployer aux vues de l'ambition[3]. Il y a loin de là à ce jury qu'un illustre historien de nos jours décrit comme s'il n'eût été composé que de cinq individus, natures ambitieuses ou serviles, plus un idiot qui tuait au hasard, faute de comprendre; et un sourd, qui tuait au hasard, faute d'entendre[4]. Au reste, la suite de ce récit dira par quels motifs la conduite du jury fut déterminée.

L'examen porta d'abord sur les manœuvres corruptrices relatives à la compagnie des Indes. A l'égard du fournisseur d'Espagnac, Cambon fit une déposition accablante[5].

Fabre d'Églantine, avant de se défendre du crime de faux qui lui était imputé, demanda communication des pièces originales : demande qu'on ne pouvait repousser sans une criante injustice, et que le président ne rougit point d'éluder, en faisant observer[6] au prévenu qu'il lui suffisait de reconnaître ou de désavouer les changements et altérations mis sous ses yeux. Quoique privé de la sorte d'un puissant moyen de défense, Fabre se

---

[1] Déclaration de Leroy. t. XXIV de l'*Hist. parl.*, p. 479.

[2] Déposition de Daubigny, Dantoniste exalté. *Ibid.*, p. 412 et 414.

[3] *Id. ibid.*

[4] Voy. l'*Hist. de la Révol.*, par M. Michelet, liv. XVII, ch. v, p. 199.

[5] Voy. le procès de Danton, dans l'*Histoire parlementaire*, t. XXXII, p. 119 et 120.

[6] « Avec fondement, » ajoute le compte rendu! *Ibid.*, p. 120.

défendit très-bien[1]. Malheureusement, Cambon, qu'il semblait accuser de n'avoir pas été assez hostile à la compagnie des Indes, se tourna contre lui, et affirma qu'il n'était pas possible que Fabre n'eût cru signer qu'un *projet de décret*, les projets n'étant signés que très-rarement[2]. »

Est-il vrai qu'en ce moment Cambon, interpellé par Danton et Camille de déclarer s'il les regardait comme des conspirateurs, des contre-révolutionnaires, répondit « qu'il les regardait, au contraire, comme d'excellents patriotes, qui n'avaient cessé l'un et l'autre de rendre les plus grands services à la Révolution? » Ce fait, sur lequel le compte rendu du tribunal se tait, est un de ceux dont Daubigny déposa dans le procès de Fouquier-Tinville[3]. Mais ce qui rend l'exactitude de l'assertion au moins douteuse, c'est qu'elle fut indirectement contredite, depuis, par Cambon lui-même, déclarant en pleine assemblée que Danton était un conspirateur, et qu'il avait fait partie, avec Pache, avec Robespierre, du Comité secret de Charenton[4].

Aux preuves qui s'élevaient contre lui, Chabot opposa sa qualité de révélateur. Délaunay nia tout. Bazire s'écria, avec l'accent d'une âme honnête : « Si les apparences m'accusent, la vérité doit m'absoudre[5]. »

---

[1] *Histoire parlementaire*, t. XXXII, p. 120-127.
L'explication qu'il donna de sa conduite au tribunal est identique à celle qui se trouve dans le Mémoire de lui que nous avons déjà fait connaître au lecteur.

[2] *Hist. parlem.*, t. XXXII, p. 123 et 124.
Sur les falsifications qu'à ce sujet M. Michelet attribue au compte-rendu officiel, voyez la note placée à la suite de ce chapitre.

[3] Voy. l'*Hist. parl.*, t. XXXIV, p. 403.

[4] *Moniteur*, an III (1794), n° 14. — Ceci a échappé à M. Michelet, qui a basé exclusivement son récit de la mort de Danton sur des témoignages Dantonistes, comme ceux de Fabricius Pâris, de Daubigny, sans en discuter la valeur, et sans prendre garde aux circonstances sous l'empire desquelles ces témoignages se produisirent.

[5] *Hist. parl.*, t. XXXII, p. 128.

Vint le tour de Danton. Sa voix tonnante pouvait être entendue au dehors et au loin, les fenêtres du tribunal étant ouvertes. Il connaissait la puissance de sa parole, et s'en servit en homme qui brave ses juges, dédaigne ses ennemis, et n'entend s'adresser qu'au peuple, bien décidé à l'entraîner en l'émouvant. « Ma voix, qui tant de fois s'est fait entendre pour la cause du peuple, n'aura pas de peine à repousser la calomnie. Les lâches qui me calomnient oseraient-ils m'attaquer en face? Qu'ils se montrent, et je les couvrirai d'opprobre!... Ma tête est là, elle répond de tout... La vie m'est à charge; il me tarde d'en être délivré!... » Le président l'interrompit : « Danton, l'audace est le propre du crime; le calme est le propre de l'innocence... » Mais lui : « L'audace individuelle est sans doute réprimable, et elle ne put jamais m'être reprochée; l'audace nationale, dont j'ai tant de fois servi la chose publique, est nécessaire en révolution; elle m'est permise, et c'est de celle-là que je m'honore... Est-ce d'un révolutionnaire tel que moi qu'il faut attendre une défense froide? Les hommes de ma trempe sont impayables : sur leur front est imprimé en caractères ineffaçables le sceau de la Liberté, le génie républicain... Saint-Just, tu répondras à la postérité de la diffamation lancée contre le meilleur ami du peuple!... En parcourant cette liste d'horreur, je sens toute mon existence frémir... » Il allait continuer. Hermann, avec dignité : « Marat fut accusé comme vous. Il sentit la nécessité de se justifier, remplit ce devoir en bon citoyen, établit son innocence en termes respectueux, et n'en fut que plus aimé du peuple... Je ne puis vous proposer de meilleur modèle... » Danton reprit, sans pouvoir commander à son indignation : « Je vais donc descendre à ma justification!... Moi, vendu à Mirabeau, à d'Orléans, à Dumouriez! Moi, le partisan des royalistes! » A peine avait-il abordé cette accusation, que, ressaisissant le rôle de l'attaque, le seul qui convînt à son génie, il éclata en menaces : « Que mes accusateurs se montrent, et je les replonge dans le néant... Vils imposteurs, paraissez ! » Pour la troisième fois, le président l'arrêtant et lui faisant observer que ce n'était point par de telles sorties qu'il convaincrait le jury de son innocence : « Un accusé comme moi, répliqua-t-il fièrement, connaît les mots et les choses; il répond devant un jury, mais ne lui parle pas. » Il continua sur ce ton, tour à tour emporté, méprisant, ironique; tantôt annonçant qu'il avait des choses curieuses à révéler sur les « trois plats coquins qui avaient perdu Robespierre, » tantôt se répandant en railleries sur ce que la Convention avait appris si tard à le connaître, lui Danton; et, à mesure que, d'une voix calme et grave, le président le rappelait à la modération, lui, redoublait de véhémence. Il affirma que jamais l'ambition et la cupidité n'avaient dirigé ses actions, que jamais il ne leur avait sacrifié la chose publique[1]. Il rappela sa résistance à Pastoret, à Lafayette, à Bailly, à Mirabeau, et comment il avait combattu la royauté, et que, lors du voyage de Saint-Cloud, loin de protéger la fuite de Louis XVI, il avait fait hérisser son passage de piques ou de baïonnettes et saisir la bride des chevaux. Sur ce qu'on lui imputait d'être allé en Angleterre le 17 juillet 1789, inculpation ridicule que l'emploi du mot *émigré* par Hermann rendait odieuse, il expliqua que, ses beaux-frères ayant passé le détroit pour affaire de commerce, il avait profité de l'occasion; et, comme Hermann, très-mal à propos, lui opposait l'exemple de Marat, « Et moi, répliqua-t-il, je soutiens que Marat est passé deux fois en Angleterre. » Il se défendit d'avoir cherché à sauver Duport. Il avoua que, ministre, on lui avait confié des fonds[2]; mais il offrit d'en rendre un

[1] Voyez la note placée à la suite de ce chapitre.
[2] Le compte rendu porte cinquante millions; mais ceci doit être une

compte fidèle, ajoutant qu'ils avaient pour objet d'accélérer le mouvement de la Révolution. Lui, d'intelligence
avec la Gironde? L'animosité que lui portaient Guadet,
Brissot, Barbaroux, attestait assez le contraire. Il fit
justice des inductions venimeuses tirées contre lui de
l'élection du duc d'Orléans, parce qu'il l'avait appuyée.
Il donna de ses rapports avec Dumouriez une explication
naturelle, sinon décisive. A l'allégation absurde de Saint-
Just, que la fameuse pétition du Champ de Mars n'avait
été qu'un prétexte, *payé par la Cour*, pour déployer le
drapeau rouge et essayer la tyrannie, il répondit par l'é-
vidente pureté des motifs dont cette pétition portait
l'empreinte; mais, relativement à sa présence à Arcis-
sur-Aube pendant le massacre qui suivit, la justification
était impossible[1], et il ne put qu'éluder l'accusation. Il
ne fit pas face non plus au reproche que Saint-Just lui
avait adressé de s'être retiré à Arcis-sur-Aube au moment où l'orage du 10 août se préparait, et de n'être
revenu à Paris, pressé qu'il était par les reproches des
patriotes, que la veille de cette journée terrible. Il assura
qu'à cette époque il avait dit : « Le peuple français sera
victorieux, ou je serai mort; il me faut des lauriers ou
la mort. » Ce n'était point précisément là le point en
question. Quant à sa part dans le mouvement, il dit
qu'informé par Pétion que l'attaque des royalistes était
concertée pour la nuit, mais que tout était arrangé de
manière à renvoyer le combat au lendemain, il s'était
rendu à la section, y était resté douze heures de suite,
ne l'avait quittée qu'en recommandant à ses amis
de l'avertir si quelque chose de nouveau arrivait,

---

erreur de chiffres. Cinquante millions n'est pas une somme qu'on ait
pu confier à un seul ministre.

[1] Voy., dans un des précédents volumes de cet ouvrage, le chapitre
relatif au massacre du Champ de Mars.

et y était retourné à neuf heures le lendemain[1].

En parcourant ainsi la série des accusations qui lui étaient personnelles, Danton avait peine à contenir des mouvements de fureur. De sa voix, puissante quoique altérée, il écrasait la sonnette du président. « Est-ce que vous ne m'entendez pas? » lui crie Hermann. Danton : « La voix d'un homme qui défend sa vie et son honneur doit vaincre le bruit de ta sonnette[2]. » Le public murmurait pendant les débats : lui, éclata par cette apostrophe : « Peuple, vous me jugerez quand j'aurai tout dit. Ma voix ne doit pas être entendue de vous seulement, mais de toute la France[3]. » Et il parlait, en effet, comme s'il eût voulu que la France entière l'entendît, poussant parfois des rugissements tels, qu'ils parvenaient au delà de la Seine, jusque sur le quai de la Ferraille, où chacun de ses mots saillants, transmis de bouche en bouche, semaient l'agitation. Le voyant fatigué, les juges l'invitèrent à suspendre sa défense, pour la reprendre ensuite avec plus de calme[4]. Il se tut.

On interrogea Hérault de Séchelles, accusé d'avoir eu des relations intimes avec Proly et Dubuisson; d'avoir cherché à faciliter à une femme, soupçonnée d'émigration, la preuve de sa résidence en France; d'avoir écrit à un prêtre de prendre patience, et que l'ordre ne tarderait pas à se rétablir. Il fallait les yeux de la haine pour découvrir là tout autant de crimes. Un seul fait eût été accablant s'il eût été prouvé. Une lettre fut produite qui

---

[1] Voy., pour la défense de Danton, le *Compte rendu du Tribunal révolutionnaire, Hist. Parlem.*, t. XXXII, p. 132-141; et, en ce qui touche ce compte-rendu, la note critique placée à la suite de ce chapitre.

[2] Fait raconté dans les prisons par un citoyen, témoin des débats. Voy. *Mémoires sur les prisons*, t. II, p. 83.

[3] *Ibid.*

[4] Sur les commentaires auxquels cette invitation a donné lieu, voyez la note critique placée à la suite de ce chapitre.

faisait de Hérault de Séchelles un agent secret de l'ennemi ; mais la teneur même de cette lettre et le style maladroitement perfide du rédacteur indiquaient de reste une de ces fabrications impudentes auxquelles l'étranger, à cette époque, avait si souvent recours pour perdre les uns par les autres les patriotes. Et c'est ce que l'accusé exposa d'un ton ferme et digne [1].

Camille avait récusé un des jurés, Renaudin : le tribunal rejeta cette récusation, comme contraire à la loi, attendu qu'elle n'avait point été formulée par écrit et dans les vingt-quatre heures avant l'ouverture des débats [2]. Quant aux griefs dont on s'armait contre lui, l'accusé protesta de son dévouement à la Révolution ; il rappela comment il avait dénoncé Dumouriez et les traîtres ; il demanda qu'on ne jugeât point le *Vieux Cordelier*

[1] Il faut tout dire : il y a dans les *Mémoires du prince de Hardenberg* un passage qui fait comprendre que Hérault de Séchelles ait été soupçonné. Après avoir raconté (t. II, p. 399) que, à la nouvelle de la translation de Marie-Antoinette à la Conciergerie, le comte de Mercy, alors à Bruxelles, dépêcha un émissaire à Danton pour l'engager à épargner la reine ; qu'on lui offrit pour ce service une somme d'argent considérable, et qu'il la rejeta, disant qu'il consentait à protéger la reine sans aucune vue d'intérêt personnel, le prince de Hardenberg ajoute : « Plein de confiance dans la protection de Danton, le comte de Mercy crut d'autant mieux qu'elle suffirait à la sûreté de la reine, que, pendant plus d'un mois, l'illustre captive parut oubliée à la Conciergerie. Mais on vit bientôt tout le vide et l'inefficacité de cette négociation clandestine. Il paraît certain que Danton et ses amis cherchèrent à en tirer parti dans des vues de domination particulière. Danton s'étant concerté avec Hérault de Séchelles, ce dernier se rendit mystérieusement en Savoie, et là, se servit, pour ses relations au dehors, de son intimité avec mesdemoiselles de Bellegarde. Il eut même avec Barthélemy, ambassadeur en Suisse, des conférences que le Comité de salut public, à qui elles furent révélées, regarda comme suspectes. On répandit que Danton rêvait à faire la paix et qu'il aspirait à être régent. Peu de mois après, lui et ses amis montèrent sur l'échafaud » (*Mémoires tirés des papiers d'un homme d'État*, t. II, p. 400 et 401.)

[2] Voy., sur le témoignage de Pâris relativement à ce fait, la note critique placée à la suite de ce chapitre.

sur des phrases détachées; il déclara n'avoir fait que
suivre l'exemple des meilleurs patriotes en proposant un
Comité de clémence; à l'égard de Dillon, dont on lui
reprochait d'avoir été le défenseur, il assura n'avoir
réclamé autre chose pour lui qu'un jugement prompt
qui le punît, s'il avait été coupable, ou mît au jour son
innocence. Hermann lui ayant posé cette question :
« N'est-il pas vrai que vous vous êtes opposé de toutes
vos forces à la saisie des biens des Anglais? Que vous
avez traité les commissaires de proconsuls et combattu
leurs rapports d'une manière indécente, » il répondit :
« Je nie le fait, et j'en demande la preuve à mes accusateurs[1]. »

Parmi les prévenus, il en était un que poursuivaient
depuis longtemps des soupçons cruels, dont l'injure avait
rejailli jusque sur Danton. A la veille de mourir de la
main du bourreau, le général Miaczinski avait fait, concernant la conduite de Lacroix en Belgique, des déclarations dont le procès-verbal portait : « Lacroix dit au
général Miaczinski : *Écoutez; vous êtes étranger; pillez,
nous partagerons*[2]. » Or, bien que ces déclarations n'eussent été consacrées par aucun vote de l'Assemblée, et
que Drouet, l'un des deux commissaires chargés de les
recevoir, les eût attribuées à un lâche espoir de conserver
la vie, — supposition démentie, au surplus, par la
mort intrépide de Miaczinski[3], — l'intégrité de Lacroix
était restée problématique. On se rappelait bien que,

---

[1] Voy. le procès de Danton, t. XXXII de l'*Hist. parl.*, p. 147-148.

[2] Procès-verbal des déclarations du général Miaczinski. Voy. l'*Hist.
parl.*, t. XXVII, p. 162.

[3] Le compte rendu du Tribunal criminel constate qu'il mourut avec
le plus grand courage. (*Ibid.*, p. 119.) Au reste, il résulte du rapport
de Drouet lui-même que la lettre par laquelle Miaczinski offrait de
faire des révélations, si on lui accordait un sursis, n'était pas de lui.
(*Ibid.*, p. 165.)

confronté avec Miaczinski, il avait déployé, selon Drouet[1], l'assurance d'une conscience tranquille; mais on se rappelait aussi que son accusateur n'avait rien rétracté[2], et que lui-même avait avoué avoir dit au général, en présence de Danton : « Vous avez perdu vos effets? Eh bien, vous êtes en pays ennemi : houzardez, et dédommagez-vous de votre perte[3]. » Le passage suivant du manuscrit de Robespierre, publié en 1841, peut donner une idée des rumeurs qui couraient sur le compte de Lacroix : « Dans le pays de Lacroix, on ne parle que des serviettes de l'archiduchesse, rapportées de Belgique et démarquées dans le pays[4]. »

Quoi qu'il en soit, Hermann glissa très-légèrement sur des faits que, pour l'honneur de la Révolution au dehors, il importait, en tout cas, de couvrir d'un voile. Il rappela les déclarations de Miaczinski, mais dans des formes adoucies, et manifestement adoucies avec intention : « Miaczinski vous accuse de lui avoir dit : « Vous êtes « en pays étranger, la Convention ne vous doit aucune « fourniture; c'est au pays étranger à vous ravitailler. »
— Pouvez-vous donner au tribunal quelques détails sur votre mission en Belgique? — Lacroix a-t-il eu connais-

---

[1] *Hist. parl.*, t. XXVII, p. 166.

[2] Rapport de Drouet, dans l'*Hist. parl*, t. XXVII, p. 166 : « Lacroix demanda à Miaczinski : « Vous ai-je effectivement conseillé de piller, « en ajoutant que je partagerais avec vous le produit de ce brigan- « dage? » Miaczinski : « *Je l'ai dit, et je le répète.* » — Rapport de Rouzet, l'autre commissaire, *ibid.*, p. 165 : « Nous avons interpellé Miaczinski sur ce mot : « *Pillez, nous partagerons.* » Il répéta ce mot. »

[3] Rapport de Rouzet. *Ibid.*

[4] Saint-Just ne crut pas devoir faire usage, pour son rapport, de ce passage, qui se trouve biffé par lui dans le manuscrit de Robespierre, soit que de telles rumeurs lui aient paru sans fondement, soit qu'il n'ait pas voulu mentionner un détail aussi bas, à cause de l'impression que cela pourrait produire à l'étranger. On a vu, par la censure que Billaud-Varenne et Robespierre firent du rapport d'Amar dans l'affaire Chabot, combien le Comité de salut public craignait cette impression.

sance d'une voiture qui contenait quatre cent mille livres d'effets précieux [1]? » La défense de l'accusé consista à dire que les déclarations de Miaczinski étaient mensongères ; que, logé en Belgique, lui, Lacroix, chez un général assez mal meublé, il avait acheté du linge pour l'usage des représentants du peuple, et l'avait déposé dans une voiture, qu'on avait arrêtée à Béthune ; qu'une autre voiture, contenant de l'argenterie, avait été pillée dans un village, et qu'il en avait été dressé procès-verbal [2]. Ce fut tout. Le président se hâta de passer à la partie politique de l'accusation. Mais ici Lacroix avait à invoquer le témoignage de quelques-uns de ses collègues de la Convention, et il l'invoqua.

On a vu que le plan de défense de Danton et de Lacroix consistait à *émouvoir le peuple* [3], à donner au procès les proportions d'une grande bataille politique. En conséquence, les accusés déclarèrent qu'ils avaient à dénoncer la dictature du Comité de salut public, et ils demandèrent au tribunal d'écrire à l'Assemblée pour qu'elle reçût leur dénonciation [4]. Accéder à une pareille demande, c'eût été mettre les accusés sur le siége des juges et les juges sur le banc des accusés : le tribunal n'y pouvait consentir sans changer la nature de ses attributions, il refusa ; et l'on a de la peine à concevoir que cela lui ait été imputé à crime, même par les historiens qui n'ont fait que servir d'écho à Fabricius Pâris [5].

Où il y eut iniquité flagrante, ce fut dans le refus

[1] Voy. le procès, t. XXXII de l'*Hist. parlem.*, p. 149 et 150.

[2] *Ibid.*, p. 150.

[3] *Mémoires sur les prisons*, t. II, p. 154.

[4] C'est du moins ce que Pâris affirma au procès de Fouquier-Tinville. Voy. l'*Hist. parl.*, t. XXXIV, p. 470.

[5] Voy., *ubi supra*, sa déposition. Il assure que le tribunal n'avait *aucune raison valable* à opposer à la requête des accusés, lui greffier, et qui devait savoir ce que c'est qu'un tribunal.

d'appeler en témoignage seize membres de la Convention; dont les accusés avaient fourni la liste.

Le Comité avait bien prévu qu'ils entreraient dans cette voie, et, la veille du jour où ils furent mis en jugement, il avait été enjoint à Fouquier-Tinville de résister[1]. Il est certain qu'en admettant la requête présentée on ouvrait une arène à la guerre civile. Mais à qui la faute? L'admission des témoins indiqués était de droit rigoureux; et qui superpose la *raison d'État* à la justice est sur la pente de tous les crimes. Cette pente, Fouquier-Tinville la descendit effrontément, lorsque, organe servile d'une pensée qu'il prétendit plus tard n'avoir pas été la sienne[2], il opposa aux réclamations, passionnées mais légitimes, des accusés, cette fin de non-recevoir pitoyable : « L'accusation portée contre vous émanant de la Convention en masse, aucun de ses membres ne peut vous servir de témoin justificatif[3]. »

Toutefois, comme Lacroix insistait et protestait : « Eh bien, dit l'accusateur public, je vais écrire à la Convention; et son vœu sera exactement suivi[4]. »

Vint ensuite l'interrogatoire de Philippeaux et celui de Westermann, qui ne présentent de remarquable que cette belle réponse de Philippeaux à Fouquier-Tinville, lui criant : « Il ne manque à ce que vous dites que les actions » : *Il vous est permis de me faire périr ; mais, m'outrager, je vous le défends*[5]. »

Ceci se passait le 14 germinal. Dans la soirée, Fouquier court au Comité. Il aurait voulu, quant à lui, qu'on fît droit à une requête qu'on ne pouvait repousser

---

[1] *Réponse d'Antoine-Quentin Fouquier aux différents chefs d'accusation*, etc.
[2] *Ibid.*
[3] Voy. le procès. *Hist. parlem.*, t. XXXII, p. 152.
[4] *Ibid.*
[5] *Ibid.*, p. 155.

que par une violation manifeste de tous les principes. Billaud-Varenne et Saint-Just montrèrent un front menaçant. Il se retira[1].

Le lendemain, avant l'audience, Hermann et Fouquier, entrant dans la chambre des jurés, leur font part de la réponse du Comité[2]. L'audience s'ouvre. Danton, soutenu par ses co-accusés, renouvelle avec force sa demande de la veille. Il était très-animé; et ses formes robustes, sa puissante laideur, le désordre même de son éloquence emportée, ajoutaient à l'effet de ses protestations. Il se déchaîna contre Robespierre et Couthon, contre Saint-Just et Billaud, contre Amar et Vouland, contre Vadier surtout[3]. Du refus d'entendre les témoins, il menaçait d'appeler au peuple entier, que sa forte voix faisait tressaillir. L'entassement de la foule étant tel que beaucoup ne pouvaient rien voir, Thirion était monté sur une chaise; Danton l'aperçoit et lui crie avec passion : « Allez à l'Assemblée; allez demander que nos témoins soient entendus[4]. » Il n'est pas vrai que les accusés, ce jour-là, insultèrent le tribunal, ni qu'ils lancèrent aux juges des boulettes de pain[5]; et même, Danton dit à Hermann : « Président, je te respecte; tu as l'âme honnête[6]. »

[1] Déposition de Daubigny dans le procès de Fouquier-Tinville. *Hist. parl.*, t. XXXIV, p. 403.

Dans son *Précis justificatif et historique*, Daubigny donne le même détail, comme le tenant de Fouquier lui-même, lorsqu'ils étaient ensemble à Sainte-Pélagie. *Bibl. hist. de la Révol.*, 947-8. (*British Museum.*)

[2] Déclaration d'Hermann et de Fouquier, dans le Procès de ce dernier. *Hist. parl.*, t. XXXIV, p. 477.

[3] *Précis justificatif et historique*, par Vilain Daubigny. *Bibl. hist. de la Rév.*, 947-8. (*British Museum.*)

[4] Déclaration de Thirion dans la séance du 15 fructidor, citée par Lecointre dans sa brochure *Appel au peuple français. Biblioth. hist. de la Révol.*, 1097-8-9. (*British Museum.*)

[5] Voy. la déclaration d'Hermann, dans le procès de Fouquier-Tinville, t. XXXIV de l'*Histoire parlementaire*, p. 462.

[6] *Ibid.*

Ce qui est vrai, c'est que l'émotion des accusés s'était communiquée au peuple; c'est qu'il frémissait comme les feuilles d'une forêt au souffle d'un vent d'orage; c'est que les juges étaient troublés, et que, selon l'expression d'Hermann, il y avait dans la salle de grands' mouvements[1]. »

Les murmures du peuple inquiétant le tribunal, Fouquier-Tinville écrivit sur-le-champ aux Comités la lettre suivante, dont il donna lecture aux accusés et à l'audience[2] :

« Citoyens représentants, un orage horrible gronde depuis que la séance est commencée; les accusés, en forcenés, réclament l'audition des témoins à décharge, des citoyens députés Simond, Courtois, Laignelot, Fréron, Panis, Lindet, Calon, Merlin (de Douai), Gossuin, Legendre, Robert Lindet, Robin, Goupilleau (de Montaigu), Lecointre (de Versailles), Brival et Merlin (de Thionville). Ils en appellent au peuple entier du refus qu'ils prétendent éprouver; malgré la fermeté du président et du tribunal, leurs réclamations multipliées troublent la séance, et ils annoncent hautement qu'ils ne se tairont pas que leurs témoins ne soient entendus, sans un décret. Nous vous invitons à nous tracer définitivement notre règle de conduite, l'ordre judiciaire ne nous fournissant aucun moyen de motiver ce refus[3]. »

Cette lettre, qu'Hermann et Fouquier-Tinville signèrent[4], constatait un fait vrai, savoir, les réclamations

---

[1] *Hist. parl.*, t. XXXIV, p. 462. Voy. *Précis justificatif et historique*, par Daubigny, et la déposition de Pâris dans le procès de Fouquier.

[2] Cette dernière circonstance, très-digne d'être remarquée, est affirmée par Daubigny dans son *Précis justificatif et historique*. Voy. la *Biblioth. hist. de la Révol.*, 947-8. (*British Muscum.*)

[3] Voy. le procès de Fouquier, t. XXXIV de l'*Hist. parl.*, p. 461.

[4] Fouquier en avait écrit une autre dont Hermann trouva le style trop violent et qui fut remplacée par celle-ci. Voy. la déclaration d'Hermann dans le procès de Fouquier. *Hist. parl.*, t. XXXIV, p. 462.

véhémentes des accusés; elle ne parlait ni d'insultes adressées aux magistrats ni de révolte; loin de tendre à dépouiller les prévenus de leurs moyens de défense, elle semblait viser au but contraire, en informant la Convention des dangers d'un refus qu'elle signalait la difficulté de *motiver* judiciairement[1]. Aussi ne provoqua-t-elle aucun murmure de la part de ceux qu'elle concernait, quand elle leur fut communiquée[2]. Restait à savoir quel usage en ferait le Comité de salut public.

Or, pendant ce temps, une agitation inaccoutumée régnait dans les prisons. A Saint-Lazare, où l'on avait confondu pêle-mêle Millin-Grandmaison, Gilibert, Lapalue, Grammont père et fils, d'Estaing, des hommes de tous les partis, le bruit s'était répandu, dès le 14 germinal, que la Convention était divisée; que le Tribunal révolutionnaire avait été forcé de suspendre les débats; qu'une insurrection populaire se préparait; qu'elle devait éclater cette nuit-là même; que les détenus pouvaient s'attendre à être délivrés. Et ce bruit s'accrédita tellement dans le corridor numéro 5 de la maison, que plus de trente détenus y restèrent toute la nuit sur pied, prêts à profiter de l'occasion[3]. Lebois, un d'eux, disait que les femmes, dans Paris, empêcheraient bien les accusés d'être guillotinés[4].

Au Luxembourg, où l'on formait des vœux ardents pour Camille Desmoulins[5], on apprit ce qui se passait par Dillon, ami de Camille, et qui recevait deux fois par

----

[1] C'est ce que Fouquier-Tinville fait ressortir victorieusement dans sa *Réponse aux différents chefs d'accusation.* Voy. la *Bibl. hist. de la Révol.*, 947-8. (*British Museum.*)

[2] Il n'en est nullement question dans le récit de Daubigny. *Précis justificatif et historique*, ubi suprà.

[3] Renseignements donnés par Léonard Bourdon. — Rapport de Saladin, numéro XXII des pièces à l'appui.

[4] *Ibid.*

[5] *Mémoires sur les prisons*, t. II, p. 155.

jour des nouvelles du tribunal[1]. Jusque-là, rien de
mieux; mais, malheureusement, la prudence, chez
Dillon, n'était pas la qualité dominante, et il commit
une imprudence fatale. Dans la prison se trouvait un
certain Laflotte, ancien ministre de la République à Flo-
rence, homme d'un caractère peu sûr, — la suite ne le
prouvera que trop! — Le soir du 14, Dillon se rend
auprès de lui, et, après lui avoir parlé de l'impression
produite sur le peuple par l'attitude des accusés, il lui
dit que les prisonniers sont menacés d'un égorgement;
qu'il faut résister à l'oppression, se réunir; qu'il a formé
un projet, lui Dillon, pour l'exécution duquel il s'entend avec Simond, homme à la tête froide et au cœur
chaud; qu'il le lui amènera, ainsi que Thouret, autre
détenu, et qu'ils lui confieront leurs vues. Puis, en présence de Laflotte, qui a feint l'assentiment, Dillon donne
à un porte-clefs nommé Lambert une lettre dont il coupe
la signature, sans cacher que cette lettre était à l'adresse
de madame Desmoulins, et mettait à sa disposition mille
écus, « pour envoyer du monde autour du Tribunal révolutionnaire. » A huit heures et demie, Dillon, accompagné de Simond, reparaît chez Laflotte, qui ouvre l'oreille
à des confidences qu'il se réservait bassement de trahir.
Et en effet, le lendemain, 15 germinal, l'administrateur
de police Wichterich, sur une lettre du concierge du
Luxembourg, allait recevoir, de la bouche de Laflotte, la
déclaration des faits qui précèdent[2].

Aussitôt Saint-Just et Billaud-Varenne courent à la Convention. Elle venait de chasser ignominieusement de la
barre deux pétitionnaires qui avaient osé lui proposer de
mettre la mort à l'ordre du jour. Saint-Just paraît et s'ex-

[1] *Mémoires sur les prisons*, t. II, p. 155.
[2] Voyez le rapport de Wichterich, t. XXXII de l'*Hist. parl.*, p. 187-
190.
Voy. la note critique placée à la suite de ce chapitre.

prime ainsi : « L'accusateur public du Tribunal révolutionnaire a mandé que la *révolte des coupables* avait fait
suspendre les débats de la justice... » Mensonge indigne!
Dans la lettre d'Hermann et de Fouquier, il n'était nullement question de révolte. Cette lettre, pourquoi ne pas
la lire? Au moins aurait-il fallu faire savoir à la Convention ce que les accusés réclamaient! Mais non : de l'objet
de leurs réclamations et de la liste des députés qu'ils voulaient qu'on entendît comme témoins, pas un mot. Jamais
omission ne fut plus criminelle; jamais réticence ne res-
sembla davantage à un assassinat. Il y a là une souillure
qui, éternellement, suivra le nom de Saint-Just. « Vous
avez échappé, continua-t-il, au danger le plus grand qui
jamais ait menacé la liberté... La révolte des criminels,
aux pieds de la justice même, explique le secret de leur
conscience... Quel innocent s'est jamais révolté contre la
loi[1]?... »

Et au nom des deux Comités, il proposa le décret suivant :

« La Convention décrète que le Tribunal révolutionnaire continuera l'instruction relative à la conjuration de
Lacroix, Danton, Chabot et autres; que le président em-
ploiera tous les moyens que la loi lui donne pour faire
respecter son autorité et celle du Tribunal révolutionnaire, et pour réprimer toute tentative de la part des accusés pour troubler la tranquillité publique et entraver
la marche de la justice.

« Décrète que tout prévenu de conspiration qui résis-
tera ou insultera à la justice nationale sera mis hors des
débats sur-le-champ[2]. »

On a dit et répété que Saint-Just fit rendre par la Convention un décret qui mettait Danton et ses amis hors des

[1] *Hist. parlem.*, t. XXXII, p. 185-187.
[2] *Ibid.*, p. 187.

débats : c'est une erreur manifeste. Le décret du 15 germinal enjoint, au contraire, de *continuer l'instruction*, c'est-à-dire l'audition des témoins et tout ce qui appartient à la procédure. La *mise hors des débats* n'est décrétée que pour le cas où la rébellion des accusés nécessiterait le recours à cette mesure extrême[1]. Mais l'odieux était dans la constatation fausse qui provoqua le décret du 15 germinal, et dans le silence artificieux gardé sur une demande que la Convention eût admise peut-être, si on la lui avait loyalement exposée.

Pour mieux entraîner l'Assemblée, Billaud-Varenne ne manqua pas de lui lire le rapport de Wichterich, rapport prouvant, dit-il, « quelle intimité règne entre les conspirateurs traduits au tribunal, et ceux des prisons[2]. » Ainsi fut emporté le vote.

En ce moment, la femme de Philippeaux sollicitait la permission de se présenter à la barre. Billaud fut d'avis qu'on l'admît sur-le-champ et que, pour toute réponse, on lui lût la lettre de Garnier (de Saintes), afin qu'elle apprît qu'elle sollicitait en faveur d'un conspirateur. « Heureusement, écrit Daubigny, — tout ennemi de Robespierre qu'il se montrait quand il traça ces lignes, — heureusement, Robespierre, plus humain cette fois que Billaud-Varenne, s'y opposa ; et vous n'eûtes point à rougir de voir sous vos yeux insulter à la douleur d'une femme qui venait vous implorer[3]. »

Amar était au Comité des procès-verbaux quand on vint y expédier le décret : il se charge de le porter au

---

[1] C'est ce que Billaud-Varenne, Collot-d'Herbois et Barère firent observer avec raison dans leur *Réponse aux pièces communiquées par la Commission des vingt et un. Biblioth. histor. de la Révol.*, 1100-1. (*British Museum*.)

[2] *Hist. parl.*, t. XXXII, p. 187.

[3] *Précis justificatif et historique*, par Vilain Daubigny. *Biblioth. hist. de la Révol.*, 947-8. (*British Museum*.) — Voy. la note critique placée à la suite de ce chapitre.

tribunal [1]. De son côté, Vouland portait la déclaration de Laflotte. Fabricius Pâris, ennemi mortel de Fouquier-Tinville [2], et dont il est juste par conséquent de n'admettre le témoignage qu'avec réserve, raconte qu'il vit arriver les deux messagers le visage pâle, et pleins de la crainte sinistre que les victimes n'échappassent au bourreau. Il peint Vouland remettant à Fouquier le papier fatal, avec ces mots : « Nous les tenons enfin, les scélérats ; ils conspiraient au Luxembourg... Voilà de quoi vous mettre à votre aise ; » et Fouquier répondant, le sourire sur les lèvres : « Ma foi, nous en avions besoin [3]. »

Cependant lecture est donnée du décret de la Convention et de la dénonciation de Laflotte. En entendant prononcer le nom de sa femme, Camille pousse un cri déchirant : « Les scélérats ! non contents de m'assassiner, ils veulent assassiner ma femme [4] ! »

Danton se lève, transporté de colère. Il somme les juges, les jurés, le peuple, de déclarer si le fait de révolte, motif du décret, est vrai [5]. Apercevant derrière les gradins et Fouquier, certains membres du Comité de sûreté générale, accourus à ce triste spectacle : « Voyez, s'écrie-t-il, ces lâches assassins, ils nous suivront jusqu'à la mort [6]. » Le peuple est ému, il s'agite. Hermann, effrayé, lève la séance [7].

Le 16 germinal était le quatrième jour du procès ; et

---

[1] Déclaration d'Amar dans la séance du 13 fructidor. Il avait commencé par nier le fait ; mais, devant le témoignage de Tallien, il fut obligé de se rétracter.

[2] « Il régnait de l'animosité entre Pâris et Fouquier. » Déposition de la femme du buvetier du tribunal. *Hist. parl.*, t. XXXV, p. 20.

[3] Déposition de Pâris, dans le procès de Fouquier-Tinville. *Hist. parl.*, t. XXXIV, p. 471 et 472.

[4] *Ibid.*

[5] Déposition de Daubigny, *ubi suprà*, p. 405.

[6] Déposition de Pâris, *ubi suprà*.

[7] Déposition de Daubigny.

la loi prescrivait au président, lorsqu'une affaire avait
duré plus de trois jours, de poser aux jurés cette question : « Êtes-vous suffisamment éclairés? » Comment, dans
cette circonstance, auraient-ils pu l'être? Danton avait
parlé longuement, il est vrai, et la parole lui avait été
plusieurs fois accordée [1]. Mais l'interrogatoire de Hérault
de Séchelles, celui de Camille, celui de Philippeaux, celui de Westermann, celui de Chabot, quelles lumières si
grandes avaient-ils donc fournies, qu'un plus ample examen devînt superflu? Et les pièces, qu'on n'avait pas
produites! et les témoins, qu'on n'avait pas appelés! et
les avocats, qu'on n'avait pas entendus! Aussi, ce ne fut
qu'un cri parmi les accusés, cri d'étonnement, de douleur et de fureur. Vadier était assis, en ce moment, auprès d'une petite table, dans l'imprimerie de Nicolas, dont
la fenêtre donnait directement sur la première de celles
de la salle d'audience [2], et il put voir en effet ce que, ce
jour-là même, il alla raconter à la Convention, savoir, que
les accusés avaient jeté aux juges des boulettes de pain [3].
La vérité est que c'est alors qu'eurent lieu, de la part des
accusés, furieux, les démonstrations insultantes dont on
a faussement reporté la date à l'audience précédente, pour
faire croire qu'elles avaient motivé le décret du 15. Camille Desmoulins était tellement hors de lui, que, déchirant son projet de défense, il en lança les morceaux à la
tête de Fouquier-Tinville [4]. Il appelait les juges des bour-

---

[1] Hermann : « Je puis affirmer que Danton a eu plusieurs fois la parole. » Voy. le procès de Fouquier. *Hist. parl.*, t. XXXV, p. 129.

[2] *Précis justificatif et historique*, par Vilain Daubigny, dans la *Bibl.
hist. de la Révol.*, 947-8. (*British Museum.*)

[3] Ce fait, affirmé par Vadier à la tribune de la Convention, dans la
séance du 16 germinal, se trouve confirmé dans l'*Essai sur la Vie de
Camille Desmoulins*, servant d'introduction à sa Correspondance, publiée par M. Matton aîné. Voy. p. 25.

[4] *Ibid.* — C'est ce chiffon qui, ramassé après l'audience, arriva aux
mains de Lucile, et put être ainsi rangé au nombre des documents
publiés par M. Matton.

reaux; et, de leur côté, Danton et Lacroix exhalaient leur indignation en paroles brûlantes : « Jugés sans être entendus !... Point de délibération !... Nous avons assez vécu pour nous endormir dans le sein de la gloire [1] !... » On fit sortir les accusés, et les jurés entrèrent dans leur chambre pour délibérer.

Quelques écrivains, sur la foi de Fabricius Pâris et sans discuter son témoignage, ont affirmé que Hermann et Fouquier-Tinville se rendirent auprès des jurés, et, pour mieux les influencer, leur montrèrent une lettre venue de l'étranger, disaient-ils, et adressée à Danton [2]. Il eût été juste de ne point taire que ce fait, comme plusieurs autres venant de la même source, fut d'une manière formelle démenti par Hermann, et verbalement, et dans une protestation écrite [3]; que, de plus, Pâris, témoin suspect, parlait ici par ouï-dire, prétendant tenir la chose de Topino-Lebrun, un des jurés, assertion dont on ne put vérifier l'exactitude, parce qu'alors Topino-Lebrun était en fuite [4]. Ce qui est mieux établi et ressort d'ailleurs de la situation même, c'est que les jurés, sauf quelques fanatiques, se déterminèrent par des considérations purement politiques et sacrifièrent la justice au culte de cette af-

[1] Compte rendu du procès. *Hist. parl.*, t. XXXII, p. 162.

[2] Voyez la déposition de Pâris, dans le procès de Fouquier. *Hist. parl.*, t. XXXIV, p. 475.

[3] Dans le procès de Fouquier, il déclara n'avoir eu aucune connaissance de la lettre en question, et n'être entré dans la chambre des jurés que le 15, à neuf heures du matin, avant l'audience, pour leur apprendre que le Comité de salut public s'opposait à l'audition des témoins réclamés par les accusés. Voy. l'*Hist. parl.*, t. XXXIV, p. 477. —De plus, la déclaration de Pâris, en ce qui touche Hermann, se trouve formellement contredite par ce dernier, dans une lettre qu'il adressa à la Commission des vingt et un, et qu'on trouve mentionnée dans la *Réponse des membres de l'ancien Comité de salut public dénoncés aux pièces communiquées par la Commission des vingt et un. Bibl. hist. de la Révol.*, 1100-1. (*British Museum.*)

[4] Voy. le procès de Fouquier. *Hist. parl.*, t. XXXIV, p. 475 et 477.

freuse déesse : la *raison d'État!* Ils voyaient une guerre à mort engagée. Nul espoir de réconciliation désormais. Ils eurent la vision de Robespierre étendu mort aux pieds de Danton resté debout. Ils se crurent condamnés à choisir[1]!...

Quand ils reparurent, le trouble de leur cœur dut se lire sur leur visage. Fabricius Pâris trouva à plusieurs d'entre eux « l'air de forcenés[2]. » A leur tête s'avançait Trinchard, qui, en passant devant Pâris, lui dit, avec un geste furieux : « Les scélérats vont périr[3]! » L'arrêt fatal était porté. Un seul, parmi les prévenus, avait été jugé digne de vivre; c'était Luillier; et celui-là, dans la prison où il fut ensuite transféré, s'ouvrit les quatre veines[4].

La loi voulait que le jugement fût prononcé en présence des accusés; mais, comme on craignait les mouvements qui avaient déjà éclaté dans l'audience, la loi à cet égard fut violée[5]. Ils avaient été reconduits à la Conciergerie: c'est là qu'on envoya le greffier leur lire le jugement. A l'endroit où était cité l'article de la loi qu'on leur appliquait, ils interrompirent la lecture, ne voulant point en entendre davantage, et s'écriant qu'il leur importait peu avec quelle arme on les assassinait[6].

---

[1] C'est ce qui nous a été expliqué par Souberbielle, un des jurés, nullement intéressé alors à donner cette couleur à sa conduite. Dans le procès de Fouquier, Hermann dit : « Cette affaire était un *procès extraordinaire et politique.* (Hist. parl., t. XXXV, p. 130.) Plus loin, on trouvera la confirmation de ceci.

[2] Déposition de Pâris, *ubi suprà, Hist. parlem.*, t. XXXIV, p. 475.

[3] *Ibid.*

[4] *Mémoires sur les prisons*, t. II, p. 93.

[5] Hermann en convint dans le procès de Fouquier-Tinville. *Hist. parl.*, t. XXXV, p. 131.

[6] Déposition de Wolf, commis greffier du Tribunal révolutionnaire, dans le procès de Fouquier-Tinville. *Hist. parl.*, t. XXXIV, p. 452.

Camille Desmoulins ne put retenir ses larmes. « Ma femme ! mon enfant ! » répétait-il sans cesse [1].

Les condamnés furent exécutés le 16 germinal (5 avril). Ils affrontèrent la mort : Hérault de Séchelles, avec le sang-froid d'un philosophe ; Westermann, avec l'intrépidité d'un soldat ; Philippeaux et Bazire, avec le calme d'une conscience droite.

Sénar rapporte, et quelques historiens ont répété d'après lui, que, quelques instants avant de partir pour l'échafaud, Danton s'écria : « Qu'importe si je meurs ? J'ai bien joui dans la Révolution ; j'ai bien dépensé, bien ribotté, bien caressé les filles : allons dormir [2]. » Mais, outre que Sénar ne mérite en général aucune créance, et ne donne ici aucune indication de nature à confirmer son témoignage, les ignobles paroles qu'il prétend citer sont en complet désaccord avec l'élévation imposante, quoique un peu théâtrale, que, selon tous les récits, Danton déploya dans ses derniers moments. On ne saurait non plus regarder que comme une boutade calomnieuse de la haine ces mots de Mercier : « Le sauvage Danton, dont tous les décrets sentaient le vin, mourut ivre [3]. » Danton était cynique, sans doute ; mais il avait l'instinct de la grandeur, et cet instinct, chez des hommes de sa trempe, ne se développe jamais mieux qu'en présence de la mort.

Quant à Camille Desmoulins, l'excès de l'indignation lui avait ôté l'empire de lui-même. Durant le trajet de la prison à la guillotine, il mit à ce point ses habits en lambeaux, qu'il arriva presque nu devant l'exécuteur [4]. A

[1] *Essai sur la Vie de Camille Desmoulins*, servant d'introduction à sa *Correspondance inédite*, publiée par M. Matton, p. 26.

[2] *Révélations tirées des cartons des Comités de salut public et de sûreté générale*, par Sénar, p. 99.

[3] *Nouv. Tabl.*, 102.

[4] *Essai sur la Vie de Camille Desmoulins*, servant d'introduction à sa *Correspondance inédite*, publiée par M. Matton aîné, p. 26.

cette abjecte portion de la foule qui a des acclamations pour tous les triomphes et des huées pour toutes les chutes, il criait : « Peuple, on te trompe! on te trompe! on immole tes meilleurs défenseurs. » Mais Danton : « Reste donc tranquille, et laisse là cette vile canaille[1]. »

Le funèbre cortége avait à passer rue Saint-Honoré, devant la maison de Duplay. Robespierre ayant fait fermer la porte cochère, les fenêtres et les volets, cette maison ressemblait à un tombeau. Un gémissement s'en échappa, au moment où passait Camille[2]!...

Qui ne connaît le reste? Qui ne sait qu'au moment de l'exécution, Hérault de-Séchelles s'approchant de Danton pour l'embrasser, et un des exécuteurs paraissant vouloir s'y opposer, Danton lui dit : « Est-ce qu'on t'a ordonné d'être plus cruel que la mort? Va, tu n'empêcheras pas nos têtes de s'embrasser au fond du panier[3]? » Au souvenir de sa jeune femme, alors enceinte, il s'attendrit : « O ma bien-aimée, je ne te verrai donc plus! » Mais, rappelant aussitôt sa fermeté et se tournant vers le bourreau : « Tu montreras ma tête au peuple : elle en vaut la peine[4]. » Camille mourut tenant dans sa main des cheveux de Lucile[5].

Le soir, comme Fleuriot Lescot, accompagné de Lumière, un des jurés, longeait le port Saint-Nicolas, plusieurs patriotes connus de la section du Muséum coururent à lui, se répandant en exclamations de surprise et de douleur. Fleuriot Lescot leur dit : « Vos réflexions seraient justes, appliquées à tout autre tribunal que le Tribunal révolutionnaire, qui est moins un tribunal *de jus-*

---

[1] *Essai sur la Vie de Camille Desmoulins*, par M. Matton, p. 26.

[2] *Ibid.*

[3] *Précis justificatif et historique*, par Vilain Daubigny, dans la *Bibl. hist. de la Révol.*, 947-8. (*British Museum.*)

[4] Beaulieu, *Biographie de Danton.*

[5] *Essai sur la Vie de Camille Desmoulins*, par M. Matton, p. 27.

tice que *de politique...* » Il allait continuer, les autres l'arrêtèrent : « N'en dites pas davantage... nous comprenons... Adieu [1] !... » Mais entre la justice et la politique, quand celle-ci diffère de la justice, il y a cette différence que la première est un bouclier à l'usage de tous, et la seconde une épée dont nul n'est sûr de pouvoir toujours à son gré diriger la pointe. Ah ! elle est d'une beauté poignante, — et combien vraie ! — cette expression de M. Michelet, parlant du cimetière de Monceaux : « Danton en ouvrit les fosses, et y attendit Robespierre [2] ! »

[1] *Précis justificatif et historique*, par Vilain Daubigny, p. 54.
[2] *Hist. de la Rev. fr.*, t. IX. livre XVII, chap. III, p. 184.

Dans le récit qui précède, nous croyons n'avoir ni rien dit qui ne fût profitable à la vérité, ni rien omis de ce que la justice défendait de taire. Nous avons apporté d'autant plus de scrupule à produire et à peser les témoignages divers ou contradictoires, que nous avons cru remarquer, de la part de nos prédécesseurs, une tendance à reléguer dans l'ombre certains documents de nature soit à combattre, soit à affaiblir l'autorité de ceux qui servaient le mieux leurs prédilections respectives.

Et d'abord, comment les choses sont-elles présentées dans l'*Histoire parlementaire?* Les auteurs, Robespierristes quand même, ne font pas de doute (t. XXXII, p. 103 et suiv.) que le rapport de Saint-Just ne fût « rigoureusement vrai au fond, » quoique « basé sur des convictions morales plutôt que sur des preuves matérielles. » Et ils concluent de « certaines révélations *venues depuis,* » que le Comité de salut public, « borné, sur bien des points, à des soupçons, à des conjectures, à des probabilités, à des apparences, » n'en eut pas moins raison de tuer les Dantonistes. Voilà, il faut en convenir, un étrange système de justice! Et à quoi se rapportent les révélations ultérieures dont il s'agit! A la vénalité de Danton? Mais, si Danton eut la faiblesse de toucher l'argent de la Cour, ce fut à l'origine des événements révolutionnaires, et il faudrait prouver au moins que, comme conséquence, il combattit la Révolution, au lieu de la servir. Les auteurs de l'*Histoire parlementaire* donnent comme une preuve certaine de trahison les intelligences de

Danton avec Dumouriez; mais, si ces intelligences furent, en effet, de nature à éveiller des soupçons, il n'est nullement démontré qu'elles aient été criminelles; et il faut remarquer que, jusqu'au moment où la défection de Dumouriez fut connue, on était si peu disposé à voir un traître dans le héros de l'Argonne, dans le vainqueur de Valmy et de Jemmapes, que Billaud-Varenne lui-même y fut trompé. Quant aux liaisons de Danton avec les Girondins, telles qu'elles ressortent des *Mémoires de Garat*, invoqués par les auteurs de l'*Histoire parlementaire*, il est singulier qu'ils s'arment contre Danton du livre le plus propre à le faire aimer! En ce qui touche le procès, ils se bornent à copier le *Bulletin du Tribunal révolutionnaire*, en faisant suivre cette reproduction de quelques remarques très-partiales, où il supposent arbitrairement que Danton « comptait sur une conspiration tramée au Luxembourg, » et où ils opposent ce qu'ils nomment ses « grossiè-retés » à la dignité déployée par le président du tribunal, ainsi qu'à la justesse et à la convenance de ses interpellations. Mais le monstrueux amalgame des causes; l'injuste refus fait par Hermann à Fabre d'Églantine de lui communiquer les originaux nécessaires à sa défense; le refus non moins injuste fait aux accusés d'appeler certains de leurs collègues en témoignage; le mensonge par omission et par affirmation au moyen duquel Saint-Just obtint de la Convention le décret du 15 germinal; la violation de la loi résultant de l'absence des accusés lors du prononcé de l'arrêt, violation avouée par Hermann lui-même... rien de tout cela ne trouve place dans les commentaires des auteurs de l'*Histoire parlementaire*, qui, pour comble, représentent le peuple comme absolument hostile aux accusés, sans tenir compte des témoignages contraires, et même sans les mentionner.

Non moins frappantes les erreurs en sens inverse.

Il fallait assurément le fanatisme farouche de Saint-Just et de Billaud-Varenne pour classer, sur de simples conjectures, un Danton, un Camille Desmoulins, dans la catégorie des royalistes et des traîtres. Mais prétendre que Danton et Camille ne furent frappés que parce qu'ils s'étaient faits les apôtres de l'humanité, c'est vraiment trop se hâter de mettre la Révolution au ban de l'humanité et donner trop beau jeu aux contre-révolutionnaires. La vérité est que le mouvement Dantoniste, tel qu'il se révèle dans les derniers écrits de Camille Desmoulins, revus et corrigés par Danton (voy. le manuscrit de Robespierre, publié par M. Louis Dubois, p. 25), fournissait aux royalistes des armes terribles; et leurs manifestations à l'apparition de ces écrits ne l'attestèrent que trop. Recommander la *clémence*, quand la victoire est remportée, rien de mieux; mais, tant que la bataille dure, quel système est préférable à celui de la *justice?* La Révolution, attaquée avec une multiplicité de ressources et une rage qui n'eurent jamais d'exemple, n'avait-elle donc rien de mieux à faire qu'à se désarmer en présence de ses innombrables ennemis? Et dans quel espoir? Qu'on lui ferait grâce, au premier changement de roue? Ah! il fut inauguré, le lendemain du 9 thermidor, ce système de la clémence au profit des contre-révolutionnaires, et le résultat fut la *Terreur blanche!* Modération et vigilance, équité et fermeté, voilà ce que les circonstances exigeaient, rien de moins, mais rien de plus. Or, si l'on juge le *Vieux Cordelier*, non point par telle ou telle phrase, mais par l'impression générale qui résulte de l'ensemble, et en ayant soin de se reporter aux circonstances, comment nier la portée funeste de pages où le régime révolutionnaire était comparé aux règnes des plus exécrables tyrans? Car, il est juste de ne pas l'oublier, le *Vieux Cordelier*, à partir du numéro 5, fut plus qu'un appel à la douceur, ce fut une satire sanglante de la Révolution, et la plus sanglante des satires. Il était donc parfaitement légitime et même nécessaire de combattre le mouvement dantoniste; l'horreur fut de le combattre au moyen de la violence, d'accusations dénuées de preuves ou évidemment fausses, et du bourreau!

Maintenant, quel fut, dans ce drame lamentable, le vrai rôle de Robespierre? Nous croyons l'avoir décrit avec une rigoureuse vérité.

Robespierre commence à s'unir à Danton et à Camille pour empêcher la Révolution de mourir de ses propres excès, et les deux premiers numéros du *Vieux Cordelier* lui sont montrés. Mais bientôt il s'aperçoit que l'idée qu'il se proposait de poursuivre en commun avec Danton et Camille n'est pas la sienne. Il ne voulait que fuir un extrême, et eux courent évidemment vers l'extrême opposé. Il sent que la modération va se perdre dans la faiblesse. Le troisième numéro du *Vieux Cordelier* venant à paraître, il mesure d'un œil inquiet l'intervalle qui sépare ce numéro des deux premiers; il entend les cris de triomphe des royalistes; et le soupçon commence à hanter son esprit défiant. Ce n'est pas toutefois Camille qui fixe ses appréhensions. Il le sait impressionnable, léger, prompt à subir l'influence d'une nature plus forte. Il le défend donc aux Jacobins, comme il a déjà défendu Danton, et cela de la manière la plus propre à le sauver, c'est-à-dire en le présentant tel qu'il est, avec ses qualités et ses défauts : qualités de républicain sincère, d'homme de cœur, d'homme de talent; défauts d'homme faible. Et pour mieux ôter tout prétexte d'accusation, il demande qu'on brûle les numéros qui ont irrité et déconcerté les patriotes, ne faisant en cela, du reste, que proposer ce que Camille lui-même avait offert. (Voy. le numéro 5 du *Vieux Cordelier*, p. 90 : « Je suis prêt à brûler mon numéro 3. ») Mais, en échange d'un appui dont les formes l'ont offensé, Camille lance à son protecteur l'un des traits les plus aigus de son carquois. N'importe! Quelques jours se sont à peine écoulés, que Robespierre vient encore au secours de Camille, et obtient que l'arrêté qui prononçait son exclusion du club des Jacobins soit rapporté. Que fait Danton pendant ce temps? Sa conduite a toutes les apparences du mystère. Personnellement, il semble tenir à s'écarter de la scène politique, mais ses amis la remplissent et s'y agitent en son nom. Rien de plus incertain que le jour qui éclaire sa marche. Tantôt il se présente humblement comme le second de Robespierre ; tantôt il prête à l'opposition systématique de Bourdon (de l'Oise) un concours dont les formes réservées ne servent qu'à rendre le résultat plus efficace. Tandis que Camille Desmoulins, dans le *Vieux Cordelier*, fait une guerre à mort aux Hébertistes, lui, leur ennemi bien connu, il leur tend un beau jour la main du haut de la tribune ; et si Ronsin, si Vincent sont mis en liberté, c'est à Danton, chose étrange, qu'ils le doivent ! Tout cela, Robespierre l'observe, et il en prend alarme. Alors, — le manuscrit cité plus haut nous permet de suivre la trace de ses pensées, — il se rappelle la sympathie prolongée de Danton pour Mirabeau, ses relations avec le duc d'Orléans, les liens équivoques qui l'unirent à Dumouriez, le penchant à peine voilé qui l'entraînait vers les Girondins ; il remarque que l'entourage de Danton est un entourage singulièrement mêlé, où figurent des hommes qu'il répute très-dangereux, comme Fabre d'Églantine, et d'autres qu'il méprise, comme Lacroix, les croyant souillés de rapines ; il repasse dans sa mémoire les traits par où s'est révélée, en sa présence même, de la part de Danton, une certaine manière cynique d'apprécier et d'exprimer les choses que lui, Robespierre, ne peut comprendre et réprouve ; enfin, il regarde autour de lui, et il voit Danton devenu l'idole de tous les ennemis du Comité de salut public et le véritable centre d'une opposition qui tend à diviser, à énerver l'action révolutionnaire, dans un moment où il faut à la Révolution toute son énergie et toute l'unité de ses forces pour se défendre.

Cependant, et quelque soupçonneuse que soit sa nature, Robespierre est si peu préparé à l'idée de frapper Danton, que cette idée, lorsque Billaud l'émet pour la première fois, le fait tressaillir, que dis-je ? le jette en fureur. (Voy. la déclaration de Billaud-Varenne, dans la séance du 9 thermidor.) Car enfin, la ruine de Danton, c'est celle de Camille ! Mais Saint-Just, l'implacable Saint-Just, est là, disant que « l'amour de la patrie a quelque chose de terrible ; qu'il immole tout sans pitié, » etc... Quel parti prendra Robespierre, pressé, aiguillonné, fasciné par cet homme d'acier qui, selon le mot de Levasseur, « ne céda jamais ? » S'exposer à perdre dans Saint-Just, dont, aussi bien, le dévouement révolutionnaire lui est connu, un admirateur passionné, un allié fanatique, un ami sûr, ou bien abandonner Danton, qu'il n'estime pas, qu'il redoute, et dont la foi révolutionnaire lui est devenue tout au moins suspecte, telle est désormais pour Robespierre l'alternative. Puis, ô comble de fatalité ! voilà que certains amis de Danton, avertis du sort qui le menace, s'étudient à écarter le péril par des moyens qui ne peuvent que l'aggraver ; ils adjurent Robespierre de prendre garde que les dangers de Danton sont les siens ; que Danton lui est un rempart ; que, ce rempart une fois renversé, nul dans la Révolution ne restera protégé contre les traits de l'ennemi. Et eux-mêmes, en tenant ce langage, ils ne songent pas qu'ils fournissent à Robespierre le sophisme dont il a besoin pour se tromper, le sophisme qui, à ses yeux, couvrira d'un faux vernis de patriotisme et de courage ce qui ne saurait être qu'un acte injuste et barbare. Il fallait bien peu savoir ce qu'il y avait d'orgueil mêlé à la vertu de Robespierre, et bien peu connaître la nature humaine, pour ne pas comprendre que ses scrupules s'évanouiraient, le jour où on l'aurait mis en état de dire aux autres, et surtout de se dire à lui-même : « On me prévient qu'en défendant la vie de Danton je défends ma propre vie. Eh bien, je montrerai qu'un pareil motif n'est pas de ceux qui parlent à mon âme. Je montrerai que mon cœur est exempt de crainte. Ma vie! elle appartient à mon pays. » (Voy. son discours, dans la séance du 11 germinal.) Et, suivant l'expression significative de Billaud-Varenne, il *consentit à abandonner Danton.* Inutile, après cela, de demander pourquoi il livra à Saint-Just les notes dont celui-ci fit usage dans son rapport, en leur donnant l'accent de ses propres fureurs : abandonner Danton, c'était se condamner soi-même, s'il n'était pas trouvé coupable. L'iniquité a sa logique : malheur à qui l'affronte !

Telle est la part que, dans la mort de Danton, les *faits* assignent à Robespierre, et ces faits, nous devons le reconnaître, ne permettent d'accepter que sous toutes réserves ce curieux passage des *Mémoires* de Charlotte Robespierre :

« Un des plus forts griefs que l'on met en avant contre mon frère fut d'avoir sacrifié Danton. Je ne sais pas si cette accusation est fondée; mais tout ce que je sais, c'est que mon frère aimait beaucoup Camille Desmoulins, avec qui il avait fait ses études, et que lorsqu'il apprit son arrestation et son incarcération au Luxembourg, il se rendit dans cette prison avec l'intention de supplier Camille de revenir aux véritables principes révolutionnaires qu'il avait abandonnés pour faire alliance avec les aristocrates. Camille ne voulut point le voir, et mon frère, qui probablement aurait pris sa défense et l'aurait peutêtre sauvé, s'il avait pu le déterminer à abjurer ses hérésies politiques, l'abandonna à la terrible justice du tribunal révolutionnaire. Or Danton et Camille étaient trop intimement liés pour qu'il en sauvât un sans sauver l'autre; si donc Camille ne l'avait point repoussé au moment où il lui tendait les bras, Camille et d'autres n'eussent point péri. » (*Mémoires de Charlotte Robespierre sur ses deux frères.*)

Mais voyons maintenant comment son rôle a été décrit par les historiens Dantonistes quand même.

Nous avons eu déjà occasion de signaler le système qui consiste à rendre Robespierre responsable des actes d'autrui, par voie de supposition, et sans ombre de preuve à l'appui. Ce système, on le rencontre ici à chaque pas. S'agit-il, par exemple, de la dénonciation lancée contre Camille Desmoulins, par Nicolas, dans la séance du 1er nivôse (21 décembre 1793)? M. Michelet (livre XV, chap. II, au sommaire)

écrit : « Robespierre *fait attaquer* Desmoulins et Philippeaux. » Or,
en premier lieu, la sortie de Nicolas ne concernait en rien Philippeaux, qui, dans la séance en question, fut dénoncé, non par Nicolas,
mais par Hébert, ennemi de Robespierre. (Voir le compte rendu de la
séance des Jacobins, du 1er nivôse, *Hist. parlem.* t. XXX, p. 438 et 439.)
Et, d'un autre côté, où est la preuve que ce fut Robespierre qui *fit
attaquer* Camille par Nicolas? L'unique raison qui porte M. Michelet à
l'affirmer, c'est que ce Nicolas était un grand admirateur du patriotisme de Robespierre, jusque-là, qu'on le citait pour avoir accompagné
souvent ce dernier, de peur qu'on n'attentât à sa vie! Mais quoi! la
supposition de M. Michelet avait été réfutée d'avance d'une manière
décisive... par qui? Par Camille Desmoulins lui-même qui, dans le
n° V du *Vieux Cordelier, oppose* en ces termes Robespierre à Nicolas : « Vous, Nicolas, qui avez aux Jacobins l'influence d'un compagnon, d'un ami de Robespierre,... comment avez-vous cru les propos qu'on tient en certains bureaux, plutôt que les discours de Robespierre, qui m'a suivi depuis l'enfance, et qui, quelques jours
auparavant, m'avait rendu ce témoignage que j'oppose à la calomnie :
*Qu'il ne connaissait pas un meilleur républicain que moi; que je l'étais
par instinct, par sentiment plutôt que par choix, et qu'il m'était même
impossible d'être autre chose.* Citez-moi quelqu'un dont on ait fait un
plus bel éloge? » Cet éloge, Robespierre l'avait prononcé le 23 frimaire (13 décembre), huit jours seulement avant l'attaque de Nicolas,
et, le 18 nivôse (7 janvier), quinze jours après, il prenait de nouveau
la défense de Camille aux Jacobins, et demandait, à propos du numéro III du *Vieux Cordelier* qui avait si fort indigné les patriotes, qu'on
« distinguât la personne de Camille de ses écrits. » En présence de
ces *faits*, que devient la *supposition* hasardée par M. Michelet?

Autre exemple : M. Michelet, après avoir attribué à ce qu'il appelle
la *peur du rire* l'aversion de Robespierre pour le grand comique,
Fabre d'Églantine, dit expressément que le faux imputé à ce dernier
ne fut qu'un prétexte mis en avant pour l'arrêter, et il insinue que la
vraie cause fut la crainte que Robespierre avait d'une comédie en cinq
actes, dont M. Michelet paraît croire que Robespierre était le héros.
Or, sur quoi tout ceci est-il basé? Je cite les propres paroles de
M. Michelet (liv. XV, chap. III, p. 54) : « On nous apprend que Fabre
en prison, malade, et tout près d'aller à la mort, n'était occupé, ne
parlait que d'une *grande comédie en cinq actes, qu'on lui avait prise en
l'arrêtant.* » (*Mémoires sur les prisons.* I, 69). Il est regrettable que
M. Michelet n'ait pas cru devoir reproduire textuellement le passage
auquel il renvoie. Le voici : « Fabre d'Églantine, malade et faible,
n'était occupé que d'une comédie en cinq actes, qu'il disait avoir
laissée entre les mains du Comité de salut public, et *de la crainte que
Billaud-Varenne ne la lui volât.* » Donc, selon Fabre d'Églantine lui-même, la personne qui pouvait être intéressée en cette affaire de la

comédie était... non pas Robespierre, mais Billaud-Varenne. Et tout ce que prouve le passage auquel M. Michelet se réfère sans le citer complétement, c'est que Fabre, en véritable auteur qu'il était, tremblait que sa comédie ne lui fût volée par Billaud-Varenne, qui lui aussi s'était occupé de théâtre. Ici encore, en présence du *fait*, que devient la *supposition*?

Pour prouver sans doute la dureté de Robespierre, M. Michelet raconte (liv. XVII, chap. vii, p. 217), que « la femme de Philippeaux étant à la barre en larmes, Robespierre dit : « Point de privilége! » et la fit repousser au nom de l'égalité. « Mais il oublie de mentionner la proposition que Robespierre en cela eut pour but de faire tomber, proposition cruelle, lancée par Billaud-Varenne et conçue en ces termes : « Pour achever de démasquer les auteurs de cette nouvelle intrigue, je demande que la femme de Philippeaux soit admise à la barre; vous acquerrez une nouvelle preuve combien cet homme est coupable. » Sur quoi, Robespierre se hâta de dire : « Je m'oppose à cette proposition; *on n'a pas besoin de confondre la femme de Philippeaux avec lui-même*; il est devant la justice, attendons son jugement. J'observe que la Convention ne doit pas s'écarter des règles de l'égalité, » etc... (Voy. la séance du 15 germinal). D'après Daubigny, Billaud-Varenne, en cette occasion, alla jusqu'à demander « qu'on lût à madame Philippeaux, en pleine séance, la dénonciation de Garnier (de Saintes), pour lui apprendre qu'elle sollicitait en faveur d'un conspirateur. » Et c'est cet acte inhumain que Robespierre voulut prévenir. Aussi Daubigny, quoique ennemi de Robespierre alors, ne peut-il s'empêcher d'ajouter : « Heureusement, Robespierre, plus humain cette fois que Billaud-Varenne, s'opposa à la proposition de ce dernier, et vous n'eûtes point à rougir de voir sous vos yeux insulter à la douleur d'une femme qui venait vous implorer. » (*Précis historique par Vilain Daubigny*.) Et voilà comment par le fait d'une simple omission, un acte d'humanité peut se trouver métamorphosé en un acte de dureté.

De même, en parlant (liv. XVII, p. 216) de la lettre de Lucile à Robespierre, M. Michelet écrit : « Nulle réponse. » Mais ce qu'il oublie, c'est que la lettre *ne fut pas envoyée* (Matton, *Essai sur la vie de Camille Desmoulins*, page xxiv). Robespierre est bien excusable de n'avoir pas répondu à une lettre qu'il ne connut pas!

M. Michelet (liv. XVII, ch. iii, p. 178) écrit en rappelant la proposition faite par Billaud-Varenne au Comité de salut public de tuer Danton, et le cri que cette proposition arracha à Robespierre : « Il fut, je n'en fais nul doute, effrayé, navré, *ravi*. » Mais est-ce bien là la couleur donnée à ce fait important par Billaud-Varenne lui-même? Les propres paroles de Billaud sont : « La première fois que je dénonçai Danton au Comité, Robespierre se leva *comme un furieux*, en disant qu'il voyait mes intentions, et que je voulais perdre les meilleurs patriotes. »

C'est en mettant de la sorte, et invariablement, la *supposition* ou l'*interprétation* à la place du *fait*, qu'on est parvenu à faire de Robespierre le bouc émissaire de la Révolution. Écoutez M. Matton, racontant (page XXI) l'arrestation de Camille Desmoulins : « Camille va ouvrir lui-même la porte aux *satellites de Robespierre*. » Et pourquoi *de Robespierre*, plutôt que *de Billaud-Varenne* ou *de Saint-Just*, plutôt que du Comité de salut public tout entier? Pourquoi ce parti pris de tout rapporter à un seul homme, même là où il est certain que son rôle a été tout au plus secondaire et passif? On ne peut vraiment s'empêcher de sourire, pour peu qu'on ait étudié l'histoire de la Révolution, en entendant certaines gens parler de la *royauté* de Robespierre. Son trône fut l'échafaud. Sans doute son autorité morale était grande auprès du peuple; mais à quoi se réduisait dans le Comité son influence active? Non-seulement il y avait là contre lui une majorité considérable, mais les membres de cette majorité — ils s'en sont vantés — n'avaient qu'à se lancer un coup d'œil pour déjouer ses plans. (Voy. *Laurent Lecointre au peuple français*, p. 127, 172, 203.) Il est vrai que lorsque, après avoir contribué à le renverser, Billaud-Varenne, Collot-d'Herbois et Barère furent appelés à rendre leurs comptes devant cette réaction qu'ils n'avaient que trop bien servie au 9 thermidor, leur unique ressource, pour se défendre, fut de renvoyer à Robespierre, muet dans son tombeau, la responsabilité de toutes les violences commises. Ajoutez à cela l'immense intérêt que les royalistes, que les prêtres, avaient à dénigrer la Révolution dans l'homme qui avait déployé à son service le plus de probité et de talent.

Relativement au procès des Dantonistes, il existe deux sources principales d'information, très-différentes, contradictoires, et l'une et l'autre évidemment suspectes de partialité. La première est le compte rendu du tribunal, *Bulletin du Tribunal révolutionnaire*. La seconde est le procès de Fouquier-Tinville, qui ne fut autre chose que la revanche de celui de Danton, et comme le champ de bataille où tous les Dantonistes accoururent pour venger sa mort. Rien de plus vrai que ces paroles de Fouquier, qu'il ne cessa de répéter dans tout le cours de son procès sous diverses formes : « Le témoin Pâris et d'autres ont formé une coalition pour me perdre; ils ont employé pour cela tout ce que la haine et la passion ont pu leur suggérer; ils en trouvent la cause dans le ressentiment qu'ils ont de la mort de Danton, leur intime ami, que je n'ai mis en jugement que d'après un décret de la Convention. » (Voy. l'*Hist. parl.*, t. XXXIV, p. 459.)

Que résulte-t-il de là ? D'abord que la vérité sur le procès de Danton est très-difficile à découvrir ; ensuite, que pour la découvrir la première condition est de comparer les témoignages contradictoires, de les peser, de les discuter. C'est ce que, pour notre compte, nous nous sommes étudié à faire ; et ce qui, nous regrettons d'avoir à le dire, ne nous semble pas avoir été fait avec assez d'attention avant nous.

Les uns, comme les auteurs de l'*Histoire parlementaire*, n'ont tenu aucun compte, dans leurs appréciations, des lumières que pouvaient fournir les témoins entendus dans le procès de Fouquier-Tinville.

Les autres, comme MM. Villiaumé et Michelet, pour ne citer que les plus récents, ont exclusivement basé leur récit sur des témoignages à la façon de celui du greffier Fabricius Pâris, l'ami intime et passionné de Danton, l'ennemi déclaré et bien connu de ceux qui le poursuivirent, et qui, emprisonné pour avoir refusé de signer son jugement, avait à venger, en même temps que son ami, ses propres injures (Voy. les déclarations de Fouquier-Tinville, *Hist. parl.*, t. XXXIV, p. 459, 464, 478 ; la séance du 15 fructidor, déclaration de Duhem ; et, sur l'animosité personnelle qui existait entre Fouquier-Tinville et Pâris, la déposition de la femme du buvetier du Tribunal révolutionnaire, déposition citée plus haut).

Que les affirmations de ce Pâris aient été regardées comme autant d'articles de foi par des écrivains de nos jours, c'est ce qui étonne, quand on a sous les yeux le passage suivant de la *Réponse des membres de l'ancien Comité de salut public dénoncés, aux pièces communiquées par la Commission des vingt et un.* « D'une déclaration de Pâris, il résulte que, lors de l'affaire de Danton, il y eut un tirage de jurés pour composer la section qui devait la juger, fait par Fleuriot et Fouquier ; qu'Amar et Vouland apportèrent le décret qui ordonnait que les accusés fussent mis hors des débats, en disant à Fouquier : « Voilà de quoi vous mettre à votre aise ; » que, les jurés n'étant point d'accord, Amar, Vouland, Vadier, Moyse Bayle et David, accompagnés du président Hermann, se rendirent à la buvette ; que Hermann entra dans la chambre des jurés et leur parla contre les accusés. Mais il est à remarquer que cette pièce fut rejetée par la Convention nationale, à qui elle avait été d'abord présentée comme anonyme, et que, souscrite ensuite par Pâris, elle ne doit paraître que plus digne de réprobation, loin d'acquérir aucune valeur par une signature donnée après coup. » (Voy. *Réponse des membres de l'ancien Comité*, etc..., p. 54, dans la *Bib. Hist. de la Rév.*, 1100-1.) (*British Museum.*)

Au reste, les erreurs de Pâris, pour ne rien dire de plus grave, sont bien faciles à relever.

Dans sa déposition, lors du procès de Fouquier, il dit (Voy. *Hist. parl.*, t. XXXIV, p. 466-476) : « On surprit la religion de la Convention nationale, en lui arrachant un décret qui *mettait les accusés hors des débats.* » Or cela n'est pas vrai. Loin de mettre les accusés hors des débats, le décret du 15 germinal porte que « le Tribunal révolutionnaire *continuera l'instruction* relative à la conjuration de Lacroix, Danton, Chabot et autres. » Aussi l'instruction fut-elle effectivement continuée dans la journée du 15 germinal ; et si, le lendemain, les débats furent clos, ce fut, non point en vertu du décret du 15, mais parce que les jurés, interrogés comme la loi voulait qu'ils le fussent, après trois jours de débats, sur la question de savoir s'ils étaient suffisamment éclairés, répondirent affirmativement. Chose odieuse sans doute, mais qui regarde les jurés, et n'a rien de commun avec le décret du 15 germinal, tel que l'avait proposé Saint-Just, et tel que l'adopta la Convention.

Pâris prétend que, Camille ayant récusé Renaudin, on se garda bien de faire droit à cette demande, parce qu'on avait besoin d'un juré comme Renaudin, et *qu'on ne délibéra même pas.* Or ceci se trouve formellement contredit par la déposition du commis-greffier Robert Wolf, autre ami de Danton, autre ennemi de Fouquier, lequel dit cependant (Voy. l'*Hist. parl.*, t. XXXIV, p. 452) : « Camille récusa Renaudin, motivant sa récusation ; mais, *sur délibération,* il fut arrêté que Renaudin resterait juré. » Le fait est que la demande de Camille fut repoussée comme n'étant pas conforme à la loi, n'ayant pas été formulée par écrit et dans les vingt-quatre heures avant l'ouverture des débats.

On lit encore dans la déposition de Pâris : « Naulin, Subleyras et Coffinhal, juges, recueillaient les notes des débats ; tous les soirs ils se rassemblaient pour réunir ces notes et en faire un travail destiné à l'impression. *Il paraît* que ce travail a été tellement dénaturé qu'on a supprimé les preuves qui pouvaient exister contre Pache et Henriot, dans le procès d'Hébert, et qu'on a mis sur le compte de Danton ce qui était sur celui de Pache. » Or le compte rendu imprimé du procès d'Hébert existe ; on peut le lire reproduit *in extenso* dans l'*Histoire parlementaire*, t. XXXI, p. 560-599 ; il est là sous nos yeux, et nous n'y trouvons pas une seule fois le nom de Danton mis à la place de celui de Pache. Il est clair que si M. Michelet s'était un peu plus défié des assertions de Pâris et les eût vérifiées, il n'aurait pas écrit (liv. XVII, ch. II, p. 169) : « Dans le procès d'Hébert, partout où l'on mentionnait le dictateur et le grand juge, à la place du nom de Pache on mit hardiment le nom de Danton. » Encore est-il à noter que ce qui, dans la déposition de Pâris, n'est après tout présenté que sous une forme dubitative : *Il paraît,* devient, dans le sommaire du ch. II du liv. XVII de M. Michelet, une affirmation péremptoire : « Faux matériel pour perdre Danton. » Ce n'est pas tout. L'assertion de Pâris, au moment où elle se produisit, demeura-t-elle sans réplique ? Non. Naulin déclara n'avoir recueilli des notes dans le procès d'Hébert que *pour son propre compte,* et sans y rien altérer .(Voy. l'*Hist. parl.*, t. XXXIV, p. 479.) Et Naulin était un homme honnête, incapable d'une action basse, reconnu tel enfin par les hommes mêmes qui, au procès de Fouquier, figurèrent en qualité de témoins à charge. (Voy. la déposition de Tavernier, commis greffier du tribunal. *Ibid,* t. XXXV, p. 5.) Quant à Coffinhal, un des vaincus de thermidor, ses ennemis avaient maintenant beau jeu pour l'attaquer ; il était mort.

Quoi qu'il en soit, c'est évidemment de la déposition qui vient d'être examinée que M. Michelet a pris ce qu'il dit (liv. XVII, ch. vi, p. 210) des mutilations que le « *faussaire* » Coffinhal aurait fait subir au compte rendu du procès de Danton, et l'on peut voir jusqu'à quel point la preuve est suffisante! Il est vrai que M. Michelet ajoute (voy. la note au bas de la page 210): « Personne n'y mit jamais moins de façon que cet Auvergnat. Dans le fameux malentendu qui permit au père Loizerolles de mourir à la place de son fils, Coffinhal, voyant arriver un vieillard au lieu d'un jeune homme, n'a pas pris la peine d'éclaircir la chose. Il a tranquillement falsifié l'acte, changé les prénoms, surchargé les chiffres d'années, etc. » C'est en effet de la sorte que la chose fut présentée par le substitut Ardenne dans le procès de Fouquier-Tinville. Mais, sans examiner à fond, pour le moment, un point historique sur lequel nous aurons à revenir, nous nous bornerons à citer le passage suivant de la *Réponse d'Antoine-Quentin Fouquier-Tinville aux accusations, etc...* : « C'était Loizerolles père qui avait été dénoncé; c'est lui qui a été écroué, le 7 thermidor, à la Conciergerie, lui qui a été jugé et condamné. Son identité fut reconnue et constatée à l'audience. Seulement, l'huissier qui était allé à Lazare prendre les prénoms, âge et qualités du père, n'ayant pas demandé s'il y avait plusieurs Loizerolles, avait pris les prénoms, âge et qualités du fils. Cela fut rectifié à l'audience. La minute du jugement porte que c'est le père qui fut condamné. Loizerolles fils n'avait jamais été dénoncé. » (P. 20, dans la *Bibl. hist. de la Rév.*, 947-8, *British Museum*.) D'où il résulte que Loizerolles père ne fut pas mis à mort, comme on l'a tant dit et répété, à la place de son fils, et que ce qui est reproché à Coffinhal comme un *faux* par M. Michelet fut tout simplement une *rectification devenue nécessaire*.

C'est à peine s'il est besoin de faire remarquer combien a d'importance cette épithète de « faussaire » jetée à Coffinhal sur la foi de Pâris, qui, dans le passage même de sa déposition relatif à Coffinhal, est pris en flagrant délit d'erreur. Car, s'il est vrai que Coffinhal ait rédigé le compte rendu officiel du procès, et si, d'autre part, la bonne foi du rédacteur est mise en doute, voilà d'un coup ce compte rendu rayé de la catégorie des documents à consulter, et alors il ne reste plus, pour apprécier historiquement le procès de Danton, que les témoignages des ennemis mortels de ceux qui le jugèrent. Aussi est-ce exclusivement sur ces témoignages, non contrôlés, non discutés, acceptés comme paroles d'Évangile, que M. Michelet base son récit, et tout ce qui, dans le *Bulletin du Tribunal révolutionnaire*, n'est pas ou favorable à Danton, ou défavorable à ses ennemis, il le *suppose* mensonger. Par exemple, le compte rendu porte, à la suite du discours de Danton, que, « sa voix altérée indiquant assez qu'il avait besoin de repos, cette position pénible fut sentie de tous les juges, qui l'invitèrent à suspendre ses moyens de justification pour les reprendre avec plus de calme et de tranquillité. » Certes, rien de plus concevable, si l'on songe que Danton parla très-longtemps, qu'il parlait avec une véhémence extraordinaire, et qu'il poussait de tels éclats de voix qu'ils parvenaient jusqu'au quai de la Ferraille. M. Michelet lui-même dit (liv. XVII, chap. vi, p. 210) que « Danton parla *presque tout le jour du 5.* » S'il parla presque tout le jour du 5, et avec la plus grande animation, qu'y a-t-il donc de si impossible à comprendre dans le fait du tribunal l'invitant à prendre du repos et à céder la parole à un autre? Mais non : dans ce fait si naturel, M. Michelet ne voit (p. 211) que « l'*hypocrisie* du rédacteur des notes envoyées aux journaux. » A la vérité, Pâris présente la chose en ces termes (voy. sa déposition dans le procès de Fouquier, *Hist. parl.*, t. XXXIV, p. 470) : « Le président lui retira la parole *sous prétexte* qu'il était fatigué et qu'il fallait que chaque accusé parlât à son tour. » Mais ceci est l'interprétation donnée à une circonstance toute simple par un ennemi cherchant à perdre son ennemi, et la question se réduit à savoir s'il est besoin de recourir à l'hypothèse d'hypocrisie pour s'expliquer qu'un homme paraisse fatigué après avoir parlé une journée entière.

Autre grief contre la rédaction du *Bulletin du Tribunal révolutionnaire* : il ne consacre au discours de Danton que six petites pages (voy. M. Michelet, t. VII, p. 210). Une reproduction plus développée eût été sans doute très-désirable, bien qu'il ne fût point conforme aux habitudes du tribunal de publier tous les discours des accusés *in extenso* ; mais enfin six pages sont toujours plus que deux lignes. Or, dans le compte rendu *dantoniste* du procès de Fouquier-Tinville, arsenal ouvert à tous les accusateurs des juges de Danton, dans ce compte rendu où furent entendus contre les accusés quatre cent dix-neuf témoins, et qui, reproduit par l'*Histoire parlementaire*, n'occupe pas moins de trois cent quatre-vingts pages, on lit, après onze pages consacrées à la déposition d'un seul témoin à charge, Thierret Grandpré, ennemi personnel d'Hermann et de Lanne : « Hermann et Lanne ont expliqué ou nié les faits qui leur sont reprochés. » (Voy. le procès de Fouquier-Tinville, t. XXXV de l'*Hist. parl.*, p. 57.) Et, quant à la défense générale d'Hermann, voici en quoi elle consiste dans le même compte rendu : « *Hermann a été entendu!*... » (Voy. *ibid.*, p. 144.)

Il n'est point exact d'ailleurs, ainsi que M. Michelet le dit (t. VII, p. 211), que le rédacteur du *Bulletin du Tribunal révolutionnaire*, dans le procès de Danton, fasse de lui « un burlesque et un grotesque. » Et ici M. Michelet ajoute : « conformément au mot d'ordre donné le 2 par Robespierre : l'idole, l'idole pourrie; » supposant ainsi de la façon la plus arbitraire qu'une parole dans la bouche de Robespierre était un *mot d'ordre* pour le tribunal. Le discours de Danton, tel que le rapporte le *Bulletin du Tribunal révolutionnaire*, n'a rien, du moins selon nous, de burlesque et de grotesque : il a tout l'emportement de l'indignation, tout le désordre d'une improvisation passionnée; il a moins le caractère d'une défense d'avocat que celui d'une harangue destinée à

« émouvoir le peuple; » il est plein de bravades orgueilleuses. Mais tout cela, c'est Danton même.

Le récit de M. Michelet, et j'en dirai autant de celui de M. Villiaumé, est coloré, d'un bout à l'autre, par un sentiment profond de sympathie pour les hommes illustres qui périrent dans cette journée à jamais néfaste du 16 germinal. Et ce sentiment, qui a sa source si haut, j'aurais honte de ne le point partager. Mais combien il est aisé à des âmes généreuses de se laisser aller trop loin, en prenant le parti des victimes! Ce qui exige un douloureux effort, c'est d'être juste, même à l'égard de ceux qui les frappèrent!

Un point nous reste à éclaircir. Danton, en 1791, reçut-il de l'argent de la Cour?

Nous nous sommes, dans le cours de cet ouvrage, prononcé pour l'affirmative; et notre opinion à cet égard a donné lieu, de la part de M. Despois, critique très-distingué et très au courant des choses de la Révolution, à une fort belle dissertation que la *Revue de Paris* du 1er juillet 1857 a publiée. Énumérons d'abord les témoignages, sauf à les analyser ensuite :

BERTRAND DE MOLEVILLE : « Après la retraite de M. de Montmorin, M. de Lessart, qui continua d'employer le sieur Durand pour les services du genre de ceux dont il était chargé par son prédécesseur, étant avec nous chez le garde des sceaux, rompit brusquement le Comité, pour aller traiter une affaire qu'il disait très-importante, avec une personne à laquelle il avait donné rendez-vous. Je le ramenai chez lui, parce qu'il y avait quelque chose de dérangé à sa voiture. Il me confia que l'affaire si pressée qui le rappelait chez lui était de donner 24,000 livres à une personne qui devait les remettre à Danton, pour une motion à faire passer le lendemain aux Jacobins. » (*Mémoires de Bertrand de Moleville*, t. I, p. 354 et 555.)

LE MÊME : « Quand le procès du roi fut mis en délibération, Danton, l'infâme Danton, dont la liste civile avait acheté si chèrement les services, fut un de ceux qui montrèrent le plus de violence. Je ne fis aucun scrupule d'employer le mensonge pour calmer la furie d'un monstre, et je lui écrivis le 11 septembre ainsi qu'il suit : » (suit copie d'une lettre dans laquelle Danton est menacé, s'il ne sert pas le roi, de voir publier « la preuve des sommes par lui reçues sur les dépenses secrètes des affaires étrangères; ») après quoi, Bertrand de Moleville continue : « La vérité est que M. de Montmorin m'avait effectivement communiqué toute cette affaire et les pièces; mais jamais il ne me les avait remises. Danton cependant, qui savait mon intimité avec le comte de Montmorin, ne pouvait douter, sur ma lettre, que je n'en fusse dépositaire. Il ne me répondit pas; mais je vis que, deux jours après celui où il avait dû recevoir ma lettre, il se fit donner une mission pour les départements du Nord ; il ne revint à Paris que la veille du jour où l'on condamnait le roi. Il vota pour la mort, mais, contre son usage, son opinion ne fut soutenue d'aucun discours. » (*Hist. parlem.* t. XXXII, p. 105.)

LAFAYETTE : « Danton s'était vendu à condition qu'on lui achèterait 100,000 livres sa charge d'avocat au conseil, dont le remboursement, d'après la suppression, n'était que de 10,000 livres ; le présent du roi fut donc de 90,000 livres. Lafayette avait rencontré Danton chez M. de Montmorin, le soir même où ce marché se concluait.... Plus tard, il reçut beaucoup d'argent ; le vendredi avant le 10 août, on lui donna 50,000 écus. La Cour, se croyant sûre de lui, voyait approcher avec satisfaction le moment prévu de cette journée, et madame Élisabeth disait : « Nous sommes tranquilles ; nous pouvons compter sur Danton. » Lafayette eut connaissance du premier payement, et non des autres. Danton lui-même lui en parla à l'Hôtel de Ville, et, cherchant à se justifier, lui dit : « Général, je suis plus monarchiste que vous. » (*Note trouvée dans les papiers du général Lafayette.*)

BRISSOT : « Danton recevait de toutes mains. J'ai vu le reçu de 100,000 écus qui lui furent comptés par Montmorin. » (*Mémoires de Brissot,* t. IV, p. 193 et 194.)

RŒDERER. Le 5e volume des œuvres inédites de P. L. Rœderer, publiées par son fils, contient un portrait de Danton où est cette phrase : « d'abord sans autre but que de se faire acheter par la Cour, ensuite de gouverner la République. »

ROBESPIERRE : « Danton eut à Mirabeau une obligation bien remarquable : celui-ci lui fit rembourser sa charge d'avocat au conseil ; on assure même que le prix lui en a été payé deux fois. Le fait du remboursement est facile à prouver. » (Manuscrit publié en 1841, p. 5.)

GARAT : « Quand une fois Mirabeau fut corrompu, les plus grands moyens de corruption de la Cour se tournèrent vers Danton : il est possible qu'il en ait reçu quelque chose ; il est certain que, s'il eut un marché, rien ne fut délivré de sa part, et qu'il resta fidèle à ses complices les républicains. » (*Mémoires de Garat,* t. XVIII de l'*Hist. parl.,* p. 447.)

MIRABEAU : « Beaumetz, Chapelier, etc.... ont reçu les confidences de Danton ; quant à celui-ci, il a reçu hier trente mille livres, et j'ai la preuve que c'est Danton qui a fait faire le dernier nº de Camille Desmoulins.... Enfin, c'est un bois ! » (Lettre du 10 mars 1791, adressée par Mirabeau au comte de la Marck, dans leur *correspondance,* t. III, p. 82.)

Parmi ces divers témoignages, il en est un, celui de Bertrand de Moleville, que M. Despois récuse, et en cela il aurait tout à fait raison, si ce témoignage était isolé. Nous avons eu déjà nous-même occasion de faire remarquer combien les affirmations de Bertrand de Moleville méritaient peu de créance, et nous nous rangeons de l'avis du savant critique quand il dit : «.... On conçoit quel intérêt Bertrand avait à noircir tous les républicains. Indépendamment de ses haines personnelles, il est d'une crédulité rare pour les questions de vénalité : c'est ainsi que, selon lui, pour combattre l'esclavage, Brissot a reçu 300,000 livres; Condorcet, 150,000 livres; l'abbé Grégoire, 80,000 livres; Pétion, 60,000 livres. Et qui avait donné ces sommes? Non pas précisément les nègres, mais les mulâtres. Bertrand veut bien convenir qu'ils en avaient offert autant à Robespierre, mais qu'il n'avait voulu rien accepter, quoique les servant avec zèle. » Relativement à l'effet des prétendues menaces de Bertrand de Moleville, M. Despois observe avec raison que les mots violents par lesquels Danton motiva son vote contre Louis XVI n'annoncent pas un homme intimidé. Et puis, quelle foi ajouter à ce Bertrand de Moleville qui, de son propre aveu, ne se fait pas scrupule, en certains cas, « d'employer le mensonge ? » Mais, je le répète, il ne s'agit pas ici d'un témoignage isolé, et cela change un peu la question.

Une affirmation beaucoup plus grave, c'est celle de Lafayette. M. Despois trouve peu vraisemblable que Danton ait parlé à Lafayette, sinon du remboursement de sa charge, au moins du prix honteux qu'il en aurait touché, à supposer que ce prix fût au-dessus de ce que la charge valait en effet. Mais M. Despois a oublié de reproduire dans sa critique ces mots que Lafayette met dans la bouche de Danton : « Je suis plus monarchiste que vous, » mots qui indiquent comment Danton put être amené à faire la confidence que Lafayette mentionne.

Et puis, il n'y a pas de milieu : ou il faut admettre l'exactitude du fait, ou bien il faut condamner dans Lafayette le plus lâche et le plus impudent des menteurs; car sa déclaration est nette, péremptoire; rien n'y manque : ni l'endroit où il reçut la confidence, ni les paroles caractéristiques, si frappantes, qui l'accompagnèrent, ni le chiffre précis de la somme indiquée. Or Lafayette était un honnête homme, et absolument incapable d'un assassinat moral au moyen d'une imposture. D'un autre côté, M. Despois nous apprend que, d'une notice manuscrite à lui communiquée par un compatriote de Danton, son camarade de collége, il résulte qu'en 1791 Danton acheta quelques biens à Arcis-sur-Aube avec les quatre-vingt mille francs qu'il venait de recevoir pour le remboursement de sa charge d'avocat au conseil. C'est là une circonstance qui, loin de contredire le récit de Lafayette, tend à le confirmer, puisqu'elle prouve que Danton reçut, comme prix de sa charge, bien au delà de sa valeur, telle que Lafayette la détermine, c'est-à-dire dix mille livres. Mais était-ce bien là la valeur réelle de la charge? Cela revient à demander si Lafayette savait ce qu'il disait; et M. Despois, qui avance que « nous sommes réduits sur ce point à l'ignorance la plus complète, » admet, quelques lignes plus bas, en rappelant le discours d'installation de Danton à la Commune, discours où il fut question, et qui resta sans réplique, du remboursement dont il s'agit, qu'on « savait pourtant alors ce que valait une charge d'avocat. » Eh oui, sans doute; et c'est pourquoi il est permis de croire Lafayette bien informé lorsqu'il dit avec tant d'assurance que cette charge d'avocat, pour laquelle Danton lui avoua avoir touché cent mille livres, n'en valait que dix mille. Quant aux doutes que M. Despois paraît timidement élever sur l'authenticité de la note d'où ces détails sont tirés, parce que, dit-il, les éditeurs mettent *Note du général Lafayette*, quand une note est de Lafayette lui-même, la question est tranchée par ce passage des *Mémoires de Lafayette*, qui est bien évidemment et bien incontestablement de lui, pour le coup : « Danton, dont la quittance de cent mille livres était dans les mains du ministre Montmorin, demanda la tête de Lafayette : c'était compter beaucoup sur la discrétion de Lafayette à garder un secret que Danton savait ne lui être pas inconnu. » (*Mém. de Lafayette*, t. III, p. 85.) — « Mais pourquoi cette discrétion? » s'écrie M. Despois.— Lafayette avait répondu d'avance : « Parce que c'eût été livrer à la mort le ministre Montmorin. » Et cette réponse, qui ne paraît pas satisfaire entièrement M. Despois, nous la trouvons, nous, décisive, en nous rappelant combien d'hommes périrent, dans ces jours terribles, auxquels on avait bien moins que cela à reprocher.

Est-il besoin d'insister sur l'extrême gravité de la déclaration de Brissot, affirmant « qu'il *a vu le reçu* de cent mille écus qui furent comptés à Danton par M. de Montmorin? » M. Despois demande où et comment Brissot a vu ce reçu, lui qui n'était pas ami du ministre. Mais M. Despois oublie qu'en mars 1792 Brissot était l'âme du comité diplomatique; que le ministère des affaires étrangères était précisément de son domaine; qu'il eut charge expresse d'en fouiller les secrets; que ce fut de la connaissance des pièces qui y étaient contenues qu'il tira son accusation contre le ministre de Lessart; que la correspondance et beaucoup des papiers de Montmorin lui passèrent sous les yeux, et que, lorsque, dans la séance du 23 mai 1792, il demanda un décret d'accusation contre Montmorin, il basa sa demande sur « les pièces qui étaient soit au comité de surveillance, soit au comité diplomatique, et sur celles qui lui avaient été directement confiées à lui-même? » (Voy. *Opinion de Brissot sur l'existence d'un comité autrichien.*) Quant à dire que le chiffre donné par Brissot, cent mille écus, n'est pas identique à celui donné par Lafayette, cent mille livres, il faudrait, pour que cet argument eût quelque valeur, que Brissot eût entendu parler du *même* payement que Lafayette, ce que rien ne prouve ou même n'indique. Il ne reste donc plus qu'un moyen de repousser ce témoignage, qui est de mettre en doute, ou l'intelligence de Brissot, ou sa bonne foi; et c'est ce que M. Despois essaye de faire en disant de Brissot qu'il était « tout à la fois très-crédule et assez menteur. » Mais admettre en ceci l'appréciation du savant critique nous est impossible. La « crédulité » de Brissot eût été de l'idiotisme, si elle eût pu l'amener à se tromper sur un fait aussi simple que celui dont il parle, un fait purement matériel. Or Brissot avait non-seulement beaucoup d'intelligence, mais une intelligence très-déliée. Et, pour ce qui est de l'épithète « assez menteur » que M. Despois lui applique, nous trouvons, s'il faut l'avouer, l'arrêt bien leste. Quelles qu'aient pu être ses fautes politiques, et certes nous ne les avons pas cachées, Brissot avait un grand fonds d'honnêteté, auquel ont rendu hommage tous ceux qui le connurent. Le supposer capable d'avoir de sang-froid et à ce point calomnié un innocent, en affirmant qu'il avait vu ce qu'il n'aurait jamais vu en effet, c'est arbitrairement charger sa mémoire d'un crime.

Nous ne nous arrêterons pas aux témoignages de Rœderer et de Robespierre, que nous n'avons rappelés que comme constatant une *opinion*, et que nous sommes loin de vouloir donner comme des *preuves;* mais l'appréciation de Garat est très-digne d'être pesée, quelque soin qu'il prenne d'employer la forme dubitative, car il ne faut pas perdre de vue que Garat avait à Danton une obligation essentielle, qu'il lui était personnellement attaché, et que les lignes reproduites plus haut sont extraites d'un passage où l'auteur parle de Danton avec affection, et l'on pourrait dire avec attendrissement.

Mais ce qui lève, hélas! tous les doutes, — nous reprenons ce mot, — c'est la lettre adressée, le 10 mars 1791, par Mirabeau au comte de la Marck. Comment M. Despois a-t-il pu s'aveugler généreusement au point de supposer qu'en constatant, dans une lettre *toute confidentielle* à *l'homme de la cour*, M. de la Marck, d'une part, le fait de l'argent reçu par Danton, et, d'autre part, le fait de ses engagements non remplis, Mirabeau avait tout simplement entendu jeter à Danton l'injure la plus sanglante que pût rencontrer sa plume, c'est-à-dire le nom de *vendu*, et cela pour se venger d'un article de Camille Desmoulins dirigé contre lui, Mirabeau, et dont il croyait Danton l'inspirateur?

Quoi! Mirabeau, voulant se venger de Danton, n'aurait trouvé rien de mieux que de l'insulter en s'écriant, lui qui s'était vendu : « Il s'est vendu! » Et devant qui aurait-il prétendu insulter de la sorte Danton? Non pas devant le public, mais devant l'agent des ventes de ce genre, M. de la Marck? Et il ne lui serait pas venu un moment à l'idée qu'il ne pouvait bafouer ainsi Danton, sans se bafouer lui-même, et sans offenser par-dessus le marché l'homme auquel il s'adressait? En vérité, tout cela est absolument inadmissible; et je m'étonne que M. Despois ait pu avoir recours à une explication aussi extraordinaire, quand l'explication vraie est si claire et se présente si naturellement. De quoi s'agit-il? Danton a fait faire à Camille — du moins Mirabeau croit le savoir — un article où sont vivement attaqués Chapelier et Beaumets, avec lesquels Danton est censé s'entendre, et Mirabeau lui-même. Là-dessus, Mirabeau, qui est au courant des engagements de Danton avec la Cour, s'indigne de les voir violés de la sorte; il entre en fureur, et contre la duplicité de Danton, et contre la bêtise de la Cour, qui emploie si mal son argent, et il écrit *ab irato* au comte de la Marck : « Danton a reçu hier trente mille livres, et j'ai la preuve que c'est lui qui a fait faire le dernier numéro de Camille Desmoulins... c'est un bois. » En d'autres termes : « Est-ce pour qu'on vous attaque et qu'on m'attaque que vous payez les gens? Ceux qui prennent votre argent vous trompent, ils vous volent. » C'est si évidemment là le sens de la lettre de Mirabeau, qu'un peu plus bas il ajoute, à propos de six mille livres qu'il doit dépenser dans l'intérêt de la Cour : « Il est possible que je les hasarde. Mais au moins elles sont plus innocemment semées que les trente mille livres de Danton. »

Est-ce assez clair? Le reproche que Mirabeau fait à Danton ne porte aucunement sur ce qu'il a pris des engagements avec la Cour — reproche qui, dans la bouche de Mirabeau, serait le comble de l'imbécillité, lui-même se trouvant dans ce cas : — le reproche porte sur ce que Danton, qui a pris des engagements avec la Cour et touché pour cela trente mille livres, gagne si peu son argent, que c'est lui qui inspire les numéros agressifs de Camille. Après cela, que Mirabeau ne « nous apprenne pas » dans sa lettre tout ce que M. Despois désirerait savoir sur les circonstances du marché en question, rien de plus simple. Ce n'est pas à « nous » que la lettre de Mirabeau est adressée — ce document était destiné à ne pas voir le jour, — ce n'est pas au public, c'est à M. de la Marck, homme auquel Mirabeau n'a rien à apprendre sur ce point. Aussi lui parle-t-il des trente mille livres reçues par Danton comme d'une chose qu'ils connaissent parfaitement l'un et l'autre, qui n'est à prouver ni pour celui qui écrit la lettre ni pour celui qui la reçoit, comme d'une chose certaine enfin, et si certaine, que de là vient sa colère contre la duperie de la Cour, qui paye et qu'on n'en attaque pas moins.

Ici se place le mot de Garat : « Il est certain que, si Danton eut un marché, rien ne fut délivré de sa part, et qu'il resta fidèle à ses complices les républicains. » Sauf la forme adoucie et dubitative que l'amitié de Garat pour Danton lui commandait, nous estimons que la vérité est là.

Et c'est précisément ce qui explique comment, plus tard, le comte de la Marck, écrivant à M. de Mercy-Argenteau, rangeait Danton au nombre des *républicains* qu'on s'attendait à voir entrer dans la législature.

Au reste, et puisque le nom de M. de Mercy-Argenteau se trouve sous notre plume, rappelons un fait, doublement curieux en ce qu'il montre : d'abord que ce même M. Mercy-Argenteau, correspondant du comte de la Marck, croyait, en 1793, à la possibilité de s'entendre avec Danton, et ensuite que Danton, quelles qu'aient pu être ses faiblesses en certaines occasions, était capable, en d'autres circonstances, du plus entier désintéressement. On lit dans les Mémoires du prince de Hardenberg : « A la nouvelle de la translation de la reine à la Conciergerie, le ministre d'Autriche, comte de Mercy, alors à Bruxelles,

dépêcha un émissaire à Danton pour l'engager à épargner l'auguste
victime, s'imaginant que ce chef de parti avait toujours une grande
influence. Il s'abusait... Toutefois on assure qu'il promit son appui,
et que même il rejeta l'offre d'une somme considérable pour prix d'un
tel service, ajoutant que la mort de la reine n'était jamais entrée
dans ses calculs, et qu'il consentait à la protéger sans aucune vue d'intérêt personnel. » (*Mémoires tirés des papiers d'un homme d'État.*)

Une dissertation plus approfondie nous conduirait trop loin : il faut
nous arrêter. M. Despois — et nous l'en remercions du fond du cœur
— nous met hors de la classe de ceux qu'une turpitude de plus, découverte dans la nature humaine, inonde de joie. C'est un éloge que
nous acceptons sans détour, sûr qu'il est mérité, et nous eussions été
heureux de pouvoir partager ce que le critique distingué auquel nous
venons de répondre présente modestement comme ses *doutes*. Mais, s'il
est un despotisme contre lequel il nous soit interdit de nous mettre
en révolte, c'est celui de la vérité, telle qu'elle apparaît à notre
conscience.

Au reste, lorsque, avec une tristesse si éloquente, M. Despois représente Danton entourant sa mère des plus tendres soins, s'occupant du bien-être de sa nourrice, adorant sa première femme au
point de faire exhumer son cadavre après sa mort pour l'embrasser
une dernière fois, épousant ensuite, — tant la vie de famille lui était
nécessaire ! — une jeune fille *sans fortune*, celle dont l'image fut au
moment de le troubler sur l'échafaud...., qui ne se sentirait ému ?
Le fait est que la nature de Danton était composée de contrastes, et
qu'il y eut dans sa vie beaucoup d'ombre avec beaucoup de lumière.
Sa mort....... ah ! que n'est-il possible d'écarter le souvenir affreux de
sa mort, de celle de ses amis, de celle du pauvre et charmant Camille,
surtout ? Ce que nous avons dit des Girondins, comment ne pas le dire
des Dantonistes « La Révolution, qui les tua, portera leur deuil à jamais. »

CHAPITRE ONZIÈME.

FÊTE DE L'ÊTRE SUPRÊME.

Le Comité de salut public, triomphant. — Mort de Condorcet. — Procès de Chaumette. — Efforts de Robespierre pour sauver madame Élizabeth. — Mesures de sûreté. — Rapport de Saint-Just sur la police générale ; de Billaud-Varenne, sur la politique du Comité. — Mort de Duval d'Éprémènil, de Le Chapelier, de Thouret, de Malesherbes, de Lavoisier, de madame Élizabeth.— Vues de Robespierre ; son discours du 18 floréal ; décret par lequel la Convention reconnaît l'existence de l'Être suprême et l'immortalité de l'âme. — Tentative d'assassinat sur la personne de Collot d'Herbois et sur celle de Robespierre. — Discours de Robespierre, du 7 prairial. — Fête de l'Être suprême.

Par la défaite des deux partis opposés qui lui faisaient obstacle, le Comité de salut public semblait avoir acquis une force irrésistible : un moment, tout s'inclina devant lui. Dufourny, dénoncé par Vadier pour avoir mis en doute la conspiration imputée aux Dantonistes, fut chassé du club des Jacobins, à la suite d'une sortie violente de Robespierre [1]. Legendre déclara lâchement qu'il avait été le jouet de Danton, son ami de la veille : il le trouvait coupable, maintenant qu'il était mort ! [2] De chaque

[1] *Moniteur*, an II (1794), n° 200.
[2] *Ibid.*

point de la France arrivèrent des adresses de congratulation. La ville de Rodez écrivit à la Convention : « C'est donc en vain que les enfants des Titans ont levé la tête, la foudre les a tous renversés. » La soumission fut générale et absolue.

De quoi s'agissait-il, cependant? ce sang que la Révolution venait de répandre, c'était le sien ; et elle se présentait à ses ennemis du dedans comme à ceux du dehors singulièrement affaiblie. Le Comité de salut public le comprit si bien, qu'il résolut de redoubler d'activité et de vigueur. Nous dirons les mesures que cette préoccupation lui inspira, mais après avoir consacré quelques pages à compléter le récit funéraire qui précède.

Condorcet mourut le surlendemain du jour que marqua la mort de Danton.

Nous avons raconté avec quelle générosité courageuse madame Vernet avait recueilli chez elle, en juillet 1793, l'illustre philosophe, réduit alors à se cacher[2]. Après la catastrophe du 31 octobre, tremblant pour sa protectrice, il voulut quitter son asile. « Je suis hors la loi ; je ne puis rester, » dit-il à madame Vernet. Mais elle : « La Convention, monsieur, a le droit de mettre hors la loi ; elle n'a pas le pouvoir de mettre hors de l'humanité[3]. »

Condorcet dut céder, et devint, à partir de ce moment, l'objet d'une surveillance aussi active que touchante. Pour endormir les inquiétudes de son cher prisonnier, en occupant sa pensée, madame Vernet le fit supplier par sa femme et ses amis d'entreprendre quelque grand travail : heureuse inspiration à laquelle nous devons l'*Esquisse d'un tableau historique des progrès de l'esprit*

---

[1] *Moniteur*, an II (1794), n° 208.

[2] Voy. dans le neuvième volume de cet ouvrage le chapitre : *Constitution de* 1793.

[3] Biographie de Condorcet, par F. Arago, dans les *OEuvres de Condorcet*, publiées par A. Condorcet, O'Connor et F. Arago.

humain [1] ! Condorcet l'écrivit, ce livre qui respire une sérénité sublime, à deux pas de l'échafaud.

Cependant le bruit des coups de hache devenait plus formidable de jour en jour. La fièvre de la composition n'eut pas plutôt abandonné Condorcet, qu'il vit de nouveau se dresser devant lui l'image du bourreau venant chercher sa bienfaitrice. Déjà il avait fallu faire au député montagnard Marcos, logé dans la maison, la confidence d'un secret qu'on ne pouvait garder qu'au péril de sa vie ; et, bien que Marcos se fût montré digne de tant de confiance, nul doute qu'un accident ne pût tout perdre. Condorcet résolut de s'enfuir.

Le 17 germinal (6 avril), à dix heures du matin, il quitte sa cellule, et, dans son déguisement habituel, c'est-à-dire en veste et en gros bonnet de laine, il descend comme pour aller causer avec un locataire qui occupait une petite pièce du rez-de-chaussée. Mais madame Vernet est là, comment tromper sa surveillance ? il feint d'avoir oublié sa tabatière, d'en être fort contrarié, et, tandis que madame Vernet court la lui chercher, il s'élance dans la rue. Les cris de la portière avertirent madame Vernet de cette fuite magnanime ; mais trop tard : la noble femme tomba évanouie [2].

Il y avait à Fontenay-aux-Roses une maison où l'ami de Condorcet, l'académicien Suard, attendait, retiré dans sa prudence, la fin des jours orageux : ce fut à la porte de cette maison que vinrent frapper, le 16 germinal, à trois heures après midi, deux hommes, dont l'un, Condorcet, se traînait à peine ; l'autre était un cousin de madame Vernet, qui, ayant rencontré le fugitif, s'était intrépidement attaché à lui [3]. Au seuil de la demeure de Suard, ils se séparèrent, Condorcet entra.

---

[1] *OEuvres de Condorcet*, p. 142 et 143.
[2] *Ibid.*, p. 152.
[3] *Ibid.*, p. 142.

Que se passa-t-il en ce moment ? l'hospitalité attendue fut-elle refusée ? les récits diffèrent. Suivant Beaulieu, M. et Madame Suard, pour déjouer l'espionnage d'un domestique dont ils se défiaient, engagèrent Condorcet à revenir plus tard, lui désignant une heure[1]. On convint qu'une petite porte de jardin donnant sur la campagne et s'ouvrant en dehors ne serait pas fermée, et que Condorcet pourrait s'y présenter, la nuit venue. Il s'éloigna donc, emportant les épîtres d'Horace, que ses amis lui remirent à l'instant du départ. Revint-il ? trouva-t-il la porte fermée ? Beaulieu dit qu'il revint avant l'heure indiquée, fut aperçu par le dangereux domestique, et, n'osant passer outre, rebroussa chemin[2]... Il erra tout le jour suivant; le lendemain, accablé de fatigue, blessé à la jambe, mourant de faim, il entre dans un cabaret de Clamart et demande une omelette. « Malheureusement, » écrit son biographe, « cet homme presque universel ne sait pas, même à peu près, combien un ouvrier mange d'œufs dans un de ses repas. A la question du cabaretier, il répond: « Une douzaine[3]. » On juge de la surprise ! « Vos papiers ? » Il n'en avait pas. « Qui êtes-vous ? » L'infortuné se donna une qualité que ne démentaient que trop la blancheur et la délicatesse de ses mains. Il n'en fallait pas tant: on le traîne au comité du lieu ; car les moindres bourgades, à cette époque, avaient leurs « comités de sans-culottes. » Là, fouillé et interrogé, il ne fit d'autre déclaration que celle-ci : *Simon, ancien domestique.* Or, pour tout bagage, il avait un Horace en marge duquel des lignes tracées au crayon et en latin. Sur quoi, le membre du

---

[1] Beaulieu, *Essais historiques sur la Révolution de France*, t. V, p. 481.

[2] *Ibid.* Cette version, il faut bien le dire, n'est pas celle que semble admettre le savant biographe de Condorcet, M. Arago.

[3] Biographie de Condorcet, par M. Arago, p. 155.

comité qui l'interrogeait lui dit : « Tu prétends que tu étais domestique ; mais je croirais plutôt que tu es un ci-devant qui en avait, des domestiques [1]. » Et il ordonna que l'inconnu fût conduit au district du Bourg-l'Égalité. Transféré à pied au milieu d'une escorte armée, le malheureux Condorcet ne put aller plus loin que Châtillon, où il tomba de défaillance. Un vigneron, ému de pitié, le mit en état de continuer ce lugubre voyage, en lui prêtant son cheval. Au district, on l'emprisonna ; et lorsque le 20 germinal (9 avril), le geôlier entra dans le cachot, il aperçut, étendu sur le plancher... un cadavre. Condorcet avait avalé une forte dose de poison concentré, qu'il portait depuis quelque temps dans une bague [2].

Ah ! quel serrement de cœur on éprouve, quand de ce poignant récit l'on rapproche la lettre suivante qu'en 1770 Voltaire adressait au philosophe illustre dont nous venons de décrire l'agonie :... « Un grand courtisan (Voyer d'Argenson) m'a envoyé une singulière réfutation du *Système de la Nature*, dans laquelle il dit que la nouvelle philosophie amènera une révolution horrible... Tous ces cris s'évanouiront, et la philosophie restera... Laissez faire, il est impossible d'empêcher de penser ; et

---

[1] Mercier. Le *Nouveau Paris*, t. V, chap. CLXXXVIII.

[2] « Ce poison (on ignore sa nature), avait été préparé, dit-on, par un médecin célèbre. Celui avec lequel Napoléon voulut se donner la mort à Fontainebleau avait la même origine et datait de la même époque. » (Note de M. F. Arago.)
Le médecin auquel M. Arago fait allusion dans cette note est Cabanis, beau-frère de Condorcet.
Mercier prétend que, dans son cachot, Condorcet mourut de faim. « C'est la raison, dit-il, pour laquelle cet événement, qui devait naturellement faire du bruit, est resté secret jusqu'à ce moment, et qui a fait naître, depuis, l'idée du poison. » (Voy. le *Nouveau Paris*, t. V, chap. CLXXXVIII). Voici ce qu'on lit dans Beaulieu : « On dit que Condorcet mourut de faim : ce qui paraît plus certain, c'est qu'il s'empoisonna. » (Voy. *Essais historiques sur la Révolution de France*, t. V, p. 481.)

plus on pensera, moins les hommes seront malheureux. Vous verrez de beaux jours ; vous les ferez : cette idée égaye la fin des miens [1] ! »

La prédiction du patriarche de Ferney ne se réalisa point, comme on voit, pour Condorcet. Et à combien d'autres victimes, prises dans ses propres rangs, la Révolution, en ce temps-là même, ne passait-elle pas sur le corps ! L'apôtre de la Raison, Chaumette ; Gobel, qui avait mis tant d'empressement à abdiquer ses fonctions épiscopales ; Beysser, le défenseur de Nantes ; Simond, l'ami de Fabre d'Églantine ; la charmante Lucile, voilà les noms qui, confondus avec ceux de Dillon, de la femme d'Hébert, et des deux Grammont, sur le registre mortuaire de cette époque, y figurent immédiatement après ceux de Danton, de Camille, de Fabre, de Bazire et de Philippeaux.

Au Luxembourg, Chaumette avait été d'abord renfermé seul dans sa chambre, où l'on pouvait l'observer, toutefois, par une chatière. Beaulieu, un des détenus, assure — et cela se conçoit de reste — que le pauvre procureur de la commune avait l'air stupéfait [2]. Les prisonniers couraient le contempler l'un après l'autre, et l'on se demandait en s'abordant : « Avez-vous vu le loup [3] ? » Singulière appellation, appliquée à un homme d'une physionomie douce et de manières paisibles. La première fois qu'on lui permit de circuler, il alla se présenter au café de la prison, où les brocards ne lui furent pas épargnés. Un des prisonniers lui dit, d'un ton plaisamment solennel : « Sublime agent national, conformément à ton immortel réquisitoire, je suis suspect, tu es suspect, il est suspect... nous sommes tous suspects. » Chaumette

[1] *Correspondance entre Voltaire et Condorcet.*
[2] Beaulieu, *Essais historiques sur la Révolution de France*, t. V, p. 538.
[3] *Ibid.*

lui-même ne put s'empêcher de sourire [1]. Mais dans une pareille épigramme, quelle douloureuse leçon !

Le 18 germinal (7 avril), Legendre, à la Convention, avait dit, en parlant de Danton et des autres condamnés : « Une lettre anonyme qui m'a été envoyée ne me laisse aucun doute que les coupables qui ont péri sur l'échafaud n'eussent des complices dans les prisons du Luxembourg, pour exciter un mouvement. J'ai remis au Comité de salut public cette lettre, dans laquelle des hommes, se disant patriotes, flattaient mon amour-propre, mon ambition, et m'invitaient à m'armer de deux pistolets et à assassiner dans le sein de la Convention Robespierre et Saint-Just [2]. » Une lettre du même genre avait été adressée à Bourdon (de l'Oise)[3]. Quant aux instigateurs, aucun nom ne fut prononcé.

Si ces indices se rapportaient au projet de conspiration dénoncé par Laflotte, c'est ce que le Comité de salut public crut peut-être, dans sa terrible impatience de trouver des coupables ; mais c'est ce que rien ne démontre ; et en ce qui touche le projet de conspiration, s'il n'est pas prouvé que ce fut une invention meurtrière du Comité de salut public, il ne l'est pas davantage que ce fut quelque chose de véritablement sérieux. De la part de Lucile Desmoulins, le désir, bien naturel, de sauver son mari coûte que coûte, et, de la part de Dillon, certains épanchements frivoles auxquels son état habituel d'ivresse [4] ne permettait pas qu'on attachât une importance réelle, tout se réduisait à cela, même aux termes de la déposition de Laflotte, en la supposant véridique.

Beaulieu, *Essais historiques sur la Révolution de France*, p. 559.

[2] *Réponse des membres des anciens Comités aux imputations de Laurent Lecointre*, p. 110 ; *Bib. hist. de la Rév.* (1097-8-9). (*British Museum.*)

[3] *Ibid.*

[4] Beaulieu, *Essais historiques sur la Révolution de France*, T. V, p. 287.

Il est juste d'ajouter, cependant, que le complot dénoncé ne fut pas aussi chimérique qu'on l'a prétendu, s'il en faut croire Beaulieu, qui était alors dans la prison, et dont voici les propres paroles : « Quelques révolutionnaires, partisans de Danton, étaient sans doute capables de tenter un coup audacieux ; mais les autres prisonniers ne se seraient jamais réunis à eux. Ils les méprisaient, les détestaient et les auraient plutôt dénoncés. » Dans les environs du mois d'avril 1794, « ces détenus, dont quelques-uns membres du club des Cordeliers, eurent effectivement des intelligences avec leurs amis de cette société, qui, à un signal donné, devaient faire une irruption dans la prison, avec la portion de la populace qui était à leur disposition [1]. »

Toujours est-il que là fut le point de départ du procès intenté à Dillon, à Simond et à Lucile Desmoulins. Mais, cette fois encore, des personnes appartenant à des catégories diverses et prévenues de délits très-différents se trouvèrent enveloppées dans un même acte d'accusation : témoin la veuve de Camille, qui comparut devant le Tribunal révolutionnaire à côté de la veuve d'Hébert !

Le procès, commencé le 21 germinal (10 avril), se termina le 24.

Dillon avoua qu'il avait écrit à Lucile : « Femme vertueuse, ne perds pas courage ; ton affaire et la mienne sont en bon train. Bientôt les coupables seront punis, et les innocents triompheront [2]. » Il déclara aussi avoir dit que, si les journées de septembre se renouvelaient, il était du devoir d'un homme courageux de défendre ses jours [3]. Accusé d'avoir, à la nouvelle du 10 août, exigé

---

[1] *Essais historiques sur la Révolution de France*, t. V, p. 288 et 289.
[2] Procès de Chaumette, Dillon, etc... *Hist. parl.*, t. XXXII, p. 255.
[3] *Ibid.*, p. 257. — C'est par erreur que M. Michelet met ces paroles dans la bouche de Lucile Desmoulins.

de ses troupes le serment de fidélité au roi, il répondit
que de faux rapports l'avaient trompé [1].

L'attitude de Chaumette ne fut pas sans noblesse.
« Mon intérêt pour Clootz, dit-il, augmenta, lorsqu'il
m'apprit avoir décidé Gobel à ne reconnaître d'autre
culte que celui de la raison [2]. » Comme on lui imputait
d'avoir exercé tyranniquement ses fonctions municipales,
entravé l'arrivage des subsistances, et favorisé l'idée de
pillage, il refusa de repousser des inculpations de ce
genre, les estimant trop basses pour l'occuper. « Mes
fonctions ont été publiques, fit-il observer avec un calme
dédaigneux ; c'est à la saine portion du peuple à me juger [3]. » Dumas, qui avait remplacé Hermann comme
président du Tribunal révolutionnaire, osa reprocher à
Chaumette de n'avoir fait fermer les églises, pendant
qu'il poursuivait les filles de joie, que pour ameuter contre la République les libertins et les dévots : interprétation calomnieuse, renouvelée de Camille Desmoulins.

C'était aussi Camille Desmoulins qui, à la suite de
Robespierre, avait attaqué Gobel, en taxant sa démission
d'évêque de lâche hypocrisie, et en définissant de la
sorte sa conversion révolutionnaire :

> Citoyens, j'ai menti soixante ans pour mon ventre [4].

Cette imputation de mauvaise foi fut reproduite, à l'audience par un des jurés, Renaudin [5]. C'était égarer la
justice dans la voie des hypothèses. Tout ce qu'à l'égard
de Gobel des révélations ultérieures permettent de dire,
si même l'on y peut avoir confiance, c'est qu'en face de
la mort il redevint prêtre, et envoya, de la Concier-

---

[1] Voyez le procès, *Hist. parl.*, t. XXXII, p. 260.
[2] *Ibid*, p. 284.
[3] *Ibid.*, p. 299.
[4] Voy. le n° II du *Vieux Cordelier.*— Collection des Mémoires, etc.
[5] Voy. le procès, *Hist. parl.*, t. XXXII, p. 285.

gerie, à Lothringer, un de ses vicaires, sa confession
écrite, accompagnée d'un billet où il sollicitait humblement son absolution [1]. Quoi qu'il en soit, Fouquier Tinville mentait en l'accusant d'avoir voulu, de concert avec
Chaumette et Clootz, effacer toute notion de la Divinité.
Était-ce là, d'ailleurs, un motif de demander sa tête? Et
la Révolution pouvait-elle transformer l'athéisme en
crime capital, sans rétrograder jusqu'aux ténèbres du
moyen âge, sans se traîner sur les traces sanglantes de
l'Inquisition. Fouquier-Tinville aurait dû mieux se souvenir des paroles de Robespierre dans sa fameuse attaque
contre les Hébertistes : « Tout philosophe, tout individu
peut adopter, relativement à l'athéisme, l'opinion qu'il lui
plaira. Quiconque voudrait lui en faire un crime est un
insensé [2]. » Au reste, l'accusation intentée à Gobel ne
porta pas seulement sur ses rapports supposés avec la
faction d'Hébert : il eut à rendre compte de certaines
dilapidations commises par lui et son neveu dans le château de Porentruy ; et l'on eut certes droit de trouver
insuffisante une explication présentée en ces termes :
« Mon neveu et moi avions sacrifié notre fortune pour
procurer la liberté aux habitants de Porentruy ; les dépouilles du château nous appartenaient bien légitime-
ment à titre d'indemnité [3]. »

C'est à peine si Lucile Desmoulins fut interrogée.
De quoi l'accuser, en effet, sinon d'avoir aimé son
mari sous la hache, avec toute l'intrépidité et tout le
dévouement d'un noble cœur? Elle ne leva pas les yeux,
ne manifesta ni crainte, ni espérance, et attendit modes-

---

[1] *Annales ecclésiastiques*, t. III, p. 466. (Lettre de M. Lothringer,
du 11 mars 1797.)

[2] Voy. le discours prononcé par Robespierre dans la séance des
Jacobins, du 21 novembre 1793.

[3] Voy. le procès de Chaumette, Dillon, etc... *Hist. parl.*, t. XXXII,
p. 288.

tement son arrêt. Le jour même du jugement, la veuve
d'Hébert, se trouvant près d'elle au greffe de la Conciergerie, lui dit : « Tu es bien heureuse, toi ; il n'y a pas eu
hier contre toi une seule déposition.... Tu vas sortir sans
doute par le grand escalier, et moi, je vais aller à l'échafaud [1]. » Épouses et amantes, elles n'étaient coupables
ni l'une ni l'autre au tribunal de la conscience humaine,
et cependant toutes les deux périrent. Oui, cette barbare,
inutile et lâche immolation des femmes, voilà ce qui,
dans la Révolution française, restera la tache ineffaçable !

Sur vingt-six accusés dont se composait la *fournée*,
dix-neuf furent condamnés à mort et sept acquittés [2]. De
même que l'ancien prêtre Gobel mourut après s'être con-
fessé par écrit, l'ancien courtisan, Arthur Dillon, mourut
en criant : *Vive le roi!* Quant à Lucile Desmoulins, avant
d'aller à l'échafaud, elle avait écrit à sa mère ce billet
d'une simplicité et d'une douceur admirables : « Bonsoir,
ma chère maman. Une larme s'échappe de mes yeux ;
elle est pour toi. Je vais m'endormir dans le calme de
l'innocence [3]. »

Qui le croirait? Après ces horribles exécutions, et
comme si ce n'était pas assez de sang versé, Tallien
proposa de donner une activité nouvelle aux mesures
contre les suspects. Mais Robespierre l'interrompit, déclarant que ce n'était pas les suspects qu'il fallait craindre,

---

[1] Déposition de Thierriet Grandpré, dans le procès de Fouquier-
Tinville.

[2] *Hist. parl.*, t. XXXII, p. 502.

[3] *Essai sur la vie de Camille Desmoulins*, par M. Matton.

M. Matton met dans la bouche de Lucile, au moment du jugement,
des paroles violentes et emphatiques dont nous n'avons pas cru devoir tenir compte, non-seulement parce qu'il n'en est pas trace dans le
compte rendu officiel, mais parce qu'elles ne s'accordent pas avec ce
que Thierriet Grandpré, témoin sympathique et témoin oculaire, dit
de l'attitude de l'accusée.

qu'il y avait des hommes plus dangereux.... Tallien se
tut[1].

Si Robespierre, dans le Comité de salut public, inter-
céda en faveur de la veuve de Camille Desmoulins, c'est
ce qu'on ignore, ceux des membres du Comité qui firent
le 9 thermidor ayant eu intérêt à cacher tout ce qui était
de nature à honorer la mémoire de leurs victimes. Mais
voici un fait qui porte avec lui son commentaire.

Robespierre avait été le camarade de collège de Camille, il avait de l'affection pour la femme de son ami,
et bien des fois il avait tenu leur enfant sur ses genoux[2];
on peut donc croire qu'il fit des efforts pour la sauver,
s'il est vrai qu'il en ait fait pour sauver madame Élizabeth, dont tout concourait à l'éloigner et dont il y avait
alors danger à prendre la défense. Or, qu'on lise le passage suivant, extrait de l'ouvrage du royaliste Beaulieu :

« Madame Élizabeth fut comprise, sans aucune espèce
de distinction, dans une fournée de cinquante malheureux que le Tribunal révolutionnaire envoya à l'échafaud...
Robespierre passait souvent le soir à la boutique du libraire Maret, établi à l'entrée du Palais-Royal. C'était là
qu'on venait se dire à l'oreille les événements du jour.
Lorsque les nouvellistes s'étaient retirés, Robespierre
laissait ses satellites à quelque distance, se présentait chez
Maret, et, en feuilletant quelques livres, lui demandait
ce qu'on disait dans le public. Le jour que madame Élizabeth fut exécutée, il vint à la boutique, accompagné de
M. Barère, et demanda sur quoi roulaient les conversa-
tions. « On murmure, on crie contre vous, lui dit avec
« franchise le libraire : on demande ce que vous avait fait
« madame Élizabeth, quels étaient ses crimes, pourquoi

---

[1] Beaulieu, *Essais historiques sur la Révolution de France*, t. VI,
page 4.
[2] Cette circonstance se trouve rappelée dans une lettre de madame
Duplessis, publiée par M. Matton.

« vous avez envoyé à l'échafaud cette innocente et ver-
« tueuse personne. — Eh bien, dit Robespierre en s'adres-
« sant à Barère, vous l'entendez, c'est toujours moi... Je
« vous garantis, mon cher Maret, que, loin d'être l'au-
« teur de la mort de madame Élizabeth, j'ai voulu la
« sauver ; c'est ce scélérat de Collot-d'Herbois qui me l'a
« arrachée [1]. »

L'exécution de Chaumette débarrassant le Comité de
salut public du dernier obstacle qu'il pût craindre dans le
camp même de la Révolution, toute son attention se
porta sur les contre-révolutionnaires. Pour les combattre
avec plus d'ensemble, diverses mesures furent prises,
dont la première consista dans l'abolition des ministères.
A leur place, on institua, sur un rapport de Carnot,
douze commissions entre lesquelles tout le matériel de
l'administration fut partagé [2]; non qu'un tel arrangement
parût de nature, soit à accélérer la marche des affaires,
soit à fortifier le pouvoir; mais il avait l'avantage de fermer la bouche à l'opposition parlementaire, qui, dans ce
qu'elle appelait l'institution monarchique des ministères,
avait trouvé matière à tant d'attaques.

On s'occupa aussi d'organiser la police générale, et,
d'abord, de purger Paris de tous les malveillants qui s'y
étaient donné rendez-vous ; car, aux yeux du Comité de
salut public, Paris était, selon le mot de Couthon, « la
place forte de la République [3]. » Il y eut à ce sujet, au
sein du Comité, des débats qui durèrent plusieurs jours [4].

---

[1] Beaulieu donne ce fait comme l'ayant entendu plusieurs fois raconter au libraire Maret lui-même. Voy. *Essais historiques sur la Révolution de France*, t. VI. (Note de la page 10.)

Madame Élizabeth fut condamnée à mort le 21 floréal (10 mai).
Voy. le *Moniteur*, an II (1794), n° 253.

[2] Voy. le *Moniteur*, an II (1794), n° 194.

[3] *Ibid.*, n° 208.

[4] Voy. le discours de Couthon, dans la séance du 22 germinal. *Moniteur*, an II (1794), n° 205.

Mais enfin il fut convenu qu'on proposerait à la Convention un décret portant, entre autres dispositions rigoureuses :

« Les prévenus de conspiration seront traduits de tous les points de la République au Tribunal révolutionnaire à Paris.

« Des commissions populaires seront établies pour le 15 floréal.

« Aucun ex-noble et aucun étranger appartenant aux pays avec lesquels la République est en guerre ne peut habiter Paris, ni les places fortes, ni les villes maritimes pendant la guerre. Tout noble ou étranger dans le cas ci-dessus qui y sera trouvé dans un mois est mis hors la loi.

« Si celui qui sera convaincu désormais de s'être plaint de la Révolution vivait sans rien faire, et n'était ni sexagénaire ni infirme, il sera déporté à la Guyane. Ces sortes d'affaires seront jugées par les commissions populaires.

« Le séjour de Paris, des places fortes, des villes maritimes, est interdit aux généraux qui ne sont point en activité de service [1]. »

A ces mesures, nées d'un esprit de défiance qu'avait enfanté lui-même l'excès du péril, s'en joignaient d'autres d'un caractère bien différent et qui avaient pour but de couper court aux abus d'autorité, de réprimer l'arbitraire ou l'insolence des agents du pouvoir, d'encourager le commerce, de protéger l'industrie, d'animer la circulation et d'empêcher toute atteinte à la bonne foi publique [2].

Saint-Just, chargé du rapport, y déploya son âme avec une candeur austère. Il s'éleva sans ménagement contre

---

[1] Voy. le *Moniteur*, an II (1794), n° 207.
[2] *Ibid.*

quiconque, dans la société, représentait un vice ; il eut
pour ceux qu'il nomma « les corrupteurs du commerce »
des paroles aussi méprisantes que pour les suppôts de la
monarchie ; il marqua de la même flétrissure les mauvais
serviteurs de la République et ses ennemis déclarés. Un
passage de son discours que couvrirent des applaudissements unanimes, fut celui où il traçait le portrait d'un
homme révolutionnaire .

« Un homme révolutionnaire est inflexible, mais il est
sensé, frugal et simple ; il n'affiche pas le luxe d'une
fausse modestie ; il est ennemi de tout mensonge, de
toute indulgence, de toute affectation. Comme son but
est de voir triompher la Révolution..., il ne l'outrage
jamais, il l'éclaire, et, jaloux de sa pureté, il s'observe
quand il parle, par respect pour elle. Il prétend moins
être l'égal de l'autorité qui est la loi, que l'égal des
hommes, et surtout des malheureux.... Il croit que la
grossièreté est une marque de tromperie, et qu'elle dé-
guise la fausseté sous l'emportement.... Il est intraitable
aux méchants, mais il est sensible. Il poursuit les coupables et défend l'innocence devant les tribunaux.... La
probité n'est pas une finesse de l'esprit, mais une qualité du cœur. Marat était doux dans son ménage, il n'é-
pouvantait que les traîtres. Jean-Jacques Rousseau était
un révolutionnaire, et n'était pas insolent sans doute.
J'en conclus qu'un homme révolutionnaire est un héros
de bon sens et de probité[1]. »

C'est ainsi que Saint-Just gourmandait cette fraction
du parti révolutionnaire qui compromettait par le déver-
gondage de ses paroles et de ses mœurs le culte des idées
nouvelles.

Quant au gouvernement révolutionnaire, l'orateur déclara bien haut qu'il signifiait, non la guerre et l'état de

---

[1] *Moniteur*, an II (1794), n° 207.

conquête, mais le passage du mal au bien, de la corruption à la probité[1]. Il avait été terrible, ce passage, comment le nier : « Mais, s'écria Saint-Just, que serait devenue
une République indulgente contre des ennemis furieux ?
Nous avons opposé le glaive au glaive, et la République
est fondée : elle est sortie du sein des orages : cette origine lui est commune avec le monde, sorti du chaos, et
avec l'homme, qui pleure en naissant[2]. »

Les conclusions du rapport, adoptées d'abord sans
autre modification qu'un amendement relatif à la durée
du délai accordé aux nobles et aux étrangers pour quitter
Paris, devinrent, de la part du Comité, l'objet d'un nouvel examen. Dans la première rédaction, une exception
avait été faite en faveur des ouvriers étrangers employés
à la fabrication des armes, et des étrangères mariées à
des patriotes français. Une étude plus approfondie de la
question amena le gouvernement à reconnaître qu'il fallait élargir le cadre des exceptions, et y comprendre les
ouvriers étrangers vivant du travail de leurs mains anté-
rieurement à la présente loi, les femmes nobles mariées
à des non nobles, les enfants au-dessous de quinze ans
et les vieillards au-dessus de soixante-dix. D'un autre
côté, le délai d'un mois parut trop long et fut réduit à dix
jours. Le décret passa, ainsi amendé[3].

Sur la motion de Couthon, retirée par lui-même le
lendemain[4], il avait été décidé que la loi qui chassait les
nobles de Paris serait appliquée aux anoblis par charges.
Tallien demanda le maintien de cette clause, déclarant
indigne de toute faveur « quiconque avait voulu sortir de
la classe du peuple[5]. » Mais Robespierre, parlant au nom

[1] Voy. le *Moniteur*, an II (1794), n° 207.
[2] *Ibid.*
[3] *Ibid.*, n° 208.
[4] *Ibid.*, p. 210.
[5] *Ibid.*

du Comité, fit observer que, parmi les charges auxquelles l'ancien régime avait attaché un titre de noblesse, beaucoup répondaient à des fonctions utiles, et qu'on risquait de rendre la loi inexécutable en étendant ses rigueurs à un trop grand nombre de personnes. « On peut, ajouta-t-il amèrement, se donner l'avantage d'une sévérité apparente contre les ennemis du peuple; mais le devoir de qui l'aime véritablement est de le servir sans le flatter. » La Convention fut de cet avis[1].

Quelques jours après[2], Billaud-Varenne exposait la politique que le Comité de salut public se proposait de suivre, politique qu'il annonça devoir être basée sur la justice. Restait à expliquer le sens de ce mot suprême! « La justice, dit Billaud-Varenne, est dans le supplice de Manlius, qui invoqua en vain trente victoires, effacées par sa trahison[3]. » Tout son discours était sur ce ton de hauteur et d'inflexibilité. « Malheur, ajouta-t-il, malheur à ceux pour qui le règne de la justice devient un signal de stupeur![4] » Une politique qui eût fait plus large la part des infirmités humaines et mis les torts en balance avec les services, eût certainement été préférable au point de vue philosophique; mais ce n'est point celle-là qu'il faut s'attendre à voir triompher dans les temps d'orages. Aussi l'âpre langage de Billaud-Varenne n'étonna-t-il personne. Et du reste il émit, avec une éloquence puisée aux sources d'une conviction forte, des vérités dont l'importance s'étendait bien au delà des nécessités de l'heure présente, comme lorsqu'il dit, en rappelant combien les généraux victorieux avaient été funestes à la liberté : « Le gouvernement militaire est le pire après la théocratie, plus funeste seulement parce

---

[1] *Moniteur*, an II (1794), n° 210.
[2] Séance de la convention du 1er floréal (20 avril).
[3] *Moniteur*, p. 212.
[4] *Ibid.*

qu'elle s'enracine jusqu'au fond des consciences, et que
ses victimes sont ses séides.... Quand on a douze armées
sous la tente, ce n'est pas seulement les défections qu'on
doit craindre et prévenir ; l'influence militaire et l'ambition d'un chef entreprenant qui sort tout à coup de la
ligne sont également à redouter : l'histoire nous apprend
que c'est par là que toutes les républiques ont péri[1]. »
La France n'ayant pris les armes que pour la défense de
ces principes, il convenait de le proclamer de façon à être
entendu de la terre entière, et c'est ce que Billaud-Varenne fit en ces termes : « L'expérience des siècles nous
a suffisamment montré qu'un peuple guerrier apprête
pour lui-même le joug qu'il impose aux autres nations.
La soif des conquêtes ouvre l'âme à l'ambition, à l'ava-
rice, à l'injustice, à la férocité, passions qui transforment
tôt ou tard le petit nombre en dominateurs et le surplus
en esclaves[2]. » Le résumé fut qu'il fallait comprimer
d'une main vigoureuse, au dedans, les ennemis de la République, et conduire la guerre, au dehors, de manière
à vaincre l'Europe en surexcitant dans l'âme du soldat
toutes les passions généreuses, et en évitant de donner le
Rubicon à franchir à quelque nouveau César. Le décret
rendu par suite de ce rapport fut rédigé sous l'empire
d'une idée qui eût pu paraître puérile à force d'orgueil
si tant de triomphes ne l'eussent expliquée ; il supposait
à la Convention le pouvoir de disposer souverainement
de la victoire : « La Convention nationale déclare qu'appuyée sur les vertus du peuple français, elle fera triompher la République démocratique, et punira sans pitié
tous ses ennemis[3]. »

Sans pitié ! Cette dure parole annonçait la continuation
de la Terreur ; et l'effet ne suivit que trop tôt la menace.

[1] *Moniteur*, an II (1794), n° 212.
[2] *Ibid.*
[3] *Ibid.*

X.   28

D'Éprémenil, Le Chapelier, Thouret, Malesherbes, Lavoisier, Madame Élizabeth, furent successivement traînés à l'échafaud[1].

D'Éprémenil et Le Chapelier, ennemis dans l'Assemblée constituante, se voyaient maintenant accusés du même crime. Sur la charrette qui les conduisait l'un et l'autre à la mort, ils échangèrent les poignantes paroles que voici : « Monsieur,, dit d'Éprémenil à son compagnon, l'on nous donne un terrible problème à résoudre. — Lequel? — C'est de savoir auquel de nous deux s'adresseront les huées. — A tous les deux[2]. » Tous les deux, en effet, ils avaient d'abord servi, puis combattu la Révolution : le premier, dès l'origine et avec audace, le second, plus tard et par des voies souterraines. Ils périrent pour avoir fait halte dans les routes inconnues où ils s'étaient engagés sans prévoyance[3].

Contre Thouret, c'est à peine s'il existait des soupçons, à moins qu'on ne lui imputât à crime d'être l'auteur d'une constitution dont les principes étaient dépassés. Sa mort accuse, de la part de ceux qui le frappèrent, une inflexibilité vraiment féroce.

Mais un meurtre qui étonne autant qu'il fait horreur, c'est celui de Malesherbes. Qui plus vivement que Malesherbes s'était opposé au despotisme de l'ancienne cour? On ne pouvait avoir oublié ses remontrances à Louis XV, si fermes, que Voltaire les jugeait trop dures, ni ses combats en faveur de la liberté de conscience, ni les services immortels que, comme directeur de la librairie sous un roi despote, il rendit à la liberté de la presse. S'il était

---

[1] Les quatre premiers furent condamnés à mort le 5 floréal (22 avril); le cinquième périt le 18 floréal (8 mai), et la sœur de Louis XVI le 21 floréal (11 mai).

[2] Beaulieu, *Biographie de d'Éprémenil.*

[3] D'Éprémenil fut un des premiers moteurs, et le plus ardent, des résistances parlementaires contre la Cour. L'acte d'abolition de la noblesse eut pour rédacteur Le Chapelier.

un homme que la Révolution dût respecter, c'était lui, lui le correspondant et le protecteur de Rousseau, l'ami constant des philosophes, lui sans qui, au témoignage de Grimm, l'*Encyclopédie* n'aurait jamais paru. Il n'avait rien rétracté d'ailleurs[1], ne s'était mêlé à aucune résistance, et son admirable conduite envers Louis XVI détrôné, abandonné de tous, condamné à mourir, n'était qu'un titre de plus à la sympathie des âmes généreuses. Les considérants de l'arrêt sous lequel il succomba sont odieusement vagues; ils portent : « Convaincu d'être auteur ou complice des complots qui ont existé depuis 1789 contre la liberté, la sûreté et la souveraineté du peuple[2].» Tant de vertige consterne et épouvante. Ce grand homme de bien avait été arrêté avec sa fille, sa petite-fille, et le mari de cette dernière, M. de Chateaubriand, frère aîné du célèbre écrivain. Tous dirent adieu à la vie le même jour, sur le même échafaud. On raconte de la sérénité de Malesherbes dans le moment suprême des traits qui méritent d'être conservés. Lorsqu'il arriva à la Conciergerie, il dit gaiement à un de ses codétenus : « Vous le voyez, je me suis avisé, sur mes vieux jours, d'être un mauvais sujet, et l'on m'a mis en prison[3]. » Comme il allait au supplice, son pied heurtant contre une pierre : « Voici, s'écria-t-il, un mauvais présage; un Romain, à ma place, serait rentré[4]. »

Malesherbes mourut le 3 floréal (22 avril), et Lavoi-

---

[1] L'auteur de l'article qui le concerne dans la *Biographie universelle* a fait, pour prouver le contraire, de bien pauvres efforts, et qui tombent devant le témoignage de J.-B. Dubois, ami de Malesherbes, et dont la *Notice historique*, en matière de faits, a beaucoup d'autorité. Cette *Notice historique sur Lamoignon de Malesherbes* fut publiée en 1806.

[2] *Moniteur*, an II (1794), n° 221.

[3] J.-B. Dubois, *Notice historique sur Lamoignon de Malesherbes*, p. 155.

[4] *Ibid.*, p. 154.

sier le 18 floréal (8 mai) : en quinze jours, deux victimes
illustres.

Lavoisier avait appartenu à l'association des fermiers
généraux : c'est ce qui le perdit. Bien avant le mois de
floréal, le déchaînement contre ces financiers de l'ancien
régime était devenu terrible. Dénoncés comme sangsues du peuple dans une multitude de pamphlets, poursuivis sans relâche par le représentant Montaut et par
Cambon, qui ne parlait que de leur faire rendre gorge [1],
leur sort était fixé. L'examen de leurs actes fut confié
à une commission, placée elle-même par l'Assemblée sous
la surveillance de deux commissaires spéciaux, et qui,
le 16 floréal, présenta son rapport, après une longue et
sérieuse enquête [2]. Lavoisier, au bruit de l'orage, s'était
réfugié dans un asile que lui ménagea l'ancien concierge
de l'Académie des sciences ; informé de l'arrestation de
vingt-huit fermiers généraux, il tremble du danger que
courait son hôte et se constitue prisonnier [3]. Le rapport,
tel que le rédigea le député Dupin, était foudroyant ; il
énumérait de nombreux faits de concussion, et concluait
à envoyer les prévenus devant le Tribunal révolutionnaire, auquel on laissait le soin de distinguer entre les
innocents et les coupables. Que Lavoisier fût au nombre
des premiers, nul n'en pouvait douter et n'en douta
parmi ceux qui l'avaient connu. Mais, dans le monde
savant, l'effroi paralysa l'émotion. Et toutefois le lycée
des arts osa donner à l'illustre prisonnier une marque
d'intérêt digne de lui : une députation, ayant obtenu
d'être introduite dans son cachot, lui posa une couronne
sur la tête [4]. Il est affreux d'avoir à dire qu'on le con-

---

[1] Discours de Dupin dans la séance du 16 floréal an II. *Moniteur*,
an II (1794), n° 230.
[2] *Ibid.*
[3] *Dictionnaire de la conversation.* — Art. Lavoisier.
[4] *Ibid.*

damna, et plus affreux encore d'avoir à rappeler qu'il ne put obtenir un délai pour compléter des expériences utiles. Les uns prêtent à Dumas, les autres à Fouquier-Tinville, une réponse que rend heureusement douteuse l'excès de sa brutale imbécillité, joint à la non-concordance des témoignages[1] : *Nous n'avons pas besoin de savants.*

Le refus inepte et barbare d'un sursis utile à la République, et l'application inique de la peine capitale à un délit commis sous un autre régime, délit qui, même en le supposant prouvé, n'était pas un péril pour la Révolution : voilà ce qu'on ne saurait trop condamner. Mais, dans la mort de Lavoisier, il est injuste de chercher la preuve que la Révolution était hostile au génie. Lavoisier fut frappé quoique savant, non comme savant, à une époque qui poussa jusqu'au fanatisme le culte du principe d'égalité. Son malheur fut d'avoir fait partie d'une compagnie financière contre laquelle s'élevaient des préventions violentes, et qu'après tout on ne jugea coupable qu'à la suite d'investigations approfondies. Car il y eut effort manifeste pour connaître la vérité; on chargea des recherches, non-seulement une commission spéciale, mais les comités des finances et de l'examen des comptes; les mémoires des fermiers généraux, librement produits, furent pesés avec soin, et, pour qu'un plus grand nombre d'examinateurs pussent assister aux séances, on décida que les convocations auraient lieu dans le palais même de la Convention[2]. C'est surtout

---

[1] La réponse dont il s'agit est attribuée à Dumas par les auteurs de l'*Art de vérifier les dates*, t. I, p. 185. Elle est attribuée à Fouquier-Tinville par l'auteur de l'article Lavoisier dans le *Dictionnaire de la conversation;* et, quant à la *Biographie universelle*, elle ne nomme personne et s'exprime ainsi : *Le chef de cette horrible troupe*, etc.

[2] Tout ceci constaté dans un discours prononcé par Dupin, rapporteur de la commission, le 16 floréal an II. Voy. le *Moniteur*, an II (1794), n° 250.

quand il s'agit de faits qui contristent la conscience humaine qu'il se faut garder de toute exagération, et opposer la vérité pure aux appréciations envenimées de l'esprit de parti.

Quant à Madame Élizabeth, nul doute qu'elle n'eût conspiré contre la Révolution, trempé dans le projet de fuite à Montmédy, entretenu avec les princes émigrés une correspondance suivie [1], et donné au fils de Louis XVI, captif, l'éducation de la royauté. Mais l'éducation qu'elle même avait reçue, son titre de femme, sa tendresse pour son frère, ses vertus privées, et les sentiments d'aversion qu'avaient dû naturellement lui inspirer des événements si funestes aux siens, tout cela ne plaidait-il pas en sa faveur? la justice n'est véritablement juste qu'à la condition de tenir compte des circonstances atténuantes ; et c'est là, par malheur, ce que ne comprennent guère, en temps de discordes civiles, ceux qui tiennent la hache.

Robespierre le comprit néanmoins en cette occasion, et ses efforts pour sauver Madame Élizabeth furent précisément ce qui donna lieu à la fable ridicule d'un projet de mariage entre lui et cette princesse [2]. Il aurait aussi voulu sauver Thouret, si l'on en juge par le langage que celui-ci tenait dans la prison du Luxembourg, où il faisait continuellement l'éloge de Robespierre, et le désignait comme l'homme qui devait mettre un terme à la Terreur [3]. Mais il eût fallu pour cela un pouvoir que per-

[1] Les royalistes l'en louent. Voy. l'article qui la concerne dans la *Biographie universelle.*

[2] Croirait-on que, dans un petit pamphlet de huit pages, publié après le 9 thermidor, et intitulé *Nouveaux et intéressants détails de l'horrible conspiration de Robespierre et de ses complices,* on lit : « Le 10 thermidor, la fille de Louis XVI, contrairement à son habitude, se leva au point du jour et mit ses plus beaux habits. Le 12, *elle prit le deuil?* »

[3] Beaulieu, enfermé dans la même prison que Thouret, raconte le

sonne alors ne possédait. Collot-d'Herbois et Billaud-
Varenne étaient là, l'œil fixé sur leur grand rival, et
prêts à l'accabler sous l'accusation de modérantisme,
pour peu qu'il prêtât le flanc. N'était-ce pas Billaud-
Varenne qui s'était chargé d'aller prononcer à la tribune
de la Convention le mot *sans pitié?* et n'était-il pas,
dans le Comité de salut public, le chef de la fraction
opposée à Robespierre?

Lui, sur cette pente sanglante où la force des choses roulait les hommes pêle-mêle, il cherchait, plein d'anxiété,
un appui où il pût se retenir. De cette lutte confuse des
éléments, il brûlait de dégager enfin le règne calme de
la liberté. Il aspirait à séparer la révolution du chaos.
Mais, des ruines de l'ancienne société dissoute, comment
tirer une société nouvelle? quel point de départ donner
à l'œuvre de reconstruction, quand il ne resterait plus
rien à abattre? tout un monde de croyances séculaires
ne s'écroule pas en un jour sans laisser un vide : comment le remplir, ce vide effrayant? qu'on brise jusqu'au
dernier des liens moraux qui forment une *communauté*,
ses membres ne vont-ils pas s'entre-dévorer? vainement
leur demanderait-on de se tenir unis au moyen de la
justice : quel espoir que la notion de la justice ait un
caractère d'universalité et de permanence, là où elle
est soumise au caprice des jugements individuels et flotte
au gré des intérêts divers? combien petit le nombre des
questions résolues d'une manière invariable par la conscience humaine, dans ces combats de l'esprit où, presque
toujours, chacun des combattants dit et croit avoir de

fait en deux endroits différents, dans ses *Essais historiques sur la Révolution de France* d'abord, et ensuite dans la *Biographie universelle*,
article Thouret. Dans la *Biographie universelle*, ouvrage ultra-royaliste, comme chacun sait, Beaulieu cherche à donner au langage de
Thouret, concernant Robespierre, une couleur de lâcheté. Mais ce n'est
pas du tout ainsi qu'il présente lui-même la chose dans ses *Essais
historiques sur la Révolution de France.*

son côté la justice ? Il est, d'ailleurs, inhérent à la
nature de l'homme de se préoccuper de ce qui fut et de
ce qui sera ; de vivre par l'esprit en deçà de son berceau
et au delà de sa tombe, de reculer par l'espoir, même
par le rêve, les termes de son existence. Et, en ceci, la
concordance des aspirations compte parmi les conditions
essentielles de la sociabilité.

C'est ce que sentait profondément Robespierre ; à
l'exemple de Jean-Jacques, il repoussait l'athéisme
comme « concentrant toutes les passions dans la bassesse
de l'intérêt particulier, dans l'abjection du *moi* humain,
et sapant à petit bruit les vrais fondements de toute
société [1]. » C'était aussi Jean-Jacques qui avait écrit :
« Il y a une profession de foi purement civile dont il
appartient au souverain de fixer les articles, non pas
précisément comme *dogmes de religion*, mais comme
sentiments de sociabilité... César, plaidant pour Catilina,
tâchait d'établir le dogme de la mortalité de l'âme :
Caton et Cicéron, pour le réfuter, ne s'amusèrent point
à philosopher ; ils se contentèrent de montrer que César
parlait en mauvais citoyen et avançait une doctrine per-
nicieuse à l'État. En effet, voilà de quoi devait juger
le sénat de Rome, et non d'une question de théologie...
Les dogmes de la religion civile doivent être simples, en
petit nombre, énoncés avec précision, sans explication
ni commentaires. L'existence de la Divinité puissante,
intelligente, bienfaisante, prévoyante et pourvoyante, la
vie à venir, le bonheur des justes, le châtiment des
méchants, la sainteté du contrat social et des lois, voilà
les dogmes positifs [2]. »

De là sortit le décret par lequel la Convention reconnut l'existence de l'Être suprême et l'immortalité de
l'âme.

[1] *Émile*, t. III, p. 114 et suiv. Amsterdam, MDCCLXII.
[2] *Contrat social*, liv. IV, chap. VIII.

Mais l'y décider demandait une rare puissance d'initiative.

Il y fallait un homme assez intelligent pour bien séparer la cause de Dieu d'avec celle des prêtres, assez fort pour résister aux railleries des indifférents, et assez courageux pour braver la colère des fanatiques d'incrédulité. Robespierre regarda l'entreprise en face, et s'y jeta sans pâlir.

Le 18 floréal (8 mai), on le vit paraître à la tribune, le visage plus altéré que d'ordinaire. Il se fait un grand silence, et lui, commence en ces termes :

« C'est dans la prospérité que les peuples, ainsi que les particuliers, doivent se recueillir, pour se mettre en garde contre l'ivresse, et écouter, dans le silence des passions, la voix de la sagesse et de la modestie qu'elle inspire. Le moment où le bruit de nos victoires retentit dans l'univers est donc celui où les législateurs de la République française doivent veiller avec une nouvelle sollicitude sur eux-mêmes et sur la patrie [1]. »

Il rappelle alors de combien de changements merveilleux la terre a été le théâtre ; il en annonce de plus merveilleux encore ; et, fier de voir le peuple français devancer les autres nations dans les voies où marche la raison humaine : « l'Europe, continue-t-il, est à genoux devant les ombres des tyrans que nous punissons... Elle ne conçoit pas qu'on puisse vivre sans rois et sans nobles ; nous, qu'on puisse vivre avec eux... Nos sublimes voisins entretiennent gravement l'univers de la santé du roi, de ses divertissements, de ses voyages ; ils veulent absolument apprendre à la postérité à quelle heure il a dîné ; à quel moment il est revenu de la chasse ; quelle est la terre heureuse qui, à chaque instant du jour, eut l'honneur d'être foulée par ses pieds augustes... Nous lui

[1] *Moniteur*, an II (1794), n° 229.

apprendrons, nous, les noms et les vertus des héros
morts pour la Liberté [1]... »

A mesure que Robespierre parlait, sa voix prenait une
accentuation tragique. Jamais le frémissement nerveux
qui parcourait, à la tribune, ses membres palpitants ;
jamais le tic habituel qui tourmentait les muscles de sa
face ; jamais le tressaillement involontaire de ses doigts
jouant sur l'appui de la tribune comme sur les touches
d'une épinette [2], ne révélèrent mieux l'intérêt profond de
son âme dans la question soulevée. Au moment où il
l'aborda, rien de plus véhément que son langage :

« Qui donc t'a donné la mission d'annoncer au peuple
que la Divinité n'existe pas, ô toi qui te passionnes pour
cette aride doctrine, et qui ne te passionnas jamais pour
la patrie ? Quel avantage trouves-tu à persuader à l'homme
qu'une force aveugle préside à ses destinées, frappant au
hasard le crime et la vertu, et que son âme n'est qu'un
souffle léger qui s'éteint aux portes du tombeau ? L'idée
de son néant lui inspirera-t-elle des sentiments plus purs
et plus élevés que celle de son immortalité ? Lui inspirera-t-elle plus de respect pour ses semblables et pour
lui-même, plus de dévouement pour la patrie, plus d'audace à braver les tyrans, plus de mépris pour la mort et
pour la volupté ? Vous qui regrettez un ami vertueux,
vous aimez à penser que la plus belle partie de lui-même
a échappé au trépas ! Vous qui pleurez sur le cercueil
d'un fils ou d'une épouse, êtes-vous consolés par celui
qui vous dit qu'il ne reste d'eux qu'une vile poussière ?
Malheureux qui expirez sous les coups d'un assassin,
votre dernier soupir est un appel à la justice éternelle !
L'innocence sur l'échafaud fait pâlir le tyran sur son char
de triomphe : aurait-elle cet ascendant, si le tombeau

[1] *Moniteur*, an II (1794), n° 229.
[2] Charles Nodier, *Biographie de Robespierre*.

égalait l'oppresseur et l'opprimé?... Je n'ai pas besoin
d'observer qu'il ne s'agit ici de faire le procès à aucune
opinion philosophique et particulière ni de contester que
tel philosophe peut être vertueux, quelles que soient ses
opinions, et même en dépit d'elles, par la force d'un naturel heureux ou d'une raison supérieure. Il s'agit de
considérer seulement l'athéisme comme national et lié à
un système de conspiration contre la République. Eh, que
vous importent à vous, législateurs, les hypothèses diverses par lesquelles certains philosophes expliquèrent
les phénomènes de la nature? Vous pouvez abandonner
ces objets à leurs disputes éternelles : ce n'est ni comme
métaphysiciens ni comme théologiens que vous devez les
envisager. Aux yeux du législateur, tout ce qui est utile
au monde et bon dans sa pratique est la vérité. L'idée de
l'Être suprême et de l'immortalité de l'âme est un rappel
continuel à la JUSTICE; elle est donc sociale et républicaine.»

C'était bien là, on le voit, le point de vue de Jean-
Jacques. Aussi en quels termes pleins de respect et de
tendresse le disciple rendit hommage à son maître! Après
avoir parlé avec une amertume à peine contenue de ceux
des philosophes du dix-huitième siècle « qui déclamaient
quelquefois contre le despotisme et étaient pensionnés par
les despotes, qui faisaient tantôt des livres contre la Cour
et tantôt des dédicaces aux rois, qui composaient des discours pour les courtisans et des madrigaux pour les cour-
tisanes, qui étaient fiers dans leurs écrits et rampants dans
les antichambres,» Robespierre ajoutait : « Un homme,
par l'élévation de son âme et par la grandeur de son caractère, se montra digne du ministère de précepteur du
genre humain... Ah! s'il avait été témoin de cette révolution dont il fut le précurseur et qui l'a porté au Panthéon,

---

[1] *Moniteur*, an II (1794), n° 229.

qui peut douter que son âme généreuse eût embrassé
avec transport la cause de la justice et de l'égalité [1] ! »

Il faut citer intégralement le passage relatif aux
prêtres :

. « Fanatiques, n'espérez rien de nous ! Rappeler les
hommes au culte pur de l'Être suprême, c'est porter un
coup mortel au fanatisme. Toutes les fictions disparaissent
devant la vérité, et toutes les folies tombent devant la raison. Sans contrainte, sans persécution, toutes les sectes
doivent se confondre d'elles-mêmes dans la religion universelle de la nature. (*On applaudit.*) Nous vous con-
seillerons donc de maintenir les principes que vous avez
manifestés jusqu'ici. Que la liberté des cultes soit res-
pectée, pour le triomphe même de la raison ; mais qu'elle
ne trouble point l'ordre public, et qu'elle ne devienne
pas un moyen de conspiration. Si la malveillance contre-
révolutionnaire se cachait sous ce prétexte, réprimez-la,
et reposez-vous du reste sur la puissance des principes et
sur la force même des choses. Prêtres ambitieux, n'attendez donc pas que nous travaillions à rétablir votre
empire ! Une telle entreprise serait même au-dessus de
notre puissance. (*On applaudit.*) Vous vous êtes tués
vous-mêmes, et l'on ne revient pas plus à la vie morale
qu'à l'existence physique. Et, d'ailleurs, qu'y a-t-il entre
les prêtres et Dieu ? Les prêtres sont à la morale ce que
les charlatans sont à la médecine. (*Nouveaux applaudissements.*) Combien le Dieu de la nature est différent du Dieu
des prêtres ! (*Les applaudissements continuent.*) Je ne connais rien de si ressemblant à l'athéisme que les religions
qu'ils ont faites ; à force de défigurer l'Être suprême, ils
l'ont anéanti autant qu'il était en eux ; ils en ont fait tantôt
un globe de feu, tantôt un arbre, tantôt un homme, tantôt un roi ; les prêtres ont créé un Dieu à leur image ; ils

[1] *Moniteur*, an II (1794, n° 229.

l'ont fait jaloux, capricieux, avide, cruel, implacable; ils
l'ont traité comme jadis les maires du palais traitèrent les
descendants de Clovis, pour régner sous son nom et se
mettre à sa place : ils l'ont relégué dans le ciel comme
dans un palais, et ne l'ont appelé sur la terre que pour
demander à leur profit des dîmes, des honneurs, des plaisirs et de la puissance. (*Vifs applaudissements.*) Le véritable prêtre de l'Être suprême, c'est la nature ; son
temple, l'univers ; son culte, la vertu ; ses fêtes, la joie
d'un grand peuple rassemblé sous ses yeux pour resserrer
les doux nœuds de la fraternité universelle, et lui présenter l'hommage des cœurs sensibles et purs. Prêtres,
par quel titre avez-vous prouvé votre mission ? Avez-vous
été plus justes, plus modestes, plus amis de la vérité que
les autres hommes ? Avez-vous chéri l'égalité, défendu
les droits des peuples, abhorré le despotisme et abattu la
tyrannie ? C'est vous qui avez dit aux rois : *Vous êtes les
images de Dieu sur la terre ; c'est de lui seul que vous tenez
votre puissance ;* et les rois vous ont répondu : *Oui, vous êtes
vraiment les envoyés de Dieu ; unissons-nous pour partager les dépouilles et les adorations des mortels.* Le sceptre
et l'encensoir ont conspiré pour déshonorer le ciel et
pour usurper la terre. (*Applaudissements.*) Laissons les
prêtres, et retournons à la Divinité. (*Applaudissements.*)[1] »

Robespierre termina par des considérations très-éle-
vées sur la nécessité de rendre l'éducation commune et
égale pour tous les Français, et d'établir des fêtes natio-
nales. Le décret qu'il proposa en conséquence, et qui fut
rendu au milieu d'acclamations prolongées, portait :

« Le peuple français reconnaît l'existence de l'Être
suprême et l'immortalité de l'âme.

« Il reconnaît que le culte digne de l'Être suprême est
la pratique des devoirs de l'homme.

[1] *Moniteur,* an II (1794), n° 229.

« Il sera institué des fêtes pour rappeler l'homme à la pensée de la Divinité et à la dignité de son être.

« Elles emprunteront leurs noms des événements glorieux de notre Révolution, des vertus les plus chères et les plus utiles à l'homme, des plus grands bienfaits de la nature.

« Il sera célébré, le 2 prairial prochain, une fête en l'honneur de l'Être suprême [1]. »

Une clause fut ajoutée au décret, qui mettait au Panthéon Barra et Viala, enfants héroïques morts l'un et l'autre pour la liberté, et dont Robespierre avait célébré le dévouement [2].

Dans l'imposant discours qui vient d'être cité, il y avait deux taches : d'abord, une attaque gratuite et violente à Condorcet, et ensuite une insulte jetée à la mémoire de Danton. Robespierre espérait-il donc échapper, en décriant Danton, au reproche de l'avoir abandonné ? Triste illusion d'un cœur qui veut tromper son remords !

Quoi qu'il en soit, d'ardentes acclamations saluèrent dans toute la France le décret du 18 floréal. On vit affluer les adresses où la Convention était félicitée de sa sagesse [3]; les sections vinrent l'une après l'autre témoigner de leur adhésion enthousiaste; le gouvernement qui avait mis la *justice et la vertu à l'ordre du jour* fut proclamé dans toutes les sociétés populaires le seul digne d'achever l'œuvre de régénération commencée ; enfin, les habitants des communes de Montmorency et d'Ermenonville furent invités à transporter au sein de la Convention l'urne qui renfermait les cendres de Jean-Jacques [4].

Mais, en revanche, des colères venaient d'être éveillées,

[1] *Moniteur*, an II (1794), n° 229.
[2] *Ibid.*
[3] *Ibid.*, n° 249.
[4] *Ibid.*, n° 254.

qui n'attendaient pour éclater qu'un moment favorable,
et, pendant que les révolutionnaires de l'école du baron
d'Holbach se répandaient en protestations sourdes, les
prêtres, non moins irrités, quoique pour des motifs contraires, alimentaient sous main l'opposition des dévots,
feignant de s'étonner qu'on eût osé débaptiser Dieu et
lui faire l'injure de « décréter son existence. » Ils impu
taient ainsi à Robespierre, par un grossier mensonge,
d'avoir prétendu *créer* ce qu'il avait *proclamé seulement* [1].

Mais le mouvement était imprimé. La Commune, le
club des Jacobins, les administrateurs du département
de Paris, allèrent tour à tour déclarer à la Convention
que leur profession de foi était la sienne ; Carnot, qui
présidait alors l'Assemblée, répondit aux députations,
absolument comme aurait pu le faire Robespierre lui-
même [2]; et un arrêté du Comité de salut public ordonna

[1] L'accusation d'impiété qui consistait à dire que Robespierre avait
« décrété l'existence de Dieu » avait tellement couru quand Boiste
publia son *Dictionnaire de la langue française*, qu'il se servit de cette
phrase comme d'exemple, au mot *décréter*.

Il est remarquable que les mêmes hommes, qui trouvent si extraordinaire que la Convention ait *proclamé* par décret un principe religieux, trouvèrent tout simple, après la Révolution de 1830, que la
religion catholique fût déclarée, par la loi, religion de l'État. Il est
vrai qu'il y eut discussion, et que le résultat fut la constatation, cette
fois incontestablement ridicule, de ce fait statistique : « La religion
catholique est la religion de la majorité des Français! »

Charles Nodier a écrit : « J'avoue que, les dogmes admis, le côté
bouffon de cette formule (la reconnaissance de l'Être suprême et de
l'immortalité de l'âme) m'échappe tout à fait, et, pour compléter
ma pensée, j'avoue que je la trouve très-convenable et très-belle...
Rien n'était plus. C'est donc ici la pierre angulaire d'une société nais-
sante. C'est le renouvellement du monde. C'est le cri de ce monde,
éclos d'un autre chaos, qui se rend compte de sa création et qui en
fait hommage à son auteur; l'élan de la société entière, le jour où
elle a retrouvé les titres oubliés de sa destination éternelle. » — *Dictionnaire de la conversation*, au mot *Robespierre*.

[2] *Moniteur*, an II (1794), n°s 256, 239, 240.

que désormais sur le frontispice des temples destinés aux
fêtes publiques il n'y aurait plus d'autre inscription que
celle-ci : *A l'Être suprême*[1].

Une circonstance montre combien l'entraînement fut
général : Lequinio, en pleine séance des Jacobins, se
prononça bien haut contre l'athéisme. Il oubliait les
livres où il l'avait professé[2]. Robespierre, qu'il espérait
sans doute gagner par la flatterie, le repoussa avec dédain[3].

L'ascendant de ce dernier grandissait de jour en jour.
Encore un pas, et il était au sommet de sa fortune. Un
événement inattendu sembla l'y pousser.

Dans la nuit du 3 au 4 prairial (22-23 mai), une patrouille passant sur la place du théâtre Favart entend
tout à coup crier à l'assassin ! Les cris partaient de la
maison n° 4, habitée par Collot-d'Herbois. On y court.
Collot-d'Herbois était sur l'escalier, nu-tête, le visage
pâle, sortant d'une lutte corps à corps qu'attestaient les
tronçons d'un sabre et des poignées de cheveux arrachés.
Deux coups de pistolet venaient d'être tirés, sans l'atteindre, sur le représentant du peuple ; et l'assassin,
réfugié dans sa chambre, s'y était barricadé, criant que
le premier qui forcerait la porte était mort. Un serrurier,
nommé Geffroy, brave ses menaces, ouvre, et tombe
grièvement blessé d'un coup de feu à l'épaule. On arrête
le meurtrier. C'était un homme d'une cinquantaine d'années, mais encore plein de vigueur. Sa physionomie
sombre annonçait son âme. Il déclara que, voulant tuer
Robespierre et n'ayant pu l'approcher, il s'était dédom-
magé en essayant de tuer Collot-d'Herbois, dans la maison duquel il demeurait. Il se nommait Admiral, était
du Puy-de-Dôme, et occupait l'emploi de garçon de bu-

---

[1] *Moniteur*, an II (1794), n° 259.
[2] Beaulieu, *Biographie de Lequinio*.
[3] *Ibid*.

reau à la loterie nationale. A l'Assemblée, pendant qu'il y attendait Robespierre pour l'immoler, Barère ayant commencé un discours qui lui parut ennuyeux, il s'était endormi ! Le seul regret qu'il témoigna fut celui d'avoir manqué son coup[1].

Or, le jour même où tout Paris s'entretenait de cette nouvelle, une jeune personne nommée Cécile Renault, à peine âgée de vingt ans, et fille d'un marchand papetier, se présentait, à neuf heures du soir, chez Robespierre. Informée de son absence, elle éclate en paroles de colère, et dit qu'un fonctionnaire public se doit à ses visiteurs. Son insistance, son langage, son attitude, éveillent les soupçons. Elle avait sur elle deux couteaux. On l'arrête. « Qu'alliez-vous faire chez Robespierre ? — Voir comment est fait un tyran. » Elle ne fit nul mystère de son horreur pour la République, disant qu'elle préférait un roi à cinquante mille tyrans. Interrogée sur le fait d'un paquet qu'elle avait déposé chez un limonadier avant d'entrer chez Robespierre, elle répondit que, sachant où on la conduirait, elle avait voulu se pourvoir de linge. On lui demanda : « de quel lieu parlez-vous ? — De la prison, pour aller de là à la guillotine. — Et quel usage entendiez-vous faire des deux couteaux trouvés sur vous ? —Aucun, n'ayant intention de faire du mal à personne[2] ? » L'ensemble de ses réponses parut démentir la dernière : elle fut conduite en prison.

L'assassinat rehausse les victimes quand il les manque. Collot-d'Herbois et Robespierre devinrent, pour un mo-

---

[1] Voy. le procès-verbal de la section de Lepeletier, *Moniteur*, an II (1794), n° 250.

[2] Rapport du Comité de sûreté générale et de surveillance, *Moniteur*, an II (1794), n° 250.
L'interrogatoire de Cécile Renault montre ce qu'il faut penser de la véracité de Riouffe, qui, dans ses Mémoires, p. 74-75, dit avec une rare assurance : « Cécile Renault n'avait pas la moindre arme offensive sur elle. »

ment, l'objet d'une véritable idolâtrie de la part des révolutionnaires. L'indignation contre les royalistes était d'autant plus vive, que, tout récemment encore, François Gamain, le professeur de Louis XVI dans l'art de la serrurerie et son aide dans la construction de l'armoire de fer, avait présenté une pétition constatant la tentative faite autrefois pour l'empoisonner[1]. C'est donc ainsi qu'on prétend nous combattre, disaient les révolutionnaires, furieux! Le poignard, les coups de pistolet tirés dans l'ombre, le poison, voilà donc leurs armes! Lorsque, le 6 prairial (25 mai), Collot-d'Herbois et Robespierre entrèrent dans la salle des Jacobins, l'enthousiasme fit explosion d'une manière touchante et terrible tour à tour. Legendre alla jusqu'à proposer qu'on donnât une garde aux représentants menacés. Était-ce l'expression d'un intérêt sincère, ou une adulation basse, ou un piége? Legendre avait tenu de trop près à la faction Dantoniste pour que, venant de lui, une telle proposition ne fût pas suspecte. Entouré d'une garde, Robespierre, qu'on accusait tant d'aspirer à la dictature, eût apparu comme un second Pisistrate : quel avantage ménagé à ses calomniateurs! Couthon repousse vivement, pour son ami, un présent qui serait la mort. De son côté, en réponse à une motion du Dantoniste Rousselin, conçue dans le même esprit que celle de Legendre, Robespierre rejette l'idée d'honneurs qui ne pouvaient qu'exciter l'envie et la haine[2]. La modestie, en cette occasion, n'était qu'un conseil de la prudence.

Le 7, dans un rapport rédigé avec soin, Barère s'ef-

---

[1] Le rapport de Peyssard sur la pétition de Gamain fut présenté à la Convention le 28 floréal (17 mai). Nous avons donné au long dans cet ouvrage les détails relatifs à l'étrange aventure dont Gamain fut le héros.

[2] Voy. la séance du 6 prairial, aux Jacobins, dans le *Moniteur*, an II, (1794), n° 250.

força de rattacher les attentats dont l'opinion publique s'était émue à la politique de Pitt. Il reprocha violemment à cette politique d'être sans foi et sans entrailles. Il la mit au ban de l'humanité pour avoir déclaré à la France une guerre à mort, où contre nous tout avait paru bon : solde payée à la révolte, recrutement de traîtres, organisation d'un vaste plan de famine, fabrication de faux assignats, violations continuelles du droit des gens, incendie de nos arsenaux et de nos magasins confié à la trahison, prime promise et payée à des assassins. Il y avait du vrai dans ce tableau; mais, outre que les couleurs en étaient chargées, on y imputait fort injustement à la nation anglaise les torts d'un gouvernement qui la trompait, et qui d'ailleurs n'était pas sans rencontrer autour de lui, devant lui et au-dessous de lui, une opposition animée. Ce fut un sauvage et affreux décret que celui qui servit de conclusion à ces déclamations haineuses : « La Convention nationale décrète : « Il ne sera « fait aucun prisonnier anglais ou hanovrien[1]. »

Une chose digne de remarque, c'est l'affectation perfide que mit Barère à citer certains passages des journaux anglais, où il était dit : Robespierre a fait ordonner..... Les soldats de Robespierre..... On ne pouvait mieux le désigner aux coups de l'envie, ni mieux servir la fureur de ceux qui le voulaient faire passer pour un tyran. Mais telle était alors la tactique convenue. Car déjà se tramait la conjuration qui se dénoua le 9 thermidor, conjuration dont les principaux membres furent Tallien, Bourdon (de l'Oise), Lecointre, Fréron, Barras, Rovère, Thirion, Courtois, Garnier (de l'Aube), Merlin (de Thionville)[2], dans la Convention; Vadier, Amar, Vouland, dans le Comité de sûreté générale; et, dans le Comité de salut pu-

[1] Séance du 7 prairial (26 mai), *Moniteur*, an II (1794), n° 250.
[2] Voy. la note placée à la suite de ce chapitre.

blic, Billaud, Collot et Barère. Au fond, ce que tous ces hommes abhorraient en Robespierre, c'était, ou son énorme ascendant moral, ou son austérité soupçonneuse et menaçante. Pour le perdre, quel moyen plus sûr que d'accréditer cette opinion : Il vise à la dictature ? Et cependant, si jamais croyances furent désintéressées dans le sens profond du mot, ce furent celles de Robespierre ; son discours du 7 prairial le prouve, et restera comme un témoignage impérissable de l'élévation de son âme. Jamais la parole humaine n'avait trouvé des accents d'une mélancolie plus fière.

« Ce sera un beau sujet d'entretien pour la postérité, c'est déjà un spectacle digne de la terre et du ciel, de voir l'Assemblée des représentants du peuple français, placée sur un volcan inépuisable de conjurations, d'une main apporter aux pieds de l'éternel auteur des choses les hommages d'un grand peuple ; de l'autre, lancer la foudre sur les tyrans conjurés contre lui, fonder la première République du monde, et rappeler parmi les mortels la liberté, la justice et la vertu exilées. Ils périront, les tyrans armés contre le peuple français ; elles périront, les factions qui s'appuient sur l'étranger. Vous ne ferez pas la paix : vous la donnerez au monde, et vous l'ôterez au crime... Ils espéraient réussir à affamer le peuple français... Sa subsistance a été assurée. Quelle ressource leur reste-t-il donc ? l'assassinat. Ils espéraient exterminer la représentation nationale par la révolte soudoyée... que leur reste-t-il ? l'assassinat. Leurs satellites fuient devant nous ; mais il leur reste l'assassinat... Réjouissons nous donc, et rendons grâces au ciel, puisque nous avons assez bien servi notre patrie pour être jugés dignes des poignards des tyrans. Il est donc pour nous de glorieux dangers à courir ! Le séjour de la cité en offre donc au moins autant que le champ de bataille !... O rois et valets de rois ! Ce n'est pas nous qui nous plaindrons du

genre de guerre que vous nous faites : il est digne de
votre prudence auguste. Il est plus facile en effet de nous
ôter la vie que de triompher de nos principes ou de nos
armées... Quand les puissances de la terre se liguent
pour tuer un faible individu, sans doute il ne doit
plus s'obstiner à vivre. Aussi n'avons-nous pas fait
entrer dans nos calculs l'avantage de vivre longuement... Quel homme sur la terre a jamais défendu impunément les droits de l'humanité?... Pour mon compte,
je trouve que la situation où les ennemis de la République m'ont placé n'est point sans avantages, car plus
la vie des défenseurs de la liberté est incertaine et pré-
caire, plus ils sont indépendants de la méchanceté des
hommes. Entouré de leurs assassins, je me suis déjà
placé moi-même dans le nouvel ordre de choses où ils
veulent m'envoyer. Je ne tiens plus à une vie passagère
que par l'amour de la patrie et la soif de la justice ; et,
dégagé plus que jamais de toutes considérations personnelles, je me sens mieux disposé à attaquer avec énergie
les scélérats qui conspirent contre mon pays et contre le
genre humain. Plus ils se hâtent de terminer ma carrière
ici-bas, plus je me veux hâter de la remplir d'actions
utiles au bonheur de mes semblables. Je leur laisserai
du moins un testament qui fera frémir les tyrans et leurs
complices [1]... »

A ce langage, écho d'une conviction héroïque, l'Assemblée se sentit invinciblement émue ; il y eut un moment où, comme transportée dans des régions supé-
rieures, elle se leva tout entière [2] ; il y eut un moment où
les ennemis de cet homme qui vivait ainsi dans l'amour
de la mort s'étonnèrent de le haïr ; quand il descendit
de la tribune, les applaudissements qui l'avaient plu-

---

[1] *Moniteur*, an II (1794), n° 250.
[2] Voy. le compte rendu du *Moniteur*.

sieurs fois interrompu, éclatèrent avec une passion, avec une unanimité sans exemple ; et la Convention décréta que son discours serait traduit dans toutes les langues [1].

Le 20 prairial (8 juin) avait été fixé pour la fête de l'Être suprême. Ce jour, attendu par Robespierre avec une impatience religieuse, arriva enfin. Jamais soleil d'été ne brilla d'un éclat plus pur. « A travers la transparence du firmament, le regard semblait pénétrer d'autres cieux [2]. » De grand matin, toute la ville fut en mouvement ; les maisons étaient ornées de branches d'arbres ou de guirlandes, et toutes les rues jonchées de fleurs ; pas une croisée que ne pavoisât un drapeau, pas un batelet sur la rivière qui ne voguât sous des banderoles [3]. A huit heures, le canon appelle le peuple au jardin des Tuileries, où un vaste amphithéâtre, montant des parterres jusqu'au balcon du pavillon de l'Horloge, attendait la Convention, et où une statue colossale couvrait la surface occupée par le grand bassin [4]. Tout se fit comme David, l'ordonnateur de la fête, l'avait réglé. Les mères portaient des bouquets de roses, les jeunes filles des corbeilles remplies de fleurs, les hommes des branches de chêne. L'instrument des supplices avait disparu sous de riches tentures. A voir la cordialité qui régnait dans les groupes et l'épanouissement des visages, qui n'eût dit que le temps de la haine était passé ? « On se rapprochait sans se connaître, écrit un témoin oculaire ; on s'embrassait sans se nommer [5]. » Quelques-uns se flattaient de l'espoir que la Révolution était close.

Robespierre avait été nommé, par exception, président de l'Assemblée : distinction fatale, insidieuse peut-être,

---

[1] Voy. le compte rendu du *Moniteur*.
[2] Charles Nodier, *Biographie de Robespierre*.
[3] *Ibid.*
[4] *Moniteur*, an II (1794), n° 265.
[5] Charles Nodier, *ubi supra*.

qu'il eût été prudent de refuser ! « En passant dans la salle de la Liberté, raconte Vilate, qui logeait au pavillon de Flore, je rencontrai Robespierre, revêtu du costume de représentant du peuple, tenant à la main un bouquet mélangé d'épis et de fleurs ; la joie brillait pour la première fois sur sa figure. Il n'avait pas déjeuné ; le cœur plein du sentiment qu'inspirait cette superbe journée, je l'engage à monter à mon logement ; il accepte sans hésiter. Il fut étonné du concours immense qui couvrait le jardin des Tuileries : l'espérance et la gaieté rayonnaient sur tous les visages. Les femmes ajoutaient à l'embellissement par les parures les plus élégantes. On sentait qu'on célébrait la fête de l'auteur de la nature. Robespierre mangea peu. Ses regards se portaient souvent sur ce magnifique spectacle. On le voyait plongé dans l'ivresse de l'enthousiasme : « Voilà la plus inté-« ressante portion de l'humanité, s'écriait-il. L'univers « est ici rassemblé. O nature, que ta puissance est sublime « et délicieuse ! comme les tyrans doivent pâlir, à l'idée « de cette fête[1] ! »

Sachant que les membres du Tribunal révolutionnaire devaient venir chez Vilate, où la femme de Dumas était déjà[2], Robespierre perdit un peu de temps à les attendre ; de là un retard qui ne manqua pas de lui être imputé à crime. « Il fait le roi ! » murmuraient ses ennemis, et ils montraient son siége vide au milieu de l'amphithéâtre où la Convention l'avait précédé. Bourdon (de l'Oise), Merlin (de Thionville), Lecointre, et ceux qui pleuraient Danton, et ceux qui regrettaient Hébert, étaient animés d'une fureur sourde. Elle redoubla quand Robespierre parut au milieu des acclamations de la multitude. Ils disaient en mariant ce cri de l'envie à l'injure ou au sar-

---

[1] Vilate, *Causes secrètes de la Révolution*, du 9 au 10 thermidor.
[2] *Ibid.*, p. 196.

casme : « *Voyez comme on l'applaudit* [1] ! » Lui, tenait
levés sa figure blême et son front lisse, qu'illuminait
un rayon de tendresse. Son discours en cette occasion,
parut si beau, si pathétique, que La Harpe en fit un éloge
passionné [2].

Une nation aux prises avec les oppresseurs du genre
humain, suspendant le cours de ses travaux héroïques
pour élever sa pensée vers le grand Être qui lui donna
la mission de les entreprendre et la force de les exécuter,
voilà le spectacle que Robespierre proclama le plus
auguste qui eût jamais fixé les regards des hommes. Il
remercia Dieu d'avoir placé dans le sein de l'oppresseur
triomphant le remords et l'épouvante ; dans le cœur de
l'innocent opprimé, au contraire, le calme et la fierté.
Il nia le droit divin des rois à dévorer l'espèce humaine,
et le droit divin des prêtres à nous atteler, comme de vils
animaux, au char des rois. « L'auteur de la nature, dit-
il, avait lié tous les mortels par une chaîne immense de
félicité et d'amour : périssent les tyrans qui ont osé la
briser [3] ! »

Peut-être était-ce alors le moment d'annoncer qu'une
ère nouvelle commençait, qu'on allait sortir de la
terreur.... Robespierre recula devant cette déclaration
magnanime, soit qu'il ne se crût pas encore la force de
réaliser une telle promesse, ou que l'heure ne lui sem-
blât pas tout à fait venue, ou que les colères grondant
autour de lui l'avertissent du danger de fléchir, même
d'en avoir l'air. Que la terreur lui parût nécessaire,
quelques jours de plus..... contre les terroristes, la
suite le prouva de reste ; et c'est ce qui explique cette

---

[1] Dernier discours de Robespierre, trouvé manuscrit dans ses papiers et imprimé par ordre de la Convention.

[2] Garat, *Mémoires historiques sur le* XVIIIe *siècle et sur M. Suard*,
liv VIII, p. 339.

[3] *Moniteur*, an II (1794), n° 262.

phrase, si navrante au sein de la joie publique : « Livrons nous aujourd'hui aux transports d'une pure allégresse ; demain, nous combattrons encore les vices et les tyrans[1]. »

Son discours achevé, il descendit des gradins, se dirigeant vers un groupe de monstres : l'Athéisme, l'Égoïsme, la Discorde, l'Ambition, groupe qui devait être incendié, et laisser voir debout sur ses débris la statue de la Sagesse[2]. Or il advint que, le voile qui couvrait cette statue ayant été brûlé, elle apparut entièrement noircie par la flamme, ce qui fut regardé comme un présage sinistre[3].

Après quelques paroles du président, la Convention, suivie de tout le peuple, s'achemine vers le Champ de Mars. Elle marchait entourée d'un ruban tricolore, porté par des enfants, des adolescents, des hommes mûrs, des vieillards, tous ornés d'après les différences d'âge, ou de violettes, ou de myrtes, ou de chêne, ou de pampre. Les députés portaient le costume des représentants du peuple en mission, c'est-à-dire le panache au chapeau et la ceinture tricolore, mais point de sabre[4]. Chacun d'eux tenait à la main un bouquet composé d'épis de blé, de fleurs et de fruits. Au milieu de la représentation nationale roulait un char de forme antique, traîné par huit taureaux aux cornes d'or, et sur lequel brillait un trophée composé des instruments des arts[5]. Il était naturel qu'en sa qualité de président de la Convention Robespierre s'avançât le premier ; ceux de ses collègues qui avaient

---

[1] *Moniteur*, an II (1794), n° 262.

[2] Plan de la fête à l'Être suprême, proposé par David et décrété par la Convention nationale. Voy. le *Moniteur*, an II (1794), n° 259.

[3] Senar, p. 188-189.

[4] Conformément au décret rendu par la Convention. Voy. le *Moniteur*, an II (1794), n° 259.

[5] *Moniteur*, an II (1794), n° 265.

juré sa perte et qui s'étaient placés en tête ralentirent le
pas à dessein, mettant le plus d'intervalle qu'ils pouvaient
entre eux et lui, pour mieux faire croire à son orgueil
et accréditer l'idée de ses prétendus projets de dictature.

Au centre du Champ de Mars s'élevait une montagne
symbolique. Là devait être exécuté l'hymne à l'Être suprême que Marie-Joseph Chénier avait composé[1]. Lorsque la Convention eut pris place au sommet de la montagne, et que l'immense cortége qui suivait se fut répandu
autour, il se passa une scène d'une indescriptible grandeur. L'invocation à l'Éternel poussée par des milliers
de voix ; le bruit des trompettes mêlé aux clameurs d'un
peuple émerveillé ; le pontificat de la philosophie inau-
gurée à la face du monde ; cette halte solennelle dans
l'agitation ; la beauté du jour ; la fraîcheur des parures ;
les jeunes filles jetant des fleurs au ciel ; les jeunes gens
courbés d'abord sous la bénédiction paternelle, puis se
redressant pleins d'une fierté mâle, agitant leurs sabres,
et jurant de ne les poser qu'après avoir, contre les efforts
conjurés de la terre entière, sauvé la France ; tout
cela, suivant le témoignage unanime des contemporains,
formait la plus touchante et la plus auguste cérémonie
qu'on eût jamais vue[2].

Mais cela même exaspérait la haine des ennemis de
Robespierre. Le retour eut pour lui quelque chose d'é-
trange, de terrible. Il se sentit comme poursuivi par le
noir cortége des démons. Des paroles de mort retentissaient à son oreille, murmurées à voix basse, mais aussi
pénétrantes que la lame d'un stylet. L'un disait : « Vois-tu
cet homme ! Il ne lui suffit pas d'être maître, il faut qu'il
soit Dieu ! » Un autre : « Grand-prêtre, la Roche Tarpéienne est là ! » Un troisième : « Il y a encore des Bru-

---

[1] *Plan de David. Moniteur*, an II (1794), n° 259.
[2] Voy. la *Biographie de Robespierre*, par Charles Nodier. — *Ibid.*,
n° 265.

tus [1]. » Il rentra dans sa demeure, l'esprit assiégé de pressentiments lugubres et le cœur oppressé. Les Duplay, qu'il avait quittés si joyeux le matin, comprirent combien il souffrait. « Vous ne me verrez plus longtemps, » leur dit-il [2].

[1] Voy. le discours de Robespierre du 8 thermidor; les Mémoires de Sénar, et les *Mystères de la mère de Dieu dévoilés*, par Vilate.

[2] Cette circonstance est racontée par M. Esquiros dans son *Histoire des Montagnards*, d'après des renseignements obtenus de la famille même.

Dans les écrits qui appartiennent à la période révolutionnaire, le désintéressement de Merlin (de Thionville) a été souvent et rudement mis en question. Mais des pamphlets inspirés par l'esprit de parti, pleins d'erreurs, quelquefois noirs de calomnies, ne sont pas des sources où l'historien doive puiser aveuglément. Aussi ne nous y sommes nous pas arrêté. Nous n'avons tenu aucun compte des pages où Prudhomme décrit avec tant de complaisance le faste de Merlin (de Thionville) et jette des doutes si cruels sur l'accroissement de sa fortune pendant la Révolution ; car nous savons que, si le livre de Prudhomme contient des faits vrais, il en renferme beaucoup de mensongers. Nous n'avons pas même mentionné certaines insinuations flétrissantes dirigées par Robespierre contre Merlin (de Thionville), parce que ces insinuations, que rien n'appuie, nous ont paru dictées uniquement par une haine qui aimait à se nourrir de soupçons. Mais il est dans les *Mémoires de Levasseur* un passage où, sous le rapport du désintéressement et de la sévérité des mœurs républicaines, Merlin (de Thionville) est attaqué ; et ce passage, il nous a semblé de notre devoir d'historien de ne le point omettre : 1° parce que Levasseur y raconte une scène dans laquelle il a été personnellement acteur ; 2° parce que Levasseur était un honnête homme, et que ses mémoires sont d'un homme évidemment ami de la justice ; 3° parce que le récit en question porte tous les caractères de la vérité, et que Levasseur n'aurait pu mentir à ce point, en outrageant un ancien collègue, ayant appartenu comme lui à la *Montagne*, sans être le plus odieux et le plus impudent des imposteurs ; 4° enfin, parce que les *Mémoires de Levasseur* ont paru du vivant même de Merlin (de Thionville), et que le passage dont il s'agit est resté sans réponse. Que si maintenant l'on considère que, même avec tant de raisons d'admettre le témoignage de Levasseur, nous ne l'avons cité que *sous toutes réserves* (Voy. notre tome IX, p. 146) en ce qui touche la conclusion qu'il est naturel d'en tirer, il faudra bien reconnaître qu'il nous était impossible d'apporter, dans notre recherche de la vérité, plus d'attention et plus de prudence.

Ceci entendu, nous nous faisons un devoir et un plaisir de publier la note suivante, que la fille de Merlin (de Thionville) nous a envoyée, en l'accompagnant d'une lettre où respire toute l'émotion de la piété filiale. Outre que cette émotion est sacrée à nos yeux, ce n'est pas nous qui rejetterons dans l'ombre tout ce qui serait de nature à présenter sous un jour favorable la mémoire des hommes de la Révolution. Nous souhaitons que, rapprochée du passage de Levasseur, l'explication que l'auteur de la note lui donne satisfasse et convainque le lecteur. Quant aux derniers mots qui la terminent, il se rappellera que nous n'avons rien dit qui eût pour conséquence de rapprocher Merlin (de Thionville) de Cambacérès et de Fouché, sous le rapport de la conduite politique. Nous n'avons rien avancé de semblable. Voici la note qui nous a été communiquée :

« Merlin de Thionville, dont M. Louis Blanc, sur la foi de la *Biographie universelle*, semble faire un échappé de Saint-Sulpice, après avoir fait effectivement ses humanités au séminaire de sa province, comme beaucoup de jeunes gens de ce temps, et son droit à l'université de Nancy, était revenu se fixer dans sa petite ville, où il s'était marié dès 1786, âgé seulement de vingt-quatre ans. La proclamation de la République l'y trouva maître, par la confiance de ses concitoyens, des fonctions d'officier municipal. Sa femme, appartenant comme lui à une bonne et ancienne famille bourgeoise de Thionville, lui avait apporté en dot une ferme dite le *Quartier du Roi*, et une maison de ville, située rue du Perche, qui furent vendues plus tard avantageusement. Lors de la mise en vente des biens nationaux, il fit l'acquisition du Mont-Valérien, de la partie culminante s'entend, comprenant, outre le couvent, une quinzaine d'hectares plantés en bois et en vignes. Cette propriété fut alors payée 17,000 fr., et j'ai quelquefois pensé que, malgré son peu d'importance, elle avait peut-être contribué, par sa situation si bien faite pour attirer l'attention, à donner prise à l'idée, répandue dès lors par les pamphlets de l'émigration, de la grande fortune de Merlin (de Thionville). Quoi qu'il en soit, le rétablissement du culte ayant rendu au calvaire anciennement établi sur cette colline un certain lustre, la propriété en fut rétrocédée à un curé de Paris au prix de 100,000 fr. Voilà quelle a été la source principale de l'amélioration de la fortune en question. Il y en a eu une autre. Sorti par la voie du sort, du Conseil des Cinq-Cents, Merlin devint un des cinq administrateurs des Postes ; à cette époque, les postes étaient encore exploitées, comme sous l'ancien régime, sous forme de fermage, et de cette entreprise habilement conduite, et dans des circonstances favorables, résulta pour lui, pendant dix-huit mois qu'il y eut part, un bénéfice assez notable. C'était le premier qu'il eût fait. Il s'en servit pour acheter dans de bonnes conditions une ferme située près de Sarcelles, et un petit fonds de bois. En 1799, les postes ayant été mises en régie, il quitta cette administration et fut nommé ordonnateur de l'aile droite de l'armée d'Italie, position qu'il ne

conserva pas même un an, mais où il eut cependant le temps, grâce à
son esprit d'ordre et de sévérité, de laisser une trace digne de lui. Il
rentra alors dans la vie privée et revint habiter son couvent du Mont-
Valérien. Ayant trouvé à s'en défaire, comme je l'ai dit tout à l'heure,
et ayant également vendu sa ferme de Sarcelles et ses biens de Thionville, il concentra sa fortune sur le domaine de Commanchon, situé
en Picardie, près de Cluny, qu'il acheta au prix de 160,000 fr. à la
veuve du général Scherer et où il demeura vingt-deux ans, exclusivement voué à son métier de cultivateur. C'est là que le trouva l'invasion
de 1814. Commanchon fut pillé. Une compagnie de Prussiens, à l'in-
stigation d'un gentilhomme du voisinage, vint s'y établir pendant
plusieurs mois aux frais du propriétaire, tandis que celui-ci, à la tête
d'un corps franc, combattait intrépidement l'ennemi; divers embarras survinrent relativement à un fonds de bois qui avait été adjoint à
la ferme, et dont une partie restait à payer; bref, d'autres considérations encore s'ajoutant, Merlin se décida à vendre Commanchon, partagea entre ses deux enfants du premier lit ce qui leur revenait du fait de
leur mère, et vint en 1824 se fixer à Paris, où il demeura jusqu'à sa
mort. Sa fortune se montait alors à 50,000 fr., que ses deux enfants
du premier lit abandonnèrent à leur jeune sœur, dont cette modeste
somme fut la dot.

« De tout temps, la vie de Merlin (de Thionville) est demeurée parfai-
ment conforme à cet état de fortune. Quand il fut nommé député à
la Législative, il vint, avec sa femme frappée de cécité et ses deux enfants, s'établir dans un logement fort simple, d'abord rue du Petit-
Carreau, et ensuite rue Saint-Thomas-du-Louvre, près du guichet.
Sans s'abaisser à affecter des dehors de pauvreté, il vivait aussi bien
que le lui permettait sa modeste fortune. Bien éloigné de ce train de
prince qu'il faudrait lui supposer d'après ses ennemis, c'est sur la
bonne servante qu'il avait amenée de sa petite ville que roulait tout le
soin de sa maison. Quand il devint administrateur des Postes et qu'il
dut nécessairement faire plus de figure, c'est dans un petit hôtel de la
rue Saint-Lazare, quartier fort peu recherché à cette époque, qu'il vint
s'installer, et sans autre table que celle de sa cuisinière de Lorraine.
Quand il partit pour l'Italie, c'est tout simplement en diligence qu'il fit son
voyage jusqu'à Marseille, où il s'embarqua dans un caboteur pour Finale.

« A la vérité, Merlin de Thionville avait un goût qu'il conserva toute
sa vie, et que l'on peut nommer à la rigueur un goût de luxe. Il aimait
la chasse. Comme la plupart des hommes taillés pour la guerre, il trouvait dans cet exercice une satisfaction nécessaire à ses instincts d'activité et de mouvement. Seulement, n'étant point assez riche pour avoir
une chasse à lui, il allait chasser chez des amis, soit à Gros-Bois, chez
Barras, soit au Raincy, appartenant alors au marquis de Livry. C'est là
que le rencontra Geoffroy de Saint-Hilaire, ainsi que je l'ai entendu
narrer bien des fois à l'illustre zoologiste, et qu'il le mit en réquisition
en le sommant de lui prêter main-forte pour la capture des animaux

destinés à former le premier fonds de notre ménagerie; et jamais, me disait mon excellent tuteur, son exercice favori ne lui avait causé tant de plaisir que dans cette occasion où il était venu s'adapter d'une manière si imprévue à un intérêt général. Il lui arrivait donc de chasser parfois même le daim, au grand scandale, on peut le croire, de plus d'un puritain de la Montagne; mais sans être entraîné par ses plaisirs, ni à compromettre sa petite fortune, ni à éprouver le besoin de l'accroître, car tout l'équipage qu'il ait jamais eu, et dont il se tenait parfaitement content, se réduisait à deux bassets, les « deux superbes meutes » dont il est question dans l'assertion rapportée par Levasseur, qu'il affectionnait beaucoup et qu'il conserva longtemps.

« Et maintenant, la conversation consignée par Levasseur dans ses mémoires a-t-elle besoin d'un autre commentaire? Il suffit de la relire pour en voir du premier coup d'œil le véritable caractère. Certainement elle n'a pu être inventée : elle porte tout le caractère de la vérité et de la bonne foi. Mais qui n'y aperçoit le hussard de l'armée de Mayence, appliquant au rogue commissaire de l'armée du Nord un procédé de moquerie qui, dans le langage populaire et militaire, porte un nom d'une familiarité trop prononcée pour que nous nous en servions ici? Il est évident que Merlin, peut-être par ressentiment de quelques propos malsonnants, s'amuse avec l'humeur goguenarde qui lui était habituelle, de la crédulité soupçonneuse de ses ombrageux collègues. Il n'y a qu'un point où les souvenirs de Levasseur lui ont sans doute fait un imperceptible défaut, c'est sur l'épithète de fripon, qu'il est censé jeter à la face de son interlocuteur. Il a pu grommeler le mot entre ses dents en se levant de sa place pour aller, comme il le dit, à l'autre extrémité de la montagne en choisir une plus éloignée d'un si abominable voisinage; mais, s'il l'avait articulé, tous ceux qui ont jamais connu Merlin de Thionville, même dans sa vieillesse, pourraient dire comme moi qu'il en serait resté trace à Levasseur ailleurs que dans le souvenir.

« Telle est vraisemblablement la réponse qu'aurait faite Merlin (de Thionville) à cette anecdote, dans ses mémoires qu'il préparait et dont il avait déjà réuni les éléments, lorsque la mort qui nous l'enleva vint malheureusement couper court à ce dessein! Et sur le regret exprimé par M. Louis Blanc à cette occasion que Merlin n'ait pas ressemblé sous le rapport du désintéressement à Kléber, et un peu moins à Fouché et à Cambacérès, je rappellerai simplement qu'il est un trait que l'historien ne devrait pas négliger, car il est essentiellement propre à faire distinguer du premier coup ceux qu'il convient de laisser avec les Fouché et les Cambacérès : c'est l'empressement à jeter bas les insignes de la République pour endosser les livrées lucratives de l'Empire. Voilà où les âmes qui s'étaient avilies dans les régions de la Révolution se reconnaissent. Celle de Merlin de Thionville a-t-elle fléchi à cette épreuve? »

CHAPITRE DOUZIÈME

LOI DU 22 PRAIRIAL.

Comment sortir de la Terreur ? obstacles.— Horribles conflits dans le
Midi. — Faux révolutionnaires ; leur avidité. — Gaspillage des domaines nationaux. — Rapines à l'ombre de la guillotine. — Jourdan *Coupe-Tête* et Rovère. — Maignet dénonce Jourdan *Coupe-tête*;
Robespierre le fait traduire au Tribunal révolutionnaire ; sa condamnation. — Destruction du village de Bédouin. — Établissement
de la Commission populaire d'Orange.— Instructions rédigées par
Robespierre. — Il voulait tuer la Terreur par la Terreur. — But de
la loi du 22 prairial, sur la réorganisation du Tribunal révolutionnaire.—Déclaration importante de Fouquier-Tinville.—Adoption de
la loi du 22 prairial, sur un rapport présenté par Couthon.—Monstrueux sophismes sur lesquels Robespierre et Couthon appuyèrent
cette loi néfaste. — Que les articles 10 et 20 n'avaient pas le sens
qu'on leur a prêté. — Interprétation alarmante pour la Convention
que leur donne Bourdon (de l'Oise) ; décret en conséquence. —
Scène violente dans l'intérieur du Comité de salut public. — Séance
du 24 prairial ; Couthon traite les commentaires de Bourdon (de
l'Oise) de calomnieux, et demande qu'on annule le vote de la
veille; discours de Robespierre; effroi de Bourdon (de l'Oise) ; Tallien accusé de mensonge ; lettre de lui à Robespierre ; conclusions
de Couthon adoptées. — Robespierre décidé à se tenir à l'écart du
Comité de salut public: pourquoi. — Exemple mémorable des dangers qu'entraîne l'adoption de cette doctrine : « Le but justifie les
moyens. »

La fête de l'Être suprême était, de la part de Robespierre, un pas pour sortir de la Terreur. Aussi

est-ce à cette époque que se rapporte la proposition faite
par lui à ses collègues d'un plan de gouvernement régu-
lier. Seulement il croyait la réalisation de ce plan impossible, si l'on ne frappait d'abord les terroristes du
Comité de sûreté générale, tels qu'Amar, Jagot, Vadier,
Vouland, et ceux des commissaires de la Convention qu'il
accusait de s'être « souillés de sang et de rapines [1], » tels
que Fouché (de Nantes), Fréron, Tallien, Carrier. Là fut
l'écueil. Collot-d'Herbois, que Fouché eût entraîné dans
sa chute, résista violemment; Billaud-Varenne le soutint [2],
non par aucun sentiment personnel, mais par fanatisme
révolutionnaire et en haine de l'ascendant d'un seul
homme. Il faut dire aussi que la hauteur de Saint-Just,
sur qui Robespierre s'appuyait, était devenue odieuse à
plusieurs de leurs collègues. Déjà, au commencement de
floréal, une querelle avait eu lieu entre Saint-Just et
Carnot; des paroles très-vives avaient été échangées, et
ce dernier, avec un mélange de moquerie et de colère,
avait prononcé le mot « dictature [3]. » Une rupture ouverte
était imminente : de part et d'autre on se prépara au
combat.

Pour apprécier la conduite que tinrent, en ces circonstances critiques, Robespierre, Saint-Just et Couthon, il
importe de se rendre bien compte des obstacles.

Qu'il fût enfin coupé court à la violence révolutionnaire, quoi de plus désirable? mais l'indomptable hosti-
lité des royalistes rendait la tâche d'une difficulté immense,
et tendait à mettre les apparences du patriotisme du côté
des républicains inflexibles; ceux-là s'exposant naturellement au reproche de mollesse, ou même au soupçon

---

[1] C'était le mot dont il se servait.
[2] Voy. les *Mémoires de Levasseur*, t. III, chap. x, p. 189.
[3] *Réponse des membres des deux anciens Comités aux imputations de Laurent Lecointre*, p. 103 et 104, dans la *Bib. hist. de la Rév.* (1097-8-9). — *British Museum.*

de trahison, qui parlaient de vaincre la fureur autrement
que par la fureur. Sur divers points de la France, on
avait essayé du système de la modération, et avec si peu
de succès malheureusement, qu'il avait fallu reprendre
la hache. La Révolution ne paraissait pas plutôt fléchir,
que ses ennemis passaient d'une haine sourde à l'audace ;
et tout effort pour les gagner n'aboutissait qu'à leur
donner l'espoir de vaincre. Rien ne montre mieux dans
quels épineux sentiers Robespierre avait à marcher que
les événements qui amenèrent l'établissement de la Commission d'Orange, et préparèrent ainsi cette loi du
22 prairial dont il nous reste à tracer la sombre histoire.

Nulle part en France, si l'on excepte l'insurrection
vendéenne, la résistance à la Révolution n'avait été plus
vive que dans le Midi. Souvent même elle y avait revêtu
un caractère sauvage. « La veille de mon arrivée, mandait à Payan un de ses amis, six hommes masqués se sont
présentés, vers neuf heures et demie du soir, à la campagne du citoyen Gras, bon patriote que tu dois connaître ;
ils se saisissent des domestiques, les enferment, conduisent Gras dans une cave, et le fusillent, *en présence de
son jeune enfant, qu'ils forcent à tenir la lampe*[1] *!* » De
telles horreurs en provoquant d'autres en sens contraire,
rude était la tâche de ceux qui, dans ces contrées ardentes,
voulaient donner à la Révolution une attitude à la fois
énergique et calme.

D'un autre côté, là, comme partout, le bouleversement
des choses anciennes avait éveillé au fond des âmes viles
d'âpres désirs auxquels un semblant de patriotisme servait de voile. Le partage des biens nationaux avait de quoi
tenter l'esprit de spéculation : des milliers de harpies se
préparèrent à fondre sur cette proie ; et, comme l'exercice

[1] Lettre d'Agricol Moureau à Payan ; papiers de Robespierre publiés
par Courtois.

d'un pouvoir redouté était un moyen sûr de couvrir des manœuvres honteuses, de prévenir les plaintes, d'écarter les concurrents, beaucoup devinrent révolutionnaires exaltés pour participer à la puissance publique, et convoitèrent la puissance publique pour s'enrichir. Les biens nationaux furent l'objet d'un véritable brigandage[1]. Une partie de la bourgeoisie, qui s'était détournée de la Révolution par frayeur, s'en rapprocha par cupidité. Insensiblement, les Comités révolutionnaires se remplirent de procureurs, de clercs, d'huissiers, de praticiens, de prêteurs sur gages, de marchands roués et avides[2]. Jusqu'à des nobles s'y firent représenter par leurs agents d'affaires. Et tous se ruèrent à la curée, à l'ombre de la guillotine. Dans les campagnes principalement, le mal se développa au point que Couthon dut demander la suppression des comités révolutionnaires des petites communes[3].

Uu des traits les plus hideux de ce tableau est l'alliance sordide qu'en mainte occasion la soif du gain amena entre les partis opposés. En parlant d'un massacreur devenu propriétaire de riches domaines dans le comtat Venaissin, la marquise d'Airagues disait : « A présent que M. Jourdan se rapproche des bons principes, vous verrez qu'on nous l'enlèvera[4]. » L'homme en question était Jourdan *Coupe-tête*, ainsi désigné parce que, lors de l'invasion du château de Versailles, il avait coupé la tête aux deux gardes du corps Deshuttes et Varicourt[5]. C'était lui aussi qui avait arraché le cœur à Foulon : il

---

[1] Voy., relativement aux plaintes qui s'élevèrent à cet égard, le *Moniteur*, an III, n° 84.

[2] Voy. la séance des Jacobins du 1er floréal (20 avril) 1794, *Moniteur*, n° 214.

[3] *Ibid.*

[4] *Mémoires de l'abbé Guillon de Montléon*, t. II, p. 535.

[5] Beaulieu, art. Jourdan, dans la *Biographie universelle*.

s'en vantait[1]! Ce misérable, successivement boucher, garçon maréchal-ferrant, soldat au régiment d'Auvergne, attaché aux écuries du maréchal de Vaux, marchand de vin
à Paris sous le nom de Petit, négociant en garance pour la
teinture à Avignon, puis général de l'armée avignonnaise,
et enfin chef d'escadron de la gendarmerie[2], avait trouvé
un utile complice de ses déprédations dans le montagnard
Rovère, qui, après s'être donné le nom de marquis de
Fontvielle sous la monarchie, s'était fait élire à la Convention en affirmant qu'il était petit-fils d'un boucher[3].
Ces deux amis[4], bien dignes l'un de l'autre, furent, dans
le Midi, les organisateurs des *bandes noires*. Sous leur
direction se forma une association dont le but était l'acquisition à vil prix des domaines nationaux. Chose à peine
croyable! plus de cinq cents personnes, revêtues de
fonctions publiques, firent partie de cette association
d'hommes de proie, aux manœuvres de laquelle Rovère
dut d'obtenir, pour quatre-vingt mille livres en assignats,
la terre de Gentilly, qui valait cinq cent mille livres en
numéraire[5].

Telle était la situation dans le Midi, lorsque Maignet,
conventionnel et robespierriste, y fut envoyé. Il joignait
à un esprit modéré une probité courageuse[6]: les impurs

---

[1] Beaulieu, art. *Jourdan*, dans la *Biographie universelle*.

[2] Voy. le *Moniteur*, an II (1794), n° 253.

[3] Beaulieu, art. Rovère, dans la *Biographie universelle*.

[4] Quand Rovère fut attaqué aux Jacobins, Jourdan *Coupe-tête*, avec
beaucoup de vivacité, se porta son défenseur. Voy. le *Moniteur*, an II
(1794), n° 121.

[5] *Hist. parl.*, t. XXXV, p. 172.

[6] Michaud jeune, tout ultra-royaliste qu'il est, ne peut s'empêcher
de reconnaître, dans l'article qu'il a consacré à Maignet (voy. supplément à la *Biographie universelle*), qu'il jouissait d'une réputation de
talent et de probité. Maignet fut de ceux qui restèrent inébranlable-
ment fidèles à leurs convictions. Après 1830, il reparut au barreau, où
il figura avec honneur jusqu'à sa mort, qui eut lieu le 15 octobre 1834.
Il était alors bâtonnier de l'ordre.

traficants de patriotisme eurent en lui un ennemi qu'aucune considération personnelle n'arrêta dans l'accomplissement de son devoir. A Rovère, qu'il dénonça, la Convention fut un asile ; mais, quant à Jourdan *Coupe-tête*, de quelque sinistre puissance qu'il parût entouré, s'étant une première fois justifié aux Jacobins, où il reçut le baiser fraternel[1], ses crimes avaient passé la mesure[2] : sur la dénonciation de Maignet, Robespierre obtint que ce scélérat fût livré au Tribunal révolutionnaire, qui le condamna à mort comme convaincu, entre autres forfaits, d'avoir « dilapidé les biens nationaux en s'en procurant à vil prix l'adjudication par l'intrigue et la terreur[3]. »

Plus on pénètre dans l'histoire de la Révolution, plus on est forcé de reconnaître que le parti qu'y représentèrent Robespierre et ses amis fut... le parti des honnêtes gens. Mais ils ne pouvaient faire la guerre avec succès aux révolutionnaires immoraux qu'à la condition de réprimer énergiquement les conspirateurs royalistes, sous peine de passer pour des traîtres et de se livrer aux coups de leurs ennemis. Et de là vient que Maignet, qui, dès son arrivée à Marseille, avait mis en liberté beaucoup de suspects et arraché plusieurs malheureux à la guillotine[4], se vit néanmoins réduit à recourir, envers les habitants de Bédouin, à des mesures extrêmes.

Situé dans le département de Vaucluse, au pied du mont Ventoux, le village de Bédouin n'avait cessé de conspirer contre la République, depuis son origine. Là les machinateurs de trames secrètes avaient toujours eu

---

[1] Voy. le *Moniteur*, an II (1794), n° 105.

[2] Voy. la pétition par laquelle la société populaire d'Avignon sollicite de l'Assemblée le châtiment de Jourdan *Coupe-tête*. Séance du 28 floréal (17 mai) 1794, *Moniteur*, n° 240.

[3] *Moniteur*, an II (1794), n° 253.

[4] *Hist. parl.* t. XXXV, p. 172. Dans l'article de Michaud jeune, quoique composé par un ennemi, le fait n'est point nié.

leur quartier général, et les prêtres insermentés, les religieuses fanatiques, leur rendez-vous favori[1]. A diverses reprises, on y avait mis en délibération l'annulation du vœu de réunion à la France[2]. Non contente de conserver les chaperons des anciens consuls, la municipalité de Bédouin gardait religieusement un écusson aux armes de Louis XVI[3]. On eut la preuve qu'un grand nombre d'habitants correspondaient avec les émigrés, et que beaucoup de maisons contenaient des signes contre-révolutionnaires semblables à ceux de Bésignan et de Jalès : cocardes blanches, brevets monarchiques, patentes du pape, cachets avec fleurs de lis[4]. Tout à coup Maignet apprend que, dans ce foyer habituel de contre-révolution, la loi vient d'être scandaleusement outragée ; que, dans la nuit du 12 au 13 floréal (1-2 mai), l'arbre de la liberté a été arraché, le bonnet qui le surmontait foulé aux pieds, et qu'on a traîné dans la boue les décrets de la Convention[5]. La municipalité est sommée de rechercher les coupables ; elle s'y refuse et répond : « Nous ne connaissons pas ici de suspects[6].» Le chef du quatrième bataillon de l'Ardèche écrivit à Maignet qu'il était absolument nécessaire de faire un exemple, et terrible : il opinait pour la destruction de Bédouin. Cet officier était « le même qui, depuis, devint l'allié de la famille impériale, fut duc et maréchal de France ; le même que des rois appelèrent leur cousin[7] : » c'était Suchet. A son tour, l'administration du district demande l'anéantissement

---

[1] Considérants d'un arrêt rendu par le tribunal de Vaucluse, et lu par Maignet à la Convention, séance du 17 nivôse an III, *Moniteur*, n° 110.

[2] *Ibid.*

[3] *Ibid.*

[4] *Ibid.*

[5] *Ibid.*

[6] *Ibid.*

[7] Michaud jeune, biographie de Maignet.

d'un repaire d'ennemis. Maignet aurait voulu n'atteindre
que les coupables : la commune, par le refus de les faire
connaître, acceptant la solidarité de l'outrage, on décide
qu'après un délai accordé aux habitants pour évacuer
leurs maisons et retirer leurs meubles, le feu sera mis au
village[1]. Cruel moyen de contenir la contrée! Maignet
hésite. « Si vous trouvez cette mesure trop rigoureuse,
écrit-il au Comité de salut public, faites-moi connaître
vos intentions[2].» Dans une autre lettre, il soumettait la
question au jugement de l'Assemblée[3]. Les instructions
arrivent : elles condamnaient Bédouin[4]; Suchet exécuta
l'arrêt, mais non dans toute sa rigueur. Comme on n'a-
vait d'autre but que d'arrêter par un châtiment exemplaire l'audace croissante des conspirateurs, six habitations seulement[5], et c'était déjà trop, furent brûlées.
C'est ce qu'on appela l'incendie de Bédouin[6].

Quelques jours avant, Maignet avait écrit à Couthon :
« Dans le département de Vaucluse, les conspirateurs
fourmillent. Si l'on voulait leur appliquer le décret qui
ordonne la translation des conspirateurs à Paris, il faudrait une armée pour les conduire, et des vivres sur la
route en forme d'étapes. » Il demandait en conséquence

---

[1] Arrêté du 17 floréal de l'an II de la République.
[2] *Moniteur*, an III, n° 110.
[3] *Ibid.*
[4] *Ibid.*
[5] *Hist. parl.*, t. XXXV, p. 173.
[6] Il est à remarquer que, la conduite de Maignet en cette circonstance lui ayant attiré, après le 9 thermidor, de vives attaques de la
part de Rovère, dénoncé par lui comme déprédateur de la fortune publique, il sortit vainqueur de ces attaques, même en ces jours de réaction furieuse, et tout robespierriste qu'on le savait. Une chose plus
frappante encore, c'est que, lorsque les habitants de Bédouin, longtemps après l'exécution de l'ordre fatal, portèrent leurs plaintes à la
Convention, ils s'abstinrent d'accuser nominativement Maignet, dé-
pouillé alors de toute influence. Voy. la séance du 15 frimaire (5 décembre) 1794.

l'autorisation de former une commission populaire qui
jugeât sur place[1]. Aussitôt les Comités de salut public et
de sûreté générale se réunissent; la question est agitée,
et l'on arrête qu'il sera établi à Orange (on croyait la
ville d'Avignon dominée par un mauvais esprit) une Commission populaire de cinq membres, pour juger les
ennemis de la Révolution, dans les départements de Vaucluse et des Bouches-du-Rhône[2].

Couthon proposa cet arrêté; tous l'approuvèrent[3]. Il
était parfaitement légal, et c'est à tort qu'on le reprocha
depuis aux Comités comme un acte qui excédait leurs
pouvoirs[4].

Voici quelles furent, rédigées par Robespierre, les
instructions qu'on envoya de Paris :

« Les membres de la Commission populaire d'Orange
sont nommés pour juger les ennemis de la Révolution.

« Les ennemis de la Révolution sont ceux qui, par

---

[1] Rapport de Saladin, numéro XL des pièces à l'appui.

[2] Arrêté du 21 floréal de l'an II de la République française.

[3] Après le 9 thermidor, Billaud, Collot et Barère, sans aller jusqu'à
prétendre qu'ils s'y fussent opposés, cherchèrent à en décliner la responsabilité. Billaud oubliait ce que lui-même avait répondu sur ce
point à Lecointre, dans la séance du 15 fructidor : « *Je ne sais si je l'ai
signé; mais, si je ne l'ai pas fait, je le ferai tout à l'heure.* » Voy. Lecointre au peuple français, p. 76 et 77. *Bib. hist. de la Rév.*, 1100-1.—
(*British Museum.*)

[4] Un décret de la Convention du 29 ventôse (15 mars) avait expressément chargé les Comités réunis d'organiser six *commissions populaires* pour juger les ennemis de la Révolution. Il est bien vrai que
la loi du 19 floréal (8 mai) supprimait les *tribunaux révolutionnaires*
de province, et portait qu'il n'en pourrait plus être établi à l'avenir
qu'en vertu d'un décret de la Convention. Mais dans leur *Réponse aux
pièces communiquées par la Commission* des 21, Billaud-Varenne, Collot d'Herbois et Barère firent observer avec raison que la loi du 19 floréal concernait les *tribunaux révolutionnaires* et non les *commissions
populaires*, qui avaient un caractère à part. Aussi bien, la Commission
d'Orange ne fit que remplacer celle de Marseille, organisée d'après
des principes beaucoup plus rigoureux. Voy. la *Réponse* sus-mentionnée dans la *Bib. hist. de la Rév.*, 1097-8-9.— (*British Museum.*)

quelques moyens que ce soit, et de quelques dehors qu'ils
se soient couverts, ont cherché à contrarier la marche
de la Révolution et à empêcher l'affermissement de la
République.

« La peine due à ce crime est la mort; les preuves re-
quises pour la condamnation sont tous les renseignements, de quelque nature qu'ils soient, qui peuvent convaincre un homme raisonnable et ami de la liberté.

« La règle des jugements est la conscience du juge,
éclairée par l'amour de la justice et de la patrie; leur
but, le salut public et la ruine des ennemis de la patrie.

« Les membres de la Commission auront sans cesse
les yeux sur ce grand intérêt; ils lui sacrifieront toutes
les considérations particulières.

« Ils vivront dans cet isolement salutaire qui est le
plus sûr garant de l'intégrité des juges, et qui, par cela
même, leur concilie la confiance et le respect; ils re-
pousseront toutes sollicitations dangereuses; ils fuiront
toutes les sociétés et toutes les liaisons particulières qui
peuvent affaiblir l'énergie des défenseurs de la liberté et
influencer la conscience des juges. Ils n'oublieront pas
qu'ils exercent le plus utile et le plus respectable ministère, et que la récompense de leur vertu sera le triomphe
de la République, le bonheur de la patrie et l'estime de
leurs concitoyens[1]. »

La minute de ces instructions, de la main de Robespierre, ne fut signée d'aucun autre membre du Comité;
mais, au procès-verbal d'installation de la Commission
d'Orange, on retrouve l'instruction tout entière, signée
de Carnot, Billaud-Varenne et Couthon[2].

Ce qui frappe tout d'abord dans ce document, c'est la

[1] Rapport de Saladin, au nom de la Commission des 21, p. 50 et
suiv. dans la *Bib. hist. de la Rév.*, 1097-8-9. — (*British Museum.*)
[2] *Ibid.*

subordination absolue des *formes judiciaires* à la conscience du juge. Cette conscience, éclairée par l'amour de la justice, voilà « la règle des jugements. » Point de jurés. Nulle définition précise des actes qui constituent le crime de lèse-patrie. Le but, ce doit être cette chose indéfinie, vague, susceptible de tant d'appréciations diverses : le *salut public*. Comment Robespierre put-il être amené à fermer les yeux sur les dangers, si manifestes, d'une pareille doctrine? Comment put-il en venir à méconnaître cette vérité, si élémentaire, que les *formes* sont la protection nécessaire de l'accusé contre les erreurs possibles ou les passions du juge? Laissons-le s'expliquer lui-même :

« L'aristocratie se défend mieux par ses intrigues que le patriotisme par ses services. On veut gouverner les révolutions par les arguties du palais; on traite les conspirations contre la République comme les procès entre particuliers. La tyrannie tue; la liberté plaide! Et le Code fait par les conspirateurs est la loi par laquelle on les juge! Quoi! quand il s'agit du salut de la patrie, le témoignage de l'univers ne peut suppléer à la preuve testimoniale, ni l'évidence même à la preuve littérale[1] ! »

La tyrannie tue, la liberté plaide.... Mais, si la liberté tuait, au lieu de plaider, en quoi différerait-elle de la tyrannie? Sans doute il est, dans le cours des événements humains, des heures fatales qui échappent à l'empire des règles ordinaires; mais, quand ces règles ordinaires se trouvent être des principes absolus de leur nature, qui s'en écarte ouvre des abîmes. Et c'est sur quoi Robespierre s'aveugla, par suite d'une préoccupation que les historiens jusqu'à ce jour n'ont pas signalée.

Robespierre partait de ce point de vue, vrai peut-être

[1] *Rapport sur les principes de morale politique*, séance du 17 pluviôse (5 février 1794).

en certaines circonstances, mais plein de périls, que les *formes* n'assurent une protection effective qu'aux coupables puissants. Il avait vu de pauvres gens périr sans avoir été défendus, tandis que des conspirateurs de haut rang n'avaient manqué devant la justice d'aucune des ressources qu'une grande position procure ou que l'or achète. Cette pensée le poursuivait sans cesse; elle le remplissait d'une indignation dont presque tous ses discours témoignent. Il frémissait au spectacle de la Révolution allant si souvent chercher ses ennemis parmi le peuple même, et les jugeant d'après un système de garanties, réelles pour les forts, et pour les faibles, illusoires[1]. A ses yeux, d'ailleurs, les coupables qu'il importait d'atteindre, c'était, non pas les fauteurs de complots royalistes seulement, mais les révolutionnaires immoraux, insincères et persécuteurs, qui mettaient la Terreur au service de leurs passions personnelles ou de leurs vices, et à qui un habile étalage de patriotisme, leur fortune, une popularité mal acquise, leurs excès même, promettaient l'impunité, pour peu qu'on les combattît avec les armes employées contre des coupables moins accrédités et plus obscurs. Il avait fallu toute l'énergie de Saint-Just pour avoir raison de Schneider; et Jourdan *Coupe-tête* avait pu exercer longtemps son avide tyrannie avant que Robespierre parvînt à l'abattre : que serait-ce quand on aurait affaire à des membres influents de la Convention, s'appuyant au dehors sur des partisans nombreux, Tallien, par exemple, ou Fouché (de Nantes), ou Carrier? Contre des Terroristes de cette espèce, Robespierre ne crut possible que la Terreur même, dont ils avaient tant abusé, et une organisation de la justice révolutionnaire qui permît de les frapper sans leur donner le temps de se reconnaître.

[1] Le rapport de Couthon sur la loi du 22 prairial n'est, comme on va le voir, que le développement de cette idée.

Que telle fût sa pensée, ses propres discours le prouvent de reste ; et les passages suivants, trop peu remarqués, ne laissent aucun doute sur les causes déterminantes de sa politique :

« Grâce pour les scélérats?... Non ! Grâce pour l'innocence, grâce pour les faibles, grâce pour les malheureux, grâce pour l'humanité[1] ! Malheur à qui oserait diriger vers le peuple la Terreur, qui ne doit approcher que de ses ennemis ! Malheur à celui qui, confondant les erreurs inévitables du civisme avec les erreurs calculées de la perfidie, ou avec les attentats des conspirateurs, abandonne l'intrigant dangereux pour poursuivre le citoyen paisible ! Périsse le scélérat qui ose abuser du nom sacré de la liberté, ou des armes redoutables qu'elle lui a confiées pour porter le deuil ou la mort dans le cœur des patriotes[2] ! Est-ce nous (lui, Saint-Just et Couthon) qui avons porté la Terreur dans toutes les conditions? Ce sont les monstres que nous avons accusés. Est-ce nous qui avons déclaré la guerre aux citoyens paisibles, érigé en crimes, ou des préjugés incurables, ou des choses indifférentes, pour trouver partout des coupables et rendre la Révolution redoutable au peuple même? Ce sont les monstres que nous avons accusés,[3] » etc., etc....

Ainsi Robespierre aurait voulu qu'on fît trembler précisément ceux qui faisaient trembler tout le monde. Il avait conçu le hardi dessein de les écraser avec leur propre massue, de tuer la Terreur par la Terreur. Mais il connaissait la puissance et le nombre de ses adversaires; il les voyait d'avance, quand le moment serait venu de les traduire devant la justice, l'environnant de

[1] *Rapport sur les principes de morale politique,* séance du 17 pluviôse (5 février) 1794.

[2] *Ibid.*

[3] Dernier discours de Robespierre, prononcé le 8 thermidor an II (26 juillet 1794).

leurs intrigues, l'intimidant par leurs clameurs, s'abritant derrière des arguties de palais, opposant à la vérité morale la vérité judiciaire, et les preuves qui résultent d'un texte artificieusement commenté ou d'un témoignage vendu, à ces preuves morales dont l'évidence parle à toute conscience honnête ; il les voyait se servant du ministère des avocats pour attaquer et non pour se défendre, appelant autour d'eux tous leurs partisans sous le nom de témoins, et transformant, ainsi que Danton avait essayé de le faire, le prétoire en champ de bataille[1]. De ces noires pensées qui avaient dicté les instructions adressées à la Commission d'Orange sortit une loi conçue dans le même esprit : la trop fameuse loi du 22 prairial (10 juin), concernant la réorganisation du Tribunal révolutionnaire.

Cette loi, œuvre spéciale de Robespierre, qu'il fit présenter par Couthon sans l'avoir préalablement communiquée à ses autres collègues du Comité de salut public[2], porte une date remarquable. La fête de l'Être suprême venait d'avoir lieu : rapprochement qui aurait droit d'étonner, si l'on ne se rappelait quelles menaces y avaient retenti à l'oreille de Robespierre, et quelles insultes, comme autant de flèches empoisonnées, lui étaient entrées ce jour-là dans le cœur.

Ce ne fut pas, toutefois, une inspiration soudaine. Le projet en était mûri depuis quelques jours. On n'en faisait point mystère. Les Comités savaient parfaitement que Robespierre préparait une loi calquée sur les dispositions adoptées déjà pour l'établissement de la Commission populaire d'Orange[3]. Au Tribunal, Dumas et les jurés s'en

---

[1] Que telles fussent les pensées de Robespierre ; le rapport de Couthon dont il va être parlé le démontre de la manière la plus péremptoire.

[2] *Observations de Barère sur le rapport de Saladin*, numéro VI, p. 5. *Bib. hist. de la Révol.*, 1094 8-9. (*British Museum.*)

[3] Déclaration de Fouquier-Tinville. Voy. *Laurent Lecointre au peuple français*, p. 74. Bib. hist. de la Rév., 1100-1. — (*British Museum.*)

entretenaient tout haut[1]. Fouquier-Tinville en fut instruit
par ces rumeurs[2]; il apprit même qu'il était question de
supprimer les défenseurs; et il est si faux qu'il fut en
tout ceci l'homme de Robespierre, qu'il n'épargna aucune démarche pour faire écarter le projet. Il importe de
citer sa déclaration : « Informé que les interrogatoires et
les défenseurs devaient être abrogés par une nouvelle
loi, je me suis présenté au Comité de salut public, et j'en
ai témoigné mon inquiétude aux citoyens Billaud-Varenne, Collot-d'Herbois, Barère et Carnot, qui s'y trouvaient. Il m'a été répondu formellement que cet objet
regardait Robespierre. Je suis allé de là au Comité de su-
reté générale, où j'ai témoigné la même inquiétude aux
citoyens Vadier, Amar, Dubarran, Vouland, Louis (du
Bas-Rhin), La Vicomterie et Élie Lacoste. Tous m'ont répondu qu'il n'était pas possible qu'une pareille loi fût
portée, et qu'on verrait[3].... Informé que le projet était
de réduire les jurés à neuf et à sept par séance, je m'éle-
vai avec force dans le Comité de salut public contre cette
réduction, sur le fondement que, si elle avait lieu, elle
ferait perdre au Tribunal la confiance dont il avait joui
jusqu'alors. Robespierre, alors présent, me ferma la
bouche, en m'objectant qu'il n'y avait que les aristocrates qui pussent parler ainsi. Ce débat eut lieu en présence de Billaud, assis, entre Robespierre et moi, à la
table du Comité, et des citoyens Collot, Barère et Prieur.
Tous ont gardé le silence, et je me suis retiré[4]. »

Tel était l'état des choses, lorsque le 22 prairial
(10 juin) Couthon parut à la tribune. La presque totalité
des membres des deux Comités étaient arrivés en grand

[1] *Bib. hist. de la Rév.*, 1100-1. — (*British Museum.*)
[2] *Ibid.*
[3] *Ibid.*
[4] *Ibid*, p. 75.

appareil [1]. Parmi les personnes présentes, on remarquait Billaud, Collot et Barère [2]. Couthon, s'exprimant au nom du Comité de salut public [3], commence en ces termes :

« Toutes nos idées dans les diverses parties du gouvernement étaient à réformer ; elles n'étaient toutes que des préjugés créés par la perfidie et par l'intérêt du despotisme, ou bien un mélange bizarre de l'imposture et de la vérité, inévitable effet des transactions que la raison avaient arrachées. Ces notions fausses ou obscures ont survécu en grande partie à la Révolution même... L'ordre judiciaire nous en offre un exemple frappant : il était aussi favorable au crime qu'oppressif pour l'innocence.... Le régime du despotisme avait créé une vérité judiciaire, qui n'était point la vérité morale et naturelle, qui lui était même opposée, et qui cependant décidait seule, avec les passions, du sort de l'innocence et du crime ; l'évidence n'avait pas le droit de convaincre sans témoins ou sans écrits ; et le mensonge, environné de ce cortége, avait celui de dicter les arrêts de la justice. La justice était une fausse religion qui consistait tout entière en dogmes, en rites et en mystères, et d'où la morale était bannie. Les preuves morales étaient comptées pour rien, comme si une autre règle pouvait déterminer les jugements humains ; comme si les preuves les plus matérielles pouvaient elles-mêmes valoir autrement que comme preuves morales [4] !... »

Passant à la nécessité de ne pas confondre les mesures prises par la République pour étouffer les conspirations avec les fonctions ordinaires des tribunaux pour les délits privés : « Les délits ordinaires, continuait Couthon,

---

[1] *Laurent Lecointre au peuple français,* p. 86, Bib. hist. de la Rév., 1100-1. — (*British Museum.*)

[2] *Ibid.*

[3] Voy. le *Moniteur,* an II (1794), n° 264.

[4] *Ibid.*

ne blessent directement que les individus, et indirectement la société entière ; et comme, par leur nature, ils n'exposent point le salut public à un danger imminent, et que la justice prononce entre des intérêts particuliers, elle peut admettre quelques lenteurs, un certain luxe de formes, et même une sorte de partialité envers l'accusé ; elle n'a guère autre chose à faire qu'à s'occuper paisiblement de précautions délicates pour garantir le faible contre l'abus du pouvoir judiciaire. Cette doctrine est celle de l'humanité, parce qu'elle est conforme à l'intérêt public autant qu'à l'intérêt privé. Les crimes des conspirateurs, au contraire, menacent directement l'existence de la société ou sa liberté, ce qui est la même chose. La vie des scélérats est ici mise en balance avec celle du peuple, et toute lenteur affectée est coupable ; toute formalité indulgente ou superflue est un danger public. Le délai pour punir les ennemis de la patrie ne doit être que le temps de les reconnaître : il s'agit moins de les punir que de les anéantir [1]. »

Relativement au ministère des défenseurs, Couthon disait : « Les membres du Tribunal criminel ont écrit, il y a déjà assez longtemps, au Comité de salut public, que les défenseurs officieux rançonnaient les accusés d'une manière scandaleuse ; que tel s'était fait donner 150 livres pour un plaidoyer, que les malheureux seuls n'étaient pas défendus [2]. »

Ce rapport ne manquait pas d'habileté. Mais quels monstrueux sophismes ! Quoi ! parce que les malheureux n'étaient pas toujours défendus, il fallait supprimer les défenseurs ! Quoi ! parce que les formes servaient quelquefois à abriter les coupables, il fallait en disputer

[1] Voy. le *Moniteur*, an II (1794), n° 264.
[2] *Ibid.*

la protection aux innocents ! Et que signifiaient les
conclusions tirées de la différence entre les délits qui
mettent la société en péril et ceux qui atteignent seulement les particuliers ? quand la justice est invoquée, la
première question est de savoir, quelle que soit l'énor-
mité du crime, si celui qu'on accuse est réellement coupable ; que dis-je ? plus le crime est énorme, plus on
doit apporter de soins et de scrupules dans la manière
de le constater, parce que, dans ce cas, si un innocent
uccombe, le malheur est d'autant plus affreux et l'in-
ustice d'autant plus criante. Eh ! en quoi donc la logique
de Robespierre et de Couthon différait-elle ici de celle
qui, dans tous les mauvais jours, a enfanté tribunaux
'exception, chambres étoilées, hautes cours, commissions militaires, et fait de la justice une tyrannie doublée
d'hypocrisie ? Diminuer les garanties de l'accusé, en
temps de révolution... quelle pitoyable folie ! C'est alors,
au contraire, qu'il serait urgent de les multiplier ; car,
au sein des discordes civiles, la voix de la conscience
n'est que trop souvent étouffée par le bruit des passions
en lutte ; dans la sphère des opinions politiques, si
controversables de leur nature, ce qui est crime pour
l'un étant vertu pour l'autre, l'*évidence* n'est plus qu'une
chose *relative ;* le juge, en pareilles circonstances,
appartenant toujours à un parti, et au parti vainqueur,
peut-il être aussi désintéressé dans le résultat du procès
que l'est un magistrat appelé à décider entre des intérêts
privés ? on l'espérerait en vain. Pas de juge politique en
qui l'accusé n'ait un ennemi ; et, conséquemment, tout
ce qu'on ajoute à la puissance arbitraire du premier, on
risque de l'enlever à la justice.

Ces principes furent méconnus par la loi présentée le
22 prairial, comme ils l'avaient été avant et l'ont été
depuis par tant de lois, produit de moins nobles passions
s'appuyant sur les mêmes sophismes !

Voici les principales dispositions du décret que
Couthon présenta :

« Le Tribunal révolutionnaire se divisera par sections
composées de douze membres : savoir, trois juges et
neuf jurés, lesquels ne pourront juger en nombre
moindre que celui de sept.

« Le Tribunal révolutionnaire est institué pour juger
les ennemis du peuple...

« La peine portée contre les délits qui appartiennent à
la connaissance du Tribunal révolutionnaire est la mort.

« La preuve nécessaire pour condamner les ennemis
du peuple est toute espèce de documents, soit matérielle,
soit morale, soit verbale, soit écrite, qui peut naturellement obtenir l'assentiment de tout esprit juste et raisonnable. La règle des jugements est la conscience des
jurés éclairés par l'amour de la patrie ; leur but, le
triomphe de la République et la ruine de ses ennemis ; la
procédure, les moyens simples que le bon sens indique
pour parvenir à la connaissance de la vérité dans les
formes que la loi détermine.

« Elle se borne aux points suivants :

« Tout citoyen a le droit de saisir et de traduire devant les magistrats les conspirateurs et les contre-révolutionnaires. Il est tenu de les dénoncer dès qu'il les
connaît.

« Nul ne pourra traduire personne au Tribunal révolutionnaire, si ce n'est la Convention nationale, le Comité
de salut public, le Comité de sûreté générale, les représentants du peuple commissaires de la Convention et
l'accusateur public (Art. 10).

« L'accusé sera interrogé à l'audience et en public ; la
formalité de l'interrogatoire secret qui précède est superflue ; elle ne pourra avoir lieu que dans les circonstances particulières où elle serait jugée utile à la connaissance de la vérité.

« S'il existe des preuves, soit matérielles, soit morales, indépendamment de la preuve testimoniale, il ne sera point entendu de témoins, à moins que cette formalité ne paraisse nécessaire, soit pour découvrir des complices, soit pour d'autres considérations majeures d'intérêt public...

« La loi donne pour défenseurs aux patriotes calomniés, des jurés patriotes ; elle en refuse aux conspirateurs...

« La Convention déroge à toutes celles des lois précédentes qui ne concorderaient pas avec le présent décret, et n'entend pas que les lois concernant l'organisation des tribunaux ordinaires s'appliquent aux crimes de contre-révolution, et à l'action du Tribunal révolutionnaire (Art. 20) [1].»

Être « ennemi du peuple, » c'était, aux termes du décret : provoquer le rétablissement de la royauté. — Travailler à l'avilissement de la Convention. — Trahir la République dans l'exercice d'une fonction publique, militaire ou civile. — Créer la disette. Mais à côté de ces crimes en figuraient d'autres d'un caractère horriblement vague, comme ceux qui consistaient à semer le découragement ; à répandre de fausses nouvelles pour diviser ou troubler le peuple ; à égarer l'opinion ; à dépraver les mœurs ; à corrompre la conscience publique [2]. Combien ne fallait-il pas compter sur l'intelligence et l'intégrité des juges, pour être sûr qu'ils n'abuseraient pas des armes que leur livraient des définitions aussi peu précises !

Deux articles semblaient renfermer une menace à l'adresse de la Convention et demandaient à être expliqués. C'étaient le dixième et le vingtième. Jusqu'alors nul

---

[1] *Moniteur*, an II (1794), n° 264.
[2] *Ibid.*

membre de la Convention n'avait pu être traduit devant
le Tribunal révolutionnaire, sans un décret préalable de
l'Assemblée elle-même : les auteurs de la loi du 22 prairial entendaient-ils attribuer désormais aux deux Comités, aux Commissaires en mission, à l'Accusateur public,
le droit de poursuivre les représentants du peuple, indépendamment de tout décret de l'Assemblée? C'est ce qui
paraissait en effet résulter de l'article 10 rapproché de
l'article 20, et ce qui a fait croire à plusieurs historiens que la loi du 22 prairial, dans la pensée de Robespierre, n'avait qu'un but : enlever subtilement aux membres qu'il voulait frapper la protection de leurs collègues,
désarmer la Convention [1].

Selon nous, cette hypothèse, qui n'a d'autre fondement
qu'un vice de rédaction, ne saurait être admise. Nul
homme n'était plus convaincu que Robespierre de la
nécessité de tout rapporter à la Convention, comme seule
source légitime du pouvoir. A ses yeux, elle était l'organe
de la souveraineté du peuple, et rien ne devait se faire
que par l'action de ce grand principe, à son ombre du
moins et en son nom. Aux Jacobins, il revenait sans
cesse à cette profession de foi, en cela si sincère, qu'au
9 thermidor, l'idée de se lever contre la Convention le
troublant jusqu'au fond du cœur, il demanda héroïque-
ment à ceux qui le pressaient de signer la révolte : *Mais
au nom de qui?* et que, forcé de choisir entre l'abandon
de sa croyance et la mort, il choisit la mort [2] !

Qu'aurait-il gagné, d'ailleurs, à mettre chaque membre de la Convention à la merci des Comités? Est-ce que
leur puissance était la sienne? Est-ce que, dans le Comité
de salut public, il n'avait point contre lui une majorité

---

[1] Voy. ce que disent à cet égard les auteurs de l'*Histoire parlementaire,*, t. XXXIII, p. 183.

[2] Voy., dans le volume suivant, le récit du 9 thermidor.

écrasante? Est-ce que le Comité de sûreté générale n'était pas composé de ses plus cruels ennemis? Comment comprendre que, voulant atteindre sur les bancs de la Convention Bourdon (de l'Oise), Tallien, Fouché, Rovère, Carrier, il eût réclamé le pouvoir de les faire arrêter sans décret préalable... pour qui? Pour lui-même? Non, mais pour la majorité que conduisait, dans le Comité de salut public, ses adversaires Billaud-Varenne, Collot-d'Herbois, et, dans le Comité de sûreté générale, les Vadier, les Vouland, les Jagot, les Amari. Son grand moyen d'influence étant l'impression que sa parole avait coutume de produire sur l'Assemblée, quel intérêt avait-il à abdiquer cet avantage?

C'est peu : dans l'hypothèse que nous combattons, Robespierre aurait aussi entendu conférer à l'Accusateur public le droit de traduire directement les membres de la Convention devant le Tribunal révolutionnaire. Or, pour qu'une pareille disposition eût été favorable à ses desseins, il aurait fallu que l'Accusateur public lui fût entièrement dévoué [1] : il n'en était rien; Fouquier-Tinville, au contraire, haïssait Robespierre, et son opposition à la loi du 22 prairial dit assez qu'il n'était pas dans la confidence des motifs qui lui donnèrent naissance.

Ces motifs, nous les avons exposés : pour Robespierre, méditant la punition de quelques puissants coupables, la question était de leur ôter la ressource de faire de leur procès une bataille.

Toujours est-il que le décret fut interprété par ses ennemis dans le sens d'une attaque aux droits de la Convention, soit crainte réelle, soit artifice de la haine. On avait écouté en silence le rapport de Couthon : à peine

---

[1] M. Villiaumé, dans son *Histoire de la Révolution*, t. IV, p. 417, le dit, sans en fournir la moindre preuve; et il se trompe. Voy. plus haut le chapitre intitulé la *Terreur*.

a-t-il lu le décret, que Ruamps s'écrie ; « Je demande
l'ajournement ; si l'ajournement n'était pas adopté, je me
brûlerais la cervelle [1]. » Lecointre appuie la proposition.
Barère, habile à se ménager une issue, exprime le vœu
qu'au moins l'ajournement ne passe pas trois jours, les
législateurs, dit-il, ne pouvant avoir qu'une opinion relativement à une loi *toute en faveur des patriotes* [2]. Billaud-
Varenne et Collot-d'Herbois sont présents : ils se taisent [3].
Robespierre, prenant la parole avec vivacité, insiste pour
qu'on vote séance tenante, dût-on discuter jusqu'à neuf
heures du soir. On adopte ses conclusions ; et, après un
très-court débat, la loi est votée. Les pouvoirs du Comité
étaient expirés : Couthon en propose le renouvellement
et ne rencontre aucune résistance [4].

Mais sous cette adhésion empressée couvaient de vifs
ressentiments, qui, le soir même, éclatèrent en scènes
scandaleuses. Comme Tallien et deux de ses collègues se
promenaient aux Tuileries, causant d'un air très-animé et
parlant tout haut de guillotine, ils crurent remarquer
qu'on les suivait, marchèrent droit aux curieux, les traitèrent d'espions du Comité, et, les saisissant au collet, les
firent conduire au corps de garde. Parmi ces hommes
figuraient deux courriers du gouvernement et un membre
du club des Jacobins, nommé Jarry [5]. L'affaire fit du bruit,
et le Comité y vit, de la part de Tallien, le parti pris de
noircir le gouvernement.

Chose honteuse ! dans cette loi du 22 prairial, ouverte
à tant d'objections accablantes, un seul article frappa les
ennemis de Robespierre : celui qui semblait menacer leur

[1] *Moniteur*, an II (1794), n° 264.
[2] *Ibid.*
[3] *Laurent Lecointre au peuple français,* p. 86, Bib. hist. de la Rév.,
1100-1. (*British Museum.*)
[4] *Moniteur*, an II (1794), n° 264.
[5] Voy. la séance du 24 prairial (12 juin), *Moniteur,* an II (1794), n° 266.

sûreté personnelle. Ils avaient voté sous le coup d'une espèce de surprise : pendant la nuit, ils se consultent ; et, le lendemain, profitant de l'absence des membres du Comité[1], Bourdon (de l'Oise) s'élance à la tribune. « La Convention, dit-il d'une voix émue, n'a pas entendu, par le vote d'hier, que le pouvoir des Comités s'étendrait sur les membres de l'Assemblée, sans un décret préalable[2]. » Le cri *Non! Non!* retentissant de toutes parts, « Je m'attendais à ces heureux murmures, continue l'orateur, ils m'annoncent que la liberté est impérissable[3]. » Il proposa de décréter que, comme par le passé, l'arrestation de tout représentant du peuple serait subordonnée au consentement formel de la Convention[4]. C'était dire que les auteurs de la loi du 22 prairial avaient voulu le contraire, et que la Convention, avertie de leur dessein, les condamnait. Pour éviter le tour hostile de cette déclaration, en affirmant néanmoins le principe posé par Bourdon (de l'Oise), Merlin (de Douai) présenta la rédaction suivante, qui fut adoptée : « La Convention, considérant que le droit exclusif de la représentation nationale de décréter ses membres d'accusation et de les faire mettre en jugement est un droit inaliénable, décrète qu'il n'y a pas lieu de délibérer[5]. »

Pendant ce temps, la discorde était au Comité de salut public.

Le 9 septembre 1793, Billaud-Varenne, insistant pour qu'on gardât le nom de « Tribunal révolutionnaire, » substitué à celui de « Tribunal extraordinaire, » avait dit : « *Celui-ci suppose des formes; l'autre n'en doit point avoir*[6]. » Si donc un homme avait perdu le droit de s'éle-

---

[1] Voy. le discours de Couthon, séance du 24 prairial.

[2] Séance du 23 prairial (11 juin), *Moniteur*, an II (1794), n° 264.

[3] *Ibid.*

[4] *Ibid.*

[5] *Ibid.*

[6] Rapport de Saladin, Bib. hist. de la Rév., 1097-9. (*British Museum.*)

ver contre la loi du 22 prairial, c'était certainement
Billaud. D'autre part, on se rappelle que, lorsque Fouquier-Tinville alla témoigner au Comité de salut public
ses inquiétudes sur l'effet de la loi annoncée, Billaud fut
un de ceux qui répondirent que « cet objet regardait Robespierre[1]. » Ce n'est donc pas sans quelque surprise que,
dans un récit publié ultérieurement par le premier, de
concert avec Collot-d'Herbois et Barère, on le trouve, le
lendemain du 22 prairial, reprochant à Robespierre
d'avoir présenté, sans communication préalable à ses
collègues « le décret abominable qui faisait l'effroi des
patriotes[2]. » Il est peu croyable que de tels mots aient
été prononcés, et il ne faut pas oublier que le récit en
question fut fait à une époque où, pour les auteurs, il y
allait de la vie de repousser la responsabilité de la loi du
22 prairial et de la qualifier « d'abominable. » Ce qui
est moins improbable, c'est que Billaud, ainsi qu'il le
raconte, reprocha effectivement à Robespierre d'avoir agi,
en cette circonstance, avec Couthon seul. Il paraît que la
scène fut très-violente. Robespierre se rejeta sur ce que
tout jusqu'alors s'était fait de confiance dans le Comité.
Billaud protestant de plus belle, la fureur, s'il faut l'en
croire, s'empara de Robespierre, dont les cris devinrent
si forts, qu'on les entendait de la terrasse des Tuileries,
et qu'il fallut fermer les fenêtres. « Personne ne me soutient, disait-il avec désespoir. Les complots m'envelop-
pent. » Se tournant vers Billaud : « Je sais qu'il y a dans
la Convention une faction qui veut me perdre, et tu défends ici Ruamps. » — Il faut donc dire, reprend Billaud,
d'après ton décret, que tu veux guillotiner la Convention

---

[1] Déclaration de Fouquier-Tinville, dans *Laurent Lecointre au peuple français,* p. 74.

[2] *Réponse des membres des anciens Comités aux imputations renou-
velées contre eux par Laurent Lecointre,* pag. 108 et suiv. Biblioth.
hist. de la Rév., 1097-8-9. (*British Museum.*)

nationale. » Ces mots portent au comble l'agitation de
Robespierre. « Vous êtes tous témoins, s'écrie-t-il, que
je ne dis pas que je veuille guillotiner la Convention nationale. » Alors, l'œil fixé sur Billaud, il ajoute : « Je te
connais maintenant. — Et moi aussi, répond ce dernier,
je te connais comme un contre-révolutionnaire. » Robespierre était si profondément ému, qu'il ne put retenir ses
larmes, et la séance avait été si orageuse, que, pour dérober au public le secret de ces déchirements intérieurs,
il fut convenu que désormais le Comité tiendrait ses
séances un étage plus haut [1].

Voilà à quoi se réduisait cette prétendue dictature de
Robespierre, dont l'idée, si habilement accréditée depuis,
a servi à le rendre comptable, aux yeux du monde, de
tant d'excès qu'il désavouait, qu'il combattit et qu'il avait
résolu de punir, au péril de sa vie.

Le 24 prairial (12 juin), Couthon alla se plaindre à
la Convention du sens attaché aux articles 10 et 20 de la
loi présentée par lui l'avant-vieille. Avec des éclats d'indignation et une véhémence où la sincérité débordait, il
repoussa l'interprétation de Bourdon (de l'Oise). Il
accorda que ce dernier *pouvait* n'avoir pas eu de mauvaises intentions, mais, après avoir prononcé le mot : « *calomnie atroce*, » il demanda pourquoi, quand certaines
dispositions d'une loi soumise à la Convention paraissaient obscures, on n'appelait pas le Comité à s'en expliquer, au lieu de l'insulter, en son absence, par l'adoption
d'hypothèses hâtives. Il finit en demandant que l'Assemblée passât à l'ordre du jour sur les propositions de la
veille, et « les frappât ainsi du juste dédain qu'elles
méritaient [2]. »

[1] Réponse de Billaud-Varenne dans la séance du 13 fructidor,
reproduite par Laurent Lecointre, en son *Appel au peuple français*,
p. 76, Biblioth. hist. de la Rév., 1100-l. (*British Museum*.)
[2] Séance du 24 prairial (12 juin), *Moniteur*, an II (1794), n° 266.

A ce discours emporté et hautain, qui fut applaudi à plusieurs reprises [1], Bourdon (de l'Oise) fit une réponse dont l'excessive modération ressemblait à la peur. Il réclama comme un droit inhérent à la Liberté celui de concevoir des inquiétudes *peut-être mal placées*. Il assura qu'Audoin, un de ses collègues, était allé prévenir le Comité des observations que la loi provoquait. Une phrase de son discours souleva de vifs applaudissements, c'était celle-ci : « J'estime Couthon, j'estime le Comité, j'estime l'inébranlable Montagne qui a sauvé la Liberté [2]. »

Aussitôt Robespierre monta à la tribune et, d'un ton sévère : « Le préopinant, dit-il, a cherché dans la discussion à séparer le Comité de la Montagne. La Convention, la Montagne, le Comité, c'est la même chose.» Interrompu par de vifs applaudissements [3], il continue : « Tout représentant du peuple qui aime sincèrement la Liberté et est déterminé à mourir pour la patrie, est de la Montagne. » Ici de nouveaux applaudissements se font entendre, et l'Assemblée se lève d'un élan spontané en signe d'adhésion [4]. « Ce serait, ajoute-t-il, outrager la patrie, que de souffrir que quelques intrigants, plus méprisables que les autres parce qu'ils sont plus hypocrites, s'efforçassent d'entraîner une portion de la Montagne et de s'y faire les chefs d'un parti [5]. » A ces mots, Bourdon (de l'Oise) proteste que jamais son intention n'a été de se faire chef de parti. Robespierre reprend : « Ce serait l'excès de l'opprobre que quelques-uns de nos collègues, égarés par la calomnie sur nos intentions et le but de nos travaux...»
— « Je demande, interrompt Bourdon (de l'Oise), qu'on prouve ce qu'on avance. On vient de dire assez clairement

[1] *Moniteur*, an II (1794), n° 266.
[2] *Ibid.*
[3] *Ibid.*
[4] *Ibid.*
[5] *Ibid.*

que j'étais un scélérat. » La réplique du sombre orateur qui occupait la tribune fut courte et terrible : « Je n'ai pas nommé Bourdon. Malheur à qui se nomme lui-même [1] ! » Bourdon (de l'Oise) veut répliquer ; mais son trouble est si grand, que la parole expire sur ses lèvres [2].» Au sortir de la séance, il se mit au lit, et le garda pendant un mois. Un moment, les médecins craignirent pour ses jours ; « ils eurent, écrit Lecointre, beaucoup de peine à le rappeler à la *raison* et à la *vie* [3]. »

Son ami Tallien ne déploya guère plus de fermeté. Attaqué sur le fait du 22 prairial au soir, qu'il prétendit n'avoir pas été présenté d'une manière exacte, il fut flétri par Robespierre comme un de ces hommes qui appellent le mensonge au secours du crime ; et Billaud-Varenne dit en propres termes : « L'impudence de Tallien est extrême ; il ment à l'Assemblée avec une audace incroyable [4]. » La discussion, arrivée à ce point d'aigreur, ayant été fermée, cette circonstance explique peut-être le silence que garda Tallien ; mais ce que rien n'explique, si ce n'est une indigne frayeur, c'est la lettre qu'il écrivit à Robespierre, le lendemain de la séance, lettre pleine de ménagements, d'une humilité singulière, où il se défend avec beaucoup de douceur d'être un homme immoral, un mauvais citoyen, et qui respire un sentiment d'effroi avoué maladroitement dans cette phrase : « Ne crois pas que ce soit la crainte qui me fasse parler ainsi [5]. »

Pour en revenir à la séance du 24 prairial, la défaite

[1] *Moniteur*, an II (1794), n° 266.

[2] *Laurent Lecointre au peuple français*, p. 97, Bib. hist. de la Révol., 1100-1. (*British Museum.*)

[3] *Ibid.*

[4] Séance du 24 prairial, *Moniteur*, an II (1794), n° 266.

[5] Voy. cette lettre dans l'*Histoire parlementaire*, t. XXXIII, p. 224 et 225. Elle est tirée de l'édition que MM. Berville et Barrière ont donnée du rapport de Courtois sur les papiers de Robespierre.

de ceux qui avaient trouvé à redire au rapport de Couthon
y eut le caractère d'une déroute. Lacroix (de la Marne)
déclara qu'il n'avait jamais été dans son esprit de suspecter les intentions des Comités [1]. Merlin (de Douai)
expliqua sa motion de manière à la faire considérer
comme une atténuation de celle de Bourdon (de l'Oise),
ajoutant : « Si mon esprit a erré, il n'en a pas été de
même de mon cœur [2]. » Barère, voyant de quel côté
le vent tournait, se mit à lire des lettres particulières
rendant compte d'un bal masqué à Londres, bal moitié politique, où l'on avait remarqué une Charlotte Corday sortie
du tombeau, et poursuivant Robespierre un poignard à la
main [3]. Sa conclusion fut que le considérant voté la veille
devait être rapporté ; et c'est ce qui eut lieu, après
quelques paroles de Couthon, qu'accueillirent les plus
vifs applaudissements [4]. »

De tout ceci, deux choses résultent clairement : la
première, que l'ascendant moral de Robespierre dans la
Convention était considérable ; la seconde, que son
influence dans le Comité de salut public était très-con-
testable et très-contestée. Quant au Comité de sûreté
générale, sa perte y était depuis longtemps résolue [5], et
il le savait bien. En réalité, il n'avait, comme membre du
gouvernement, que deux appuis : Saint-Just, presque
toujours en mission, et Couthon, souvent malade. Or, le
système qui consistait à concentrer sur lui toutes les
haines en le rendant seul responsable de tous les actes
du pouvoir, n'en prenait pas moins chaque jour un déve-

---

[1] *Moniteur*, an II (1794), n° 266.

[2] *Ibid.*

[3] *Ibid.*

[4] *Ibid.*

[5] Voy. ce que Lecointre raconte d'une conversation qu'il eut avec
Moyse Bayle et Amar, deux jours après le vote de la loi du 22 prairial,
Appel au peuple français, p. 78. Bib. hist. de la Révol., 1100-1. (*British
Museum.*)

loppement formidable ! Tant d'injustice l'accabla. Il sentit
son cœur flétri à l'idée de cet affreux piédestal où ses
ennemis le posaient dans l'attitude d'un tyran. La dernière sortie de Billaud-Varenne ne lui permettant plus
aucune illusion sur le caractère furieux des résistances
qui l'attendaient, il se crut réduit à l'impuissance de
faire le bien et d'arrêter le mal. Que résoudre alors ?
Il imagina d'abandonner, sinon le titre, au moins les
fonctions de membre du Comité de salut public, pour
qu'il restât bien démontré que les maux de la patrie
n'étaient point son ouvrage ; pour que le fait de la
tyrannie, subsistant dans toute sa force après la retraite
du *tyran*, servît à confondre les calomniateurs [1].

Mais, en se retirant, il laissait entre les mains de ses
ennemis une arme dont ils firent un abominable usage,
et dont l'invention devait à jamais charger sa mémoire,
puisque cette arme, c'était lui qui l'avait forgée. S'il
se flatta de l'espoir que la postérité, lui tenant compte
des intentions, oublierait les résultats, son erreur fut
profonde. Le sang dont nous l'entendrons bientôt déplorer
l'effusion, et que versèrent des hommes qui lui faisaient
horreur, ce sang est resté sur son nom. Qu'on dise donc
encore que « le but justifie les moyens ! » Robespierre
tomba un moment dans le piége de cette doctrine
captieuse, et l'expiation pour lui n'a pas été épuisée
par la mort !

[1] On trouve un exposé complet et tragique de ses motifs dans son
discours du 8 thermidor, auquel nous renvoyons le lecteur.

FIN DU DIXIÈME VOLUME.

TABLE DES MATIÈRES

FIN DE LA TABLE.

www.ingramcontent.com/pod-product-compliance
Lightning Source LLC
Chambersburg PA
CBHW050546270326
41926CB00012B/1939